艺术与自然美
思入康德的建筑术与先验自由

郭宾 著

山西出版传媒集团　山西人民出版社

图书在版编目（CIP）数据

艺术与自然美：思入康德的建筑术与先验自由 / 郭宾著 . -- 太原：山西人民出版社, 2025.6. -- ISBN 978-7-203-14017-7

Ⅰ . B516.31;J01

中国国家版本馆CIP数据核字第2025M97A99号

艺术与自然美：思入康德的建筑术与先验自由

| 著　　者：郭　宾
| 责任编辑：吕绘元
| 复　　审：刘小玲
| 终　　审：梁晋华
| 装帧设计：达富凤

出　版　者：山西出版传媒集团·山西人民出版社
地　　　址：太原市建设南路21号
邮　　　编：030012
发行营销：0351-4922220　4955996　4956039　4922127（传真）
天猫官网：https://sxrmcbs.tmall.com　电话：0351-4922159
E - mail：sxskcb@163.com 发行部
　　　　　sxskcb@126.com 总编室
网　　　址：www.sxskcb.com

经　销　者：山西出版传媒集团·山西人民出版社
承　印　厂：山西基因包装印刷科技股份有限公司

开　　本：787mm×1092mm　1/16
印　　张：23.5
字　　数：400千字
版　　次：2025年6月　第1版
印　　次：2025年6月　第1次印刷
书　　号：ISBN 978-7-203-14017-7
定　　价：78.00元

如有印装质量问题请与本社联系调换

自 序

研读德国古典哲学可获得以下三点共识：第一，哲学回答的主导问题包括世界是什么，人是什么，人与世界的关系是什么，真理是什么，人、世界与真理的关系是什么及三者之间如何发生存在关系。对这些主导问题的回答可概括为本体—存在论。解读理念与目的、理论与实践、真善美、自由与命运、逻辑学中的诸概念、范畴与原则等关键哲学概念，可整体与全面地回答这些基本问题。这些关键概念均蕴含一系列命题，如上帝存在与灵魂不朽、意志自由与正义道德、至善与此岸彼岸等，且派生出一系列重要概念，成为回答上述主导问题的有机组成部分，或者说，哲学在追问真理时，是求全的整体论。阐明关键概念的多意性、廓清重要命题内部与其他命题间的逻辑缠绕关系，方能照亮人与世界（自然、宇宙）的存在及其存在方式，发现真理的辩证展开与人类的历史相呼应。

第二，德国古典哲学以认识论转向为底蕴。康德哲学提示了人与世界的存在关系以理论、实践与艺术审美—目的论三类知识形式为中介，认为在回答哲学主导问题时，须先反思好规定人自由地做与思的知识原则与方法，澄清其活动边界，以确保真理形成的有效性并消除谬误，间接实现科技进步、惩恶扬善与人类文化的持续超越。康德对科学认识与机械制造的知识原则、道德与幸福实践的伦理法规准则、艺术创造—审美与自然目的论的反思性原则哲思，不仅是认识论，也是本体论，可概括为本质不可知论。其突出地表现为用先验自由理念反思人的本质，形成了超越人类学与心理学关于人的先验界定。在此基础上，康德批判性反思了以自由、灵魂、上帝与至善理念为解释核心的既有形而上学对上述哲学主导问题的回答，有力地消解了神学，主张上帝创世论、此岸与彼岸的分裂关系仅是必然产生的主观信仰，与统一了知、情、意的理性相符合，且认为不论自然的本质是否为至善，人只要理性地做与知，人类（文明、社会、文化）会无限进步，越来越好。

第三，黑格尔的客观理念论是认识论与本体论的统一，可概括为本质可知论。黑格尔提供了反对康德认识论的辩证逻辑学，试图证明存在与思维、现象与本质、必然与自由、现实与理念、自然与精神、此岸与彼岸等的对立与矛盾，是经历自然生长和人类历史发展而辩证统一的，由此反对康德主客二分的本质不可知论，进一步确保理性启蒙进步论。其中，理性狡黠说（必然性的扬弃是自由，自由的扬弃是命运，命运是自由与必然的统一）产生的后果，是主体意识与历史意识的辩证觉醒。黑格尔的辩证逻辑学许诺了作为逻各斯的广义语言，经历扬弃过程，最终通过定义、判断与三段论，可以认识世界与人的本质，这种认识包含并超越了数理逻辑、自然生命科学、心理学与法学、伦理学、国家论，必须经由美的艺术、宗教与哲学的辩证扬弃，才能最终完成，与绝对理念经由自然实体、伦理实体扬弃为绝对精神相符合，或者说，艺术创造与宗教思维受辩证逻辑学统摄与引导，最终升级为哲学，它们作为人文学高于科技与法律，因为人文学整全、本质性地探究因理念显现（自我认识）而必然带来的人类自由与命运之争的辩证历史。

黑格尔的小逻辑提供了一系列关键概念与命题：存在论中的有无、定在、自为存在；量论中的纯量、定量、程度；尺度论中的质量统一；本质论中的同一、差别、根据；现象论中的现象、内容与形式、关系；现实论中的实体关系、因果关系、相互作用；主观概念论中的概念、判断、推理；客体论中的机械性、化学性、目的性；理念论中的生命、认识、意志、绝对理念等。这些关键概念与命题不仅有一个阶梯性扬弃的等级秩序，较高等级的概念否定又统一了较低等级的概念，而且这些概念首尾相连，做圆圈运动。较高等级的概念不仅否定辩证地回忆、扬弃较低等级概念，同时也是"我虽非我，但我还是原来的我"之本质显现的循环、回归性过程的自我确证与认识，在逻辑上凸显为不断带出具体内容、升华出新认知方法的"正反合式因果互换、循环论证"。

基于上述三点共识,可为本书提供开展工作的缘由。第一,随着人类知识与学科门类的分解与综合式扩充更新,康德的集结了先验逻辑、自由范畴表、自然合目的性原则的象征或说符号理论,黑格尔的辩证逻辑学或说作为逻各斯的广义语言理论,德国古典哲学整体提示出的对世界、人类社会与历史的理念论说明,经过叔本华与尼采意志哲学的反动(海德格尔将此标识为西方虚无主义历史的一个宿命环节),进一步拓展为德国哲学的语言学与符号学转向、价值论转向与社会批判理论兴起、现象学运动与存在主义蔓延。其中,作为研究工具的认识论、逻辑学、语言哲学、符号哲学、现象学还原、解释学、交往理论等,依然是现当代德国哲学的基础,也是我们需要关注的核心。因为不论中西,哲学基本问题是相同—相似—相近的,研究工具或说方法作为形式,具有相对的普遍性或说可公约性,绝对的差异论、相对论和独断的历史终结论,由于强调个体与流动、消灭乌托邦与扭曲历史主义,都是不可取的。

例如,新康德主义者卡西尔扩大的认识论在区分自然科学与人文学的基础上,继续反思爱因斯坦相对论由以构成的数理逻辑(自然科学的形式)与作为符号形式的神话—宗教、语言、艺术、技术、法律、历史等知识门类转型,继续回答人是什么,以应对现代社会自我意识的危机,借助广义的文化批判,反抗第二次世界大战带来的人间苦难。卡西尔的文化符号形式哲学,最终提示了一种拥有古希腊传统、坚守康德启蒙进步论的朴素人文社会主义:追问真理或说知识创新是人的本性,非暴力地追求个人与家庭幸福、参与市民社会交往与国家公共生活是每个人诗与思地追求真理的手段与条件。这一观点,对于我们批判性认识美国主义、走中国特色社会主义道路具有借鉴意义。

因此本书从认识论角度,思考康德纯粹哲学的建筑术,廓清康德对真、善、美、圣知识形式的反思,带着思考德国哲学方法论的诉求。这一工作的开展,可为今后进一步有历史地思考当代德国哲学研究方法论做准备,并为思考当前人类基本问题与共同困境做工具论式的准备。通过反思哲学研究方法论,可最终为中西文明互鉴提供工作视角。

第二,在《精神现象学》中,黑格尔先验地、逻辑地将其所接受的人类知识遗存划分为意识、自我意识、理性与精神四部分,并分别用关键哲学概念与命题集结、指涉出来。在前三部分中，这些关于自然、人及其关系的认识是科学的、抽象的、片面的、非本质的、世俗的、主客二分的、历史辩证性不充分的、以现代知识成就为锚的，且通过逻辑概念被辩证扬弃地编制在一起，人类知识的整体轮廓、丰富的具体内容尚未充分获得历史辩证说明。在第四部分，人类的伦理生活过程、知识成就的形成脉络，才获得了整全的、历史辩证的、主客统一的、认识本质的说明，理念论中的上帝、此岸与彼岸、自由与命运、容忍与宽恕等核心命题，成为界说这一历史辩证过程被不断循环解释的隐喻表象，或者说，艺术、宗教与哲学中关于理念的感性显现、表象与概念推理，集结出了人类不同历史时期的精神形态，它凝聚、扬弃、丰饶着作为意识、自我意识与理性的科学和人伦知识，宗教的世俗化与世俗国家的神话、精神化是一个过程，其归宿为艺术与宗教知识遗存被作为科学大全的（自然与精神）哲学取代。

当前，科技与数理思维已驱除了神话—宗教思维，法学与政治经济学同样要求计量思维，艺术与人文学中的神秘神话、修辞描写、拟人抒情、表意言志、隐喻想象、循环解释、历史辩证思维能否如黑格尔所说整全地揭示人与世界的本质，已饱受质疑，甚至哲学追问真理的合法性都被数理逻辑、实证思维限制，诸多超验的哲学命题被批判为"胡说"。随之而生的各种关于哲学主导问题的碎片化意见让共识被瓦解，价值中立无法阻止三观不同带来的文化冲突，无神论的、没有"合题"、放弃宏大历史叙事的否定辩证法，统摄着现代人的生活，不用辩证思维的数理逻辑解决不了人对生命—生活完整性与历史性之践行与意义追问的急需。

鉴于此，须要回忆康德对艺术审美这类知识形式的界定，且反思方式表现为思入康德纯粹哲学的建筑术，通过考察艺术审美（美的艺术定义、优美与崇高的鉴赏判断）与理论知识形式、实践知识形式、自然目的论神学与理念思维形式的关系，廓清艺术审美的形式。这些工作，可为进一步考察黑格尔艺术哲学对于各门类艺术形式与内容（建筑、雕塑、绘画、音乐、戏剧是作为美的艺术的语言）的历史辩证说明做好准备，为艺术与人文学作为认识人与世界的真理形式的合法性做辩护，为思考后宗教—地缘政治时代中艺术的文化交往功能、主体间性做准备。

第三，康德对美是什么，美与真、善、圣的关系是什么，美的艺术是什么，音乐、美术、诗歌、戏剧等艺术门类是什么且彼此间有何关系等美学基本命题的回答，引发了持久的争论与解答。康德用自然合目的性原则与目的论来理解艺术审美的形式与内容，但他对纯粹—自由美的无目的的合目的性形式与有神学、目的论内容表达的美是德性—善的象征分而治之的说明，让以辩证法为利器的黑格尔不满意。虽然黑格尔同意康德用美定义艺术，但是黑格尔看到康德美学没有思考美与丑、真与假、善与恶、理性与非理性、自由与命运等一切辩证扬弃的东西如何在美的艺术中有辩证统一性地、被深奥地感性表达出来，目的论对于人类伦理生活进步与此岸彼岸的说明无疑是浅陋的，康德并没有思考伟大的、不同门类的艺术如何突出反映不同历史时期的精神形态，如何回应哲学基本命题。

因此本书开展的康德美学研究工作，不仅有益于明确去民族化差异的基本美学问题，而且有益于思考黑格尔为何要将康德美学的审美研究路径转型为美的艺术哲学研究。优美、崇高、悲剧、喜剧、恐怖、荒诞等审美范畴的扩充，让人们早已放弃使用美来界定艺术，但是康德提示的感性形式的发现与设计，依然是卡塔西斯式鉴赏愉悦的必要条件，有结构的感性形式设计，可捕获并带出流动的东西，抵抗日常生活之重复而招致的审美麻木与意义空洞。

第四，本书选取艺术美超越自然这一话题来开展康德美学研究工作，是想凸显德国哲学对艺术超越论的两种对立且又互渗的看法。首先，在康德那里，如果把科学研究与机械制造统一起来，那么科学研究就不是中立的求真理活动，它隐含着对地球的征服与控制，而且如果追求至善是人的终极目标，那么启真储善的艺术审美活动，即美作为德性—善的象征，是追求伦理和谐的手段，但是艺术与科学又是求真理的认识活动，它本身是目的而不应仅是实践的手段。鉴于此，康德提出了审美无利害说，以强调艺术创造是求真理，是人的目的本身，而不是手段，而且这种观点回应了古希腊的"望天者"、审美心理学的距离说，强调审美认知有高于实践的独立价值，与功利、科学和道德判断不同。在叔本华那里，艺术审美活动就成为短暂摆脱红尘苦海的出世状态，艺术审美活动可以让人减轻生活困苦。

其次，在黑格尔那里，艺术美超越自然之论断是强调人的主体性与自由，艺术对人类生活的感观再现，让心灵展示了自然实体向伦理实体扬弃的历史过程。艺术美提示人类自由必然与人类命运相统一。悲剧总是提示，主人公的后知后觉对于个体在世生存而言为时已晚，但对于人类辩证扬弃认识自身而言，英雄的斗争与死亡作为一种历史使命的完成，是愉快的归家之旅。保守的黑格尔反对艺术有预示历史新纪元、颠覆社会秩序的强力，强调艺术是反思的、后知后觉的，是人类历史精神形态的记忆与感性反映，是纯粹的求真理的感性知识活动。马克思经济基础决定上层建筑论中文化的半自主性说明，即文化会因落后而阻碍劳动实践，文化可后知后觉地反映社会生活，回响着黑格尔对艺术超越性的保守认识。

最后，尼采在罢黜至善这一最高价值的基础上，给出了艺术比真理更有价值的观点，彻底反对审美无利害说，凸显艺术在人实现创造性绽现中的重要作用，强调艺术预见未来、转型生活外观、间接改造世界的重要作用。这种观点被海德格尔拓展为伟大的艺术曾经有开创人类历史的作用。当前的诗与思，亟须反对技术统治，从现实把人自理想中残忍地拉回来的角度，感悟存在需用人、显与隐地"它给出—让存在"。显而易见，康德的艺术创造论与美是德性—善的象征观点，对于我们理解尼采—海德格尔的艺术超越论是开端性的。

目 录

前 言 ······ 1
    一、解析本书的研究论题 ······ 1
    二、从国内康德美学研究中析出本书的研究论题 ······ 5
    三、评析国内学者关于"康德的艺术与自然美的关系"研究 ······ 13
    四、拟解决的关键问题与全书概要 ······ 29

第一章 康德构建先验理论知识体系的理路与成果 ······ 37

第一节 从康德第一批判的关键概念中界定认识论 ······ 38
    一、先天知识、先验原则与本体概念 ······ 38
    二、先验演绎与自我意识 ······ 40
    三、灵魂理念不能证实灵魂不朽 ······ 43
    四、认识论不是经验心理学 ······ 45

第二节 康德论自由与上帝理念 ······ 49
    一、自由是先验理念 ······ 49
    二、关于自由意志的二律背反 ······ 51
    三、自由理念的二律背反是可应用的先验原则 ······ 53
    四、上帝是主观理念 ······ 56
    五、否定上帝实存的证明 ······ 60

本章结语 …………………………………………………………… 63

第二章　康德论实践原则的分解与先天实践知识体系构建 ………… 65
　第一节　康德论实践、自由与道德律 ……………………………… 66
　　一、欲求能力与意志 ……………………………………………… 66
　　二、追求幸福的实践与道德实践 ………………………………… 70
　　三、道德律 ………………………………………………………… 75
　　四、道德律与自由的因果演绎 …………………………………… 78
　第二节　康德论道德情感与至善 …………………………………… 84
　　一、以道德律为行为动机 ………………………………………… 84
　　二、敬重是纯粹的道德情感 ……………………………………… 86
　　三、爱与自我满足不是纯粹的道德情感 ………………………… 88
　　四、至善理念 ……………………………………………………… 91
　　五、至善理念的二律背反 ………………………………………… 94
　　六、至善理念与消解地悬设灵魂不朽 …………………………… 96
　　七、至善理念与消解地悬设上帝 ………………………………… 98
　本章结语 …………………………………………………………… 103

第三章　康德论自然合目的性原则与自然目的论 …………………… 105
　第一节　康德论由类比艺术而来的自然合目的性原则 …………… 106
　　一、人工机械的目的因与合目的性概念 ………………………… 106
　　二、自然的目的因与合目的性 …………………………………… 108
　　三、自然合目的性原则与再自律 ………………………………… 110
　　四、自然合目的性原则是先验的 ………………………………… 112
　　五、自然生命有机的合目的性 …………………………………… 114
　　六、自然合目的性原则的先验演绎 ……………………………… 118

　　　　七、自然目的概念中的二律背反 …………………………… 120

　第二节　康德对自然目的论的批判性解释 ………………………… 124

　　　　一、自然目的系统的统一性 …………………………………… 124

　　　　二、目的论对自然万物生长的说明 …………………………… 129

　　　　三、目的论对人类历史进步的说明 …………………………… 133

　　　　四、目的论对历史进步的说明是主观的 ……………………… 141

　本章结语 ………………………………………………………………… 145

第四章　解析康德纯粹哲学体系的建筑术及其象征理论 ………… 147

　第一节　康德论自然合目的性原则对理论与实践知识形式系统的整合

　　　　………………………………………………………………… 148

　　　　一、自由是纯粹哲学体系这座大厦的拱顶石 ………………… 148

　　　　二、这座大厦须有夯实的基地去弥补鸿沟 …………………… 149

　　　　三、自然合目的性原则有夯实基地的建筑作用 ……………… 152

　　　　四、自然合目的性原则有弥补鸿沟的建筑作用 ……………… 154

　第二节　康德对上帝存有的目的论——道德证明的批判 ………… 160

　　　　一、上帝存有的目的论——道德证明概述 …………………… 160

　　　　二、这个证明是三种知识能力协作的结果 …………………… 164

　　　　三、这个证明表达至善信仰 …………………………………… 168

　　　　四、对这个证明的批判消解着上帝 …………………………… 172

　第三节　解析康德的象征观点与人的本体论 ……………………… 175

　　　　一、作为类比的象征与先验逻辑范畴 ………………………… 175

　　　　二、作为类比的象征与自然目的论 …………………………… 178

　　　　三、作为符号的象征 …………………………………………… 183

　　　　四、符号是人与自然的关系中介 ……………………………… 186

　　　　五、对人的本体论界定 ………………………………………… 189

本章结语 ··· 199

第五章　康德论美的艺术 ··· 202

第一节　康德论美的艺术是一种自由的艺术 ······················· 203
一、自由的艺术 ··· 203
二、美的艺术 ·· 205
三、艺术创造是追求幸福与德行的统一 ················· 208

第二节　康德借助自然、审美理念与完善概念界定美的艺术 ··· 211
一、美的艺术像自然 ·· 211
二、美的艺术与审美理念 ···································· 214
三、美的艺术与完善概念 ···································· 221
四、美的艺术中完善与审美理念的关系 ················· 229

第三节　康德论天才创制美的艺术 ································· 231
一、独创性是艺术天才的特性 ····························· 231
二、天才的艺术作品是典范 ································ 234
三、自然通过天才为美的艺术创造颁布规则 ·········· 237
四、美的艺术是理性自由本性的感性表达 ············· 241

第四节　康德论美的艺术的三个门类 ····························· 246
一、语言艺术 ·· 246
二、造型艺术 ·· 250
三、音乐艺术与综合表演艺术 ····························· 252

本章结语 ··· 257

第六章　康德论美、崇高与德性—善的象征关系 ············· 263

第一节　康德论美的鉴赏判断 ······································ 263
一、愉快、认知意图满足与鉴赏判断的非概念性 ··· 263

二、对美的愉悦是无利害的 …………………………………… 270
　　三、单称的美的对象普遍令人喜欢且必然让人愉快 ………… 273
　　四、共同感与鉴赏判断为何是先天综合的 …………………… 279
　　五、自由美、依存美与鉴赏判断的二律背反 ………………… 288
第二节　康德论崇高的鉴赏判断 ………………………………… 294
　　一、崇高的对象有无形式限制的自然合目的性 ……………… 294
　　二、崇高的先天综合鉴赏判断如何可能 ……………………… 296
　　三、数量的崇高 ………………………………………………… 300
　　四、力量的崇高与道德情感、宗教情感 ……………………… 305
　　五、崇高与美的互动关系 ……………………………………… 312
第三节　根据艺术美与自然美重思美是德性—善的象征 ……… 316
　　一、审美认知与概念认知 ……………………………………… 316
　　二、美的艺术超越自然 ………………………………………… 321
　　三、再论美是德性—善的象征 ………………………………… 326
　　四、人类学哲学对艺术美与自然美的探讨 …………………… 329
本章结语 …………………………………………………………… 337

本书结语 ………………………………………………………… 342

参考文献 ………………………………………………………… 349

后　记 …………………………………………………………… 355

前　言

一、解析本书的研究论题

黑格尔认为："艺术美高于自然。因为艺术美是由心灵产生和再生的美，心灵和它的产品比自然和它的现象高多少，艺术美也就比自然美高多少。"① 而且，"自然美只是属于心灵的那种美的反映，它所反映的只是一种不完全、不完善的形态"②。相反，"艺术不仅不是空洞的显现（外形），而且比起日常现实世界反而是更高的实在，更真实的客观存在"③。因为艺术，"它给我们的却是在历史中统治着的永恒力量，抛开了直接感性现实的附赘悬瘤以及它的飘忽不定的显现（外形）"④。由于艺术美高于且扬弃了自然美，所以黑格尔的美学是艺术哲学，其"美是理念的感性显现"之论断，主要是研究美的艺术之各门类，即建筑、雕刻、绘画、音乐、诗歌与戏剧等，如何历史辩证地显现绝对精神，或者说，美的艺术揭示抽象空洞的理念，以人的做与知为中介，如何获得了现实内容而扬弃为绝对精神。

黑格尔"艺术美高于自然"的论断，是德国理念论反对与改造柏拉图艺术模仿说的集中体现。柏拉图的艺术模仿说可做如下概括：善理念用逻各斯、几何与数学（关系性形式）统一起来的物、生命、器具、伦理的理式，是神圣的造物主创造的，且原本就在理念世界。造物主根据理念世界孕育出感性

---

① ［德］黑格尔：《美学》第一卷，朱光潜译，商务印书馆，1979，第4页。
② ［德］黑格尔：《美学》第一卷，朱光潜译，商务印书馆，1979，第5页。
③ ［德］黑格尔：《美学》第一卷，朱光潜译，商务印书馆，1979，第12页。
④ ［德］黑格尔：《美学》第一卷，朱光潜译，商务印书馆，1979，第12页。

世界，而人通过模仿理式（理念—形式），在感性世界制作、伦理实践与认识。艺术家作为感性外观的模仿者，不懂神的智慧与神谕、治国术、航海术、战争术与医术，不对生命世界形成理论、哲学知识，仅是经由模仿神与神迹的幻象或说假象、感性生命世界的外观、人造器物的外形、人的伦理行动外表，直觉理念与理念隔着三层，是模仿的模仿。"美本身是理念散发出的耀眼光芒，美理念与善理念同一。"① 由于艺术模仿的感性外观，多是瞬间的、要变化的，且与无形式的质料、匮乏、消散、空缺、不存在、无纠缠在一起，因而被看作假象与幻象，所以"艺术在理念系统、有生命的原始自然、人的制造与伦理行动面前，作为闪耀着的美理念与美的有生命的自然模仿物，是渺小的、微不足道的技艺"②。在黑格尔时期，柏拉图的艺术模仿说沉沦为艺术模仿自然说。③

相反，黑格尔认为"艺术美高于自然"。首先，自然是理念自否定、异化、对象化出的感性世界，是理念做辩证扬弃"圆圈运动"的低级阶段，它要经历从自然实体、伦理实体向绝对精神扬弃的过程。自然界或说自然实体由形式与质料构成，理念规定万物与人的运行，人根据理念这一"剧本"，历史辩证地将自然界改造、扬弃为伦理实体，伦理实体或说人类社会发展的最高历史阶段是有机国家。有机国家依然是一种有限的现实，"国家生活所体现的，以及人所依据以寻求他的满足的那个基本原则，不管它包含多么繁复的内在的和外在的因素，在它本身却还是片面的和抽象的"④。这就是说，即便是有机国家，也未能彻底解决主体与客体、思维与存在、精神与物质、神性与人性、有限与无限、必然与自由、认识与实践、自然与伦理、心灵与肉体、个体与集体、现实与理想等一切人间矛盾，表现为人心灵中的欲望、情感、知性、意志、理性不能和谐统一。理念与实存为了实现历史辩证扬弃的统一，伦理实体要进一步扬弃为绝对精神，而美的艺术创造与审美感悟、宗教与哲学对生命世

---

① 郭宾：《艺术超越论：思入卡西尔与海德格尔之间》，中国社会科学出版社，2022，第1页。
② 郭宾：《艺术超越论：思入卡西尔与海德格尔之间》，中国社会科学出版社，2022，第2页。
③ [德] 黑格尔：《美学》第一卷，朱光潜译，商务印书馆，1979，第52–57页。
④ [德] 黑格尔：《美学》第一卷，朱光潜译，商务印书馆，1979，第127页。

界的历史性认知，便是伦理实体扬弃为绝对精神的历史过程。它不仅提示人的最高自由的实现是做之后的感悟与沉思真理，而且显示抽象理念以人的做与知为中介，从自然实体、伦理实体扬弃为获得了丰富内容与最高实在的绝对精神。

其次，发现自然规律的科学及相应的改造自然的技术，探讨规定个体、家庭、市民社会、国家运行原则的道德伦理、经济学、法学与政治学，都是对有限现实的认知，与人的片面有限、彼此矛盾的情欲、知性、意志、理性对应。相反，美不是有限意志与知性的对象，艺术创造与审美鉴赏追寻的美的对象与美理念，是和谐统一的心灵的对象与心灵的自我表现。艺术创造的感性外观或说幻象，因超出了有限的现实，表现出自由与无限，而显现为更高的实在，即理念与现实的历史辩证统一，其突出的标志是："美的对象既不显得受我们人的压抑和逼迫，又不显得受其他外在事物的侵袭和征服。"[①] 美的对象因提示出自由与无限，使得艺术创造与审美活动带有令人解放的性质，美的艺术作为心灵表现，揭示了理念与现实的历史辩证统一。艺术经历了三个历史阶段，标志着人类在不同居住时空、伦理组织、社会发展历史阶段的精神完型如何超出有限现实的相对性，追寻自由且无限的理念与现实绝对统一的精神境界。它们分别是始而追求的象征型艺术、继而到达的古典型艺术、终于超越的浪漫型艺术，象征型艺术的代表是建筑，古典型艺术的代表是雕塑，浪漫型艺术的代表是绘画、音乐与诗歌。[②] 此后，美的艺术因自己的感性外观、幻象创制本性，无法有效显示理念与现实的历史辩证统一，完善显现绝对精神，逐步被沉思性的神学与哲学取代。

最后，黑格尔的美的艺术学说，虽然继承了柏拉图的艺术模仿说，但是他把包含了自然美的艺术美与美理念同一于"真"，认为艺术与审美对生命世界之本质的理念的显现，超越了康德意义上的理论与实践知识，即今天所说的自然与社会科学及其应用。康德的审美无利害说是指艺术或说人文学，

---

① [德]黑格尔：《美学》第一卷，朱光潜译，商务印书馆，1979，第147页。
② [德]黑格尔：《美学》第一卷，朱光潜译，商务印书馆，1979，第103–114页。

不仅有追问真理的合法性，而且其揭示的真理不是片面、实用、矛盾的，是辩证扬弃的、统一全面的，且真理就是大全。艺术家超出个体的有限现实生活，通过设计感性外观与幻象，凝神静观与感悟生活世界的意蕴，由内而外地表现心灵，通过揭示主体与客体、思维与存在、神性与人性、必然与自由、有限与无限、内与外、情欲与理性等一切人间矛盾的历史辩证统一，追问真理，有历史地认识人与世界及其关系。美的艺术是对绝对精神的表现与守护，是对统一了"真知"与"真意（志）"的"真理"的追问与把握，它作为人在做之后的创制性感悟，能否"参与未来之想象与筹划"，是德国现代美学反复探究的问题。黑格尔对此问题持保守态度，被后人反复批评或肯定。

通过简要回顾黑格尔的"艺术美高于自然"的论断，可以引出并说明本书希望探究的论题。首先，德国古典哲学严肃思考了生活世界、艺术审美与人之间的关系。在康德那里，人与世界、人与人之间的关系首先通过理论与实践知识而确立，但这种关系须要艺术审美与目的论知识而再次综合，如此才能全面与最高程度地界定人与存在的关系。因此"艺术与自然美的关系"论题，需要在澄清康德"三批判"之建筑术的基础上，才能获得深度解答。

其次，在康德那里没有"艺术美高于自然"的讨论。相反，他认为"美的艺术是一种当它同时显得像是自然时的艺术"[①]，而且康德认为艺术审美与目的论知识并非理论科学与实践知识，仅具有启真储善的范导性，但是本书将在廓清康德先验哲学系统之基础上，探究康德关于人的自由、艺术审美与世界的说明，揭示出康德美学不仅许可"艺术美高于自然"这一论断，而且允诺"艺术审美参与未来之想象与筹划"这一命题的到来。

最后，黑格尔的客观唯心主义是本质可知论，且他把艺术看作高于理论科学与实践知识，更贴近"真理"的绝对精神之表达。相反，康德的主观唯心主义是存在不可知论，且他仅把艺术审美看作是范导性的，凸显自然与社会科学对自然的改造与认识的客观有效性。这两种主张虽然都强化了艺术与人文学的合法性，可被统称为艺术超越论，但是"康德的艺术与自然美的关系"

---

① [德]康德：《判断力批判》，邓晓芒译，杨祖陶校，人民出版社，2002，第149页。

论题，无疑对将理念论逐步破除的叔本华、尼采等德国现代哲学家，有更重要的影响力，因而更值得讨论与思考。

二、从国内康德美学研究中析出本书的研究论题

就国内康德美学研究的情况而言，由于笔者时间有限，未能对国内康德美学研究者的著述进行深入分析，因而只能对国内康德美学研究现状做出不全面的概括，对其评价难免会有疏漏甚至不妥之处。但如果考虑到本书对康德美学文本的解释只是对作者本意的解释，而不是对"学说的真理"的解释，即对康德美学的研究只是为了逼近作者的本意，而没有进行超出作者意图的解释，那么这个研究综述基本上是充分的。也就是说，由于本书对康德美学的研究只是基础性的，所以对国内康德美学的研究也主要是从对康德美学文本的合理解读与误读上加以考察，对国内学者关于康德美学的批判未做评价，只从康德美学文本的接受与理解方面对国内康德美学研究现状做出评述，以求找到争辩康德美学中关于"艺术与自然美的关系"这一论题的合理性与必要性。

对作为他者的西方文化符号的康德美学的接受与理解而言，国内学者对康德美学做出的是一种主动的、选择性的接受，而不是一种被动的学习，因而其对康德美学的理解也同我们对现实生活的反思有着密切的联系。康德哲学进入中国已有100多年的历史，从我们对它的不理解到利用马克思主义对它做出批判，再到回到康德文本的本意，并将其放入西方哲学史中，用它之前和之后的哲学思想来对康德文本做出解释，又到我们用中国哲学来和它做比较，进一步做出"学说的真理"之解释，这都充分说明国内学者一直都是在一种对现实生活有深切关怀的态度下对康德哲学进行接受与理解的。[①] 国内学者对康德的哲学研究成果饱含现世关怀，具有鲜明的时代烙印。

国内康德美学研究出现了三种趋势：首先，继续在国内马克思主义实践

---

① 张延国：《什么是新批判主义：邓晓芒教授访谈录》，《科学·经济·社会》2000年第3期，第12—15页。

美学或马克思哲学的文本环境下解释康德美学，因而这些文章中出现了大量只在马克思哲学美学中才有而在康德文本中没有的哲学术语，如"情感的对象化""社会性"等。他们重视将康德美学放入西方美学史、哲学史中来考察，通过比较康德美学与康德前后美学思想中的一些具体问题来深化对康德美学在西方哲学史、美学史上地位与意义的理解。还有一些学者把康德美学当作审美心理学来研究，即他们对"鉴赏判断""美的艺术"这些问题的解释只是看重康德在论述这些问题时从心理学、人类学中借用过来的素材。也就是说，虽然康德时代严格地说还没有今天意义上的心理学，但是国内一些学者会根据康德之后的心理学成果来理解康德美学。[①]

其次，随着国内马克思主义实践美学研究的深入，美学界提出了超越现有实践美学的要求，这种对实践美学的反思集中体现在了一些学者关于"实践美学有哪些问题需要改进""是否将美学本体论改为美学存在论""是否将实践美学改为超越美学"等一系列问题的争论上，这种争论不仅表明学者们对西方哲学术语有了更为深切的认识，而且也促使学者们更加深入地理解康德美学，将之作为论证实践美学中的超越思路是否合理的素材来加以思考。[②]这种带着构建中国美学理论的思考对康德美学做出解释，不仅体现了国内学者希望将美学构建成一门系统学科的合理要求，而且也是对康德美学做出"学说的真理"解释的进步。

最后，国内学者在康德美学的研究中反复讨论美与自由的关系，这表明学者们重视将康德美学放入整个康德哲学文本中来理解，着重思考美学与目的论的关系、美学与先验哲学体系的关系，因而"美是道德的象征"就被反复地解释，"自由与美的艺术"也受到了较多的重视。[③]国内学者基本认为，美感作为自由感是人的自由的表达，美象征自然和自由的统一，美表达出了

[①] 李泽厚、陈明、贺更行、王心竹：《李泽厚先生访谈》，《中国文化》2005年第11期，第92-97页。

[②] 徐碧辉：《"实践美学的反思与展望"国际学术研讨会综述》，《阴山学刊》2005年第3期，第20-25页。

[③] 汪裕雄：《探寻康德的美学心路：读朱志荣的〈康德美学思想研究〉》，《江淮论坛》1999年第6期，第108-109页。

人的道德精神；美的艺术是对鉴赏判断的经验性演绎，它是审美判断向目的论判断过渡的中介，艺术是反思自然与人的一种方式。① 有些学者对"美是德性—善"的象征这一哲学命题的理解已经相当深入，不仅认为对自然美的鉴赏有道德维度，而且探究了康德美学中的宗教精神与道德精神。②

为了探究国内康德美学研究状况的成因，更加清晰地呈现当前康德美学研究中尚需进一步探讨的问题，以下将不全面地概述国内康德哲学研究情况，以找出国内康德美学研究发展趋势与整个国内康德哲学研究变化的一些联系。

国内康德哲学研究也出现了三种趋势：首先，国内的康德哲学研究曾经集中在《纯粹理性批判》上，强调康德哲学就是德国古典哲学中的认识论，《纯粹理性批判》主要是认识论的著作，并对康德的《实践理性批判》和《判断力批判》有些忽视。这对康德美学研究所造成的影响是，学者们只注重《判断力批判》中的美学部分，而对目的论部分缺少关注，并且倾向于用认识论来理解康德美学。这样学者们就比较重视康德的"鉴赏判断"，把康德对美的艺术创造的论述当作是心理学的观点来理解，倾向于认为康德的美学强调的是审美，是审美哲学，而不是艺术哲学，艺术创造只是一个隶属于鉴赏之下的不得不加以考虑的问题。

然而，由于以邓晓芒、李秋零为代表的一批学者重新翻译了康德原著，这使国内学者深入康德"三批判"的细节话题研究中，从目前对"三批判"的研究情况来看，对《纯粹理性批判》的研究最为细致。例如，邓晓芒就将国内以前流行的康德哲学中文和英文译本中的遗漏、错误之处明确地指了出来，并和其他学者一起对康德文本中最为关键，也是最难理解的重要哲学术语做出了解释。这样，就在一定程度上纠正了我们对康德的误解，使我们在使用哲学术语的时候更加规范和谨慎。③ 这对康德美学研究所造成的影响是，学者们必须将康德美学放入其"三批判"中来进一步考察。

---

① 邓晓芒：《冥河的摆渡者：康德的〈判断力批判〉》，云南人民出版社，1997，第71-82页。
② 王元骧：《康德美学的宗教精神与道德精神》，《浙江学刊》2006年第1期，第79-86页。
③ 邓晓芒：《康德的"智性直观"探微》，《文史哲》2006年第1期，第119-125页。

其次，出于对现实生活的关怀，学者们更加深入地讨论康德的自由问题。①康德对自由理念的提出始于《纯粹理性批判》中的宇宙论，即关于因果关系无条件者二律背反的解决，且在《实践理性批判》中，康德进一步将自由理念归结到人这种有理性的存在者的自由意志之上，不仅使得自由理念具有了实践的客观有效性，而且最重要的是通过自由理念，康德对人做出了本体论的界定。这样，我们就对自由理念在康德先验哲学体系中作为理论知识和实践知识形式的拱顶石有了较为深刻的认识，并且也引发了对康德先验哲学体系建筑术的全面考察，试图清晰地解释康德先验哲学体系这整座大厦。例如，邓晓芒、何兆武等就在探讨"历史理性批判是否是康德的第四大批判"②。这对康德美学研究所造成的影响是，学者们看到了《判断力批判》在康德哲学体系中的重要作用，开始在先验哲学体系构建的意义上来理解康德的美学和目的论。其中，叶秀山先生对《判断力批判》的此种解读最为深入。③

最后，学者们不单只用马克思、黑格尔的哲学来反思康德哲学，而且还用与康德哲学有密切联系的存在主义、现象学，以及新康德主义等哲学思想，来反观康德哲学。④例如，黄裕生认为，康德哲学不仅是认识论，而且是存在论。⑤这些哲学思想或者将康德哲学升级为"扩大的认识论"（卡西尔），重点探讨以艺术符号为代表的人文学与自然科学的差异，或者要求根据康德探讨的人的艺术与审美活动，重思人与存在的关系，探究存在之为存在（海德格尔），⑥这就使学者们开始在"因自由而来的人的主体性地位确立"的层面

---

① 黄裕生：《康德论自由与权利》，《江苏行政学院学报》2005年第5期，第22–27页。
② 邓晓芒：《康德历史哲学："第四批判"和自由感——兼与何兆武先生商榷》，《哲学研究》2004年第4期，第22–28页。
③ 叶秀山：《康德〈判断力批判〉的主要思想及其历史意义》，《浙江学刊》2003年第3期，第5–16页。
④ 卡西尔：《康德与形而上学问题：评海德格尔对康德的解释》，张继选译，《世界哲学》2007年第3期，32–46页。
⑤ 黄裕生：《康德对感性论的变革：一种存在论阐释的尝试》，《哲学研究》2004年第8期，第53–57页。
⑥ 孙冠臣：《康德通向自由的两条道路：海德格尔1930年弗赖堡讲座分析》，《外国哲学》（人大复印资料）2007年第8期，第51–56、77页。

上来批评性解读康德美学。

通过以上对康德美学当前研究趋势成因的考察可以看出,对康德美学本意的解释集中在两个方面:一方面,在人的主体性地位确立的层面上来考察康德美学中的鉴赏与艺术创造问题;另一方面,在康德先验哲学体系的建筑术层面上来考察康德美学在其先验哲学体系中的作用与意义问题。由此可见,如果想进一步探讨康德美学,只能从以上两个方面入手,否则只能是重复性的、无意义的研究。

鉴于此,笔者选择康德美学中美的艺术与自然美的关系来加以讨论。这样做的原因是,首先,既然康德哲学是通过自由理念来确立人的主体性地位的,那么当他来考察美的艺术与自然美的关系时,是否还会同以往的美学思想一样,认同艺术的自然模仿说?如果我们考虑到康德哲学启蒙的核心是对神学的消解,且自然美代表着上帝创世,而美的艺术代表着人的创造性,那么康德如何从人的主体性地位的确立层面来回答这个问题?

其次,黑格尔认为"艺术美高于自然",康德对这个问题为什么没有做出回答呢?笔者认为,康德没有对美的艺术与自然美做出比较,是因为他认为这二者是同一种东西的两个方面,即自然美只是美的艺术的内容,因而不用比较,而如果非要他对这一问题做出回答的话,他会认为"艺术美高于自然"。如果要得出这样的结论,就涉及了康德的艺术审美与先验哲学体系的关系问题。这样一来,对这个问题的解答就是在从上述两个方面对康德美学做出解释,因而具有合理性。

通过评析国内康德美学研究现状的不足,可以说明笔者对康德美学中美的艺术与自然美的关系研究的必要性。国内康德美学研究的不足之处有以下两个方面:第一,国内学者受康德哲学是认识论这种观点的影响,将康德美学看作是有关人如何认识或者更准确地说如何感受美的科学,因此国内学者的康德美学研究重点是人如何利用自身所提供的原则来进行鉴赏判断。这样一来,国内学者在解释康德美学的鉴赏判断时,就容易忘记康德哲学是先验哲学,康德始终要回答的是,先天综合判断是如何可能的,从而对康德为何将经验性的鉴赏判断当作先天的综合判断来演绎没有足够的认识,因而容易将美感、崇高感、共同感、知性和想象力在鉴赏中的关系当作心理学来研究。

这就表明，我们虽然认为康德哲学是认识论，但是我们有些忽视认识论与心理学的区别是什么，没有注意到康德是如何在区别经验心理学与先验哲学的基础上将心理学从先验哲学中驱逐出去，并将它归入同先验哲学有本质区别的人类学（哲学）中去。虽然笔者通过考察国内康德哲学研究文本，看到很多学者对康德哲学的认识已经超越了这种认识论的限制，因而可以断言，他们对心理学和先验哲学的区别还是非常清楚的，但是笔者依然选择将这个问题提出来加以解释，原因是如果我们是基于心理学或人类学哲学的立场来对待美的艺术与自然美的关系话题，那么我们就不能得出美的艺术超越自然的结论。如果考虑到对美的艺术与自然美的关系的解释本身就涉及应当用何种方式解释康德美学的话，那么对这一问题的解答就是必要的。

第二，在将康德美学作为独立的哲学门类而研究的过程中，国内学者一般将对美的鉴赏、对崇高的鉴赏，以及对美的艺术创造分开来研究，因而对康德所说的"崇高为何没有美的表现那么富有成果""对崇高的鉴赏判断为何只能依附于对美的鉴赏判断"等话题有所忽视，尚需进一步探讨"美的对象的主观合目的性和崇高的对象的主观合目的性的区别是什么""美的艺术创造与鉴赏判断的关系是什么""共同感如何是先验哲学中的概念"等康德美学问题。

为探究上述话题，笔者选择使用"审美理念"来统一鉴赏判断和美的艺术创造，并在此基础上将自然美和艺术美统一到天才所创造的美的艺术符号之上。同时，通过解释道德情感、崇高情感和宗教情感的区别与联系，严格区分了崇高的主观合目的性和美的主观合目的性，并根据崇高不能像美那样表达自由和自然的统一这一结论，解答了"崇高为何没有美的表现那么富有成果"。

笔者又将美和崇高统一到了作为"美的理想"的高贵的人这里，进而最终又将其统一到了作为表达自然美的中介的美的艺术符号之上。也就是说，笔者希望对康德美学做出整合性的研究，且这可能是解释康德美学的一条合理思路。因为通过这种解释，我们不仅可以清楚地认识到为什么黑格尔将美学称作艺术哲学，而不是审美哲学，而且也可以强调康德美学的研究重点在艺术，而不在于与自然美相对应的鉴赏判断。所以研究"康德的艺术与自然美的关系"论题的第二重必要性在于，它不仅有利于推进康德美学中的细节问题研究，也有益于强化康德美学的整体性研究。

将康德美学放入整个先验哲学，以探求美学在构建先验哲学体系时的作用与意义，这种研究已经相当深入，在这里可以用象征的思维方式来对前辈学者关于康德美学的理解加以概述。当人在反思自然背后所呈现出来的意义之时，美是在概念之前最先呈现给我们的，美就像人的理性所散发出来的光芒，要让照亮这黑暗的世界，理性不仅要通过这种光芒的指引而规定现象、展开实践，更重要的是，理性要通过这光芒的指引深入那世界的最深处（终点、整体），来反思和确证这世界的生长就是按照理性的最高使命而进行的。① 美作为理性的光芒所表达的不是别的，它只是表明，没有作为有理性的存在者人，就无所谓世界存在，更不会有美的世界，世界之所以是美的，只是因为它是属于我们人的世界，它因我们而存在，按照我们的理性使命而存在，而有价值，我们拥有世界，同时也是这世界的终极目的，当世间呈现出适合我们人的终极目的之实现时，它就是美的。②

笔者同样使用隐喻的语言对这种理解做出些许补充：我们之所以认为美是理性所散发出来的光芒，是因为当上帝创造出属人的世界之后，上帝就是缺失的，上帝不再对人世间的生活一次次地伸出善意的援助之手，人的终极目的只能依靠人自己的实践来实现。那么，美就不是上帝为显示其智慧而照向人间的光芒，这种光芒只是由理性的终极目的之使命而来，是理性对自身实践义务的启示，而这种启示是通过天才的诸认识能力的超感性基底（即作为本体的、人自身的理性）而表达出来的。

也就是说，人是通过美的艺术来照亮这个黑暗的世界的，美的艺术中的精神就蕴含着康德的整个先验哲学体系，蕴含着这个先验哲学体系可以规定与反思的世界的意义。生活意义的展开就是通过对美的艺术中精神的解释而

---

① 叶秀山：《论美学在康德哲学体系中的地位》，载《叶秀山文集·美学卷》，重庆出版社，2000，第714—738页。
② 邓晓芒：《审美判断力在康德哲学中的地位》，《文艺研究》2005年第5期，第26—35页。

进行的，其至如叶秀山先生所强调的那样，实践理性对上帝的规定都是通过天才和美的艺术类比上帝和自然来进行的，如果人不是自由的，人就不会有自由意志和实践理性，理论理性就不会通过目的论来思考有理智的原始存在者。在这个世界上，我们可以有尊严（虽然这种人的尊严是以自己在世上变得孤单为代价的，但是我们依然选择了尊严）地说，虽然我们永远无法参透自然的奥秘，无法向上帝一样要风得风、要雨得雨，虽然我们生产出来的艺术不如有机物精致，但是我们可以用来自理性的超感性基底的美的艺术所散发出来的光芒来指引自己的人生。美的艺术作为信仰的直接表达比自然美更美，自然美只是这种光芒的折射与再现，是对由理性使命而来的至善信仰的确证，通过美的艺术所折射到自然界中的光芒，我们每个人都可以创造生活的意义。

所以笔者对"康德的艺术与自然美的关系"之解释涉及艺术审美与先验哲学体系的关系问题，是要通过"美的艺术超越自然"，强调人面对自然、面对上帝时的尊严，说明康德如何通过美学消解神学，强调康德美学中重要的理性启蒙思想、人道主义思想，揭示艺术在人类生活中，如何通过表达至善信仰给人以对未来生活的启示，而作为美的艺术符号内容的自然美，如何激发每个人创造生活的意义、确证理性使命可以实现，进而重申康德美学的研究重点在于艺术问题，并凸显康德美学在西方哲学史、美学史中的重要地位。虽然这里讨论的内容可能已经被前辈学者所揭示，但是如果考虑到笔者对这个问题的解释还涉及康德哲学中的象征观点，且康德的象征观点是进入卡西尔符号形式哲学的关键入口，那么对这个问题的争辩仍是有意义的。[①]

[①] 国内学者对"美是德性—善的象征"这一康德命题的解释不能达成共识，其关键原因是我们对康德的象征观点没有做出足够的解释，象征在人类知识活动中是一种什么样的思维方式，它对人类的生活有何种作用，象征分为几种类型，这些问题笔者在现有的资料中并没有看到深入的解答。虽然朱立元的《西方美学范畴史》中提到了康德的象征观点，但笔者认为对康德的象征观点还可以有更深入的理解。参见朱立元：《西方美学范畴史》第三卷，山西教育出版社，2006，第320-321页。

三、评析国内学者关于"康德的艺术与自然美的关系"研究

"在康德看来,美的艺术与自然美具有何种关系?"国内学者对这一问题有三种回答:第一,康德认为"自然美高于美的艺术";第二,康德在这个问题上是矛盾的;第三,康德认为"艺术美高于自然"。为了强化本书的针对性,笔者将对赞成前两种观点的中青年学者的论证理由做出分析,进而从中找到需要进一步深入解释的地方,然后在此基础上简单地表明反对前两种回答的理论依据,借此使本书的核心内容得以呈现,同时也表达出正文论述中的逻辑线索。

但在此之前,笔者将对前两种观点的历史性成因做出解释,其目的是强调中青年学者依然赞成前两种观点是有历史原因的,受了早期观点的影响,因而是有代表性的。由于笔者是通过对康德美学的解释来论证第三种观点、否定前两种观点,所以只对前两种观点的成因做出具体分析。

第一,就对康德美学的理解而言,从认知心理学角度来讲,学者们通常会依据自身审美心理活动的内省感受来理解康德美学,而从审美心理活动出发就容易从自然美开始,以为人是先从自然中感受到美,后来才创作艺术。如果按照这种内省的审美心理来解读康德,学者们就会带着"美在于外部事物的心理表象恰好和主观情感表达意向相凑泊"这样一种反思性感受来理解康德,这是用如孟子说的"以意逆志"的方法理解康德美学。所以用这种解读方式来分析康德美学主要是为了说服自己,而不是理解康德。其导致的结果就是,要么我们会选择一些观点来确证我们的感受,要么我们虽然接受了一些与之相反的观点,但是依然会将这种感受与观点的矛盾解说成是观点自身的矛盾,否则我们的心理认同作用就会受到阻碍。这样,人们就看不到康德需要美学的初衷,也看不到艺术的重要性。为了得出"自然美高于美的艺术"这样一种结论,以便同自己的审美心理活动相一致,人们还会用这样的事实来确证自己的观点:康德自己并不太热衷于艺术鉴赏。当年的哥尼斯堡小城、今天的加里宁格勒能有多少艺术作品呢?也就是说,我们在接受西方哲学思想的时候,会受到这种审美心理内省感受的影响,使得我们不能在西方哲学、

康德哲学的语境下对康德哲学有合理的认识。

第二，就哲学学习而言，我们一般是先学哲学史，然后再进入某个哲学家原始文本的阅读，即我们是先粗略地感受一下哲学发展的轮廓，而后才进入其中的某个细节，这种学习方式本身也体现了哲学学科追求那本身还未向人全部展现出来的世界终点、整体的特性，所以我们对康德美学的理解必然会受到哲学史家、美学史家的影响。

例如，鲍桑葵在其《美学史》中对康德美学造成的西方美学思想的重大转变做了如下陈述："原来的形而上学的艺术批评认为，美的艺术是比普通事物低一级的东西，因此，在意义上属于普通事物，在功能上低于普通事物。现在，这一见解已经让位给一种新的见解。这种新的见解认为，美的艺术是同自然产物并列的高一级的东西，两者都只有在可以自由地象征或表现超感性的意义的时候，才具有美。模仿说为象征主义所代替，即令人们还认为艺术在某一意义上要受到外界现实的束缚，人们也了解到，由于它描绘的是单纯的形式或想象性观念，它高于自然，而不是自然高于艺术。形而上学的批判被关于美的形而上学意义的各种理论所代替了。"[①]

黑格尔在其《美学》中认为，"可以肯定地说，艺术美高于自然。因为艺术美是由心灵产生和再生的美，心灵和它的产品比自然和它的现象高多少，艺术美也就比自然美高多少"[②]。"心灵和它的艺术美'高于'自然，这里的'高于'却不仅是一种相对的或量的分别。只有心灵才是真实的，只有心灵才涵盖一切，所以一切美只有在涉及这较高境界而且由这较高境界产生出来时，才真正是美的。就这个意义来说，自然美只是属于心灵的那种美的反映，它所反映的只是一种不完全不完善的形态，而按照它的实体，这种形态原已包涵在心灵里。"[③] 正是在这样一种西方美学史的语境下，一些学者认为，康德美学赞同艺术美高于自然美。

第三，哲学的精神在于独立思考，所以国内学者不会听从国外对康德的

---

① [英]鲍桑葵：《美学史》，张今译，广西师范大学出版社，2001，第229页。
② [德]黑格尔：《美学》第一卷，朱光潜译，商务印书馆，1997，第4页。
③ [德]黑格尔：《美学》第一卷，朱光潜译，商务印书馆，1997，第5页。

评价，会怀疑他人对康德赞同艺术美高于自然美的断定，他们要带着这样的问题亲自对康德哲学考察一番，对这个问题做出独立的阐明与解释。所以朱光潜、蒋孔阳等著名学者都分别在其著作中为这个问题寻找答案，他们提出的观点是，康德关于美的艺术与自然美的关系的论述是矛盾的，康德之所以没有直接表明美的艺术超越自然，是因为他在这个问题上是犹豫不决的。

朱光潜在其《西方美学史》中认为："康德在美的艺术中并不要求所表现的事物本身美，只要求事物的形象显现美。他从这里见出艺术美高于自然美；……但是，康德又认为艺术如果表现在自然中惹人嫌恶的事物就会破坏美感，因为在自然中惹人嫌恶的事物在艺术中仍会惹人嫌恶。……这里似乎流露出莱辛的《拉奥孔》的影响，也流露出他对于艺术美在事物本身还是在事物的形象显现这一问题上的看法有些自相矛盾。"①"如果艺术美和自然美确实是两回事，我们就不能责备康德前后矛盾。但是艺术美与自然美的对立究竟如何才能统一？它们如果是不可统一的两对立面，为什么却都叫做美？这些问题康德却未充分考虑过。因此，自然美与艺术美、创造与欣赏、天才与审美趣味在康德的思想中始终都是对立的。"②可见，朱光潜是根据黑格尔美学来评价康德美学的。

朱光潜指出，康德认为"自然貌似艺术，就是见出艺术的自由；艺术貌似自然，就是见出自然的必然。不单是艺术摹仿自然，自然也摹仿艺术；艺术向自然摹仿的是它的必然规律，自然向艺术摹仿的是它的自由和目的性。康德对于艺术与自然的关系的看法比过去美学家们较深入了一层"③。这就表明，朱光潜认为虽然康德的美学观点比以往的艺术模仿自然说有突破、更进一步，但是他依然没有完全摆脱艺术模仿自然说，所以他才会在自然美和艺术美的关系论述上充满矛盾，但"他的思想是趋向辩证的，他所指出的统一的方向也基本是正确的。后来歌德、席勒和黑格尔等人所发展出来的美学观点，也正是朝着康德所指出的这个方向走。这是一个不小的功绩，所以他无愧于

---

① 朱光潜：《西方美学史》下卷，中国长安出版社，2007，第27页。
② 朱光潜：《西方美学史》下卷，中国长安出版社，2007，第28页。
③ 朱光潜：《西方美学史》下卷，中国长安出版社，2007，第25页。

德国古典美学开山祖的称号"①。

同样,蒋孔阳在《德国古典美学》中指出:"康德认为,从引起'直接的兴趣'来说,自然美优越于艺术美。所谓'直接的兴趣',就是不掺杂任何虚伪的魅力,也不掺杂任何实际的利益,而只是直接面对自然。……康德的这种讲法,无疑地受到了卢梭以来'回到自然'的影响。……因此,康德的观点是有他的时代的根据的。然而,从表现方面来看,康德又认为艺术美优越于自然美。……因为艺术美能够把自然中丑的东西表现为美,所以康德认为艺术美优越于自然美。……艺术美又和完满性的概念发生了关系。康德在《美的分析》中所排斥了的目的性概念和完满性概念,却在艺术美的分析中被肯定了下来。这除了说明康德的自相矛盾之外,也说明他对于美的分析实际上只适用于自然美,而不适用于艺术美。正因为艺术美包括了自然美所不能包括的东西,所以艺术美也就优越于自然美。康德割裂自然美与艺术美,然后来探讨它们之间的关系,这本身就是一种形而上学的做法,自然得不出正确的结论了。"②

对于康德论艺术家的独创性,蒋孔阳是这样解释的:"康德的这一看法,也不是凭空产生出来的。十八世纪中叶以后,资产阶级要求个性解放的呼声愈来愈高,他们为了反对古典主义亦步亦趋地模仿古代的作品,天才的独创性问题就愈来愈被重视了。"③最后,蒋孔阳在对康德美学思想做评价时说道:"他的目的,是要用他先验的唯心主义观点,来把过去不同流派的美学,加以调和折衷,形成一个新的体系。正因为他是从调和折衷出发,所以他的美学中常常出现一些相反的观点。这些相反的观点,构成了他美学中矛盾的内容。朱光潜先生在《西方美学史》一书中说:'在西方美学经典著作中没有哪一部比《判断力评判》显示出更多的矛盾,也没有哪一部比它更富于启发性。'这一论断,我们认为基本上还是符合事实的。"④

可以看出,蒋孔阳对康德美学的评价由于使用了中国马克思主义美学的

---

① 朱光潜:《西方美学史》下卷,中国长安出版社,2007,第37页。
② 蒋孔阳:《德国古典美学》,商务印书馆,2005,第110–111页。
③ 蒋孔阳:《德国古典美学》,商务印书馆,2005,第106页。
④ 蒋孔阳:《德国古典美学》,商务印书馆,2005,第118–119页。

观点，所以与朱光潜略有不同，但基本上也同样认为康德对美的艺术与自然美的关系的看法是矛盾的，而这表明康德美学还深受前期美学思想的影响，他虽然对美有新看法，但是前后不统一，没有把自然美与艺术美当作一件事情来看待。以上对康德美学的评价，将康德美学在西方美学史中的地位给降低了，黑格尔的地位却无形中被凸显出来了，鲍桑葵对康德美学的评价反而显得过高了。①

前辈学者在早期对康德哲学有这种理解的成因在于，当时国内学者只是重视《判断力批判》中的美学部分，对目的论与美学的关系有所忽视。这种忽视的原因在于，学者们只是重视《纯粹理性批判》中的认识论，所以对《判断力批判》的理解也是带着这种认识论的态度来进行的。这样一来，对美学的研究就成了对审美和艺术创造的研究，而忽视了它们与先验哲学体系的关系，它们与形而上学所探讨的自由、灵魂和上帝的关系。笔者甚至看到学者们当时是将鉴赏与艺术创造当作认知心理学来解释的，而不是当作认识论来看待。如果我们只把美学当作心理学、人类学来对待，这种态度和康德之前的经验主义美学家们对美和艺术的研究方式就没有区别，那么美学就不是哲学，而只能算作一种有关人的艺术和审美活动的片面理论。

到现在为止，依然有学者从心理学、人类学的视角解释康德美学，并将康德美学看作是审美哲学而不是艺术哲学，这是有其历史原因的。现在，当我们重视康德的《实践理性批判》和《判断力批判》中的目的论之时，试图用美是德性—善的象征来解释美与自由的关系，来阐明美与先验哲学体系的关系时，这种对康德美学的研究方式、这种认为康德论美的艺术与自然美的关系的观点是矛盾的，依然对国内康德美学的研究产生影响。

例如，杨道圣认为："康德关于艺术的论述中存在着这样的矛盾：一方面，

---

① 前辈学者的观点在邓晓芒的著作中也有所体现："第一次（§42）从智性的兴趣（道德）出发，认为自然美高于艺术美；第二次（§45）从艺术中的美出发，认为自然美与艺术美同一；第三次则从艺术本身的可能性条件即天才出发，反过来把艺术美放到了自然美之上"。参见邓晓芒《冥河的摆渡者：康德的〈判断力批判〉》，云南人民出版社，1997，第77页。邓晓芒还指出："一般来说，康德是瞧不起艺术的，艺术只是奢侈，只是好看。"参见邓晓芒：《康德哲学讲演录》，广西师范大学出版社，2005，第120页。

作为审美鉴赏力对象的艺术只能引起人性中社会交往的兴趣，籍着艺术的教化，可以使人远离人性中倾向于欲望的统治，使人变得更文明，就此而言，它低于自然美；而另一方面，作为天才作品的艺术，因其所具有的不可解释的精神创造性的作用，可以启发我们达到一种有机整体的自然观念，就此而言，它具有自然美、乃至科学知识不可比拟的优越性，由此形成了康德的艺术悖论。"[1] 虽然杨道圣对这个问题的提出，不再是为了批评康德，而是为了消除这种悖论，希望借此而强调美的艺术对人有理性启蒙的作用，美的艺术是人反思自然的方式，但是杨道圣依然没有对美的艺术超越自然做出正面回答，原因在于康德强调艺术美只能激发社交兴趣，而自然美直接激发道德兴趣。

申扶民认为，在康德那里，艺术美至多可以和自然美处于并列的地位，艺术美只能等于或低于自然美。艺术美可以与自然美并列，是因为像是自然的艺术才是美的艺术，美的艺术是在与自然相同的意义上，才不仅可以作为纯粹审美判断的对象，而且能够作为道德的象征而存在，[2] 而康德认为自然美高于艺术美的原因在于自然美具有艺术美所缺乏的道德内涵：

> 康德对于自然美的推崇在学术界的康德美学研究中并没有得到相应的重视。……到了第三批判，康德却将自然美与道德密切联系起来了。自然美的这种道德优越性是在与艺术美对比的巨大反差中呈现出来的。……自然美象征了我们的自律意志。出于道德原因而贬抑艺术美的做法并非始于康德……柏拉图就公开表明了他对艺术的敌视态度。……卢梭却对科学和文明的弊病保持着清醒的认识。在他看来，科学和艺术所带来的所谓进步只是一种文明的幻象，实际上所导致的却是人性的腐朽和堕落。卢梭的这种观点对康德产生了深刻的影响……康德对艺术的看法也正是从此出发的……艺术美总是与人的难以满足的功利目的联系在一起。……既然康德否定了

---

[1] 杨道圣：《艺术的悖论：康德论作为鉴赏力对象的艺术与作为天才作品的艺术》，《海淀走读大学学报》2002年第1期，第17页。
[2] 申扶民：《康德批判哲学视野中的审美与自由》，《哲学研究》2008年第1期，第90—94页。

艺术美对道德的促进作用，那么唯有自然美能肩负起此重任。……自然美在康德美学中具有如此重要的地位，但在他之后，自然美的地位却一落千丈。

黑格尔并不排斥自然美，但却认为艺术美高于自然美。……在他们看来，艺术美是人的自由精神的体现。尽管在审美对于人的自由实现的目的上，康德与他们是一致的，但康德美学的根本出发点是迥然不同于后者的。康德对美学的兴趣完全是出于解决存在于自然和自由之间的悬而未决的问题，因此，艺术根本就不是康德美学的出发点。康德美学关注的焦点乃是同时作为感性自然存在物与超感性的理性存在物的人，何以能在自然中实现自由的终极目的。人的自由能否在自然之中感性显现出来，就取决于人以何种方式对待自然。在康德看来，人只有对自然进行审美判断，才能既置身于自然之中，而又能超越自身的自然本性，从而获得自由。正是在自由的道德层面上，我们才能理解康德如此看重自然美的原因。

因此，阿多诺认为，自然美之所以从美学中消失，是由于人类自由与尊严观念至上的不断扩展所致。他的这种解释对于自然美在美学史上的地位浮沉不无道理，因为正是启蒙运动以来人的主体地位的崛起，使得自然客体作为一个参照系的地位明显下降。然而，如果以此来解释康德美学则失之偏颇。对于康德来说，情况刚好相反，正是由于康德对人类自由与尊严观念至上的推崇，自然美在康德美学里面才具有至关重要的作用。自然美昭示了自然的道德合目的性，表明了在自然向人生成的进程中，人作为自然的终极目的，必然是从自然走向自由的。[①]

可以看出，申扶民得出康德认为自然美高于艺术美的理论依据是：人的

[①] 申扶民：《审美与自由：康德美学的伦理学诠释》，博士学位论文，中国社会科学院研究生院哲学系，2006，第51—55页。上述观点与论证亦可参见申扶民：《自由的审美之路：康德美学研究》，中国社会科学出版社，2009。

自由使人有了道德理念，自由和道德理念都是非经验性的，由于人的有限性，人无法完全依照道德律而生活，所以在自然中，自由永远无法实现。作为经验世界的自然与作为本体的自由之间有一条不可跨越的鸿沟，自由与自然的统一只能是自由在效果上作用于自然，即人在自然界完全按照道德律来生活，而这是不可能的，所以自由与自然在经验世界的统一是不可能的，但是通过目的论，我们看到自然是向自由生成的，表现在人类社会这里，人有一个从恶到善的过程，而且恶是人向善的动力，所谓"恶中开出善之花"。

自然目的是客观的自然合目的性，审美是主观的自然合目的性，所以不依照概念而进行判断的判断力以目的论为基础，所表达出的就是自然向自由的生长，自然向人这个终极目的的生成。虽然自由在自然中无法实现，但是美是自由的感性显现，它表达出的就是自然向自由生长的这个变化的过程。因而美就是道德的象征，美能象征道德的原因在于，美和道德能够契合于无功利性之上。虽然自由无法在自然界实现，但是美是自由的感性显现，因而美就统一了自然和自由。

既然美是如此这般，那么自然美必然能够是道德的象征，自然美激发道德兴趣也不足为奇了。艺术美由于并非自然，所以它作为艺术和功利的东西结合在一起，不能象征道德也就顺理成章。但如果艺术美也表达出了自然合目的性，那么它还是有道德维度的。但从美是道德的象征、自由的显现来考虑，从艺术美结合着功利来考虑，自然美还是高于艺术美的。因为通过鉴赏自然之美，人就能够超越自然（情欲）本性，从而获得自由，艺术美只有在似自然的意义上，才能和自然美相提并论。笔者同样认为，机械的、模仿自然、模仿他人的艺术美低于自然美，因为这种艺术只是再现性的，而不是创造性的，只有有精神的、生气灌注的、好似有机体的艺术美才高于自然美，机械的艺术美是天才创造的艺术美的光芒的再折射。

申扶民已经将康德美学放入了先验哲学中来考虑，而且将美与道德自律的关系理解得非常深入，这本身就表明，中青年学者对康德美学的理解已经有所推进。申扶民的观点可以用叶秀山先生关于鉴赏判断的观点来加以总结。对（自然）美的鉴赏判断"在审美—趣味的层面提供一种'不确定'的'秩序'，只具备'秩序'的形式，而不能'概念'化，不能'公式'化。亦即，不能'规律'化。审美—趣味，并不是从一条原则或公式，定理出发来寻求'例证'，而是从'个别'中见'一般'，于感觉中见理性，于'混沌'中见'秩序'，于'现象'中见'本质'，在'必然'中见'自由'"①。

申扶民对康德美学的解读还可以进一步推进。第一，我们应该明确区分先验哲学与人类学哲学的区别。心理学和人类学在康德看来是与哲学截然不同的自然之学，只有当人类学涉及目的论的时候，它才被勉强称之为人类学哲学，但它是归于目的论的，只能算作是先验的自然合目的性原则的一种经验性应用，因而不是先验哲学，而只是经验哲学。如果用人类学哲学中的观点来理解美的艺术与自然美的关系，那么就必须考虑以下几个问题：首先，当我们从康德美学中剥离人类学哲学的观点时，康德是否依然认为自然美高于艺术美？自然美与道德兴趣的关系、艺术美与社交兴趣的关系只是经验的事实，自然美与艺术美分别带有不同的兴趣，恰恰是合目的性的，只有这种事实才能促进人类社会的合目的性发展。

其次，当我们用人类学哲学来理解康德美学的时候，应当注意欣赏自然美与艺术美的人的道德素质和自然素质问题，即看到艺术美对自然素质生长的促进作用，以及作为美的艺术中的内容的自然美对道德素质生长的促进作用。这样，我们可能就不会对美的艺术与自然美做出谁优谁劣的判断了，有艺术鉴赏力的人，甚至是艺术创作的天才可能在德性上有更大的缺陷，这只是表明鉴赏判断更多的是出自自然概念，和人的理论理性有关系，而天才的艺术创造是出自与人的诸认识能力（包括实践理性）相对应的超感性基底，它完全不同于鉴赏判断，这种创造并不需要天才有较为完善的德性，因为艺术创造只是人的本性的表达，这种本性在道德素质方面完全可以是有待生长的。

最后，如果我们要在人类学哲学的语境下考虑对自然与艺术的鉴赏，我

---

① 叶秀山：《康德〈判断力批判〉的主要思想及其历史意义》，《浙江学刊》2003年第3期，第7页。

们就要考虑人的鉴赏判断是出于自然概念还是自由概念，以揭示美对追求真理和至善的促进作用。如果对艺术美、自然美只是做出出自自然概念的鉴赏判断，那么它们只和真理的反思相关，只能激发人对自然的进一步规定；如果对艺术美、自然美或崇高做出出自自由概念的判断，那么它们就会和至善的反思相关。美的艺术本身的价值不会因为不同层次的人看待它就会改变，如果你有美丽的灵魂，你就能从中看出美好；如果你内心不纯洁，你看到的就是享受。自然美之所以引发道德兴趣，是因为它是真实的世界，和艺术世界不同，人对信仰的表达不能只是落实到艺术世界中，人还希望这种信仰的实现本身在真实的自然界就是可能的，所以对自然的鉴赏往往是出于自由概念的鉴赏，但艺术世界不是幻想，它比自然世界更真实。

第二，如果我们肯定这个前提：假设鉴赏是出自自然概念的，那么这种鉴赏只是和真相对应，因而不象征道德；假设鉴赏是出自自由概念的，那么这种鉴赏就和善相对应，因而象征道德，那么当我们不再用人类学哲学来考察美的艺术与自然美的关系时，当我们试图根据康德的先验哲学体系与美的关系来思考自然美与艺术美的关系时，根据我们对美的艺术的理解，对美的艺术的判断如果是出自自由概念的，它也可以是德性—善的象征。

这是因为，知性意图的满足才会形成美感，当判断力利用由类比艺术而来的自然合目的性概念这条先验原则对自然进行再自律时，即从自然界看出、反思出或者更确切地说强加给自然这种形式的时候，真正说来，我们是看到了自然是适合实现理性使命的。这样，人才能通过感性感受到愉快。

但这其中有直接和间接之分：如果判断力依照自然概念对自然做出再自律，这里反思出的是有条件的自然合目的性，所以还不能直接就感受到自然是适合理性使命的实现的；如果按照自由概念对自然做出再自律，这里反思出的就是无条件的自然合目的性，所以就能直接感受到自然是适合理性使命的实现的。真理和至善在理性使命这里是统一的，所以依照自然概念做出的自然合目的性判断虽然是在激发对真理的追求，但是这种追求中本身就含有和至善相统一的诉求。这里将有机的形式整体做出硬性的分割，也是出于明晰自然合目的性概念作为真与善的中介性概念，是如何分别促进人的认识活动和道德实践活动的，虽然这两种活动真正说来是统一的，即求真是最高的德性，至善需要以求真为目标。

虽然鉴赏作为给自然塑形的活动依然受到质料的束缚，但是它赋予的是质料感觉间诸关系的形式。我们认为，鉴赏是判断力在对自然进行再自律，而不是他律，不是质料感觉决定了人要赋予它何种自然合目的性的形式。这种对自然的再自律是强加给自然的，是因为我们的知性永远无法完全将这种自然合目的性中的质料感觉间的关系概念化确立出来。理性之所以要这样做，就是要让自身意识到理性使命在自然界中的实现似乎是可能的，知性依照这种自然合目的性的形式而探寻出来的自然规律，似乎证实理性对自然的这种再自律是合理的，理性使命是适合于在自然中实现的。

也就是说，在鉴赏判断中，理性不管自然本身如何，它就是要通过自然合目的性概念对知性的范导而使知性在追求真理的时候，带着实现至善的诉求。也正是因此，我们才信仰至善在自然界是可能的，并且带着这样的信仰去进行道德实践，即追求真理和至善。纯粹美的对象、自然中非人的某物之完善或说依存美的对象，首先能促进人追求真理，但美感更来自判断力反思出的"自然适合实现理性使命"这一原则，所以它们也可以象征道德，但这种象征只是粗糙的感性表征，因而只能象征如康德所说的崇高、勇敢、坦诚、友爱、谦逊、坚强和温柔这样一些理念，但很难象征真理与至善相统一这个最高理念。只有美的理想——高贵而美丽的人，以及美的艺术中的精神，因摆脱了质料的束缚，聚焦于最高的有机生命形式，尤其可以自由塑造感性形式，最能象征真理与至善的统一。

美的艺术何以能同自然美一样是道德的象征呢？它是因为模仿了自然，还是因为创造了另一个自然？我们必须考虑"艺术似自然才美"这一命题的含义。笔者认为，自然美，甚至崇高与艺术美的统一之处，就在于它们都是审美理念的表达，前者是审美理念的部分显现（崇高问题留在正文中进一步解释），后者是审美理念的创造，即通过有限的感性表象将审美理念整全性显现出来，艺术家创造出的"另一个自然"中的自然合目的性，恰恰也是我们身处现实中的自然合目的性，否则这个自然不会因为我们而美丽，美的艺术无法象征道德。这里我们能够推论出来的是自然美和美的艺术都是德性—善的象征，那么至少自然美和美的艺术现在相等了。

第三，通过以上思考，我们依然得出了和申扶民一样的结论，艺术美与自然美并列。那么，问题究竟出在哪里呢？笔者认为，问题的关键就在于对天才的理解上。首先，天才创造的艺术品不如某个有机物复杂。这里不是指艺术品本身，而是指艺术所表达出来的感性形象可以与自然的感性外形比较。由于自然外形的鬼斧神工不是美的艺术形象可以比拟的，所以二者不分伯仲。

其次，我们只能从申扶民的逻辑起点来考察，然后再回到天才问题上来，因为对天才的理解涉及"上帝存有的道德—目的论证明"。美表达出的必然中见出自由，实则只是表达出自然向人的生成。在目的论中，自然向人的生成，这种在申扶民看来是从恶到善的过程中的"善"究竟指的是什么样的"善"，是指我们人开始有德性地追求幸福，还是指"至善"？自然的终极目的是人，那么人在自然的终极目的又是什么？

笔者认为，如果我们要思辨"美是德性—善的象征"这一命题的含义，必须对至善问题加以考虑。对这一问题的忽视有两个方面的原因：一方面，我们受到西方哲学发展的影响，如新康德主义回避了康德的至善问题；[①] 另一方面，由于至善问题涉及对上帝的信仰，而我们在接受康德哲学的时候，只是关注他对人的自由的论述，而忽视了由自由而来的灵魂与上帝问题。

对至善问题的忽视可能会导致以下三方面的结果：（1）我们会忽视康德哲学依然是传统的形而上学，他的研究对象依然是自由、灵魂和上帝，但是他的研究方法同以前相比发生了根本的变化：他通过对先天概念的研究，先考察作为有理性的人的认识的有限性，进而利用本体概念来划定人可以认识的经验领域，然后通过道德律这个理性的唯一事实，思考非经验性的自由理念，并赋予其实践的客观有效性，尤其要通过至善理念，赋予灵魂与上帝以实践的客观有效性。（2）如果不考虑至善问题，我们依然可能对康德将自由理念

---

① ［德］格尔哈特·克勒姆林：《作为可能世界的至善：康德的文化哲学和体系建筑术的关系》，邓安庆译，《云南大学学报（社会科学版）》2007年第3期，第26–34、46页。

当作其先验哲学的拱顶石有所理解，对自由理念通过自由意志统一理论理性和实践理性有所认识，但是我们很难对康德引入目的论来完成其先验哲学体系的构建有深入的把握。正是基于至善在经验世界的可能性问题，康德才引入目的论来对上帝存有做出目的论—道德证明的。（3）如果忽视了至善问题，我们可能无法清晰掌握康德论述上帝信仰时所表达出的理性启蒙的意义。人为何不是上帝的傀儡且在上帝面前都是有尊严的？从何种意义上讲上帝变得不重要了？我们可能会对康德哲学的哥白尼式革命只是从认识论的转向上来理解，而不能从人类精神自由的解放上来理解。

就康德哲学消解神学而言，上帝只是由人的道德实践的自由而来的信仰，虽然人不能像上帝那样创造有机物，但是人对至善的追求可以通过自己的理性来进行，所以康德强调人的理论理性对原始存在者的思考，只是因为人的道德实践才会出现。理论理性的这种思考是间接服务于实践理性的，如果人没有实践理性，理论理性就不会存在，更不会思考原始存在者。

最后，基于这种对康德的考察，我们认为，这种看似是上帝智慧射向人间的光芒的美，其实只是人的理性散发出来的光芒。美所表达的不是别的，是真理和至善最终可以和谐的信仰，自然生长、人类历史发展也部分证实了这种可能性。更为重要的是，人只能通过实践来追求至善，而不是上帝的一次次善意帮助，人只能依靠自己。这样，虽然上帝作为至善的可能性条件依然被保存了下来，但是上帝对人世间的生活显得不那么重要了。人的自然目的论判断的再自律意义在此也更为凸显：自然界的生长，尤其是在人类历史发展这里，仿佛是以人的理性为转移的，而不是以上帝的意志为转移的。如果我们在这种意义上来理解康德美学，我们就会对美是德性—善的象征有更为深入的把握。美象征的是道德理念，是真理和至善统一的信仰，是由信仰而来的至善的可能性条件——上帝与灵魂。

第四，当我们这样来看待美的问题的时候，就需要对康德的象征观点做进一步的深入分析了。我们通过对康德象征观点的分析而揭示出美是如何表达信仰的。象征的思维方式不仅可以认识世界，形成自然规律，而且可以形成有理智的原始存在者理念，在上帝存有的道德—目的论证明上发挥作用，而且它还可以用感性表象来表达那无法直观的理念。象征的思维方式可以让我们对永远无法直观的、只能用理性来思考或规定的本体获得感性外观的表达，虽然我们知道感性对象并不是那个本体自身。

由于审美理念以目的论为基础，美才能表达信仰。这样，我们就会对康德为何将研究视角从作为理性表达的概念转移到了作为感性情感表达的美的对象上来有更为深入的把握，认识到虽然康德先验哲学的构建是先天概念与原则的构建，但是康德之所以还要引入和概念不同的美，是因为这个与美相对应的感性表象，其中所显现出来的精神，就蕴含着这个概念系统，蕴含着这个概念系统可以规定与反思的世界的意义，甚至蕴含着人的信仰的表达。

最为关键的是，通过对象征观点的理解，我们会看到被申扶民忽视的问题，这个问题就是：人对自然的反思是以艺术为中介的，所以如果没有艺术，自然美就无从表达。这里的艺术不仅是指人通过类比自己生产出来的艺术来形成目的论（自然显得像艺术才美），而且最为根本的是，艺术作为符号是自然符号、自然意义的表达。美的艺术中的精神，它必定是针对外部世界的，但其中属人的东西更为重要，因为这些东西是造成人如何看待自然的决定因素，人希望世界可以实现至善，希望上帝保佑与审判，这只是人的理性自由本性的表达。如果这样来思考美，那么对美的艺术创造、对自然美的欣赏，不都是一种人的美好愿望的表达吗？

第五，当我们揭示了康德的至善观点、上帝存有的目的论——道德证明，且通过象征观点澄清了"美如何表达信仰"之后，或者说，当我们通过考察美的艺术与先验哲学体系的关系，廓清了康德美学在其先验哲学体系中的作用之时，我们就可以再回到天才的问题上来，回答"美的艺术为何超越自然"了。

笔者认为，艺术美之所以比自然美更有价值，是因为美的艺术出自天才的心灵。自然美必须通过美的艺术符号才能表达，理性只有通过美的艺术才能照亮黑暗的世界，而且我们是以天才创造美的艺术来思考上帝创世的。美的艺术引发经验的兴趣，使得美的艺术具有了独立的价值，在人的生活中具有了理性启蒙的作用。

因为判断力的再自律原则是指：（1）从上帝存有的目的论——道德证明上

来看,人的自由造成的结果是人的道德自律。这种自律的含义是指,道德律是人的理性的唯一事实,它同自然他律截然不同。判断力的再自律表达的是,虽然人不能和上帝一样拥有智性直观、创造质料,但是人在现世对至善的追求只能依靠自己去实践,上帝在创世之后就缺失了,不再影响世间的生活,现实世界像是合目的性地朝着至善生长着。所以人依照其本性创造美的艺术,只是上帝显示其智慧的表现,这个美的艺术象征的就是理知世界,而作为摹本的现实世界如果符合理知世界,它就是美的。上帝要通过天才的艺术创造来显示他创世的智慧,这个天才创造出的感性表象就更加接近、适合于无法直观的理知世界的表达,而现实世界距离理知世界又是无限的遥远,所以艺术美高于自然美。(2)再从理性启蒙的意义上来看,人的理性之所以这样看待自然,之所以为了确保至善在现实世界是可能的,为了确保每一个人都可以在来生过上至善的生活,而悬设上帝和灵魂,只是自己本性的表达。我们看见自然是美的,是以符合人的理性使命而生长着的,这都是一种对至善信仰的表达。当康德通过批判目的论消解了上帝之后,我们就会知道,美的艺术创造是理性要让自己的终极使命变得可见,是要让这生活的终点通过获得图型而提前出场,而人便能通过对美的艺术的关照,有德性地追求幸福与追问生活的意义。自然美只是美的艺术中的内容,当我们看到美的艺术中所呈现出来的自然美并对它做出解释时,我们只是对美的艺术中的精神做出了极为有限的解释,只是发现了极为有限的自然意义,自然美只是艺术美的折射、再现。因为美的艺术是创造,是让理性的终极使命出场,而对自然美的解释只是制造,是对美的艺术中的精神的实现与再现。虽然美的艺术与自然美都对生活意义的创造有启示作用,但是二者在程度上有着巨大的差别。前者是全面的、持久的,后者是片面的、有限的。所以美的艺术超越自然,因为美的艺术是理性照亮世界的火炬,世界因艺术创造而美丽,而不是先有了自然美才会有美的艺术。

第六,国内已经有前辈学者认为康德强调美的艺术高于自然美,而且这在西方哲学史上已是定论。例如,叶秀山先生在其《康德〈判断力批判〉的主要思想及其历史意义》中写道:"'天才'固然表现得很'怪诞',但是它的'作品'仍是很'自然'的；人们之所以感到它'怪诞'，乃是有时它不符合'日常的经验'，它原本不是'经验知识'中的事，它是'自由''创造'的产物。它那'怪诞'的'作品'，却体现了'巧夺天工'的大手笔，比起我们当前眼下的'自然'更加'自然'，即使是'荒诞派戏剧'，比起我们日常的生活，也更加'真实'，而毕加索的绘画，即便眼睛长到了胳膊上，那种摄人心魄的力量，岂是面前的漂亮姑娘所能比拟？"[①]

综上所述，中青年学者依然在这个问题上犹豫不决，是因为这个问题涉及对康德美学在其先验哲学中的作用之讨论，涉及美应当如何作为一个哲学问题来探讨，涉及康德的至善和信仰问题，涉及康德哲学思想中的理性启蒙问题，并且这个理性并非科学理性，而是道德、目的理性。

康德之所以没有将自然美与美的艺术专门拿出来做比较，是因为自然符号和艺术符号可以统一起来，艺术符号表征自然符号是一个无须说明的经验常识，艺术符号与其所表征出来的自然符号不用比较，因为它们是符号本身的形式与内容的两个不同方面。康德只是比较了不同的艺术门类间的优劣，而没有比较艺术符号与作为其内容的自然符号。康德之所以将自然美与艺术美分开来谈，只是出于人类学哲学的考虑，要区分出艺术美和自然美在人类社会合目的性发展中所起的不同作用。

笔者针对康德美学中美的艺术与自然美的关系这一问题做出争辩，是希望证明，不是康德之后的德国哲学家才认为美的艺术超越自然，而是康德文本就持有这种观点，并且自康德之后，艺术问题成为哲学家必须面对的问题。艺术创造与鉴赏不再只是经验科学研究的对象，而是一个重要的哲学问题，因为艺术在人类的生活中，尤其在人类对生活的反思中，有其不可替代的，甚至是极为关键的作用。生活意义的展开是通过对美的艺术的解释而实现的，美的艺术是生活意义的源头。

康德对自然美的讨论也极为重要，康德将美的艺术创造与对自然美的欣

[①] 叶秀山：《康德〈判断力批判〉的主要思想及其历史意义》，《浙江学刊》2003年第3期，第11页。

赏分离开来加以考察，是对德国哲学、美学发展所做出的一个重要贡献，预示着德国现代哲学会回到康德，以非理性主义反对理性主义理念论，但是康德美学不是审美哲学，而是艺术哲学，康德美学的核心问题只能是艺术创造问题。因为美的艺术所创造的审美理念或说审美幻象，其核心内容是目的论。自然合目的性概念让人按照理性的至善使命来看待自然与想象未来，用目的论来反思自然生长和人类社会的发展。不管自然本身如何，人就是要这样看待历史、看待过去，进而预见未来，人本来就是按照理性使命来提升自己的。艺术创造是理性给自己的最高启示，人类历史为何不会向人的终极目的而进步？

四、拟解决的关键问题与全书概要

从以上对康德美的艺术超越自然论点的争辩中可以看到，为了有效思辨康德美学中美的艺术与自然美的关系，本书涉及康德的建筑术、自由观、至善与上帝证明、自然合目的性原则与目的论、象征、美的艺术与审美等内容。以下概述本书拟解决的关键问题、正文的论述逻辑与关键内容：

第一，在康德看来，经验心理学、人类学哲学与先验哲学认识论的区别是什么？只有回答了这个问题，我们才可以合理地将与自然美、艺术美相结合的经验条件剥离出去，进而在先验哲学认识论的视野中，而不是在人类学哲学或心理学的意义上，考察康德美学中美的艺术与自然美的关系。

第二，康德的至善理念与上帝存有的目的论—道德证明的关系是什么？或者说，在康德看来，目的论给出的自然—感性世界与理知世界的关系是什么？通过辨析上帝存有的目的论—道德证明，康德先验哲学体系的建筑术已经获得清晰呈现了吗？

首先，我们必须对康德的至善问题做出解释，因为只有至善的二律背反问题，才引发上帝存有的目的论—道德证明，而只有理解了上帝存有的这种证明，我们才能对天才创造美的艺术有深入的理解，进而回答美的艺术为何超越自然。

至善问题的解答在康德先验哲学中出现过两次：一次是将个人的至善生

活通过上帝和灵魂的悬设推入来生的理知世界，一次是试图将至善落实到人间，认为人类可以通过实践与认识，在无限的自然生长、社会发展中不断进步地趋近至善。对至善问题的这两种解答，最终是通过上帝存有的目的论——道德证明来完成的。

其次，清晰地揭示这个证明需要两方面的工作：一方面，我们不仅要说明理论理性对上帝存有的证明是没有结果的，而且要表明只有实践理性才能对上帝理念做出规定，上帝只是由道德实践而来的信仰，不具有理论的客观实在性。也就是说，证明上帝存有只有这一种证明方式。另一方面，我们必须对目的论做出解释。目的论不仅是理性规定上帝的基础，而且也是知性认识世界的基础。

最后，通过解释上帝存有的目的论——道德证明，我们就初步揭示出了康德的先验哲学体系。如果不这样做，我们就不会清晰了解美的艺术中的精神究竟指的是什么，美的艺术给我们的启示为何不仅可以让我们追求真理，可以让我们向善，而且还能表达出体现了真理与至善、自然与自由最终是可以统一的信仰。

第三，在康德看来，自由理念为何是对人的本体论界定的内核，凸显了人的主体性地位？为什么自由理念是康德先验哲学体系的拱顶石？如果没有人的自由，康德的先验哲学体系就是不可能的，与先验哲学体系相对应的由至善而来的上帝存有的目的论——道德证明，也是不可能的。为了解释美的艺术是理性自由本性的表达，是理性给自己的启示，而不是上帝给我们的启示，或者说，为了揭示康德哲学对神学的消解，我们必须对人的自由问题做出解释，强调人内心的诸能力最终统一到了人的道德实践上来。因为人有自由意志，人才会有自我意识，人的判断力才会把自然看作是向人的终极目的而生长着的，因而是美的。更为重要的是，人才会在自然合目的性原则对自然的这种再自律的范导之下，通过实践与认识，将理性的这一最终使命试图落实到人间，促进人类历史的进步。

第四，在康德看来，美与先验哲学体系的关系是什么？康德的象征概念的定义是什么？如何从"美是德性——善的象征"这一命题中把握美与先验哲学体系的关系？"美是德性—善的象征"这一重要美学命题，揭示了美与先验哲学体系的关系，说明了美这种反思性感受是如何象征真理与至善、自然与自由的统一的。我们必须对康德的象征观点做出解释，即在澄清康德是如何使用象征这一概念之后，再来回答美为何是德性—善的象征。

当我们比较清晰地揭示出康德先验哲学这个概念系统之后，并在此基础上澄清了上帝存有的目的论—道德证明之后，我们就可以转向美与这个概念系统的关系的解释了。美是当我们反思自然的意义时最先呈现给我们的，在逻辑上，艺术创作与鉴赏先于这个概念系统对自然意义的规定和反思，这也是康德为何要从与概念相对应的理性的反思转向与美相对应的感性的反思的原因。

这样，我们就比较清楚地认识到审美对于人感悟反思生活意义的重要性，也同时认识到美学为何是哲学。因为哲学虽然是对生活意义的最高反思，但是美所表达出的是对生活反思的最初感受。人们对自然美的感受是，不论自然本身如何，人就是要按照自己的理性使命来生活，就是要按照自己的理性使命来反思生活，通过判断力的再自律原则，就是要把自然看成是趋向至善的，并且在自然美的这种反思性感受之下，追求真与善的统一。

第五，康德如何界定美的艺术及天才的创造？为什么这种界定是先验演绎？我们必须对美的艺术创造做出解释，因为只有澄清艺术创造才能最终回答美的艺术超越自然。康德在解释艺术创造的时候，是通过天才创造美的艺术来进行的。我们认为，这种论述不是心理学、人类学，也不是对鉴赏判断的经验性演绎，而本身就是先验演绎。即是说，康德要把艺术创造与理性的自由本性之间的关系，连接成无条件的、必然的。我们必须对天才做出解释，澄清天才创造美的艺术在于让理性的终极使命提前得以感性呈现，这种幻象创造有赖于没有原则可循的神奇的象征思维方式，与关照自然美的那种象征方式截然不同。

第六，康德如何界定鉴赏判断？鉴赏与艺术创造的关系是什么？在康德看来，自然、艺术—审美与人之间的关系是什么？美的艺术为何超越自然？通过辨析艺术创造与鉴赏的关系，我们认为，人与自然之间是以美的艺术为中介的，生活意义的展开是通过对美的艺术中的精神的解释而实现的，自然美只是美的艺术中的极为有限的内容，是美的艺术折射在自然中的光芒，每个人通过对这种光芒的捕捉，都可以创造生活的意义，对美的艺术的最高反思就是将美的艺术与自然做类比，进而获得真理与至善、自然与自由相统一这样一个结论。

为了避免我们依然将康德哲学当作审美哲学，而不是艺术哲学，我们将通过美的艺术来统一对美和崇高的鉴赏。在此基础上，我们将进一步凸显康德所说的科学与艺术的启蒙并不是科学、工具理性的启蒙，而是道德、目的理性的启蒙，进而最终得出美的艺术超越自然这一结论。因为康德在他的那个著名的"表格"里，就明确指出，判断力的应用范围是艺术，而不单单是艺术的内容——自然。[①]

为了有效回答上述六方面的问题，正文的论述逻辑与内容将做出如下安排：本书的第一章与第二章是对康德第一和第二批判的回顾，意在揭示康德先验哲学体系的建筑术与自由观，明确康德为什么必须引入第三批判，才能完成其先验哲学体系的构建。本书的第三章与第四章是对康德论自然合目的性原则与目的论的解释，意在明确目的论如何完成了康德先验哲学体系的构建。本书的第五章与第六章是对康德论艺术创造与审美鉴赏的再讨论，意在澄清美与先验哲学体系的关系，回答美的艺术为何超越自然，并最终廓清康德美学中美的艺术与自然美的关系。

第一章《康德构建先验理论知识体系的理路与成果》有四方面内容。首先，我们将解释康德论自我意识与知性的先验原则之先验演绎，把康德先验哲学的研究对象和研究方法揭示出来，凸显人在认识自然时的主体性地位。其次，通过对灵魂理念的解释，将心理学、人类学与先验哲学做出明确的区分，即将心理学和人类学哲学从先验哲学中剔除出去。再次，通过对自由理念的解释，澄清自由理念的二律背反，不仅强调人的创造性在于赋予自然以形式的能力，而且为论述实践的自由和由此而来的至善信仰做好准备。最后，通过对上帝

---

① [德]康德：《判断力批判》，邓晓芒译，杨祖陶校，人民出版社，2002，第33页。

理想的解释，揭示出理论理性证明上帝实存是没有结果的。虽然这种证明为信仰留下了空位，但是上帝理想只是知性认识真理的先验概念体系中的一条调节性原则。

第二章《康德论实践原则的分解与先天实践知识体系构建》有四方面内容。首先，我们通过对康德实践观点的解释，强调实践必须包含精神实践，而且精神实践是人为自然塑形、创造生活意义的创造性能力的体现，所有的实践活动都是道德实践的手段，人的理性不仅是工具、科学理性，而且是道德、目的理性。其次，通过对自由意志与道德律的解释，将道德律演绎到自由理念之上，赋予自由以实践的客观有效性。再次，通过对道德情感的解释，将理性的道德律与道德情感做出先天必然的连接，强调理性要对感性产生影响，幸福与德性是两种截然不同的东西，同时为论述崇高做好准备。最后，通过对至善信仰的解释，揭示出由至善问题而来的幸福原则与德性法则的二律背反只能通过悬设上帝和灵魂来解决，上帝存有的证明只能是目的论—道德证明，上帝只是人的至善信仰的表达，凸显康德哲学对神学的消解。

第三章《康德论自然合目的原则与自然目的论》有两方面内容。首先，通过对康德目的概念的解释，将自然合目的性概念这条先验原则演绎到判断力对自然的再自律之下。其次，通过对自然目的论的解释，揭示出幸福不是自然的最后目的，文化符号创制才是自然的最后目的,而人是自然的终极目的，强调作为文化的科学与艺术对人进行道德实践的促进作用，凸显科学与艺术对人理性启蒙的重要作用。虽然自然目的论是主观的，不是科学知识，但是这并没有否定人类历史进步、自我完善的可能性。相反，自然合目的性原则的范导性使用，确保了人类自我解放之历史进步的可能性。

第四章《解析康德纯粹哲学体系的建筑术及其象征理论》有四方面内容。首先，通过对康德先验概念体系建筑术的解释，强调自由理念在康德知识形式系统中的拱顶石地位，以及自然合目的性概念在这个知识形式系统中的地基作用。其次，为了进一步凸显这个知识形式系统的核心组成，说明康德如何用这个知识形式系统弥合此岸与彼岸的鸿沟，通过解释康德对上帝存有的目的论—道德证明的说明，揭示出理性的最终使命就是要通过创造生活的意义、为自然界塑形的认识与实践活动，让至善理念在自然界产生效果，使得人类历史可以无限进步，提示康德对目的论的说明，是要让上帝对人世间的生活没有任何影响，康德对上帝的消解体现了其最为深刻的理性启蒙思想。再次，通过对康德象征理论的分析，我们不仅可以看到象征中的类比作用是如何形成关系范畴的，类比作用是如何形成自然规律的，而且可以看到类比作用如何将目的因悬拟地引入对自然的反思中来，从而形成自然合目的性原则，甚至上帝存有的目的论—道德证明都是通过类比美的艺术而完成的。通过对象征中表征作用的分析，可以看到人与自然之间是隔着艺术符号的，人是通过创造艺术符号来规定和反思自然的意义的，而且正是因为人的象征的思维方式可以预见未来，人才能在自然界中无限地朝至善进步。最后，通过说明康德对人做出的本体论界定，分析人的三种知识能力及其统一性，将人内心的诸能力统一到道德理性之下，强调人之所以是自然的主体，是因为人的理性首先是道德理性，而后才是科学理性。

第五章《康德论美的艺术》有四方面内容。首先，我们将解释康德对自由的艺术界定，分析美的艺术为何是一种自由的艺术。其次，我们将进入对美的艺术的解释中来，通过对完善概念和审美理念的分析，揭示美的艺术如何象征真理与至善、自然与自由的统一。再次，通过对天才观的解释，我们将美的艺术创造连接到理性的自由本性之上，且这种先验演绎是根据审美理念解释天才的艺术创造而完成的。最后，我们将解释康德论美的艺术的门类，凸显美的艺术表达超出自然美的心灵主观感受与情感。美的艺术是理性让自己不可见的终极使命提前出场，为的是对人生活意义的创造有最全面和持久的启示作用。人与自然之间是隔着美的艺术符号的，生活意义的源头就在美的艺术符号这里，美的艺术象征真理与至善的方式同自然美象征真理与至善的方式截然不同，自然美只是预示着人将对美的艺术中的精神做出极为有限的践行与解释。

第六章《康德论美、崇高与德性—善的象征关系》有三方面内容。首先，通过解释康德论美的鉴赏判断，我们要澄清为何作为经验性判断的鉴赏判断是先天的，进而将这种判断演绎到想象力与知性的协和一致之下，而且我们通过解释共通感，强调每个人应当如何实现自己的创造性，凸显康德启蒙思想的核心：每个人应通过使用自己的理性来实现自己的创造性，认识真理，是最高的德性。其次，通过分析崇高的鉴赏判断，我们揭示出崇高与道德情感、宗教情感的关系，崇高的主观合目的性与美的主观合目的性的区别，崇高为何不能象征真理与至善的统一，即崇高为何没有美那么富有成果。在此基础上，解释康德如何通过崇高的鉴赏判断，进一步消解神学。最后，通过解释康德论美的理想——人，将美和崇高统一进美的艺术中来，或者说，将康德美学中的各项内容全部统一到美的艺术中来，强调艺术创造与鉴赏只是美的艺术中的两个不同方面，凸显康德美学是艺术哲学，艺术哲学是哲学中的第一哲学。最后，通过解释美是德性——善的象征这一关键命题，廓清美与康德先验哲学体系的关系，最终回答美的艺术与自然美的关系，强调美的艺术超越自然的原因在于，康德所说的科学与艺术对理性的启蒙不仅是自然科学和工艺对工具理性的启蒙，而且是道德哲学、先验哲学和美的艺术中的至善信仰对道德理性的启蒙，美的艺术创造与审美鉴赏是明智的德性训练与想象美好未来。

综上所述，本书的核心结论是：康德美学中美的艺术与自然美的关系是指美的艺术超越自然。该结论的核心论据是：美的艺术表达出的美，与康德的先验哲学体系相对应，提示自然——艺术——先验概念系统——人之间的关系。其中，艺术符号的创造与以之为中介的对自然美或崇高的鉴赏，以自然合目的性概念为原则，且自然合目的性原则统一了真与善两组先验概念与原则，让先验哲学体系成为一个整体。

在康德的第一与第二批判中，真是 A，善是 B，二者不同且各自独立。如果要让真即是善，善便是真，即真与善相统一（A=B），且这是一个综合判断，那么就需要另一条原则 C，这条原则就是判断力的再自律原则，即自然合目的性原则，但是原则 C 并没有让真与善绝对统一，否则人就是神了。所以利用这条原则从自然的必然中见出自由，也只是对自然诸物间关系的悬设。人的主体性或说自由本性在于，不论自然是不是 A=B，人就是要通过 C 这条原则的范导，让 A=B 在自然中逐步落实，表现为人类历史趋近至善的无限进步。自然的他律并不可怕，因为理性对自然的他律是以判断力利用 C 对自然再自律为基础、为范导的。这样，表面上对自然的他律，实则上是在按照理性的自律而进行的。原则 C 不仅是艺术创造与审美活动的原则，而且也是目的论知识的原则。

美先于目的论，因而是根据原则 C 而来的反思性感受，所以先于目的论出现，因而能让主体去追求真与善，而且这种追求还是统一的，都是德行，都是创造生活的意义。美的艺术中的精神就是 A=B，是有待践行的，所以它高于自然美，人是按照美的艺术中的精神而让判断力看到自然的本质好像是 A=B，但美的艺术让未来以感性外观的形式提前出场，提示了自然是有待改造与扬弃的，所以美的艺术是创造，对自然美的鉴赏是创制，二者不可同日而语。由于生活意义的创造完全仰赖于美的艺术给每个人的启示，所以对美的艺术的形而上思考便是哲学中的哲学，真正的第一哲学，是对生活意义源头的反思，而且对美的艺术创造的形而上反思才最能见出人在自然中的主体性。

本书希望凸显的康德理性启蒙的核心思想是：追求真理就是德行，它有三层含义。首先，人在追求真理的时候，应当以道德动机为根据，要想着自己所发现的真理可以给每一个人带来好处。其次，即便人在追求真理的时候是出于自己感性欲求的满足，但其造成的结果因道德实践的规范，使得社会生活变得更好。最后，人的个性是截然不同的，每个人可以揭示出只有自己才能看到的真理，这种自由的任意因而和任何人都不会冲突，如果我们每个人都这样做了，那么每个人在此时都是自为、自律的人，每个人在此时都是目的，而不是别人的工具，这种活动本身就是一种德行的理想模式。因为每个人在此时都是为了实现自己的创造性而展开实践的，会将由此而带来的好处暂时忘记，不再陷于纷争，或者说，人类永久和平的希望在于，人的本质是真理的追寻与守护者，艺术对生活意义的追问很重要，解决利益纷争求真理与文化符号的创造本身是目的，体现出人的尊严。

第一章　康德构建先验理论知识体系的理路与成果

康德的《纯粹理性批判》和传统形而上学一样，也在考察自由、灵魂和上帝，但是康德对自由、灵魂和上帝的研究发生了根本的变化，他的研究视角转移到了知性与理性的先验概念系统上。这个概念系统由先天知识、先验逻辑、先验原则、作为调节性先验原则的自由、灵魂与上帝理念构成。通过将先验概念系统演绎到自我意识之内，重思自由、灵魂与上帝。康德强调知性与理性不能认识本体，只能认识经验现象，表明这个概念系统是属人的，是独立于、优先于经验的，是经验由以构成的原则，甚至是与经验无涉，指向经验背后的东西，是要超越经验的。

本章的研究目标是：反思康德对先验原则、自我意识与灵魂理念等关键概念的界定，进而澄清何为认识论。考察康德论自由与上帝理念，揭示康德如何把这些理念转换为认识真理的调节性原则，初步完成先验理论知识体系的构建。本章关于自由理念的首次说明，不仅为第二章康德的自由意志与实践知识体系的研究做好了准备，也为探究康德的《判断力批判》如何连接《纯粹理性批判》和《实践理性批判》给出了提示。

为了方便论述，须先从自然与自由对立统一的角度提前界定康德的自然概念：（1）自然是指自然现象，是用包含质、量、关系、模态十二范畴的先验逻辑规定的对象。（2）自然中的矿物与生物，其作为物自身、质料、超感性基底，是不可知的。（3）人的动物性是自然属性，可以用自然科学与心理学认识，人满足欲望的制作，是对自然科学规律的应用。（4）道德律对自由的显示,表明人有超越自然属性的一面,自然与自由可不矛盾地同时思考。(5)目的论把自然看作本体,人作为自然之组成,其本性中自然与自由两个方面似乎、应当是统一的,自然合目的性地生成人,人合目的地生长出道德素质,且合目的地追求至善与真理的统一。自然与自由的统一应该是"自然而然"的。

第一节　从康德第一批判的关键概念中界定认识论

一、先天知识、先验原则与本体概念

在康德看来,有理性的存在者对自然的科学规定与反思是通过先验概念体系来进行的,而先验哲学就是要比较清晰地解释这个先验概念体系分别与理性和自然的关系,因而康德所说的哲学反思,就是指分析这三者之间的关系,哲学反思并不规定什么,只是让关系变得清晰起来。人的知识能力可分为知性、判断力和理性,之所以用理性来统称这三种不同的知识能力,是因为知性与判断力都是理性的手段,而理性本身才是目的。康德的第一批判是反思作为知性的理性、理论知识体系与自然三者之间的关系。

在康德看来,在经验知识中有一类知识叫作先天知识,这些知识虽然可以包含经验概念,但是它们比其他经验知识优越。通过反思先天知识,回答"先天的综合判断是如何可能的",我们就可以找到先天知识由以构成的原则,而这些原则就是先验原则。

例如,"一切变化都有一个外部原因",这是一个先天判断,是先天知识,也可以说是形而上学原则。这个判断是综合的,因为从"变化"上分析不出来一个"外部原因",所以"外部原因"作为外在的东西,是结合在事物的"变化"之上的。这样,我们分析出了一条原则:"一切变化都有原因。"通过这条先验原则,我们就可以根据因果范畴来规定现象了。之所以把上述原则称作形而上学原则,是因为因果范畴作为形式,它主动选择了"外部"这个经验概念,而不是"外部"这个经验概念决定了由何种先验逻辑形式来规定它。

虽然"变化"也是一个经验概念,但是它表达出来的是,如果没有因果关系这种在时间先后中的作用力与反作用力的逻辑规定，我们就不知道事物是变化的。所以"变化"虽然是经验概念，但是它所表达出来的是一条先验原则。也就是说，因果关系人们是无法看见的，它只能通过类比经验对象的方式而被表达出来。因此"变化"就是因果关系，因果关系被"变化"象征了出来。因果关系表达的是时间上的前后关系，因而是经验性的。因为虽然我们看不见它，但是我们可以通过内感而感受到它，通过看得见的经验表象而类比出它，或者说，它依然是人的直观，所不同的是这种直观是内感的直观，而不是外感官的直观。

先天知识与经验知识有区别。例如，"因为小明上学迟到，所以被老师罚站"，这是一个后天的综合知识。因为从小明"迟到"中分析不出来他"被老师罚站"，所以上述经验知识就是一个综合知识，但是在经验知识的形成中，是经验选择了因果范畴，而不是因果范畴选择了经验。因为虽然我们可以用先验原则来规定现象，给自然立法，但是自然现象决定了我们用何种原则来规定现象，否则这种规定就是错误的。科学假说需要实验证实。

所以虽然我们在利用先验原则给自然立法，但是立出来的是他律的自然规律，人必须按照自然规律而生活，不能违背它。先验原则、先天的形而上学原则，都是经验知识由以构成的原则。例如，迟到的小明发生了被罚站的"变化"的原因是，老师为了让小明养成守时的好习惯，使用了惩戒的方式。对这一经验现象的认识使用的原则是：一切事物的变化都是有原因的（先验原则），而且一切事物的变化都是有外部原因的（先天的形而上学原则），小明因受到了老师这个惩戒者的作用而发生了被罚站的变化。先验的因果关系范畴及其先验原则、先天原则，可以预示未来。例如，通过这次罚站小明意识到，自己不得不养成守时的习惯，使自己的行为符合实用的社会规则，否则今后还会面临困境，遭受不可避免的祸端或惩戒。

在康德看来，人在规定现象时，使用的是先验范畴和相应的先验原则，这些原则是通过对先天知识的分析而找到的。通过反思这些先天知识与知性的关系，可以看到人在认识现象之时，是通过感性和知性的共同合作来实现对现象的认识的，而连接感性与知性的就是先验想象力。想象力是创造性的，要按照知性的逻辑范畴,把感觉提供的东西综合起来。这样,知性就通过创造性的想象力而赋予了与感觉相对应的质料以形式。人不能认识质料,而只能认识与质料相对应的现象。当没有被认识的现象被认识之时,它们就成了现相。

因为人是感性的人,不拥有智性直观,这里的智性直观还不是指可以创造质料的上帝的智性直观,而只是指认识质料的直观。知性和感性毕竟是通过想象力而联系起来的,所以知性就有自己的能动性,它好像要摆脱感性去认识无法直观的东西。所以知性就给自己提供了本体概念,这个概念就与质料相对应,指向无法直观的质料,而且知性借助形式逻辑,还可以推理,知性通过定言、选言与联言、假言与因果关系三段论寻找无条件者,让本体概念还指向了思维主体的无条件的统一、自然整体、因果关系的无条件者、绝对的必然存在者等理念。

质料是这个绝对必然的存在者派生出来的,作为本体的人虽然也是它派生出来的,但是人还是区别于自然界中的任何一物的。因为人有理性,是自由的,是主体,但是在认识现象、给自然界立法这里,本体这个概念是在消极意义上使用的概念,为了给知性的应用范围划定界限。这里的本体概念并不矛盾,我们虽然不能肯定绝对的必然存在者是存在的,但是我们也不能否认它是不可能的。因为我们对它是不认识的,如此一来,康德就给信仰留出了空位。

二、先验演绎与自我意识

康德认为,科学知识的客观实在性不在于对质料的个体感觉,而在于这些先验范畴与先验原则,而要赋予这些先验形式以客观实在性,就是要指出它们对每个人都是普遍有效的,每个人都是利用它来规定现象的。这就需要对这些原则做一个演绎,将它落实到每个人的自我意识上来,因为它们与自我意识的因果关系是无条件的、必然的。

因为如果与自我意识相对应的是经验概念,而经验概念又受到质料感觉的制约,那么这种必然性就是有条件的了,而现在,先验原则作为经验的可能性形式,与质料感觉没有关系,所以将它们的可能性落实到自我意识上,这种因果关系之演绎证明就是无条件的、必然的。这样，先验原则就具有了完全的普遍性，而没有受人的感性差异影响而来的不完全的普遍性，或者说，对这些先验原则的演绎证明，康德排除了不同的人看同一个太阳感受是不一样的这种感性差异，而只是按照每个人都是有理性的存在者这种设定来对先验原则做出演绎。

这种演绎还是有其合理性的，因为虽然每个人的理性可能也有差异，但是最起码不是质的差异，而只是量的差异。如果我们偏要认为理性有质的差异，那么我们如何能够学习科学知识、如何能够道德实践呢？康德将研究视角放在先验原则上，就是要说明每个人都是用它们来规定现象的，而且这种处理方式的优势在于，它可以忽视每个人的理性在量上的差异，忽视有些人一学就会，有些人怎么学也不会。感性却可以有质的差异，如色盲的人和色弱的人就不会看见一些颜色。虽然先验原则也是经验性的，即涉及感觉，但是这里的感觉只是感性，是与质料感觉完全无涉的纯粹的时空直观。如果我们非要说人的时空观念是有质的差异的话，那么我们人就连手表也看不懂、家也回不了。而且规定先验原则的纯粹知性范畴、先验逻辑，是科学知识的形式，并不因人而异。科学规律可重复检验，在于先验原则的客观有效性。

自我意识产生出"我思"表象，"'我思'必须能够伴随着我的一切表象；因为否则的话，某种完全不能被思考的东西就会在我里面被表象出来，而这就等于说，这表象要么就是不可能的，要么至少对于我来说就是无"①，"而这表象必然能够伴随所有其他的表象、并且在一切意识中都是同一个表象，所以决不能被任何其他表象所伴随"②。

康德将自我意识称作纯粹的本源统觉，将一切表象都由"我思"表象所伴随的这种统一称作先验统觉本源的综合统一。我意识到同一的自己，因为我把所有表象全部称作我的表象。我之所以把它们称作我的表象，是因为我能在"我思"这一个意识中理解这些表象的杂多，"否则我就会拥有一个如

---

① [德]康德：《纯粹理性批判》，邓晓芒译，杨祖陶校，人民出版社，2004，第89页。
② [德]康德：《纯粹理性批判》，邓晓芒译，杨祖陶校，人民出版社，2004，第89页。

此驳杂不一的自己，就像我拥有我所意识到的那些表象一样了"①。因此我意识到同一的自己就等于说我意识到了这些表象的一个先天必然的综合，因为统觉本身的同一性根据就在于这个先天必然的综合，而这种先天的连接，即将给予表象的杂多纳入统觉的统一性之下，是带或不带图型的一般知性通过范畴来完成的。

虽然我们对为什么知性只有通过这个种类和这个数目的范畴才能达到先验统觉的统一性不能说出任何理由，但是我们可以说，自我意识是范畴得以连接表象杂多的根源。统觉是作为一切连接的根源而以范畴的名义指向一般直观的杂多的，是先于一切感性直观而指向一般客体的，统觉这种本源的能力是知性本身可能性的基础，范畴经验性运用的客观有效性由于先验统觉的普遍性而得到了保障。

"我意识到我自己，既不是像我对自己所显现的那样，也不是像我自在地本身所是的那样，而只是'我在'。这个表象是一个思维，而不是一个直观。"② 因为"我思"这件事表达了对我的存有进行规定的动作，所以存有由此就已经被给予了，而当我意识到我实存于进行思维时，我便将自己从自然界独立了出来，我才有可能把自然界作为他者来加以认识。否则的话，就不会有自然和人之区分，就无所谓存在。

自然界作为对象之所以能被我认识，是因为我意识到这些对象都是我的对象，是我能对之进行思维的对象，而自我意识在于我意识到了同一的我，是通过将对象都看作我的对象而实现的，并非通过对我自身的内省而完成，因为由内省所认识到的自我是经验的自我，是对"我思"而言在时间中所显现出来的自我。主体的心理状态在呈现之时都不是它自己的对象，它的对象永远是某种别的东西，一种要被命名、判断和理解的心理状态必须是已经过去了的，对其认知必须更加依赖记忆。因此通过内省而感知到的各种心理状态及其活动，是内感的对象，只在时间中被表象。

---

① [德]康德：《纯粹理性批判》，邓晓芒译，杨祖陶校，人民出版社，2004，第90页。
② [德]康德：《纯粹理性批判》，邓晓芒译，杨祖陶校，人民出版社，2004，第104页。

因此我通过反思而找出的"我思",代表了对客体的一种综合。自我意识毕竟只是一种知觉,它不能实现对客体的综合,这种综合只能由知性通过对范畴的运用而完成,而这种统觉保证了范畴的客观有效性,并且是知性可能性的基础,或者说,自我意识使得知性对客体的综合统一成为必然,而知性对客体的综合统一是自我意识的同一性根据。因而康德说人有先验的认识能力,是因为人有独立于自然的先天思维能力,这种能力是由于人的自我意识而造成的。正是因为人有自我意识,那种将感性所提供给我们的直观杂多统一到一个意识之下的知性活动才成为必然。自我意识的普遍性促成了范畴在经验性运用中的客观有效性,所以先验原则就具有完全的普遍性和严格的必然性。

通过以上对知识客观实在性的解释可以看到,康德将这种客观实在性落实到了人的自我意识上。这样,人在认识自然时的主体性地位就确立了起来。如果人没有理性,没有自我意识,人就不能知道存在,不管这种存在是理论上的实存,还是实践上的存有。世界因为人的理性才存在,才能被认识和思考,如果没有人,也就无所谓自然的存在。通过对先天知识的分析来反思人的理论认识能力,这种哲学研究方式的优势十分明显。反思先天知识分别与自然、与人的理性的关系,我们就能够知道人的认识能力的限制在哪里,有什么东西理性认识不了,而且只有将这种反思的研究方式深入那不可见的地方,我们才能知道人的认识能力的限制在哪里。

通过这种对理论认识能力的反思,我们知道了人不能创造质料,而只能赋予质料以形式。我们虽不能认识质料,但可以思考质料、思考本体,所以本体没有理论的客观实在性。自我意识并非心理学上所说的经验自我,而是先验自我,我在时间中的呈现还没有出来,思维的流动变化尚未考虑,而只是单纯的"我思",是代表着统合现象杂多的思维动作。所以自我意识指向了作为本体的理性,也指向了人的自由。

三、灵魂理念不能证实灵魂不朽

灵魂理念是理论理性利用定言三段论推理出的无条件者。定言三段论推理的大前提作为原则,陈述的是一个谓词对一个主词的关系。由这种推论所得出的无条件者,不能被用作任何一个他物的谓词,是一切可能判断的绝对主词,而"我",作为持久不变的逻辑主词,正好符合这一点。这个判断就是"我思"。

我们的实体范畴也是不能被他物所规定的判断的绝对主词。因为实体的图型是时间中持存的东西,将它作为基底我们才能构想作为其实存方式的"变化",只有将它作为参照物,才能将时间规定为前后相继不断消逝的。对于实体,我们不能配以直观的图型,不能用与时间对应的数学性的原理来构成它,获得有关实体的知觉,而只能通过外感官的空间持存性的经验知觉而将它象征出来,将实体和偶性这种关系类比出来。这样,我们的实体范畴虽然是经验性的,但是它是不能被他物所规定的判断的绝对主词。因为它是我们规定变化的基础,如果还要对这个基础加以规定,那么我们就需要另一个实体,另一个参照系,而这是不可能的。

如果将自我意识这种诸思想综合中的统一,当成这些思想主体中的被知觉到的统一,并把这种意识加以物化,将之称作实体——灵魂,那么这是理性借助实体范畴在一个主体中寻找定言综合的无条件者而产生的谬误推理。因为这个经验性的,但在直观的任何方式上尚未规定的"我思",只是为范畴奠定基础的意识统一性,"但意识的统一性只是思维中的统一性,仅仅通过它并没有任何客体被给予,所以永远以给予的直观为前提的实体范畴并不能被应用于它之上,因而这个主体就根本不可能被认识"[①]。

因而灵魂只是一个对一般的思维着的存在者的悬设概念,即对"我思"这个动作执行者"我"的悬设概念,对于它我们只能说,"我实存于进行思维时",至于"我"自在地是什么样子的,我们对之没有任何知识。我们无法知道灵魂是否不朽,身体和灵魂的协同性是如何可能的。所以将灵魂作为自在之物而言,如果我们说它是实体,就会对它说得太多了。

如果我们想达到一切现象的一个系统的统一,就必须通过经验寻求一个

---

① [德]康德:《纯粹理性批判》,邓晓芒译,杨祖陶校,人民出版社,2004,第302页。

思维着的存在者的实存，而这是不可能的。因为自我意识并没有将诸现象联结到一个现象之下，而只是将诸现象统一到了一个意识之中。如果想把诸心理现象联结起来，就必须有对思维着的存在者——灵魂的知觉，而这是不可能的。心理现象的杂多如何能够统一到一个现象之下呢？这只是理性的一个合理要求罢了。因而理性为了无条件地和本源地思考这个统一性，理性就形成了作为某种单纯实体、本身自在不变地与其他现实之物处于协同性之中的理性理念——灵魂。

作为调节性原则的灵魂理念，在心理学中"把我们内心的一切现象、行动和接受性都依内部经验的线索这样连结起来，好像内心是一个带有人格的同一性而持久（至少在此生）实存的单纯的实体，然而这实体的状态则是连续交替的，肉体的状态只是作为外部条件而隶属于这实体的状态"①。这样一来，就灵魂理念在现象界的肉身显现而言，我们说得再多也是不够的。

可以看到，康德在对灵魂理念做出解释的时候，考虑了两个方面：一方面，我们不能否定我自己是个自在之物，但这个自在之物我们不能认识，因而我自己实则指的是作为自在之物的我，因为自我意识就来自人的自在方面；另一方面，康德将灵魂理念变成了人寻求知识的范导性原则，自我意识代表着将所有自然现象都统一起来，但这种统一是不能实现的，我们只能认识有限的现象，而且灵魂代表着将所有的心理现象统一起来，这也是不能实现的，我们只能认识有限的心理现象。

四、认识论不是经验心理学

灵魂理念作为调节性原则对经验心理学具有两方面的意义。② 第一，经验心理学作为一门自然科学从哲学中分离了出去。首先，利用"我思"这条先验原则，就能从我们表象能力之本性中把两个不同的对象区别开来。"我，作为思维者，是一个内感官的对象，称之为灵魂。作为外感官对象的'我'

---

① [德]康德：《纯粹理性批判》，邓晓芒译，杨祖陶校，人民出版社，2004，第525页。
② 郭宾：《康德的心理学观点与詹姆斯心理学研究》，《贵州师范大学学报（社会科学版）》2008年第1期，第34－39页。

则称之为肉体。"① 这样,作为思维着的"我"这个术语,就意味着心理学的对象了。由于我们所能认识的只是作为内感的对象在时间中显现出来的经验的自我,并且理性心理学无法证明灵魂不朽,所以经验的自我便是经验心理学的研究对象,从而心理学就有权从哲学中分离出来,成为一门自然科学。

其次,"经验性的心理学必须从形而上学中完全驱逐出去,并且它已经通过形而上学的理念而从中被完全排除了"②。因为先天知识,"不是指经验的来源,而是指经验所包含的东西来说的。前者属于经验心理学,后者属于知识的批判,特别是理智的批判;然而前者没有后者就决不能得到适当的阐发"③。也就是说,康德先验哲学研究的是纯粹知识,是在反思知识由以构成的原则之后,通过先验演绎,证明知识的客观实在性,解决的是这些原则使用的合法性和范围问题。因此就这些原则的运用而与之相对应的先验的认识能力,不具有经验性的原则,不从心理学中汲取任何东西,心理学对于这些法规没有任何影响。

而就心理学而言,以认知心理学为例,它主要探讨的是人的认知能力在具体情况下的必然应用规则。所谓具体情况,就是指那些阻碍和促进这种运用的主观偶然条件,而这些条件全部只是经验性地被给予的,因而它研究的是诸如注意、注意的障碍与后果、记忆及其错误的来源等这些心理现象。

最后,心理学中所有有关人的经验性规则是通过先验哲学中的先天原则而构成的。例如,詹姆斯有关意识流的观点指出,所有的意识就是一个在时间上延伸的、不间断的流,即每个人的思想都在有某种倾向地并且容易被觉察到地连续变化着。④意识流这条经验性规则可以隶属于一切变化都是连续均匀的这一先天原则,因而具有客观实在性,是正确的。

利用这条经验规则,詹姆斯反驳了联想主义的观点。这种观点认为,思想是由不同的概念相联合而构成的。例如,概念 a 与概念 b 相加就可以获得

---

① [德]康德:《纯粹理性批判》,邓晓芒译,杨祖陶校,人民出版社,2004,第288页。
② [德]康德:《纯粹理性批判》,邓晓芒译,杨祖陶校,人民出版社,2004,第640页。
③ [德]康德:《未来形而上学导论》,庞景仁译,商务印书馆,1982,第70页。
④ [美]威廉·詹姆斯:《心理学原理》,郭宾译,九州出版社,2007,第512页。

概念（a + b），这条经验性规则由以构成的先天原则是，"因等量而同质的东西可以相加"。这个数学性原理具有客观有效性，不是这条经验性规则错误的原因。其错误之处在于，与概念 a 和概念 b 相对应的知觉是不同质的，因而不能相加，即不能用这个原理来加以规定。因此虽然知识的客观实在性取决于先天原理的客观有效性，但是我们在使用它们规定自然之时，依然要受到感觉得以获得的质料的束缚，不能任意地规定自然。

第二，先验哲学通过灵魂理念区分精神和肉体，避免了心理学研究中的错误倾向，并且康德通过对灵魂和肉体协同性问题的探讨，为经验心理学的研究划定了界限。詹姆斯在探讨物质的自我（身体）和精神的自我（暂现的思想）之相互关系时认为，"现象就够了，暂现的思维是唯一的可证实的思想者，而且它与脑部作用的经验上的关联，是基本的已知规律"①。这条规律就是人的意识对身体的活动具有抑制和促进作用，并且人的大脑是心理活动的处所，人的意识可以通过作用于大脑皮层的神经流来控制身体的活动，而人的心理活动是通过大脑皮层中的神经流的变化来完成的。②

那么，物质事件与精神事件这两种不同质的东西为何可以相互影响呢？詹姆斯认为这是一个尚未解决的形而上学的问题，暂时采用了二元的经验并行论，并且认为这个问题将来是会解决的。③而康德认为，"如果人们考虑到这两种不同类型的对象在此并不是在内部区别开来，而只是就一个在外部对另一个显现出来而言才互相区别开来，因而那个为物质的现象奠定基础的作为自在之物本身的东西也许可以并不是如此不同性质的，那么这种困难就消失了"④。因此实体间的协同性、肉体和精神间的协同性是如何可能的，对这个问题的解决是完全处于心理学领域之外的，甚至是一切人类知识所无法了解的。

这样，我们就可以看到先验哲学作为认识论与心理学的区别了。第一，

---

① ［美］威廉·詹姆斯：《心理学原理》，唐钺译，商务印书馆，1963，第199页。
② ［美］威廉·詹姆斯：《心理学原理》，郭宾译，九州出版社，2007，第24-172页。
③ ［美］威廉·詹姆斯：《心理学原理》，郭宾译，九州出版社，2007，第417页。
④ ［德］康德：《纯粹理性批判》，邓晓芒译，杨祖陶校，人民出版社，2004，第306页。

虽然认识论也探讨人的认识能力，但是它解决的是知识客观实在性的问题，即人能够认识什么的问题。对这一问题的回答涉及对自我意识的界定，与自我意识相对应的作为本体的理性探讨，它要解答的是人为什么只能认识现象，认识现象是为了什么。心理学研究的是在经验中展开的人，和先验哲学中解释作为本体的人是不同的。因而虽然我们看到先验哲学中也在使用心理学中的术语，但是它们的使用只是为了间接地指涉作为本体的人。因为自由不可见，我们只能用经验概念来指向它，通过自由所呈现给我们的心理内容，理性所落实的知识形式，来反思我们自己。

第二，认识论探讨人能够认识什么的问题，其用意在于给知识划定界限，从而可以为解决有关人的自由或者说人的自律问题做好准备。首先，先验哲学不简单地是认识论的问题，认识论只是先验哲学研究的序曲，先验哲学在找到那个无法认识的领域之后，是要对那个领域尽力地说出些什么的，而这才是先验哲学的核心内容。经验心理学所研究的是在经验中展开的人，是作为自然一部分的人，是受到自然规律束缚的人，因而心理学的经验性规律探讨的都是有关人的他律问题。

其次，所谓人类学哲学，就是用目的论的观点来看待人类活动的经验事实。它被称为哲学，是因为它指向了理性使命在经验世界中的展开，和人的自由相关，而不单单和人的经验现象相关。由于人类学哲学不单纯是科学知识，它涉及人类生活由以展开的原因，而这个原因是先验哲学探讨的问题，所以它被称为哲学。但它是经验哲学，不是先验哲学，因为先验哲学探讨的是和经验无涉的事情，虽然这种探讨也是为了对现实生活有更深切的反思。当我们在理解康德美学的时候，心理学、人类学哲学远没有先验哲学重要。

最后，虽然心理学不能将身心统一起来，但是它在研究身心互动方面还是取得了进展，这些知识还是很实用的，不像康德所说的那样，不那么实用，先验哲学相对于心理学的优势在这里体现了出来。康德在200多年前就看到心理学解决不了的问题，因为心理学只是研究人的心理现象这种表层的东西，哲学却在反思所有自然现象背后的东西，即这些现象由以展开的原因。所以就对人的探讨而言，哲学比心理学更深入，更接近此方面的真理。通过哲学与心理学的比较，我们可以看到，哲学同自然科学相比，它的优势体现在什么地方。可以说，哲学通过对终极、本源的反思，在预见未来方面是远胜于自然科学的。

第二节 康德论自由与上帝理念

一、自由是先验理念

针对一个一般现象产生的绝对完备性理念，按照假言与因果关系三段论推理，出现了一组二律背反的辩证命题，正题为："自然律的因果性并不是世界的全部现象都可以由之导出的惟一因果性。为了解释这些现象，还有必要假定一种由自由而来的因果性。"① 反题为："没有什么自由，相反，世界上一切东西都只是按照自然律而发生的。"② 这是有关一般现象产生或发生的无条件的原因性争论。

在现象世界中，一个状态与它前面的一个状态是按照自然规律而连接着的，前面的一个状态是一个一般现象产生或发生的原因，后面的一个状态是作为结果被产生的这个一般现象。在原因和结果之间，有一个由产生或发生出来的结果的原因所规定的原因性，这个原因性作为一个行动，直接造成了作为结果的事情的产生。由于诸现象的因果规定都是基于时间条件，所以所发生事情原因的原因性作为一个行动也是被产生的，因此"一切发生的事情都必须有一个原因，因而这个原因的原因性作为本身是发生或产生出来的，又必须有一个原因；而这样一来整个经验领域不管它延伸到多么远就都变成了单纯自然的一个总和"③。

就一个一般现象发生的因果规定的绝对无条件者而言，我们可以说，这个因果序列中的每一项都是有条件的，而这个序列总体是无条件的；我们也

---

① [德] 康德：《纯粹理性批判》，邓晓芒译，杨祖陶校，人民出版社，2004，第374页。
② [德] 康德：《纯粹理性批判》，邓晓芒译，杨祖陶校，人民出版社，2004，第374页。
③ [德] 康德：《纯粹理性批判》，邓晓芒译，杨祖陶校，人民出版社，2004，第433页。

可以说，造成这个一般现象发生的原因性是无条件的，即产生这一现象的那个行动是自发的，它不受由另外一个原因按照因果联系的法则而来的规定，这个行动具有某种自发性，因而是无条件的，"而在现象中原因的无条件的原因性就叫做自由"[①]。

也就是说，我们之所以把这个行动称作是自由的，是因为这个行动具有某种自发性，从这种自发性上来理解，这个行动就不从属于另外一个按照以时间为条件的因果规律对之进行规定的原因，因而是无条件的。所以自由就是自行开始一种状态的能力，这种能力是通过一个在时间中产生或开始的行动及由此产生的结果而体现出来的，或者更确切地说，是在对现象所产生的效果中显现出来的。

自由是一个先验的理念。首先，这是理性就一个一般现象的产生寻求因果规定的无条件者的结果。其次，自由的对象并没有在任何经验中被确定地给予，从而它不包含从经验中借来的任何东西。因为自由作为自行开始一种状态的能力，是通过一个在时间中开始的行动而体现出来，这个行动就它必须通过时间的直观来规定而言，它就不是无条件者，而是从属于另一个原因的，而我们之所以把它看作是无条件的，是从这个行动的自发性来考虑的。从而我们就可以说，先验的主体作为原因具有自行开始一种状态的能力。由于这种能力作为原因的原因性，并不在作为原因的先验主体中开始或结束一个行动，而只是让我们将在时间中开始的行动看作是自发的，从而可以作为无条件者自行开始一种状态。行动的开始或结束是以时间为条件的，而先验主体作为自在之物是无法直观的，因而在先验主体自身之中是不能有行动的开始或中止的。如果在先验主体中可以通过这种能力而先行开始一个行动，那么那个经验性的行动就不会是无条件的了，而是有条件的了。所以由于作为原因的先验主体及其作为原因性的开始一种状态的能力作为自在之物是无法直观的，自由只是通过一个开始了的行动而显现出来、作为思维一个现象发生的无条件的原因性的根据、理性所悬设的先验理念。

[①] [德]康德：《纯粹理性批判》，邓晓芒译，杨祖陶校，人民出版社，2004，第356页。

二、关于自由意志的二律背反

在现象世界中，对于一个现象的产生，我们总是能按照以时间为条件的作为因果规定的经验性的自然规律而不断地在因果序列中进行回溯，从而使每一个变化都从属于另一个作为它的原因的变化。这组状态序列引导着我们去达到有可能是一切变化之物的最高条件的存有，即达到绝对必然的存在者，而这里所涉及的就不是一个现象产生的无条件的原因性，而是实体本身的无条件的实存。

以自由理念为根据的无条件序列只是诸概念的序列，因为无条件的原因性是从理知的意义上来理解的，先验主体及其自行开始一种状态的能力是无法直观的，因而无条件的原因性是被认为在可以直观的现象序列之外的。自我意识与先验原则之间有无条件的必然性，可以从这层意义上来理解。也就是说，主体自行开始了一个思维的动作，而这个动作是作为本体的人发出的，因而是无条件的。这里也可以看到，与无条件的绝对必然存在者相比，人不能创造质料，人的自由虽然造就了人可以通过实践而将一个对象生产出来，让一种状态发生，但是这种生产不是创造质料，只是重塑质料的外形。无条件的概念序列是指我们赋予质料以形式，是一种无条件的因果关系，人的自由就在于赋予质料以形式。

同理，对于实体无条件的绝对必然实存，理性要么可以认为，所有现象的实存都是有条件的，是有条件的必然实存，但作为一个现象序列的总体是无条件的，因而现象序列的总体是无条件地必然实存着的；要么可以认为，条件序列的最高一项作为世界的原因是无条件地必然实存着的。

如果我们把现象当作自在之物来看待，那么行动作为原因性任何时候都会被有条件的原因按照以时间为条件的因果规律所规定，这个行动就不能从作为自行开始一种状态的能力的显现这方面来理解，而被认为是无条件的原因性了。因为就现象作为自在之物而言，把行动当作经验性的原因性来理解和把行动当作出于理知的能力的原因性来理解是一回事，因而自由就被取消了。同样，如果依然把现象当作自在之物来看，有关实体无条件的必然实存连同其偶然实存就会总是属于同一个诸直观的序列，因而一个作为感官世界诸现象的存有之条件的必然存在者就会被取消。理性同样会构想出上述两种情况来，形成一对二律背反。

数学性的世界理念和力学性的世界理念之间的不同之处在于，与数学性的世界理念相对应的条件序列中的各项都是同质的，因为它们涉及的是由给予的各部分而来的一个无条件整体的可能性，以及对于某个给予整体有无条件部分的可能性，所以它们和无条件者只能构成同质的经验性序列，因而对于世界是否有开端和边界、物体是否是无限可分的这种理性预设，如果承认其中的一方，另一方就会被取消，所以双方始终是矛盾的。这种矛盾是无法调和的，因而理性对矛盾双方都不能做预设，因此我们说矛盾双方都是假的。

然而，与力学性的世界理念相对应的条件序列中的各项都是不同质的，因为它们涉及的是把一种状态从它的原因推导出来，以及把实体的偶然存有本身从必然的实体中推导出来，所以无条件者就没必要和条件序列一起构成经验性的序列。关于事件产生的无条件原因性而言，我们可以说，就开展行动的能力而言，主体具有经验性品格和理知品格。与经验性品格相对应，主体的行动作为现象就会和其他现象按照自然规律而处于关联之中，而如果与理知品格相对应，主体的行动作为主体自行开始一种状态的能力的显现因而就是无条件的。主体是作为现象的行动原因，但主体的理知能力因为不能直观，是永远无法认识的，我们只能通过由它而造成的行动去思考它。

所以作为事情产生或发生的原因性这个行动，我们既可以认为它是出自自然的，是按照自然规律和其他作为规定它的现象连接在一起的，因而是有条件的，我们也可以认为它作为主体的理知能力的显现在经验性上是无条件的，是和非感性的条件即先验主体连接着的，因而是自由的。这样一来，理性对于事情的产生或发生是出于自然还是出于自由，就可以无矛盾地同时进行预设。我们既可以说任何事情的产生都是按照自然规律而有条件地发生的，也可以不矛盾地说，其中有些事情的发生还可以是出于自由的，因而是无条件地发生的。理性在承认事情的发生是出于无条件的理知原因的同时，并没有破坏事情的产生作为经验性因果链条中一项这个条件序列，因为理知条件作为非经验性的条件是不会作为这个序列中的一项的。

同理，就实体无条件地必然实存而言，我们可以说一切感官世界之物都是偶然的，因而总是具有经验性上有条件的实存。我们也可以说，对于这整个序列也可以有一个非经验性的条件，即一个非感性的无条件的必然存在者。这样一来，理性不仅可以预设感官世界中的存有都是有条件的，而且也可以无矛盾地预设一个非感性的无条件的必然存在者。因为理知的条件作为最高的一项是不会属于这个序列的，从而不会中断这个条件序列，而是让感官世界留在了在经验性上有条件的存有中。

因此根据力学性的世界理念，理性对于事情的发生是出于自然规律还是出于自由预设，对于实体是否有无条件的必然实存的预设是不矛盾的，一方不会取消掉另一方，因而我们可以说预设双方都是真的。也就是说，康德认为，出于理性自身的目的，理性在作为现象的力学性条件序列的整体没有被给予的情况下，认为经验性的条件序列中的各项都是有条件的。同时，理性也没有矛盾地预设自由理念和绝对必然的存在者理念，将自由理念对应于作为自在之物的先验主体自行开始一种状态的能力，将绝对必然的存在者理念与自然现象的整体、本体、被创造、被推动相对应。

三、自由理念的二律背反是可应用的先验原则

按照康德的观点，为了统一知性知识，理念只是理性出于自己的本性而产生的概念。这些先验理念，"仅仅把感官世界中诸条件的总体性以及在这总体性方面可以为理性所用的东西当作对象"①，因而与自由理念相对应的先验主体自行开始一种状态的能力，与绝对必然的存在者理念相对应的最高的绝对必然存在者，只是知性对其一无所知的先验客体，它们不具有经验性的客观实在性，因而是单纯的思想物，其可能性是无法做出经验性的证实的，它们只是知性认识一般感性序列可能性的先验和未知根据。

因而如果预设了事情的发生出于自由且最高的绝对必然存在者，那么力

---

① [德]康德：《纯粹理性批判》，邓晓芒译，杨祖陶校，人民出版社，2004，第453页。

学性世界理念的先验运用就是超验的,因为它们将无条件者置于感官世界之外、在一切可能经验之外的东西中了。虽然就假定超验对象而言,我们提不出任何辩护的理由,但是为了消除来自力学性理念的二律背反,我们可以不矛盾地对它们做出假设,而这样做之所以被容许,是因为就作为自在之物的先验客体而言,我们既不能说它们不可能,也不能说它们可能。

关于自由理念的二律背反是指有些事情的产生或发生,既是出于自然的,也是出于自由的。这是来自一个一般现象产生的绝对完备性理念的先验原理,它的应用对象就是能思维的自然物——人,因为"在无生命的自然或具有动物生命的自然那里我们没有找到任何根据来设想什么不同于单纯以感性为条件的能力"①。

把这条先验原则应用于人的重要意义在于,通过这个原理,可以认为人的行动所产生的结果一方面是按照经验性的自然规律而产生的,因而具有自然必然性;另一方面也可以把这些行动的结果看作是自由的结果,因而人的行动是自由的,因为造成结果的人的行动具有两种不同性质的原因性,而这两种不同性质的原因性之间并没有直接的矛盾。这样一来,这个原理就拯救了人的实践的自由。

作为自行开始一种状态的能力的先验自由是人的自由实践的根据。"在实践的理解中的自由就是任意性对于由感性冲动而来的强迫的独立性。因为一种任意就其(通过感性的动因而)被病理学地刺激起来而言,是感性的;如果它能够成为在病理学上被迫的,它就叫作动物性的任意。人的任意虽然是一种感性的任意,但不是动物性的,而是自由的,因为感性并不使它的行动成为必然的,相反,人身上具有一种独立于感性冲动的强迫而自行规定自己的能力。"②

作为主体的人,他的理性具有一种理知品格,这种品格体现在人的理性具有自行开始一种状态的能力,人的任意行动显示理性对现象具有作用性或

---

① [德]康德:《纯粹理性批判》,邓晓芒译,杨祖陶校,人民出版社,2004,第441–442页。
② [德]康德:《纯粹理性批判》,邓晓芒译,杨祖陶校,人民出版社,2004,第434页。

说原因性。这是因为在一切实践中,有一些用来规定事情的规则,这些规则作为命令而加在了进行实践的力量之上。按照这些规则,某件事情虽没有发生,但它应当发生,因为就他律的自然规律而言,"知性从整个自然中只能认识到什么是现有的,或是有过的,或是将会有的"①,知性认识不到在自然中什么是应当发生的。因而就人的任意行动而言,知性只能认识到是出于哪些自然原因或者说出于哪些感性刺激,才造成了行动的产生,或者在什么样的自然条件下行动将会产生,而永远也不可能认识到行动应当发生。行动应当发生,说明这个行动具有一种不同于自然原因的、独立于自然原因的原因性,"甚至违抗自然的强制力和影响而产生某种在时间秩序中按照经验性规律被规定的东西,因而完全自行开始一个事件序列"②。

某个人的行动显现了理性自行开始一种状态的自由能力,是因为那些作为命令规定人的实践力量的规则阐明了人的实践是自由的。实践理性出于人的任意行动的完全自发性,而为自己制定的作为命令的规则秩序,是以自由理念为前提的。思辨理性对自由理念的先验运用是超验的,自由理念作为思想物,根本不具有经验性的客观实在性,但是实践理性通过它自己所制定的完全不同于自然秩序的规则,赋予了自由理念以实践的客观有效性,因为这些实践方面的规则和秩序是以自由理念为前提的。因而出于实践理性的目的,理性对自由理念的悬设就是必要的。

人是自然世界的现象之一,因而人也是自然原因之一,人的任意行动作为原因性必须从属于经验性的自然规律,因此就人开展行动的能力而言,人作为自然原因也像其他自然物一样,必须具有一种经验品格。只要作为自然的原因性行动在其现象的结果上显示出一条规则,我们就可以根据这条规则按照现象的结果,对作为现象的人的动机及其行动加以接受,从而认识人的经验性品格的力量。"所以人在现象中的一切出自经验性的品格和其他共同起作用的原因的行动都是按照自然秩序而被规定的,并且如果我们有可能把

---

① [德]康德:《纯粹理性批判》,邓晓芒译,杨祖陶校,人民出版社,2004,第442页。
② [德]康德:《纯粹理性批判》,邓晓芒译,杨祖陶校,人民出版社,2004,第434页。

人的任意之一切现象一直探索到底,那就决不会有任何单独的人的行动是我们不能肯定地预言并从其先行的诸条件中作为必然的来认识的。"① 因此人作为现象,其一切行动都要受到自然规律的他律,并且根据自然规律,行动的产生在时间中根本不可能找到经验性的无条件的原因性。因而对有关人的他律的自然规律的探求,就可以不限定地无限进行下去,而这就是心理学、人类学的工作。

思辨理性所形成的有些事情的产生或发生既是出自自然的也是出自自由的这个先验原理,对人的应用拯救了人的实践自由。按照这条原则,可以不矛盾地将人的任意行动看作两种不同性质的原因性,就理性开展行动的能力而言,它可以具有经验性品格和理知品格。就经验性品格而言,我们可以按照他律的自然规律认识人的行动及其经验性力量,人的行动是出自自然的;就理知品格而言,人的行动可以按照不同于他律的自然规律、出自实践理性的自律的规则和秩序来进行规定,由于这种规则和秩序是以自由理念为前提的,所以可以说人的行动是出自自由的。由于思辨理性可以不矛盾地认为,人的行动既是出自自然的也是出自自由的,所以这个先验原理的运用,不仅使有关人的他律的自然规律和自律的实践法则能够相互独立和互不干扰地发生,而且就其作为调节性原则的经验性应用而言,它可以和灵魂理念一起,引导人类学、心理学通过对人的观察或内省,不断地、永无止境地去追寻有关人的他律的自然规律。

四、上帝是主观理念

由选言三段论推理所获得的无条件者,是一个关于实在性的大全理念。某物作为感官对象不仅具有可以被先天思维的经验性形式,而且其与感觉相应的质料也必须被给予,对此物的规定,它在现象中的实在性,取决于对质料的知觉。就此物的通盘规定而言,它作为感官对象必须和现象的一切谓词相比较,并通过这些谓词肯定或否定地界定出来。与现象的一切谓词相对应的,

---

① [德]康德:《纯粹理性批判》,邓晓芒译,杨祖陶校,人民出版社,2004,第444页。

就是现象中一切实在的东西,所有的谓词意味着现象实在性的总和,指向了作为一切感官对象可能性基底的质料总和。

如果我们不这样思考自然世界,那么我们形成的关于物的概念所对应的谓词,就会有所缺失。这将使当我们取消这个物概念的时候,还会有一些关于该物的谓词保留下来。按照同一律这是矛盾的,或者说,这个概念就不是物的概念,所以我们在规定一物时,必须以现象的实在性的总和为前提。只有这样,我们才能形成有关该物的概念,否则该物就不能作为感官对象而给予我们。

我们对一个并非首次知觉到的物的规定只能是在现有知识的范围内对它加以限定,而如果此物是初次知觉到的,那么我们就要对它的实在性给予全新规定,我们的知识由此也得到了扩展。对这新对象的认识,我们必须在一切已知现象实在性的总和中来加以认识,因为对象是在经验的前后相继中被给予的,按照经验性的形式规律,根本没有和已知对象没有关联的对象。所以从这个意义上来讲,如果没有已知现象实在性的总和作为认识对象的条件,这个对象就不会被给予我们。

现在,如果把自然世界作为一个整体而认为是被给予了的,并且把一切现象的实在性作为总和而认为是被给予了的,即认为一切物都是被给予了的,认为作为一切感官对象可能性的质料的总和是被给予了的,那么我们就通过去掉"已知"这个限制,而形成一个关于实在性的大全理念,而这就是选言与联言三段论推理利用协同性范畴所获得的无条件者。

选言与联言三段论推理就是通过否定的限制,将对象肯定地分配到整体的某个部分之中。如果对这个整体不做限制,把它看作是无条件的,那么与这个无条件的整体相对应的就是关于实在性的大全的普遍概念。由于一物的实在性取决于我们所接受到的对质料的感觉,不同的物由于其质料不同就会有不同的知觉,从而对不同的物有不同的规定,因而我们可以说,与实在性的大全理念相对应的是作为自在之物的一切质料的总和,是所有先验内容总和。它之所以是理念,是因为它的对象作为一切现象的实在性的总和,是自在之物,无法给予。因而这个超验理念的对象就是一切质料的聚合物,它把一切先验内容包含在了自身之中，那些否定的谓词对它没有任何限制，所限制的只是作为其组成部分的那些由质料而来的物的实在性。

就根据假言与因果关系三段论推理而获得的最高无条件绝对必然存在者而言，这个优先实存的存在者可以是在实在性上受限制的存在者，但是理性就会问：这个受限制的存在者有什么样的属性，从而可以作为最高无条件绝对必然存在者？它的质料和其他有条件的存在者的质料有何种区别，且这种区别让它成为优先实存的存在者？也就是说，理性不会满足于认为，在质料方面同其他有条件的物的质料是相似的物，是无条件的必然存在者。理性认为物质，或者说，凡是属于这个世界的东西，都不适合于无条件必然存在者这个概念。理性所寻求的这个必然存在者，必须能够回答包括人（灵魂）在内的诸物是如何可能的。这个必然存在者作为诸物之可能性的根据，是处于世界之外的，只有这样理性才能安歇。

为了回答这个问题，理性到处寻找与无条件的必然性相适合的概念，理性只能找到有关实在性的大全理念，它作为无条件者是适合无条件的必然性这个概念的，因为就无条件必然实存而言，我们既可以说作为条件序列中的最高一项的那个条件是无条件的，也可以说整个条件序列是无条件的，而其中的每一项都是有条件的。作为最高项的无条件绝对必然存在者，是其非存在为不可能的存在者。这是因为如果这个绝对必然存在者其非存在是可能的，那么我们就会继续寻找它得以存在的那个条件。这样一来，它就不是绝对必然存在者了，而是有条件的必然存在者了。

同理，这个无条件的整个条件序列也是其非存在为不可能的存在者，所以我们可以无矛盾地把整个条件序列看作这个条件序列中的最高一项。我们可以用有关实在性的大全理念来规定这个最高绝对必然存在者，把这个存在者看作是最高实在性存在者。这个无条件的必然存在者之所以可以优先实存，是因为它具有最完备的实在性，它在自身中具有一切可能之物的所有条件，但其本身不需要任何条件，它在任何方面都是无缺损的，在任何地方作为有条件的存在者的条件都是充分的。使用有关实在性的大全理念，可得到一个完全规定的最高无条件绝对必然存在者理念，这就是上帝理念。康德将上帝理念称作理想，这是因为"比理念显得还要更远离客观实在性的就是我称之为理想的东西，我把它理解为不单纯是具体的、而且是个体的理念，即作为一种个别之物、惟有通过理念才能规定或才被完全规定之物的理念"①。康德还将人看作是美的理想，这个理想是个体理念，只能通过审美理念才能来规定，这就是人表达审美理念的含义，即美丽而高贵的人在此时并不简单地就是现象，而是本体，是理念的对应物，人的美丽与高贵来自人的心灵，来自人的理性，是感性中显理性，人性中象征神性。

作为最高存在者的上帝理念，其对象是单一对象，而不是一个聚合物。它作为单一之物将一切经验性的实在性都包含于自身，并且居于一切物之可能性的顶峰。这样一来，这个作为集合体的单一之物，就同所有其他之物区别开来，所有诸物都是这个单一之物的派生物。诸物在先验内容上、在质料杂多之综合的一切可能性，被看作是派生的，而这个单一之物作为最高实在性的基础，就是一切物之可能性的根据，而不是一切物之可能性的总和。

一切物的杂多不是基于对这个具有最高实在性存在者本身的限制，而是基于对作为其后果全部派生物的限制。"甚至我们的全部感性，连同现象中的一切实在性都将会属于这种后果，这种实在性并不能作为一个成分而属于最高存在者的理念。"②上帝理念"就是一切物的蓝本，一切物全部都是作为不完善的摹本从它那里取来自己的可能性的材料，同时一切物都或多或少地接近于这蓝本，但任何时候离达到它都还差得无限远"③。因此这个仅仅处于理性中的理想，"也被称之为原始存在者，就它在自己之上没有任何东西而言，称之为最高存在者，而就一切事物作为有条件者从属于它之下而言，则称之为一切存在者的存在者"④。由于上帝理念受到了关于实在性的大全理念的规定，而这个理想的对象是持存的，因而理性就把它进一步实体化，规定为唯一的、单纯的、完全充足的、永恒的、作为世界原因的存在者。这样一来，

---

① [德]康德：《纯粹理性批判》，邓晓芒译，杨祖陶校，人民出版社，2004，第456页。
② [德]康德：《纯粹理性批判》，邓晓芒译，杨祖陶校，人民出版社，2004，第463页。
③ [德]康德：《纯粹理性批判》，邓晓芒译，杨祖陶校，人民出版社，2004，第462页。
④ [德]康德：《纯粹理性批判》，邓晓芒译，杨祖陶校，人民出版社，2004，第463页。

上帝理念就将杂多的理念全部统一起来了。

五、否定上帝实存的证明

思辨理性证明上帝实存只有三种方式：本体论的证明、宇宙论的证明和自然神学的证明。本体论的证明是完全从概念中推出一个最高原因的存有，从最高实在性中推出存有的必然性，因而不涉及经验。宇宙论的证明是从任何一个存在者被预先给予的无条件的必然性推出它的无限制的实在性，因而涉及了利用因果律从经验中上升到世界之外的原因。自然神学的证明是以宇宙论的证明为基础，其中虽涉及了目的论的内容，但最终依然使用了因果律给世界中的存在者设定无条件的绝对必然存在者。

这三种证明方式都可以归结为本体论的证明，这是因为绝对必然存在者是其非存在为不可能的存在者，但可以不是最高实在性存在者。最高实在性存在者也是其非存在为不可能的存在者，因而是绝对必然存在者，所以可以作为条件序列中的最高一项。不论是从最高实在性中推出存有的必然性，还是从任何一个存在者被预先给予的无条件的必然性，推出它无限制的实在性，都是指我们只能用最高实在性来规定这个作为最高一项的绝对必然存在者。除此之外，理性找不到任何适合的概念来规定这个绝对必然存在者，所以只要证明最高实在性存在者作为绝对必然存在者是实存着的，也就证明了上帝的实存，而这恰恰是本体论的证明。

最高实在性存在者是绝对必然存在者，这是一个分析命题，所说的意思无非是，由于最高实在性存在者是其非存在为不可能的存在者，所以它是绝对必然存在者。这个最高实在性存在者的概念所对应的对象永远也不会不存在，因为它将所有的实存都包含在了自身之中，但如果因此就认为最高实在性存在者是实存的，那么我们就把这个分析命题当作了综合命题，因为就判断对象的实存而言，它是一个综合命题。对象的存有可以是可能的存有，也可以是实存。说对象的存有是可能的，就是说这个对象符合经验性的形式，有关它的主词按照同一律分析地包含了对它加以规定的所有谓词。如果取消了它的主词，它的谓词必须一同被取消，否则这个概念所对应的就不是这个对象了，这个对象就不能通过这个概念而被给予。

但是这个对象只是通过概念而在人的观念中被给予，它只是可能的存有，而不是实存。如果要判断这个对象是不是实存，还需要在这个对象的可能存有之上综合地加上一个条件，那就是对这个对象的知觉。这种知觉可以是直接的、直观的意识，也可以是把对象和其他对象的知觉连接起来的推论的意识，这种知觉并没有使有关这个对象概念的谓词有所增加，对象还是那个概念的对象，只不过现在它是实存着的，因为我们对它有了知觉。

最高实在性存在者是绝对必然存在者，其对象是非存在为不可能的存在者，这个对象只是在观念中通过概念而给予的对象。如果要判断这个对象是不是实存的，就需要综合地加上对它的知觉这个条件。由于我们永远也不能知觉到这个对象，所以这个对象并非实存的，甚至因为这个缘故，我们都不能说，最高实在性存在者是可能的存有，它只是理性的一个空洞单纯概念，因而不具有经验性的客观实在性。

由此可见，思辨理性证明上帝实存的这三种方式都是没有结果的，因为这种证明是超验的，而思辨理性对包括上帝理念在内的一切理念的超验运用都是没有结果的。这样一来，上帝理念就不是构成性的原理，而只能作为调节性原则。将上帝理念作为调节性原则其经验性的应用在于，由于上帝理念是由最高实在性存在者的大全理念和按照因果律而来的最高无条件绝对必然存在者的理念连结而成的，所以它可以当作两条调节性原则来使用。按照最高实在性存在者理念，我们把世界中的一切物都看作这个处于世界之外的最高原因的派生物，并且在这个理念的引导下，按照先验内容即从质料方面来寻找诸现象的差异，并把它们分类，从而使知识系统完备起来。按照最高无条件绝对必然存在者理念，我们把世界上的一切联结，都看作从某种最高的必然原因中产生出来的，并且通过对这个绝对必然原因的寻求，不断地探询自然规律，从而利用这些自然规律将诸现象尽可能地联结在一个系统之中，实现诸现象最大可能的统一。

康德在第一批判没有用目的论原则形成一个有理智的原始存在者，其原因在于，如果要形成完整的自然目的系统概念，那么我们就必须将人看作自然的终极目的。这种目的论判断出自自由概念，人必须作为道德的存在者才能是世界的终极目的，所以思辨理性必须通过实践理性才能形成这个原始存在者的概念。这里所探讨的只是理论理性对上帝的思考，而不是实践理性对上帝的规定，即对上帝存有的道德证明。

理论理性只能通过先验范畴三段论推论而形成这个上帝理念，自然目的论对上帝的证明只能先归结到本体论的证明。正是理论理性的这种对上帝的思考，才使我们通过目的论将上帝看作一个有理智的存在者时，没有把他看作是一个像人生产艺术一样制造世界的造物主，而是一个拥有智性直观"说风就有风，说雨就有雨"的神。

由于理性通过目的论原则将上帝理念看作是最高理智，因而上帝是世界的创造者，所以这里还包含着一条调节性原则：我们把世界看作神圣的智慧为了自己的至上目的而被安排成了这样，世界处于合目的性的系统统一中，这种系统统一把诸现象看作是连续的，是不断地生长着的，因而是诸现象最为完善的统一。

虽然目的论不是科学知识，我们只能利用先验逻辑范畴而形成机械性的自然规律，但是目的因使得这个认识真理的先验知识系统变成连续的，好像有机物一样是自我生长着的。也就是说，真理的展开好像有机物的生长一样，是合目的性的。这样，目的因就能够作为一条调节性原则，将特殊的自然规律尽量统一起来，并且人带着这种统一性的思维，就可以促使自己进一步发现现象之间的联系，形成更多的自然规律。

总之，上帝理念作为三条调节性原则，引导着理性不断地探究自然规律，把诸现象统一到知识系统之中。上帝理念"就是有关一个整体的形式的理性概念，只要通过这个概念不论是杂多东西的范围还是各部分相互之间的位置都先天地得到了规定"①。唯有在形式系统中，这些知识才能支持和促进理性的根本目的，所以这个理念包含有目的和与目的相一致的整体形式。先验理论知识系统的"一切部分都与之相联系、并且在目的理念中它们也相互联系

---

① [德]康德：《纯粹理性批判》，邓晓芒译，杨祖陶校，人民出版社，2004，第629页。

的那个目的的统一性，使得每个部分都能够在其他部分的知识那里被想起来，也使得没有任何偶然的添加、或是在完善性上不具有自己先天规定界限的任何不确定量发生。所以整体就是节节相连的，而不是堆积起来的；它虽然可以从内部生长起来，但不能从外部来增加"①。

这就是说，一方面，通过目的因，理性把理论知识系统的生长看作是符合人的最高使命的；另一方面，由于知识系统对应的是自然界，所以理性通过目的因也把自然界的生长看成是符合人的最高使命的。这里就凸显出了人利用目的因对自然的再自律的作用，因为如果我们是基于理性的最高使命去发现真理，去看待自然，那么自然就会向着人的理性的终极目的去变化，在人类社会发展这里，人的理性完全可以决定社会进展。所以真理在这里就不简单是一个关于自然科学知识的大全理念，人在看待真理的时候是带着理性的最高使命来对待它的，因而理性对真理追求本身就表达出了希望真理的展开，是朝着人的终极目的而进行的，希望真理和至善是一致的，而理性对真理的追求也正是基于这样一种来自自身最高使命的命令来进行的。

本章结语

在《纯粹理性批判》中，康德完成了三件工作：第一，人在认识世界时的主体地位被确立了，知识的客观实在性在于人的自我意识。这种观点强调如果没有人，就无所谓存在，存在是在意识中的存在。第二，通过限定知性的认识领域，挽救了人的实践自由，而人之所以能够认识世界，也是出于人的理智本性，即人的自由。这样，"是"和"应当是"就被分离开了，二者可以在自然界并存，并且互不影响。第三，打破了灵魂不朽、上帝实存的神话。灵魂和上帝成为认识真理的先验理论知识系统的组成部分，灵魂和上帝是理性为了揭示真理而形成的范导性原则。康德哲学消解神学的意义在于，通过把知性仔细地审查一番，消除对上帝和灵魂的迷信，这是理性自己对自己的

---

① ［德］康德：《纯粹理性批判》，邓晓芒译，杨祖陶校，人民出版社，2004，第629页。

审查。人通过使用理性而破除迷信，消除偏见，而这就是理性启蒙的含义。

　　康德完成这三件工作的核心方式是将现象和物自体分开，强调人只能重塑物自体的外形，而不能创造质料。自我意识是人的理知能力的表现，来自作为本体的理性本身，人虽看不透自由，但能认识自由所表现出来的效果、结果。质料是自然界的超感性基底，人认识自然时，先验形式必须有来自质料感觉的内容被添加进来才能形成客观知识。如果没有质料感觉，这些观念就只能是主观的，没有任何客观实在性。自我意识作为常驻的东西，恰恰是以外部空间中的物为参照系的。如果没有外部感觉，我们连自我意识都形成不了，因为思维是流动的，而感觉的获得是接受性的，是由质料的刺激而来的；如果没有外部刺激，我们就不会有感觉。康德的这种物自体与现象的区分，拯救了自由，给信仰留下了空位。

第二章　康德论实践原则的分解与先天实践知识体系构建

康德认为，人有三种知识能力，第一种是认识真理的能力，也就是利用范畴来规定现象、形成自然规律的能力；第二种是认识自然目的、感受美和崇高的能力；第三种是对人的行为做出善与恶判断的能力。第一种能力和人认识自然的能力相对应，应用范围是自然；第二种和人对愉快与不愉快的感受能力相对应，应用范围是艺术；第三种和人的欲求能力相对应，应用范围是自由。

在第一章，我们探讨了康德论自然世界、先验理论知识系统与人的认识能力的关系，本章将探讨康德论自然世界、追求幸福的实践原则与以道德律为核心的先天实践知识体系、人的实践能力三者间的关系。本章的论述逻辑是：首先，界定康德用于说明实践能力的相关概念，在解释康德的实践观点的基础上，区分追求幸福的实践原则与德性的实践法则。其次，通过解释康德论自由与道德律的因果演绎，揭示康德构建先天实践知识体系的方式。最后，通过解释康德论至善与灵魂、上帝悬设的关系，凸显康德先天实践知识体系中的核心内容，说明其关键结论：为了确保人在自然世界是自由的，康德将至善的实现推入理知世界，将上帝看作既不是可能的，也不是不可能的，仅是因人的道德律与至善而来的信仰。

需要说明的是，本章还探讨了道德情感。因为以道德律为核心的先天实践知识体系，虽然是非感性的，但是道德律使感性产生敬重的道德情感，敬重之情因而也隶属于先天实践知识体系。康德强调以敬重为代表的道德情感，是要表明传统的爱欲与同情、自我满足与热忱、爱或畏上帝等，都是道德动机不纯粹的情感。对上帝敬而不畏、谦而不卑，体现出的是人心中的道德律产生了上帝信仰。康德对人主体性作用的说明，威力巨大地消解着神学。

第一节　康德论实践、自由与道德律

一、欲求能力与意志

在《纯粹理性批判》中，康德回答"先天综合判断是如何可能的"的方式是：首先，检验先天综合知识，发现其由以构成的先验逻辑，作为先验逻辑应用的构成性先验原则，作为调节性先验原则的与自由、灵魂、上帝理念相关的诸理念。其次，将这些概念、理念、原则构筑为先验概念系统，将之作为先验理论知识体系的内核，论证其存在理由在于人的自我意识，人自由地"我思"。最后，在论证的过程中，康德将几何学、数学与自然科学的命题、原则主要与先验逻辑范畴相对应，认为先验想象力，依照形式逻辑范畴，赋予形式逻辑以先验时空图型。根据先验时空图型，我们可以规定与反思先验时空形式，而先验时空形式、带有图型的先验逻辑范畴是以牛顿力学为代表的自然科学研究的基本原则。

康德在思考人的理论认识能力时，使用了心理学中的感性、知性、想象力、判断力、理性、自我意识等概念，为的是将用于认识自然现象的先验时空形式、先验逻辑范畴、先验的构成性与调节性原则分别与人的理论认识能力的不同功能相对应，让这些先验知识形式与人的不同认识功能形成因果关系。例如，知性是先验逻辑范畴的存在理由，先验逻辑范畴是知性的认识理由，而自我意识不仅统一了人的理论认识能力，而且也是先验概念系统、先验理论知识体系的存在理由。

康德的上述认识论工作，其核心用意在于划定理论科学知识发现自然规律的限度、边界。通过区分本体、物自身与自然现象，康德认为，人只能认识现象世界，不能认识本体、物自身。根据这一研究结论，康德对自由、灵魂、上帝理念的重新思考，为的是批判思辨理性的超验使用，纠正传统形而上学的错误观点。我们强调康德的认识论不是经验心理学，是因为康德并不研究心理过程，其研究对象是理论科学知识、形而上学知识由以构成的原则，划定这些原则的使用边界与范围。康德反思的是自然—现象世界、先验理论知识体系、人的理论认识能力三者之间的关系。其中，康德对人的认识能力的揭示，显示出一种片面与断裂的痕迹。例如，判断力使用先验想象力将先验感性与知性综合起来的论证，仅是通过先验逻辑范畴的图型论与时空形式论的关联而形成的对人的认识能力的经验认识，这在当前的心理学中是已被扬弃更新的陈旧知识，但是康德对人的认识能力的这种说明，首先，指向的是作为本体的人，思考的是超出心理学规定的人的自由本性；其次，这种说明是认识论论证知识的客观有效性在于"人的主体性认识作用"的必要环节。

在《实践理性批判》中，康德依然在反思先天的实践知识分别与自然、与人的实践理性的关系。实践理性和人的欲求能力、意志相关，因为实践理性在为欲求能力、意志提供规则或法则，所以这里就涉及了人的意志与实践活动。因而需要先探讨康德关于欲求能力、意志的界定，逐步廓清康德是如何规定和反思人的实践活动与实践知识原则的。以下将先给出康德关于欲求能力与意志的定义，然后做出解释说明。

"欲求是一个主体通过有关某种自身力量的未来结果的观念，而对自身力量的自决。通常的感性欲求叫意向。"① "欲求能力是存在者的这种能力，即通过其表象而成为该表象的对象的现实性之原因的能力。"② "除了知性与种种对象（在理论知识中）所处的那种关系之外，知性也有一种与欲求能力的关系，这种能力因此而叫作意志，并且就纯粹知性（它在这种情况下叫作理性）通过某个法则的单纯表象就是实践的而言叫做纯粹意志，"③ 所以"意志要么是一种产生出与表象相符合的对象的能力，要么毕竟是一种自己规定自己去造成这些对象（不论身体上的能力现在是否充分）、亦即规定自己的

---

① ［德］康德：《实用人类学》，邓晓芒译，上海人民出版社，2005，第165页。
② ［德］康德：《实践理性批判》，邓晓芒译，杨祖陶校，人民出版社，2003，第9页。
③ ［德］康德：《实践理性批判》，邓晓芒译，杨祖陶校，人民出版社，2003，第74页。

原因性的能力"①。

"实践的规则任何时候都是理性的产物，因为它把行动规定为达到作为目的的效果的手段"②，"我们本来也可以用目的的能力来定义意志，因为目的任何时候都是欲求能力的按照原则的规定根据"③。"实践的诸原理是包含有意志的一个普遍规定的那些命题，这个普遍规定统率着多个实践的规则。如果这个条件只被主体看作对他的意志有效的，这些原理就是主观的，或者是一些准则；但如果那个条件被认识到是客观的、即作为对每个有理性的存在者的意志都有效的，这些原理就是客观的，或者是一些实践的法则。"④

康德的上述专业术语表述过于抽象、令人费解，以下将给出通俗的解释说明。首先，人的自由使人有自我意识，自我意识让人能够认识自然规律，认识自然规律就可以预见未来。人是理性的动物，既然人是动物，人就有感性需求，为了满足感性的快感，人就可以利用知性所提供的自然规律形成有关未来的观念，并将这种观念落实。当我们生产出艺术（满足物欲的产物），我们就可以通过消费艺术的质料而满足自己的感性需求，因此这种使用了知性的欲求活动，就和动物的本能活动不同，因为动物没有理性，所以这种欲求活动就是意志活动。

其次，这种活动就是实践。由于这种活动是感性把理性当作工具来利用的实践活动，是人为了满足自己的感性需求而把他人当作工具来利用的实践活动，因而知性在此就成为工具理性，所以人生产艺术的活动，实则只是知性对自然规律的一次应用。艺术或说技术只是应用型的自然规律，如果人只能利用理性来追求幸福，那么理性就只是满足人作为感性存在者需要的工具，"这样理性就会只是自然用来装备人以达到它给动物所规定的同一个目的的一种特殊的方式，而并不给他规定一个更高的目的"⑤。

---

① [德]康德：《实践理性批判》，邓晓芒译，杨祖陶校，人民出版社，2003，第16页。
② [德]康德：《实践理性批判》，邓晓芒译，杨祖陶校，人民出版社，2003，第22页。
③ [德]康德：《实践理性批判》，邓晓芒译，杨祖陶校，人民出版社，2003，第80页。
④ [德]康德：《实践理性批判》，邓晓芒译，杨祖陶校，人民出版社，2003，第21页。
⑤ [德]康德：《实践理性批判》，邓晓芒译，杨祖陶校，人民出版社，2003，第84页。

再次，人的自由并不仅仅使人有自我意识，如果人只有工具理性，那么人的自由就被取消了。正是因为人是自由的，人才有道德律，而道德律作为实践理性的唯一事实，是完全不同于自然规律的。人可以按照道德律而使未来的观念得以实存。如果人按照道德律来进行实践，这种实践就完全不同于将理性当作工具的实践，这种实践是理性按照自己使命的实践，是德行。此时理性就不是被感性利用的工具，人也不被他人当作工具来利用，理性本身就是目的，此时的理性就是道德、目的理性。道德实践表现出来的，是理性出于使命的要求对抗感性意向，抑制感性的不合法要求。此时，理性就体现出自己的崇高尊严，人们对履行道德命令的人也就充满了敬重之情。

最后，我们所说的工具理性恰恰不是理性，而只是康德所说的知性，只有提供道德律的理性才是真正的理性，即康德所说的纯粹实践理性。按照这种理性来行动的欲求能力，就是纯粹意志或说自由意志。如果我们考虑到意志活动只是因知性和理性才可能，只是因自由而可能，那么纯粹意志、纯粹实践理性其实所指的就是一回事。它们都是指按照因自由而来的非经验性的形式——道德律，而实践的能力。

如康德所说："正是同一个人，他可以将他只到手一次的一本对他富有教益的书未经阅读就退还，以免耽误打猎，可以在一场精彩讲演的中途退场，以免迟误进餐，可以抛开一次他平时很看重的理性话题的交谈，以便坐到牌桌的旁边，甚至可以拒绝他平时乐意接济的穷人，因为他现在口袋里刚好只剩下要用来买一张喜剧门票的钱了。如果意志的规定建立在他从任何一个原因那里都可以期待的快意和不快意的情感之上，那么他通过哪一个表象方式被刺激起来，这对于他完全是一样的。"[1]

所以使用理性的欲求能力的活动就是意志活动，但意志活动分为追求幸福的实践活动与根据道德命令而展开的实践活动，前者是基于感性欲求的满足，基于肉欲的维持生存、趋乐避苦的需要，是依照自然规律的制作、生产与消费；后者是基于理性的道德律，是处理人与人、人与自然的伦理关系，

---

[1] [德]康德：《实践理性批判》，邓晓芒译，杨祖陶校，人民出版社，2003，第28页。

为寻求人与人、人与自然的和谐，对人追求幸福的制造与消费活动形成伦理规范要求。

二、追求幸福的实践与道德实践

康德认为，人的实践活动分为三个部分，它们分别和人的三种素质相对应。第一，人有利用事物的技术性素质，它是一种与意识相连接的机械性素质。也就是说，人可以按照自然规律生产供人使用的艺术品或者人工制品。首先，生产艺术品是人的实践活动之一。生产艺术需要技术，技术来源于科学知识，所以科学是用来生产艺术的手段。艺术不仅包括工艺，也包括美的艺术。创造美的艺术不仅需要科学技术，而且需要审美能力。美的艺术创造就是实践活动。

其次，自由的艺术与科学的分离只是说科学与技术是不同的，技术是科学的应用，但并不表示科学工作形成的作品就不是人的产品，就不是艺术品。因为由于从事科学研究需要技术，所以也必须算作实践活动。虽然科学研究并没有重塑事物的外形，但是它赋予了事物以形式，发现了自然规律，并且这种赋予自然事物以形式的活动，是通过生产科学符号来完成的。如果没有科学研究，自然中未认识的现象对我们而言就是没有意义、没有价值的。我们把科学研究算作实践活动，是因为这种实践才能使知性得以生长，进而使我们更好地生活。实用的艺术品只是广义符号作品（科学、技术与美的艺术）的一种，是人对自然规律做出应用的结果。

最后，阅读、进餐、看戏、打猎、玩牌，从需要技术的角度来讲，也可以算作满足快适的实用性技艺实践，但还是要与美的艺术、科学实践区别开来。这些娱乐性游戏，如果仅是为了满足人的愉快，或者参与者仅是为了愉快满足与娱乐放松，而不是为了科学与美的艺术本身，那它们就是技艺性的、工具性的和机械性的技艺、游戏、游乐。对康德界定艺术的再次说明，可见本书第四章相关部分。

第二，人有实用性素质，它是一种巧妙地利用别人达到他的目的的素质。由于"人并没有像家畜那样被规定为属于一个畜群，而是像蜜蜂那样被规定为属于一个蜂房——他必然是某一个市民社会的成员"①，所以人往往是在共同协作的情况下来实现自己的目的的。人的实践活动还包括处理人与人之间实用的社会关系的活动。由这种活动所造成的人与人之间的实用的社会关系，被康德称为文化的艺术。也就是说，我们从家庭、市民社会、城邦政治中看到的人伦习俗、经济与政治关系，首先是一种实用性的彼此利用与控制、相互作为手段而竞争合作的关系，并非纯粹道德伦理关系。

第三，人有道德素质，这是一种按照自由的德性法则来对待自己和别人的素质，所以人的实践活动还包括道德实践，这种活动代表着人类的尊严，它是崇高的。如果将实践划定为与工具理性（知性）相对应的实践，那么道德的内容就缺失了，只有将实践扩展为与道德、目的理性相对应的实践，人的丰富生活才能展开。自由的艺术与科学实践对知性的生长有促进作用。美的艺术中的精神所表达出来的至善信仰、对科学的追求中所表达出来的真理与至善相一致的信仰、与道德实践相对应的善与恶的实践知识，这些精神内容对理性生长具有促进作用。我们把人精神层面的活动看作实践活动的重要组成与核心，是因为人类的生活就是通过对这些精神内容的追寻、对生活意义的追求而展开的，生活意义的展开才是人的生活变得丰富的根源。

第四，人的上述前两种素质与人追求幸福的实践活动对应，它实现的是人的感性意向，因而代表着意志的自然能力。首先，追求幸福需要制定康德称为幸福原则的实践规则，规定幸福原则需要科学知识。例如，就利用别人达到自己目的的那些熟练技巧而言，人之所以能通过对别人的意志影响而达到自己所预期的结果，就在于人拥有心理学知识。人掌握了心理学的规律，就知道在某一心理学的规律之下，如果对他人施加刺激，他的心理表象与相应的行为会是什么，那么其相应行为就可以为我所用。

其次，由于人在追求幸福的时候必须遵照自然规律，所以康德将用于追求幸福的实践规则称作他律的实践规则，它作为技术是科学理论知识的补充。他律是指"一般有理性的存在者的感性自然就是他们在以经验性为条件的那

---

① [德] 康德：《实用人类学》，邓晓芒译，上海人民出版社，2005，第272页。

些规律之下的实存，因而对于理性来说就是他律"①，"每个人要将他的幸福建立在什么之中，这取决于每个人自己特殊的愉快和不愉快的情感，甚至在同一个主体中也取决于依照这种情感的变化的各不相同的需要"②，所以各种用于实现不同感性意向的幸福原则并不是对每个人都是有效的。也就是说，由于个人幸福观的差异会让人们去追求不同的事物，所以人们会选择不同的实践规则，因而幸福原则只能是个人的主观准则或适合于一部分人的实践规范。幸福原则作为追求幸福的手段并不是每个人都可以掌握的，因为个人的天赋不同，个人对自然规律的掌握程度也不同，因而有些感性意向对一些人来说只是无用的希望。

再次，追求幸福的实践活动与人的感性欲求能力相对应。快意及人们从那推动着创制客体的活动中所期待的快乐，作为意志的规定根据都属于同一个类型，都是感性的、实践的情感，它们只有程度上的差异，主体通过对其大小的比较，从而优选出那最多的刺激起欲求能力的规定根据。③例如，通过读书而培养了心灵天赋而感到的愉快，在实现感性欲求时由于战胜了与我们的决心作对的障碍而感到的刚毅精神，高尚的兴趣情致等情感与直接来自肉体感官的快感没有质的区别，虽然前者是在人追求幸福当中，从本能的情感当中逐渐升华和陶冶出来的情感，但是它们都还是感性的情感，与追求幸福的实践活动及其规则相对应。

最后，由于人追求幸福是以由质料而来的愉快情感为条件的，所以意志追求幸福的自由是服从于机械作用的心理学自由，而并非先验的自由。所谓机械作用是指"在时间中的种种事件的所有必然性都按照因果性的自然法则也称之为自然的机械作用，虽然我们的意思并不是指那些服从机械作用之物必须现实地是一些物质的机器"④。心理学自由是指，这种心理学的因果性是通过表象而不是通过主体本身运动产生行动。表象是由外部刺激而引起的，

---

① ［德］康德：《实践理性批判》，邓晓芒译，杨祖陶校，人民出版社，2003，第57页。
② ［德］康德：《实践理性批判》，邓晓芒译，杨祖陶校，人民出版社，2003，第31页。
③ ［德］康德：《实践理性批判》，邓晓芒译，杨祖陶校，人民出版社，2003，第27页。
④ ［德］康德：《实践理性批判》，邓晓芒译，杨祖陶校，人民出版社，2003，第132页。

受表象规定而开展的行动在先前状态中就有自己实存的根据，因而表象与行动都处于过去时间中那些使之成为必然的条件之下。虽然这些刺激在主体行动时就不再受他所控制，但是由表象所引发的行动毕竟是必然的，所以追求幸福的那种心理学自由，带有自然必然性，从中并不能看出任何先验自由。这就是说，由于人在追求幸福时应用了自然规律，而对自然规律的认识来自人对自然的立法，因而毕竟间接表达了先验自由，所以被称为自由，但是自然规律是他律，不是自律，而只有自律的道德律才能证明人的先验自由，所以人在追求幸福时还不能真正证明人是自由的，因而追求幸福只能算作是消极自由。

第五，人的上述第三种素质与人完善德性的实践活动相对应。首先，康德将这种实践活动所遵从的实践规则称作德性法则。它完全不同于由自然规律而来的技术，是人的理性为自己规定的法则，它实现的是人的道德动机，因而代表着意志的自由能力。正是由于德性法则完全来自理性，不以感性为条件，所以每个有理性的人都可以意识到它，因而它是普遍的、对每个人都是有效的，每个人都应当遵守德性法则。例如，人们出于自身利益的考虑可能会对别人撒谎，但又不希望别人对自己撒谎，为了消除矛盾，获得每个人的同一性认同，只有"人要诚实"（不撒谎与保持沉默），可以是一条德性法则，而对别人撒谎，只是一条与德性法则相违背的自爱原则。

其次，康德将纯粹的实践法则称作至高的道德律，一切用来追求幸福的准则都在其控制之下。由于人是有限的存在者，他所拥有的能力不足以使他依照道德律来制定幸福原则，人的有限性决定了人不能有德性地追求幸福，所以德行与追求幸福在实践层面上是对立的、对抗的。因此道德律表现为一种理性强制，理性强迫意志按照道德律而行动，去终止追求幸福。这种行动由于是由理性和它的道德律而造成的强迫行动，因而被称作义务，人有责任按照道德律履行自己的义务。道德律就是理性给人颁布的命令，命令"我们应当绝对地以某种方式行事"[①]。当我们遵守义务时，我们才拥有义务赋予

---

① [德] 康德：《实践理性批判》，邓晓芒译，杨祖陶校，人民出版社，2003，第40页。

我们的权利。

最后，人的道德实践并不违背自然规律。人虽然能够通过科学和艺术实践来追求幸福，但是技术的制定必须符合自然规律，因而在艺术实践中，人认识到自己是生活在自然规律的他律之中的，尤其当他在利用别人来实现自己的目的时，就更清楚地认识到人的行为是按照心理学的规律来进行的，心理学可以预测人下一步的行为会是什么。例如，某人在出庭做证时，出于对自己利益的考虑而撒了谎。按照心理学规律，人们就可以通过他的家庭背景、受教育程度、性格及平时的表现等来预测这种行为，但是他违背了德性法则，犯法了。假设这个人是一个本性善良的人，他就会受到自己良心的谴责，从而鄙视自己。因为他认为这是理性的失职，他的行为与他心中的道德律所要求的行为是冲突的，他没有按照道德律而行动，而他认为自己完全是可以克服感性的冲动而强迫自己说真话的，他有能力，也应当说真话。

这不仅表明道德律与自然规律完全不同，而且表明符合自然规律的行为不一定符合道德律。现在，出于理性对他的谴责，他终于站出来承认了自己的错误，这种行为既符合道德律也没有违背自然规律，因为他的这种行为可以用人的思想、性格是不断变化的这些相应的心理学规律来解释，所以弃恶从善不仅符合心理学规律，而且也是人的自由的真正表现。自甘堕落虽然符合心理学规律，但是违背了道德律，会受到别人的谴责或者法律制裁。可见，"是"与"应当"互不影响，各自独立，但理性的"应当"在效果上、在要落实成"是"的时候，受到了感性的对抗，造成了"不应当的"变成了"是"，"应当的"却没有变成"是"。

第六，上述前两种实践活动代表着意志的自然能力，后一种实践活动代表着意志的自由能力。一方面，人在创造艺术品的过程中，可以将自己的自然能力不断地发展出来，逐渐摆脱了动物式的野蛮状态，变得文明而有教养，人对幸福的选择和追求也逐步地多样化起来，人们渐渐产生了对科学和艺术的兴趣，因为人们逐步意识到，只有科学和艺术才呈现了人的自由本性中的知性；另一方面，在人的德行过程中，人逐渐意识到人的真正价值在于人的德性，人的道德实践才是人的自由本性的理性表达。人的自由不仅体现在人可以获得幸福，而且体现在人有责任按照道德律来履行自己的责任。人的尊严在于人是否有德性，因为道德律是至高的法则，我们通过它才认识到人是自由的，人的一切实践准则都在其控制之下。虽然由于人是有限的存在者，他的自然的一面使他不足以有德性地追求幸福，但是他逐步朝着这个方向去努力了。总之，按照康德的话讲，"人具有一种自己创造自己的特性，因为他有能力根据他自己所采取的目的来使自己完善化；他因此可以作为天赋有理性能力的动物而自己把自己造成为一个理性的动物"①。

三、道德律

道德是指"我们应当绝对地以某种方式行事"②。如果给道德律这种非经验性的形式加上质料，那么就形成了德性法则。德性法则是形而上学原则，因为在这里，是道德律在选择质料，而不是质料在选择形式。道德律与经验性的东西之间的结合，并没有使用想象力，而是使用了纯粹逻辑，或者说，不带先验图型的先验范畴。

道德律对经验内容的选择采用的是逻辑中的同一律与不矛盾律。同一律与不矛盾律，"是一条自然法则，但只是就其形式而言，是作为判断力所要求的法则，因此我们可以把这种法则称之为德性法则的模型（Typus）"③。同一律与不矛盾律使得道德律落实成了具体的德性法则，善与恶的概念落实成了具体的实践知识。例如，每个人都希望别人促进自己的幸福，而自己又不希望促进别人的幸福，所以不促进别人的幸福对每个人而言是自相矛盾的，它成不了德性法则，而促进别人的幸福对每个人而言是同一的、不矛盾的，所以道德律就选择了促进别人的幸福这个经验事实而形成了一条德性法则。

道德律和知性的先验原则的区别在于，前者是非直观的，我们只有剥离了经验事实才能知道它是一个实践上的事实；后者是直观的，我们依然能够通过剥离先验图型而获得非直观的纯粹逻辑。例如，上帝、灵魂理念作为范

---

① [德]康德：《实用人类学》，邓晓芒译，上海人民出版社，2005，第261页。
② [德]康德：《实践理性批判》，邓晓芒译，杨祖陶校，人民出版社，2003，第40页。
③ [德]康德：《实践理性批判》，邓晓芒译，杨祖陶校，人民出版社，2003，第94—95页。

导性原则,就是通过非直观的逻辑而回溯式地推论出来的,所以它们是无法直观的。

如果要让道德律成为对每个人都有效的原则,像知性先验原则一样成为法则,那么就必须对道德律做一个演绎。知性的先验原则客观有效性的演绎,是通过剥离有差异的质料感觉,留下纯粹的时空直观及使用时空直观形成先验图型的纯粹范畴来进行的,这种演绎通过揭示自我意识与先验原则之间无条件的必然性而得以实现。虽然知性的先验原则的此种客观有效性,让它成为给自然界立法的法则,但是它立出的是他律的自然规律。这是因为,是接受性的质料感觉在选择形式,而不是形式在选择感觉质料。自然规律是理论假说与经验证实的统一。

现在,德性法则作为定言的实践原则,其形式是道德律,且形式就是意志的规定根据。因为德性法则包括形式与质料,如果其中的质料是意志的规定根据,那么德性法则就不会是定言的实践原则了,而只能是假言的实践原则。因为如果是质料在规定意志,那么表达出来的意思只能是:假设想实现某个感性意向,那么某人将会怎样做。所以如果是德性法则中的形式即道德律在规定意志,那么此时的德性法则就和知性的先验原则一样,同样不受质料感觉的影响,因而就具备了做出演绎的条件。

如果将德性法则与人的自由的因果关系确立起来,那么这个演绎就实现了。道德律对每个人都是普遍的,因而具有了客观有效性。由于道德律形成德性法则是形式选择经验事实,而不是质料选择形式,那么道德律对自然的规定就是理性的自律,而不是他律。

自我意识与道德律的区别与联系在于,首先,自我意识虽然表达出的也是先验自由,即人自行开始一次思维的活动,赋予质料以形式的活动,但是自我意识还指的是"我实存于进行思维之时",所以自我意识是经验性先验的,而且自我意识的常驻性需以外界的感觉为参照系。其次,道德律是非经验性的,我们只能通过剥离德性法则的经验事实而知道它,但直观不到它,所以它同作为本体的理性相对应。最后,自我意识虽然是经验性的,但是它也同作为本体的理性相对应,不然先验原则与它之间就不具有无条件的必然性。所以自我意识作为人的自由本性的显现，与道德律作为人的自由本性的显现不同，前者是经验性的，后者是非直观的，或者说，我们通过道德律所作用出来的效果，知道它是实践理性的唯一事实。虽然道德律是一种实践知识，自我意识是一种理论知识，但是这两种知识都没有使我们对自由有任何理论知识。

自我意识所表达出来的"我思"，实际上什么也没有说，因而它们只是自由的效果，而不是自由本身的样子，但是先验自由可以是一个尚未应用到人之上的理念，道德实践的自由所表达出来的是，先验自由应用到了人之上。如此一来，先验自由这个概念所指的就是人的实践自由。

道德律与不带图型的先验范畴相结合，就形成了规定善与恶的自由范畴概念系统。由于先验自由与道德律之间具有因果范畴给出的演绎关系，所以"善和恶的概念全都是一个惟一的范畴即因果性范畴的诸样态"[①]。这就是说，善和恶的概念所表达的是先验自由与其结果的道德律的逻辑样态。纯粹实践理性的客体只能是善和恶的客体，实践理性对客体善或恶的评判，是其对客体福或祸评判的至上条件。

德性法则是幸福原则的至上条件，即用来追求幸福的实践规则不应当违背德性法则。只要这些实践规则是符合德性法则的，那么按照这些规则而来的行动就可以被认为是善的。正是因为道德律和幸福原则的这种关系，使得道德律可以将欲求的杂多统一起来，而善与恶的概念就表达了实践理性通过道德律而实现的这种统一性。虽然对福或祸的判断完全不同于对善或恶的判断，但是善和恶的概念可以将它们作为欲求的杂多统一到道德律之下。例如，病人进行一次手术，对于病人而言这是一种祸，但它又是一种善。

以追求真理为目标而生产艺术品，可以是德行。这里所说的追求真理，包含生产实用的人工制品。由于每个人的个性不同，所以这里的自由的任意是和任何人不发生冲突的，因而就是理想的德行模式，但是追求真理必须通过争辩来进行，人需要这种相互对抗的力，才能实现自己的创造性。争辩就会产生不道德的行为，因为争辩可能会使对方的利益（如荣誉）受损。因而

[①] [德]康德：《实践理性批判》，邓晓芒译，杨祖陶校，人民出版社，2003，第89页。

出于各种利益的考虑，人便不愿意说出真理，甚至即使知道自己说错了，也要错下去。所以如果要在争辩中说出真理，就必须抛弃各种利益的考虑，真正出于道德动机来进行学术探讨。可是，按照说出真理这条最为崇高的德行法则来争辩，多会祸从口出。康德的道德律与幸福原则之间的冲突难以避免，甚至当道德律进入现实生活时，道德的两难选择之矛盾、好心办坏事、善恶的离奇转化也不可避免。例如，黑格尔辩证地批评了康德的说出真理。

四、道德律与自由的因果演绎

德性法则的形式——道德律就是意志的规定根据，并且这种形式只是由纯粹理性而提供的，因此"纯粹理性单就自身而言就是实践的，它提供（给人）一条我们称之为德性法则的普遍法则"[①]。借此，纯粹理性宣布自己是原始地立法的，而且德性法则的单纯形式作为意志的规定根据，不同于"在依照因果性法则的自然界中各种事件的任何规定根据，因为在这些事件那里进行规定的根据本身必须是现象"[②]。因而德性法则就完全不同于现象的自然规律及作为自然规律之应用的幸福规范，从而依照德性法则的意志，"就必须被思考为完全独立于现象的自然规律、也就是独立于因果性法则，确切说是独立于相继法则的"[③]。

这种意志的独立性在先验的理解上就是自由，因而依照德性法则的意志就是自由意志。因为如果意志是自由的，那么属于感官世界的经验性条件就可以不是意志的规定根据。意志作为本体的原因，就可以独立于经验性的条件而自行开始一个行动，而这样的意志必须被设想为是可以规定的。因为行动如果不是按照质料的实践规则而展开的行动，那么它就必须是按照非质料的实践规则而展开的行动，否则这种独立于感性条件而自行开始的行动是无法设想的。由于独立于感性条件的行动意味着不受情感刺激而引发的行动，那么这种行动就意味着对幸福追求的终止，表示为：我应当无条件地做某事，

---

① [德]康德：《实践理性批判》，邓晓芒译，杨祖陶校，人民出版社，2003，第41页。
② [德]康德：《实践理性批判》，邓晓芒译，杨祖陶校，人民出版社，2003，第36页。
③ [德]康德：《实践理性批判》，邓晓芒译，杨祖陶校，人民出版社，2003，第36页。

并且只要人有理性，他都能够对自己要求无条件地做某事，而这就是道德律。显然，与自由意志相对应的实践规则只能由其形式作为意志的规定根据，因而这种实践规则只能是德性法则。"所以道德律仅仅表达了纯粹实践理性的自律，亦即自由的自律，而这种自律本身是一切准则的形式条件，只有在这条件之下一切准则才能与最高的实践法则相一致。"①

通过上述自由意志与道德律的因果演绎，道德律的客观有效性得到了保障。可以看出，实践自由是道德律的存在理由，而道德律是实践自由的认识理由。这就是说，如果人没有通过剥离德性法则中的经验而认识到道德律，那么先验自由作为一个命题就不会进入哲学科学。因为就追求幸福而言，人是受到了感性的刺激才开始行动的，虽然主体是通过表象而行动的，但是这种行动只能被看作由刺激而来的必然行动。因而主体就像是一台自动机器，拧上发条之后便自动地运行起来，因此从追求幸福中我们依然认识不到先验自由，或者更确切地说，如果人只能进行遵循自然规律、按照技术性的实践规则追求幸福的实践活动，先验自由是不会作为一个课题进入哲学科学的研究之中的。因为追求幸福的自由是消极的心理学自由，这种自由遵循自然的机械作用，它正好是先验自由的对立面。

而道德事实向我们表明，在人任意的行动中，有一类行动具有对于感性冲动而来的强迫的独立性。也就是说，人可以克服感性的刺激而行动，而这些行动就证实了我们心中的道德律这一概念秩序，因为这些行动是按照道德律的行动。虽然道德律是非经验性的，因为道德律是人自由的结果，而自由是非直观的，所以道德律也是非直观的，但是我们能够像剥离先验范畴的图型一样剥离德性法则中的经验，进而知道道德律，而且道德律"是最先向我们呈现出来的，并且由于理性将它表现为一种不被任何感性条件所战胜的、甚至完全独立于这些条件的规定根据"②，所以人才在自身中认识到了如果没有道德律就会始终不为他所知的自由。

---

① [德]康德：《实践理性批判》，邓晓芒译，杨祖陶校，人民出版社，2003，第44页。
② [德]康德：《实践理性批判》，邓晓芒译，杨祖陶校，人民出版社，2003，第38页。

正是因为道德律使我们认识到了实践自由，所以我们才有权将科学理论知识的客观实在性落实到自我意识上。理论理性之所以会提出先验自由这个命题，正是因为道德律让我们知道了实践自由。所以虽然先验自由是一个理论命题，但是它只能应用于人之上，先验自由就是指人的自由。虽然实践自由强调人的道德实践，但是这同一个自由使得我们人有了自我意识，因而可以认识世界，而且也正是这同一个自由，使得我们能够感受到自然美和崇高，能够创造美的艺术。

通过自由意志与道德律的因果演绎，道德律获得了客观实在性，但这种客观实在性不是理论的客观实在性，而是实践的客观实在性，道德律作为意志的规定根据对每个人都是有效的。这个因果演绎同时也使得作为本体的自由，具有了实践的客观实在性。虽然我们看不透自由，但是可以通过它所造成的效果而知道它，知道我们人是自由的。

在理论理性的自然与自由二律背反解决中，我们看到，由于因果性范畴所应用的对象可以是不同质的，因而我们可以将它用于本体，但是因果性范畴必须配有图型才有经验性的客观实在性，而由于我们缺少对本体的直观，所以自由对于理论理性来说只是一个边界概念，对于它我们不具有任何理论知识。因而那时的先验自由只是一个消极的边界概念，但是理论理性的成就在于，它并没有取消自由，而是把它设想为至少是可能的，是同自然必然性不相矛盾的，并且将其作为一个悬拟的本体概念搁置起来，以便把无条件者放到那里去，或者说，它为自由的客观实在性保留了一个有待填补的空位。因此从这个意义上来讲，先验自由拯救了实践自由。

现在，通过道德律这一事实，我们认识到先验自由是道德律的存在理由，从而我们对先验自由的实践知识得以扩展，但是由于道德律仅具有实践的客观实在性，而且将先验自由和道德律连接起来的因果性范畴也只是不带有感性图型的因果性范畴，它只是表明了先验自由作为根据与道德律作为后果有逻辑关系，所以先验自由也只能具有实践的客观实在性。这种扩展了的对先验自由的知识也只是一种实践知识，而不是理论知识。

正是因为道德律赋予了先验自由以实践的客观实在性，有关先验自由客观实在性的那个空位就通过道德律而被填补了。"虽然对于思辨理性在它的洞见方面并没有丝毫增添，但却给它那悬拟的自由概念增加了保障，这个概念在这里获得了客观的、虽然只是实践的但却是无可怀疑的实在性。"①这样，纯粹意志就可以获得先验自由这一概念，因而纯粹意志作为本体是自由的，它可以按照道德律而把表象实现出来。这种实存是在德性法则之下的实存，同时这种实存还符合自然规律。

我们在不知道自由意志作为本体是如何可能的情况下，却赋予了它以实践的客观实在性，使得先验自由通过纯粹意志从超验的运用转变成了内在的运用，或者说，先验自由通过自由意志成为在经验领域中起作用的原因。同时，道德律作为不可避免的自由意志的规定根据也建立在了纯粹实践理性中，具有了实践的客观实在性。我们在不知道纯粹实践理性是如何可能的情况下，认识到了它可以是实践的，是原始地立法的，因而它也具有原因性，因为道德律本身就具有原因性。也就是说，虽然我们人不认识自由，也不知道人为何是自由的，但是我们能通过自由在世界中产生的效果而知道人是自由的，虽然这种知道不是理论知识，而只是实践知识。

通过先验自由与道德律的因果演绎，康德扩展了对纯粹意志和纯粹理性的实践知识。当我们用道德律来规定自由意志的时候，此时的自由意志与提供道德律的纯粹实践理性是被当作本体来看的。这样一来，纯粹实践理性根据道德律对本体的规定，实则是把知识边界拓展到了感性世界之外，而这对于理论理性而言是绝对不可能的，因为理论理性缺少对本体的直观。这种感性世界之外的知识是指，道德律是先验自由、自由意志的规定根据，纯粹实践理性和自由意志作为在经验领域中起作用的原因，可以按照道德律在感官世界造成一个结果。

这种超感性的实践知识都是通过因果范畴而获得的，因果范畴有权利这样做的理由在于，此时的因果范畴并没有带有图型，因而它不具有经验性的客观实在性。因果范畴之所以可以同它的图型相分离，是因为不带有图型的

---

① [德]康德：《实践理性批判》，邓晓芒译，杨祖陶校，人民出版社，2003，第65页。

因果范畴来源于纯粹知性，因而如果我们的目的并不是获得理论知识的话，那么可以将它作为纯粹的逻辑形式来使用。而现在，康德并没有想获得有关先验自由的理论知识，而只是想通过道德律使先验自由获得实践的客观实在性，从而使纯粹意志和纯粹理性作为在感官世界起作用的原因而具有实践的客观实在性，而这对于因果性范畴来说是完全可以做到的，也是完全合法的，因为它只是扩展了有关本体的实践知识，并没有增加有关本体的理论知识。

道德律并不仅仅拓展了关于作为本体拥有自由意志的存在者的实践知识，我们通过它还构想了其他自在之物，从而获得了有关自在之物的实践知识，并且使之具有了实践的客观实在性。虽然通过道德律，我们依然对本体没有任何理论认识，但是道德律作为理论理性绝对不可解释的事实，给我们"提供了对某个纯粹知性世界的指示，甚至对这个世界作出了积极的规定，并让我们认识到有关它的某种东西、即某种法则"①。

因为道德律与自然规律完全不同，就涉及有理性的存在者而言，前者所表示的是诸物在纯粹理性自律的道德律之下的实存，后者表示的是诸物在他律的自然规律的机械作用之下的实存。所以道德律就是某种理知秩序，通过它我们可以形成有关某个理知世界的理念。这个世界虽然不被我们所认识，但是我们通过自身所拥有的道德律对它进行了规定，这个理知世界的秩序与形式就是道德律，并且只要是拥有一般意志的存在者、从而可以按照实践规则行事的存在者都可以置身其中，他们在这个理知世界中都按照道德律而行事。

这个理知世界由于我们对它完全无法直观，因而是一个超感性的自然，一个在纯粹实践理性自律之下的自然，我们只是在理性中通过理念才认识它。与理论理性所形成的理念有所不同的是，我们对这个由实践理性所形成的超感性自然的理念还拥有一种扩充了的实践知识：道德律是这个自然的形式。道德律使这个自然具有了实践的客观实在性，因为有理性的存在者通过道德律，使感官世界作为一个感性自然，获得了这个超感性自然的形式，同时还

---

① [德]康德：《实践理性批判》，邓晓芒译，杨祖陶校，人民出版社，2003，第56—57页。

没有破坏感官世界自身的机械作用。因此我们完全可以认为，这个理知世界的副本应当实存于感官世界中，但同时并不破坏后者的自然规律。"我们可以把前者称之为原型的世界，我们只是在理性中才认识它；而把后者称之为摹本的世界，因为它包含有作为意志的规定根据的、前一个世界的理念的可能结果。"①

当理论理性将人看作终极目的的时候，我们可以形成一个有关自然界的整体理念，而当我们用道德律来规定这个世界之时，认为这个世界是完全按照与自然规律不矛盾的道德律而运行的时候，那么这个世界就不是我们的经验世界了，而是一个理知世界。这个世界最为完善，我们也有理由将这个世界看作经验世界的原型，经验世界是它的摹本。

康德从道德律来构想理知世界，只是要表明，如果没有道德律，没有实践自由，那么人的理论理性都不会去构想这样一个被实践理性所规定的理知世界。人之所以构想出这个理知世界，只是希望人的现实生活可以趋近这个理念，人通过实践可以将这样一个美好的世界逐步在自然界落实下来。正是因为我们以这样的目的论再自律去看待现实世界，我们才会有这样的理知世界的理念，这个理念体现出了人对至善生活的希望，而且这种希望并不是无用的希望。因为人正是按照这个原型在自然界实践的，因而这个理念就具有了内在的运用，人可以按照这个构想出来的理念而生活。康德强调，对来生和上帝的信仰有积极含义，有了这些信仰，人才能更好地生活，但是康德对神学的消解也体现在这里，上帝和天堂只是信仰，人永远不能知道它，或者更确切地说，信仰只是人本性的表达，它们只是人构想出来的理念，虽然这些理念可以促进人的道德实践，但是它们依然只是理念，只是理性对自身最完善一面及最崇高目的的表达。

---

① [德]康德：《实践理性批判》，邓晓芒译，杨祖陶校，人民出版社，2003，第57页。

第二节　康德论道德情感与至善

一、以道德律为行为动机

因为人的意志有自然的一面，人无法完全按照德性法则去行事，所以道德律才表现为一种强制命令，要求意志按照道德律去履行自己的义务。如果意志只能提供与道德律不相违背的法则，那么道德律就不会成为这种意志的命令了。康德将这种意志称为神圣意志，这种意志是人所不能具有的，只是一个被用作原型的实践理念。"无限地逼近这个原型是一切有限的有理性的存在者有权去做的唯一的事。"① 也就是说，康德希望人们尽量地做到有德性地去追求幸福，把有德性地去追求幸福当作人生目标，不断地趋近它，而这就是他的人道主义思想。

人虽然不是神圣的，但是人毕竟是神圣的道德律的主体，所以与德行相对应的人格理念体现了人的超感性本性中的崇高性。因而道德律高于幸福原则，它是神圣不可侵犯的。康德认为，完全按照道德律生活不是每个人能够在此生中做到的，这种德行是永远不能完成的。康德提倡追求幸福，认为努力发展自身自然能力是一种遵从道德律的德行，不主张人们为了遵守道德而抑制自身自然能力的发展。

虽然人的行动可以是符合道德律的，但是如果考虑到人的动机，这个行动虽然包含有合法性，但是可能不包含有道德性，因为人很可能并没有将道德律作为自己主观的规定根据。例如，如果某人做好事是为了获得别人的赞赏，或者说，他做好事的动机是为了获得某种情感，那么他的行为就是一种伪善。因此只有为道德而道德的行为才是真正的善行，只有将道德律作为动机而产生的行为才是善的。

当道德律成为意志的主观规定根据时，它对人的一切爱好具有了否定作

---

① [德]康德：《实践理性批判》，邓晓芒译，杨祖陶校，人民出版社，2003，第43页。

用。因为如果实现爱好的方式与道德律相矛盾，那么遵从道德律的意志就会中止这些爱好。由于"一切爱好合起来（它们当然也可以被归入某种尚可容忍的学说中，这时它们的满足就叫作自身幸福）构成了自私。这种自私要么是自爱的、即对自己本身超出一切之上地关爱的自私，要么是对自己本身感到称意的自私。前者特别称作自矜，后者特别称作自大"①，所以当道德律成为动机时，纯粹实践理性就会中止自爱（自矜），把先于道德律的自爱活动限制在与道德律相一致的情况下，从而这种自爱就成了有理性的自爱。

纯粹实践理性还会消除自大，由于人的人格和尊严体现在德行上，所以"一切发生在与德性法则相协调之前的对自我尊重的要求都是不值一提的和没有任何资格的"②。例如，一个有钱人在一个穷人身上发现一种自己所没有的正直品格，如果他现在是以道德律作为动机的，那么他与穷人相比而获得的优越感就会被取消。也就是说，当我们从别人身上看到道德律的可行性之时，它就消除了人的自大。因此如果我们把不考虑道德律而追求幸福的偏好称作自爱，把自大界定为把幸福原则颠倒地当作最高实践原则的偏好，那么"那惟一真正（即在一切方面）客观的道德律就完全排除了自爱对至上的实践原则的影响，并无限地中止了把自爱的主观条件颁布为法则的自大"③。从这里也可以看出，康德所强调的人与人之间的平等是道德、法律面前的平等，而不是人与人等级间的平等，因为人与人之间的等级是永远也平等不了的，这是社会分工的结果。

当道德律作为意志的主观规定根据时，它中止了自爱，消除了自大，所以它损害着我们的一切爱好。由于一切爱好都是建立在情感上的，而对爱好的否定作用本身也是情感，所以道德律必然会形成某种情感。道德律作为某种自身肯定的东西，作为一种智性的原因性、自由的形式，它中止了作为其对立物的爱好。这说明道德律有其肯定性的一面，人对道德律还是表示认可的，道德律对于我们而言是一个敬重的对象，为了它我们宁可中止自己的爱好，

---

① [德] 康德：《实践理性批判》，邓晓芒译，杨祖陶校，人民出版社，2003，第100页。
② [德] 康德：《实践理性批判》，邓晓芒译，杨祖陶校，人民出版社，2003，第100页。
③ [德] 康德：《实践理性批判》，邓晓芒译，杨祖陶校，人民出版社，2003，第102页。

而且道德律还消除了自大，这说明它有否定性的一面。由于人无法完全按照道德律而行动，所以人在道德律面前就会因自己所做过的不道德的事而轻视自己，使自己变得谦卑起来。

二、敬重是纯粹的道德情感

敬重与谦卑情感之间的关系是，"在感性方面对道德上的自重的资格的贬低、亦即使之变得谦卑，就是在智性方面对法则本身的道德上的、即实践的尊重的提升"[①]。也就是说，人在道德方面越是谦卑，说明他对道德律越是敬重。康德认为，这种对道德律的敬重情感（以及相应的谦卑之情）是与道德律有先天的必然因果关系的道德情感。也就是说，道德律是敬重情感产生的原因。

敬重情感是后天的，道德律是先天的。我们从道德律中分析不出道德情感，所以道德律与道德情感的因果关系是综合的。由于道德情感完全不同于任何病理学上的情感，它完全是由道德律而造成的结果，是道德律选择了道德情感，所以这种关系就是无条件的必然关系，与质料感觉没有任何关系，因而这种先天的必然就是形而上学的必然。这样，道德情感才成为先验哲学研究的对象。

虽然一切情感都是感性的，但是对敬重情感进行规定的原因在纯粹实践理性中，因此这种情感由于其起源而不可能是病理学上的，而必定是在实践上产生出来的，所以这种敬重的道德情感只是由理性引起的，它显得仅仅服从于纯粹实践理性的命令，与任何其他的感性情感截然不同，并且对道德律影响意志有促进作用。既然这种敬重情感是不可分割地与每个有限的理性存在者心中的道德律表象结合着的，并且它是道德律把自大谦卑化、削弱各种爱好的阻碍性作用的结果，那么对道德律的敬重和道德律一起，都必须被看作意志的主观规定根据，即德性动机。

也就是说，出于对道德律敬重这种实践情感而发生的行动在道德上是纯正的，从道德动机概念中产生了道德兴趣的概念。道德兴趣只是对道德律所

---

① [德]康德：《实践理性批判》，邓晓芒译，杨祖陶校，人民出版社，2003，第108页。

怀有的兴趣，因而它是实践理性一个纯粹的不依赖于感性的兴趣，这种对德性所抱有的兴趣决不听从爱好的建议，所以道德兴趣作为一种道德情感，所表达的只是对道德律本身的敬重。敬重和谦卑的道德情感、道德动机和道德兴趣，都表达了人是有限的存在者，人并不能按照客观的德性法则而完全规定自己的主观任意行动。正是由于人的德性与追求幸福之间的对抗，对道德命令的敬重才成为必然，所以这些概念不能应用到上帝的神圣意志上去。

我们通过观察人的德行而唤起对道德律的敬重之情，也就是说，敬重任何时候都是针对人的。一个人的性情、勇气和影响力可能会引起人们的爱、恐惧、惊叹等情感，但就是不能引起敬重情感。只有当我们从他人身上发现正直品格时，我们才会对他产生敬重之情，甚至当我们意识到自己也同样正直的时候，这种敬重之情也不会消失。这是因为，敬重情感只能通过道德律而唤起，我们之所以会对这个正直的人产生敬重之情，是因为他的德行充当了一个尺度。由于所有人身上的善都是有缺陷的，而我们对此人身上的不纯洁性又远不如对自己身上的不纯洁性那么熟悉，因而他在我们眼里就显得更令人敬重。因此我们是出于对道德律的敬重才去敬重人的，而对道德律的敬重之情只能通过观察人的德行而被唤起。

敬重很难说是一种愉快情感，因为我们对一个人的敬重是不情愿的，为了摆脱这种吓人的、如此严肃地责备我们不自重的敬重之情，我们常常希望从对方身上找到某种瑕疵，以补偿我们从这个榜样身上唤起的谦卑之情所带给我们的损失，甚至我们还会将道德律贬低为自己的切身爱好，以此来逃避对道德律的敬重之情。然而，敬重又很难说是一种不愉快情感，因为一旦我们摆脱了自大并容许敬重情感产生实践效果，"我们又可以对这条法则的美妙庄严百看不厌，并且当灵魂看到这条神圣的法则超越于自己和自己那脆弱的天性之上的崇高性时，便会相信自己本身在这种程度上被提高了"[①]。

[①] [德] 康德：《实践理性批判》，邓晓芒译，杨祖陶校，人民出版社，2003，第106页。

三、爱与自我满足不是纯粹的道德情感

对于人而言，道德实践永远是一种强迫。道德实践是一种责任，依照道德律做出的德行是人的义务，出于对道德律这种强迫性法则的敬重及对自己义务的敬畏而做出的德行是出于义务的行动。如果不把客观的道德律作为个人的主观准则，而是把另外一条主观原则设定为动机，那么行动虽然可以按照德性法则那样发生，行动合乎义务，但是不是出于义务，所以此次行动的意向就是不道德的，而对于人的德性而言真正重要的就是这个意向，因此"出于对人们的爱和同情的好意对他们行善，或是出于对秩序的爱而主持正义，这是非常好的，但这还不是我们行为的真正的、与我们在作为人类的理性存在者中的立场相适合的道德准则"①。

因为在康德看来，"爱上帝甚于一切和爱你的邻人如爱己"，这个命令所表达的意思是：爱上帝就是乐意做上帝所命令的事，爱邻人就是乐意履行对邻人的一切义务。②如果人们认识到自己应当做某事的同时，还意识到自己乐意这样做，那么对此下一个命令就是不必要的；如果人们认识到自己应当做某事，却不乐意去做，只是出于对法则的敬重，"则一个使这种敬重正好成为准则的动机的命令就会恰恰违背所命令的意向而起作用"③。所以上面这个道德命令不能命令人在合乎义务的行动中具有乐意这种意向，而只是命令人朝着这个方向去努力。

"乐意履行义务"所表达的只是德性的完善性，人作为有限的存在者是永远也不能达到这种境界的，但它是一个范本，是我们应当努力去接近，并会在一个无限的进程中与之符合的范本。也就是说，由于人永远也不能摆脱欲望和爱好，并且它们永远也不会和道德律相符合，所以人不会真正喜欢履行自己的义务，而只能尽量让自己在德性上有所完善。

出于同情和爱而去行善，这种合乎义务的行为只是用来满足自己欲望的

---

① [德]康德：《实践理性批判》，邓晓芒译，杨祖陶校，人民出版社，2003，第112页。
② [德]康德：《实践理性批判》，邓晓芒译，杨祖陶校，人民出版社，2003，第113页。
③ [德]康德：《实践理性批判》，邓晓芒译，杨祖陶校，人民出版社，2003，第114页。

行为，因而是不道德的行为。出于对道德律的爱或一时冲动而行善，很容易导致道德的狂热。如果人们出于对道德律的爱而行善，那么这些人就自以为获得了神圣意志，法则对他们而言好像已经不是一种束缚，那些来自义务的行动恰恰是他们所期待的，"这纯粹是道德上的狂热和自大的膨胀，为此人们通过对行动的鼓舞而使内心具有更加高贵、更加崇高、更加慷慨的情绪"①。也就是说，出于对道德律的爱而行善其实是在一种轻浮、粗疏、妄想的思维方式中进行的，这是一种来自病理学上的冲动戏弄，是个人自负、虚荣爱己的表现。

康德为此举了两个例子，一个是某人为了从沉船中救人而失去了自己的生命，另一个是某人为保卫祖国而慷慨捐躯。如果我们把前一种行动表象为高尚和慷慨的行动，把后一种行动表象为自发的、不等命令就献身的行动，而不是仅仅把这两种行动表象为与严肃的道德律相关的义务，那么这两种行动的动机中除包含有对道德律的敬重之外，还有更多的主观动力，这两种行动会被看作是缺乏审慎的理性思考的一时冲动表现，甚至会被看作是道德自负的表现，因为如果不是冲动，他可能不会这样做。

人们之所以会喜欢行善、爱道德律，不仅因为自己一时冲动、想获得别人的赞赏和爱戴，显示出自己在德性方面比别人要高尚，而且还因为通过行善可以产生愉快情感。康德把这种愉悦称作自我满足，"自由和对自由作为一种以压倒性的意向遵守道德律的能力的意识，就是对于爱好的独立性，至少是对于作为我们的欲求之规定性的（即使不是作为刺激性的）动因的那些爱好的独立性，并且，就我遵守自己的道德准则时意识到这独立性而言，它就是某种必然与之结合在一起的、不是基于特殊情感的、恒久不变的满足的惟一根源，而这种满足可以称之为智性的满足"②。因此自我满足就是对自己人格的满足，它是对自身状态的一种消极愉悦。

可见，"自由本身以这样一种方式（亦即间接地）就可以是一种享受，

---

① [德] 康德：《实践理性批判》，邓晓芒译，杨祖陶校，人民出版社，2003，第116页。
② [德] 康德：《实践理性批判》，邓晓芒译，杨祖陶校，人民出版社，2003，第161页。

这种享受不能称之为幸福，因为它不依赖于某种情感的积极参加"①。这种自我满足的情感虽然不同于幸福，但是和幸福有类比性。也就是说，这种由德性而促成的情感和对道德律的敬重之情一样，理性是它们产生的原因，但敬重与幸福的情感完全没有类似之处，而自我满足与幸福之间存在类比性，说明自我满足的情感并不是纯粹的道德情感，它同道德的热忱一样，包含有其他感性情感的成分，因此这种自我满足会使人误以为只要自己实践德行了，就幸福了。

如果一个人因为德行不仅会失去将要得到的幸福，而且还会失去已经拥有的幸福，那么即便此人在实践德行之后获得了自我满足的愉快情感，我们也不会认为他是幸福的。如果我们看到此人的德行不是出于对道德律的敬重，而只是出于想获得这种自我满足感，此人的德行动机只是希望获得这种满足感，此人喜欢实践德行、爱道德律是因为他喜欢那种自我满足感，那么此人的真正道德动机"即法则本身仿佛是被一种虚假的衬托而贬低和变得面目全非了"②。当我们看到此人只是出于对道德律的敬重才行善时，至于作为德行结果的自我满足感对他而言是无足轻重的，因为他的德行摧毁了他的幸福人生，这种痛苦是自我满足感所无法补偿的。这样，我们就对他产生了由衷的敬重之情，同时也意识到了道德律是神圣不可侵犯的。

因此就道德实践而言，只有道德律和对道德律的敬重之情才是真正的道德动机。理性禁止将其他意向带入这种道德动机之中，而出于同情和爱去行善，出于对道德律的爱或一时冲动及由此而来的道德狂热去行善，出于道德的热忱与人格的自我满足感去行善，这些行为都是对纯粹实践理性所建立界限的跨越。因而这些行为虽然合乎义务，但是并非出自义务，所以反而是不道德的行为。义务的尊严与生活的享受没有任何干系。如果我们不把这些虽然是由理性部分造就的，但不纯粹的，因而掺杂了其他感性情感，极易被误解为道德情感的感受，从道德动机中剔除出去，那么道德动机在其源头上就会遭

---

① [德]康德：《实践理性批判》，邓晓芒译，杨祖陶校，人民出版社，2003，第163页。
② [德]康德：《实践理性批判》，邓晓芒译，杨祖陶校，人民出版社，2003，第160页。

到污染，道德生活便会无限地衰退下去。因此康德并不提倡利用包括道德狂热在内的这些情感来促进道德教育，而是提倡明智的德性训练。

四、至善理念

幸福原则作为有条件的实践规则隶属于他律的自然规律，而道德律作为理知世界的形式完全不同于自然规律，而且它可以在遵守自然规律的情况下在感官世界产生效果。康德按照他所说的化学分解式方法，将幸福原则与道德律分解得如此泾渭分明，以至于连道德动机都不能掺杂有任何不纯粹的情感。道德义务与享受幸福截然不同，德行与追求幸福没有任何干系，人们再也不能将它们搅在一起，"仿佛混合成药剂递给有病的心灵"[①]。

人是道德律的主体，这不仅使我们认识到人的使命是应当遵从道德律去行动，而且也使我们认识到自己属于理知世界。由于人是有限的存在者，人有限的自然能力使其制定不出完全符合道德律追求幸福的实践规则，所以人始终会违背道德律，完全符合道德律的德性对于生活在自然世界的存在者而言，永远是一个只可以不断趋近但始终无法实现的理念。

就追求幸福而言，人的自然能力在科学与艺术实践中不断地提高，所以谁也不会清楚人不断变化、不断丰富的感性意向会将人的生活引向何处。因此幸福就如同大全理念一样，是一个整体性理念，人在感官世界亦只能不断趋近但永远不能实现这个理念。

当我们考虑到纯粹实践理性对象无条件的总体之时，就必然会考虑到德性理念与幸福理念之间是如何关联的。因为就现实的自然世界中的情况来看，道德律可以将欲求的杂多统一起来。也就是说，那些不违背自由法则的、来自人需要的行动也可以是善的。可见，善是包含幸福的。如果想实现纯粹实践理性所有对象的无条件连接，而不仅仅是将幸福与德性理念并列在一起，必须考虑德性与幸福理念的综合。

康德将纯粹实践理性对象无条件的总体称为至善。至善不仅是至上的善，

---

① [德]康德：《实践理性批判》，邓晓芒译，杨祖陶校，人民出版社，2003，第121页。

而且是作为有限理性存在者欲求能力之对象的全部而完满的善。德行是追求幸福的至上条件，因而它是至上的善，但它不是至善，至善必须包含有幸福，并且在至善中，"德行和幸福将被设想为必然结合着的，以至于一方若没有另一方也归属于它就不能被纯粹实践理性所采纳"①。

至善是否可能，取决于德行与幸福可否、如何结合。首先，在自然世界，德行与幸福是没有任何连接的，反而是漠不相关、彼此对抗的。从追求幸福的行动中永远也不会产生出德性来，因为用来追求幸福的幸福原则根本不是道德律，所以不能建立起任何德性，而德行也不会必然带来幸福，因为幸福的获得取决于对自然规律的掌握及将这种知识应用于实现感性意图的自然能力。

其次，德行与幸福的综合只能是先天的，它是不能由经验推出来的。至善的可能性不是基于任何经验性的原则，这个概念的演绎必须是先验的。就德行与幸福的结合而言，这种结合同所有的结合一样，要么是分析的，要么是综合的，前者是按照同一律的逻辑联结，后者是按照因果律的实在结合。由于德行遵从的是理知世界的道德律，而追求幸福遵照的是感官世界的自然规律，所以德行与幸福的结合不可能是分析的，只能是综合的。

再次，就德行与幸福的因果关系来看，"要么对幸福的欲求必须是德行的准则的动因，要么德行准则必须是对幸福的起作用的原因"②。前者是绝对不可能的，因为德行是追求幸福的至上条件，所以至善中的德性与幸福的因果连接只能是由德行带来幸福。让我们试想一个有理性同时拥有一切生成强力的存在者，他做到了德行，他需要幸福，也配享幸福，却没有分享幸福，这同这个存在者的完善意愿是完全相反的。

最后，既然德行和幸福一起构成个人对至善的占有，那么作为配享幸福之资格的德性，连同完全按照作为个人价值的德性比例所分配到的幸福，就一起构成了至善。因此至善中德行与幸福的因果关系在于，德性是配得幸福

---

① ［德］康德：《实践理性批判》，邓晓芒译，杨祖陶校，人民出版社，2003，第155页。
② ［德］康德：《实践理性批判》，邓晓芒译，杨祖陶校，人民出版社，2003，第156页。

第二章 康德论实践原则的分解与先天实践知识体系构建

的资格,只要实践德行了,那么就会被分配给相应比例的幸福。

至善在理知世界是可能的,德行与幸福在感官世界没有必然的因果关系,而且我们在感官世界永远也做不到完全实践德行,所以至善在自然世界似乎是不可能的,但是我们依然可以肯定的是,假如我们有足够的能力,我们是不会制定出违背道德律的幸福实践规则的,那么理知世界的形式会完全成为自然世界的形式,并且它不会破坏感性世界的自然规律,而且假如我们作为有限的存在者进入理知世界之后,那么我们不会做违背道德律的事。这样一来,我们就具有了配享幸福的资格,因此"在其中,纯粹理性假如伴随有与之相适合的身体能力,就会产生出至善来"①。

自由意志产生出至善理念是先天必然的,因为道德律使我们得以思考超感性的理知世界,而且它让我们获得了先验的至善理念。至善作为自由意志的客体有可能在超感性的世界实现。由于至善的实现在理知世界是可能的,所以纯粹实践理性的全部客体是至善,"尽力实现至善"就成了它的一个命令。以实现至善为目的的行动也属于自然世界,因而至善就可以作为我们意志先天必然的客体,促进我们在感官世界开展无限趋近于至善的实践活动,而且"如果至善按照实践规则是不可能的,那么甚至命令人促进至善的那条道德律也必定是置于幻想中及某种空虚杜撰的目的上的,因而本身就是虚假的"②。

理性让人依照道德律而生活,并不是简单地让人进行道德实践,其终极目的是让人实现至善。如果理性没有至善这个终极目的,那么人不断地提升自己的德性,就是不全面的。人不仅要有德性,而且过得幸福也是非常合理的要求。理性让我们实践德行,最终把我们带向至善的生活,而这样的善才算完满,对人才算公平。不扼杀感性诉求,也不放纵感性欲望,有德性地追求幸福的人生才是合理的、有意义的。

---

① [德]康德:《实践理性批判》,邓晓芒译,杨祖陶校,人民出版社,2003,第58页。
② [德]康德:《实践理性批判》,邓晓芒译,杨祖陶校,人民出版社,2003,第156页。

五、至善理念的二律背反

如果期望至善在自然世界中实现，那么纯粹实践理性就至善问题也会出现二律背反，正题为：至善在自然世界是可能的，反题为：至善在自然世界是不可能的。第一，我们之所以会认为至善可以在感官世界实现，是因为就思辨理性的僭越而言，我们将自然世界中的现象误认为是自在之物了，这样我们便无法思考某个理知世界，无法将道德律看作不同于自然规律的某个理知世界的形式。这样一来，以至善为名义的德行与幸福的连接就只能在被看作是自在之物的这一个自然世界中进行，而且道德律和幸福原则也只能被看作是一回事，且它们之间的连接只能是分析的。

伊壁鸠鲁认为，追求幸福就包含有德行，或者说，追求幸福产生出德行意向的某种根据。"他把最不自私的行善也算在最发自内心的快活的享乐方式之列，并且如同哪怕最严格的道德哲学家所可能要求的那种知足和对爱好的节制，也都应属于他对快乐（他把这理解为持久喜悦的心情）的计划之列。"①这就是说，因为德行可以给人带来愉快，人是为了获得这种愉快而实践德行的，所以追求幸福就包含德行。

这种观点的错误之处在于，由德行所产生的愉快是一种对个人道德价值的满足感，它是德行在禁止了一切快意享受之后而形成的一种消极愉快，这种满足感并不是幸福。人之所以能意识到这种愉快，是因为他已经意识到了自己的尊严在于自己的道德价值。

如果将人规定为只是追求幸福的人，那么"评估自己的生活价值的这样一种意向和思维方式最初是通过什么而成为可能的，因为在此之前主体中还根本找不到对一般道德价值的任何情感？"②也就是说，就追求幸福而言，人的实践活动只是艺术实践和实用的社会关系的实践，这些活动的实践规则都是技术性的实践规则，同道德律没有任何关系，所以从追求幸福的活动中并不能产生因道德实践而产生的自我满足感，因而从艺术实践当中无法使道德

---

① [德]康德：《实践理性批判》，邓晓芒译，杨祖陶校，人民出版社，2003，第158-159页。
② [德]康德：《实践理性批判》，邓晓芒译，杨祖陶校，人民出版社，2003，第159页。

自律出现，追求幸福并不包含德行。

根据伊壁鸠鲁的观点可以推出，由于从幸福中逐渐派生出了德行，所以作为统一了德行与幸福的完善永福的生活在自然世界是可能的。这种结论是错误的，在于它不仅混淆了现象与本体，而且混淆了幸福与德行，从幸福中无法分析出德行。

第二，斯多亚派认为，以德性法则为动因的德行就包含幸福，因为实践德行之后可以产生如上所述对自身道德价值表示肯定的自我满足感，而这种愉快就是一种幸福。这种观点是错误的在于，这种享受并不能称为幸福，因为享受幸福需要积极情感的参与，而自我满足的愉快是一种消极情感，所以德行也不包含幸福。

伊壁鸠鲁和斯多亚派都注意到了这种由德行而产生的自我满足感，并把这种享受归到一般的幸福享受之上，这说明人还是看重自己的道德价值的，并且正是因为这种情感的存在，使我们"在德性意识和对于作为德性的后果并与之比例相当的幸福的期望之间，一种自然的和必然的结合至少是可以设想为可能的（但当然还并不因此就是认识和洞见到的）"[①]。因为这种愉快与永福是近似的，永福就是有理性的存在者在理知世界因为德性而配享的福祉，因而"永福这个词是理性用来表示一种不依赖于世上一切偶然原因的完整的福祉的，这正如神圣性一样是一个只能包含在无限的进程及其总体中的理念，因而被造物是永远不会完全达到的"[②]。

根据斯多亚派的观点可以推出，由于德行不包含幸福，而是产生了幸福，所以德行与幸福截然不同，它们之间的连接只能是因果关系，而在现实中，二者又没有必然的因果关系，那么永福或说至善是无法在感官世界实现的。

第三，通过批判由伊壁鸠鲁和斯多亚派而来的至善的二律背反，康德认为，至善在自然世界是可能的，或是不可能的，这两种观点都是错误的。理性对这一问题的回答是僭越，是没有区分本体与现象的结果。至善在自然界既不

[①] [德] 康德：《实践理性批判》，邓晓芒译，杨祖陶校，人民出版社，2003，第163页。
[②] [德] 康德：《实践理性批判》，邓晓芒译，杨祖陶校，人民出版社，2003，第169页。

是可能的，也不是不可能的，而是不可知的，而且至善的可能性只能在理知世界。通过区分现象与本体，可以悬设一个能够实现至善的超感性、超自然的理知世界。至于理知世界与感性世界是否具有柏拉图式的摹本关系，或者说理知世界、至善理念就是自然世界的本质，是对作为本体、自在之物的自然世界的规定，是不可知的。

六、至善理念与消解地悬设灵魂不朽

康德认为，人能否在自然世界中实现至善是不可知的，但至善在理知世界是可能，而且通过至善理念规定理知世界，至善理念就可以在自然世界产生效果。每个人在理知世界实现至善的第一个条件是悬设灵魂不朽。

在理知世界，意志中的意向与道德律要完全适合，有理性的存在者的所有行为不仅必须符合道德律，而且所有行为的动机都必须出自道德律，所以"意志与道德律的完全的适合就是神圣性，是任何在感官世界中的有理性的存在者在其存有的任何时刻都不能做到的某种完善性"[①]。

由于实现至善是纯粹实践理性的一个命令，所以这种德性上的完善性是被必然要求的，因此完全的德性"只是在一个朝着那种完全的适合而进向无限的进程中才能找到"[②]，"但这个无限的进程只有在同一个有理性的存在者的某种无限持续下去的生存和人格（我们将它称之为灵魂不朽）的前提下才有可能"[③]，所以每个有理性的存在者在实践上实现至善只有以灵魂不朽为前提才有可能。

也就是说，道德律使得至善成为一个命令，而为了获得至善的至上条件即德性的完善，按照道德律，就有必要将实践的无限进步假定为意志的实在客体，而此种假设又需要灵魂不朽，所以灵魂不朽是通过至善而与道德律不可分割地结合着的，它作为实现至善的前提就是纯粹实践理性的一个必要悬设。

---

① [德] 康德：《实践理性批判》，邓晓芒译，杨祖陶校，人民出版社，2003，第167–168 页。
② [德] 康德：《实践理性批判》，邓晓芒译，杨祖陶校，人民出版社，2003，第168 页。
③ [德] 康德：《实践理性批判》，邓晓芒译，杨祖陶校，人民出版社，2003，第168 页。

"悬设"一词从理论知识方面来理解,被邓晓芒翻译为"假设""公设",强调的是按照自然规律所设定的某种运动、行动的可能性,从理论上预先认识到这种运动、行动的对象是可能的。如果从理论上先天地认识到运动、行动的对象是可能的,那么这种假设便是公设。由于理论理性无法直观自由、上帝和灵魂,所以思辨理性是不能悬设它们的。纯粹实践理性的悬设是出于道德实践的需要而设定自由、上帝和灵魂的,虽然从理论上认识不到这些客体的必然性,但是它们对于道德律及至善而言是必要的设定。理论理性反思灵魂与上帝理念,根源在于人的实践的自由与道德律,它们让理论性的先验自由、灵魂与上帝理念成为调节性原则,范导知性认识自然科学规律。

灵魂的客观实在性同至善的客观实在性一样,都是通过道德律而获得的,理知世界的有机至善秩序与具有不灭肉身的不朽灵魂,虽然不具有经验性的客观实在性,但是具有实践的客观实在性。如果我们相信灵魂是不朽的,至善可能在理知世界中实现,那么有限的存在者就会在感官世界中、在此生中为实现至善而努力。由至善而来的灵魂的悬设对现实的感官世界的效用在于,在现世中的人会出于纯正的道德动机而不断进步,在自己有限的一生中直到生命结束都会努力使自己变得更加善良,并且相信如果有来生的话,他会依然让自己的德性不断地完善下去,在这种德行进步当中,人就拥有了实现至善、配享永福的前景。

人在实践德行之时并不是为了有朝一日可以进入理知世界而配享幸福,因为这样的道德动机恰恰是不道德的。人期望好人有好报,恰恰说明人的德性的完善只能在无限中才能实现。有了对至善、灵魂不朽的信仰,在感官世界中人们对违背道德实践的行为就不会变得过于宽容与姑息,以适合我们违反道德律的怡然自得,从而使道德律失去了它的神圣性,而且人们在道德实践中也不会认为自己在此生就可以获得意志的神圣性,从而陷入道德迷狂之中。这样一来,由思辨理性无法证明的灵魂不朽,就被纯粹实践理性出于有利于道德实践的考虑而被悬设了。灵魂好似获得了客体,作为超感性之物,影响着感官世界的道德实践,起着内在的作用。

灵魂不朽是实现至善的第一个条件,当有理性的存在者生长出完善的德性之后，他就具有了配享幸福的资格，而就完满的幸福及按照德性而精确地分配幸福的可能性而言，这就需要对上帝的悬设了。

七、至善理念与消解地悬设上帝

第一，在理知世界，上帝存有是实现至善的第二个条件。这是因为，首先，促进至善这是一个命令是指，至善中包含德性的不断完善，这是依照道德律而来的一个命令，不论至善是否可能，我们都应当在现世中遵从道德律不断地改善自己的德性。从这个意义上来说，促进至善这一命令在实践理性中是有客观根据的。就思辨理性而言，每个人都不会主张按照德性而配享幸福是绝对不可能的，所以思辨理性对至善的可能性无须申请就会加以批准。从这个意义上来讲，至善的可能性在对此不加反对的理论理性中有主观根据。

纯粹实践理性将促进至善当作一个命令而赋予有理性的存在者就是必然的，但是就至善的可能性而言，理论理性在感官世界中看不出德行与幸福的必然关联。因为如果德行与幸福理念能够有必然的关联，那么有理性的存在者必须是自然的原因（创世），可是有理性的存在者只有在实践德行之时被看作是无条件的原因（塑形），但不是自然的原因。也就是说，从自然的进程来看，理性无法理解按照两种如此不同的法则发生的世界事件最终会获得合目的性的精确关联。同时，理性也无法根据普遍的自然法则来充分地证明这种关联是绝对不可能的。

其次，按照目的论的观点，人只能认识机械规律，而关于有机物是如何生成的，人是永远也不了解的，所以目的论就否定了至善在自然界是不可能的这种观点，但是目的论也无法看透至善在自然中的实现，因为人的道德实践和人追求幸福的实践是按照两种截然不同的规律来进行的。有德性就会配享幸福这样一种因果性，与自然的原因性是完全不同的，自然的机械作用和目的论是不能解释至善在自然界的实现的，这种理论的可能性与实践的必然性是不协调一致的。

再次，就有限的有理性的存在者而言，不论他们在感官世界还是在理知世界，都不是自然的原因，因此他们不能出于自己的力量，使自然因涉及他们的幸福便与他们的实践原理完全一致，理性无法确定自然合目的性进程必然会使德性与幸福之间有精确分配。

最后，为了确保这种分配可以实现，理性悬设了上帝存有，它作为一个与自然不同的原因，是幸福与德性之间精确一致的根据，"但这个至上的原因不应当只是包含自然与有理性的存在者的某种意志法则协调一致的根据，而应当包含自然与这一法则就他们将它建立为自己意志的至上规定根据而言的表象协调一致的根据"①，所以上帝作为至高的自然原因是必须符合道德意向的原因。"一个具有按照法则的表象行动的能力的存在者是一个理智者（有理性的存在者），而按照法则的这种表象的这样一个存在者的原因性就是它的意志"。② 因此上帝是一个通过知性和意志而成为自然的原因的存在者，因而是自然的创造者。按照目的论，我们通过类比天才与美的艺术的方式，将上帝看作一个有理智的原始存在者。

第二，理性只能如此思考上帝。首先，由于上帝是依照道德律的世界原因，因而上帝就是唯一的神圣意志，是自然的创造者及其秩序的立法者。其次，由于上帝是自然的原因，所以它具有永福，而永福"至少按照其起源来说是与我们只能赋予最高存在者的那种自足相类似的"③。上帝具有不依赖于世界上一切偶然原因的完整福祉与自足。由于有理性的存在者作为被造物并非世界的原因，所以他们永远也不会完全实现这种永福，而上帝就是唯一永福的、全能的，以便为有理性的存在者分配适当的幸福，上帝是善意的统治者和保护者。最后，上帝是唯一智慧的、全知的，以便在一切可能的情况下，在将来任何情况下，都对有理性的存在者的行为及其内心最深处的意向了如指掌。所以上帝是公正的审判者，上帝作为给有理性的存在者分配幸福的执行者还必须是全在的、永恒的等。

总之，上帝就是至善，是最高的、本源的善，实现了至善的理知世界作为最好的世界就是派生的善，它们之间是必然的因果关系，因而对理知世界

---

① ［德］康德：《实践理性批判》，邓晓芒译，杨祖陶校，人民出版社，2003，第171页。
② ［德］康德：《实践理性批判》，邓晓芒译，杨祖陶校，人民出版社，2003，第172页。
③ ［德］康德：《实践理性批判》，邓晓芒译，杨祖陶校，人民出版社，2003，第163页。

的悬设就是对上帝的悬设。虽然理性将上帝作为至善的可能性条件设定了下来，但是我们对上帝只是出于道德实践的考虑才相信它存在，理论理性对上帝是什么都不能说的，所以人对上帝的悬设只是一种主观上充分地相信其有，因而是信仰。既然是信仰，那么有些人就会不信仰上帝，有些人就会信仰上帝，信仰上帝只是人理性使命的表达。

第三，上帝创世论不仅无法证明上帝是实存的，而且也不能证明至善在自然世界是可能的。首先，上帝是自然的创造者是指，时间中的实存只是这个自然中思维着的存在者的一种单纯感性的表象方式，它并不涉及作为自在之物本身的这些存在者，而上帝并不在时间中实存，且上帝"对这些存在者的创造就是对自在之物本身的创造，因为一个创造的概念并不属于实存的感性表象方式，也不属于因果性，而只可能与本体发生关系。因此，如果我关于感性世界中的存在者说：它们是被创造出来的，那么我就在这点上把它们看作是本体了"[①]。

其次，假如我们把创造看作是在时空中展开的，那么时空就不是有理性的存在者感性的表象方式，而是同所有的造物都一样的自在之物。如此一来，造物的所有行动都会被追溯到上帝这里，那么有理性的存在者就只是上帝操纵的傀儡，是上着发条的自动机，毫无自由可言。

再次，把创造界定为不在时空中展开、只与本体或说自在之物相对应具有极为重要的意义。这种界定确保了上帝并不以有理性的存在者为手段，有理性的存在者是自由的，他们在道德实践中本身就是目的。因为按照上帝是诸物实存的原因，那么有理性的存在者实施的所有行动都是符合机械作用的，并且当我们一直追溯其行为的原因时，最终要追溯到上帝这里为止。当有理性的存在者按照道德律而实践德行之时，虽然这些行为同样是符合机械作用的，但是这些行动是出自本体因的，因而有理性的存在者此时也被认为是自由的。

最后，当我们把创造看作并非在时空中进行的时，有理性的存在者作为

[①] [德]康德：《实践理性批判》，邓晓芒译，杨祖陶校，人民出版社，2003，第140页。

上帝的造物是被当作自在之物来看的，从而有理性的存在者就可以在符合机械作用的同时也是自由的。如果我们这样来考虑创造，那么道德律作为上帝的命令就不是上帝强加给有理性的存在者的他律的命令，而是由于有理性的存在者是自由的而必然建立的自律的命令。也就是说，就遵从上帝的命令而言，人本身就是目的，而不是上帝的手段。虽然上帝创造自然的最终目的是在理知世界实现至善，但是有理性的存在者在不断地改善自己的德性上，则体现了自己是自由的。

第四，纯粹实践理性对上帝的悬设，作为上帝存有的目的论—道德证明，并没有证明上帝是实存的，没有使理论理性获得对上帝的直观，与思辨理性证明上帝既不是可能的，也不是不可能的，是一致的。首先，由思辨理性形成的上帝概念只能用作促进知识系统统一的调节性原理，所以上帝对于理论理性而言只是意见而已，而纯粹实践理性对上帝的悬设由于对道德实践是必要的，所以上帝就不仅仅是意见了，而是有利于道德实践的信仰，因为纯粹实践理性毕竟给上帝理念提供了客体。由思辨理性而来的先验神学并没有将上帝人格化，而由纯粹实践理性而来的道德神学将上帝看作是一个理智者，并且用意志和知性这些用来界说有理性的存在者的概念来称呼它。

其次，纯粹实践理性对上帝的悬设，并没有增加我们的上帝理论知识。因为当我们解释道德律的时候，我们是把知性和意志当作本体来看待的，对知性和意志的一切直观都是不可能的。同理，对上帝理念的规定，是按照道德律所要求的那些东西来思维的，上帝的全在、永恒这些属性也不是按照时空形式来考虑的，而是把实存的延续考虑为不在时间之中而发生的，因而我们不能形成任何关于这种对象之属性的理论知识。上帝理念虽然被人格化了，但是仍没有加入任何直观内容，或者说，上帝没有被拟人化。正是因为纯粹实践理性如此这般地悬设上帝，理论理性才允许上帝理念的人格化。

最后，为了确保人在自然世界是自由的，康德把至善的可能性推到了理知世界，强调理性对灵魂与上帝的悬设，并不是说自然世界是上帝创造的，自然合目的性生长，其终点就是至善，而是说上帝实存与至善在自然世界的实现，既不是可能的，也不是不可能，是不可知的，是人因道德律而来的信仰。

在《纯粹理性批判》中被消解掉理论的客观实在性的灵魂与上帝，在这里又被拿了回来，并被赋予了实践的客观实在性，并且有了内在的应用，这些概念会对人的当前实践产生作用。

综上所述，通过对康德至善观点的相关解释可以看到，至善是理性不矛盾地给自身提供的命令，为了使至善在理知世界成为可能，康德在这里悬设了灵魂和上帝，但这恰恰表明了康德消解神学更深一层的含义。上帝和灵魂在这里成了每个人都可以过上至善生活的条件，并且它们都成了信仰。信仰是理性在把对于理论知识来说难以达到的东西认其为真的道德思维方式。通过信仰上帝，人会从容地面对人生，不会畏惧死亡，在此生当中积极进取，有德性地追求幸福。

通过将上帝消解成信仰，康德进一步强调了人在道德实践时的主体性地位。人在上帝面前都自由，人本身就是目的，上帝给人的命令同时也是理性自己颁布的命令。因为假如理论理性能够证明上帝的实存，使得上帝存有不再是一种信仰，那么有理性的存在者出于对上帝的恐惧就不会做违背上帝的命令的事，但不是出于对道德律的敬重而去抵抗爱好。如此一来，将根本没有什么行为是出于义务的，实践德行的道德价值也就荡然无存了。所以假如人可以证明上帝的实存，并且人类的本性还是像它现在这样，"则人类的行为就会变成单纯的机械作用，这时一切将会像在木偶戏中那样很是有模有样，但在人物形象里却看不到任何生命"①。人在面对上帝的时候完全没有必要恐惧，如果人本身就是按照理性使命而生活的话，那么人在上帝面前都是有尊严的，都是崇高的。这样一种对上帝的解释，在当时已经极大地解放了人的精神。

在《实践理性批判》中，康德没有过多地涉及目的论，因而从上帝的道德证明中，我们还看不到更深一层的理性启蒙的含义，我们更多看到的是康德将每个人的至善生活都落实到了来生、理知世界，并强调信仰对人的现实生活的积极作用，但我们依然可以隐约理解的是，康德只是看重人的自由，

---

① [德]康德：《实践理性批判》，邓晓芒译，杨祖陶校，人民出版社，2003，第201—202页。

而将上帝和灵魂看作"只是一个由道德律来规定的意志的必要客体的条件，亦即我们的纯粹理性的单纯实践运用的条件"[①]。也就是说，正是因为人是自由的，理性的终极使命才让人产生对上帝和灵魂的信仰。如果没有理性的这种使命，人就不会有对上帝的信仰，理论理性也不会去思考上帝和灵魂，并误以为它们是实存的，即对上帝和灵魂的信仰只是人对自身使命——至善信仰的表达。信仰上帝是人在此生中努力向善、积极进取、敬重自己的理性使命、体现道德价值和人格尊严的表现，而不是消极宿命、放纵堕落、出于对死亡的恐惧而在上帝面前卑躬屈膝的表现。

本章结语

通过对康德的实践观点、自由与道德律的关系及道德情感的解释可以看到：首先，人的主体性地位进一步树立了起来。人通过实践不仅可以利用自然规律重塑质料的外形而追求幸福，而且还可以赋予质料一种与自然规律截然不同的形式。正是这种道德实践使得自然具有了道德价值，自然是为我们的道德实践而存在的自然，是可以按照理性提供的道德律而实存的自然。如果人的主体性地位只是体现在通过赋予质料以他律的形式而追求幸福，那么人就和自然界的动物没有区别，人就不是自然中的主体。人的主体性地位只能体现在人与动物的本质区别之上：人的理性不是工具理性，人的理性是道德理性。正是因为人有道德理性，人才会有追求幸福的能力，因为道德理性的道德律并没有排斥人有德性地追求幸福的权利，它恰恰是这样命令人去实践的，所以人的道德实践的自由才使得人可以追求幸福。如果我们只是把理性当作工具来使用，那么人存在的价值就消失了，理性的尊严也就被取消了。

其次，人的道德情感体现出了人的有限性，人的感性使人不能完全按照道德律来实践。因为人是有限的，所以人对神圣不可侵犯的道德律才有敬重之情，人在道德实践之时，才能表达出人自身的尊严和崇高，表达出人就是

[①] [德]康德：《实践理性批判》，邓晓芒译，杨祖陶校，人民出版社，2003，第2—3页。

要通过这有限的身躯来追求那最神圣、最高尚的东西。人的有限性使人不断地追问世界的意义，进而不断地进取，而这种人的自由的解放过程，不断地提升自己的过程，才是生活的真正意义之所在。生活过程是人的全部，而终点并不重要。

通过对康德至善观点的解释可以看到：首先，正是因为纯粹实践理性先天拥有道德律与至善理念，我们才能回答：人认识世界是为了什么？人希望有来生、希望有上帝是为了什么？思辨理性产生灵魂不朽、上帝存有这种先验幻象难道只是因为受到了感性的干扰吗？人为什么会对有德性的人充满敬畏之情？人的自由究竟要把我们带向哪里？理性的最高使命是什么？

其次，对上帝和灵魂的信仰，只是人对至善信仰的一种表达。如果人道德动机纯正，那么信仰上帝只是人的自由与尊严的表达，这种信仰就会促进人在现实世界的道德实践。如果人道德动机不良，那么信仰上帝就是一种胆小懦弱、卑躬屈膝、摇尾乞怜的伪善表现。因而在康德看来，正确地信仰上帝对人的生活是有好处的，而错误地信仰上帝只是人的一种愚昧无知的迷信表现。通过对理性自身的批判，康德肃清了这种迷信与偏见，希望人们可以积极地利用理性，通过明智的德性训练来提高自身素质。

最后，至善理念作为永福与至上的道德完善之综合，对于人在自然世界开展追求幸福与德行的实践活动有范导性作用。上帝与灵魂等理念，不仅是追求自然科学真理时的范导性原则，而且也可以对人的实践活动产生效果与引导，但是至善与上帝是高度抽象与空洞的，人在现实生活、红尘苦海中会遭遇福祸善恶之无尽矛盾，因而这些理念难以给出尺度，有效指导人的现实生活。把绝对公正、永福、有机和谐的生活理想推向可能的理知世界，且自然界是否能够实现至善是不可知的，这对于道德律的至上神圣性有损害。所以康德必须证明，不论至善是否是自然的本质，人可以根据自己的理论与实践知识原则系统，向至善前行，人类社会有一个螺旋上升、自我解放、达于永久和平、有机和谐的无限进步完善过程。

第三章　康德论自然合目的性原则与自然目的论

先验自由是思考作为本体的人的理念，我们虽然不知道自由本身是什么，但是我们可以知道自由的表现是什么。在第一章，先验自由表现为自我意识，自我意识作为先验统觉，是先验逻辑范畴、先验原则与上帝等诸理念的存在理由，而且我们不知道为什么自由及其自我意识只能形成这个先验理论知识系统。在第二章，先验自由表现为主体根据道德律展开实践活动，自由是道德律及其先天实践知识系统的存在理由。通过区分追求幸福的技艺实践与德行，康德用道德律与自由的形式逻辑范畴表，显示出所有可能的实践原则的形式，认为由道德律规定的实践法则及其至善与上帝信仰，是先天实践知识系统。

康德认为，知性对自然现象的科学认识与人追求幸福的技艺实践，都可以统称为自然的机械作用，体现了自然对人的他律，满足欲望的实践活动不是真正的自由，仅是心理学的、消极的自由。道德律及其先天实践知识系统，与机械性的自然规律不同，显示出与人的自然属性截然不同的人性之自由。人的自然属性与道德属性是如何统一在作为人的本性的先验自由之中的，这是不可知的。

本章的研究目标在于揭示人的先验自由的第三种表现：（1）什么是判断力的自然合目的性原则，判断力依照该原则对自然现象感性形式的反思，为什么是对自然的再自律。（2）依照自然合目的性原则，为什么可以将自然界看作统一的自然目的系统，这种目的论如何说明自然万物的生长与人类历史的进步。（3）自然目的论对人类历史进步的观察既然是主观的，那么人类历史进步的可能性是如何被确保的。

第一节　康德论由类比艺术而来的自然合目的性原则

一、人工机械的目的因与合目的性概念

康德认为，"目的就是一个概念的对象，只要这概念被看作那对象的原因（即它的可能性的实在的根据）；而一个概念从其客体来看的原因性就是合目的性"①。目的、目的因与合目的性这组概念，首先可以说明人的技艺实践。例如，房租收入是一个概念，房子是房租概念的对象，房租收入是盖房子、房子实存的根据，房租收入就是原因，实存的房子就是目的、结果，而连接作为原因的房租和作为结果的房子之间的原因性，就是房子的合目的性，即房子的整体形式体现了它适合于出租，适合于获得房租收入。房租和房子这种因果关系的连接称为目的因的因果联系。

通过比较机械性的自然因果规律，可以说明机械的目的因的因果规律特点。首先，自然规律中的"因果联系就其只是通过知性被思维而言，是一种构成（原因和结果的）一个不断下降的系列的联结；而那些作为结果的物是以另外一些作为原因的物为前提的，本身不能反过来同时又是另外这些物的原因。这种因果联系我们称之为作用因的因果关系"②。例如，用于出租的实存的房子是获得实存的房租收入——金钱的原因，但实存的金钱不是房子实存的原因。这是一条根据自然规律中因果关系范畴而来的关于对象间实存关系的判断，倒果为因是错误的。

其次，机械的目的因的因果关系同自然机械规律中的因果关系不同。例如，就房租与房子的目的因的因果联系而言，"房子虽然是房租所收入的钱的原因，但反过来，这一可能的收入的表象却也曾是建这所房子的原因"③，所以"这种因果联系当我们把它看作一个系列时，将既具有一种下降的依赖关系，

---

① ［德］康德：《判断力批判》，邓晓芒译，杨祖陶校，人民出版社，2002，第55页。
② ［德］康德：《判断力批判》，邓晓芒译，杨祖陶校，人民出版社，2002，第223页。
③ ［德］康德：《判断力批判》，邓晓芒译，杨祖陶校，人民出版社，2002，第224页。

又具有一种上溯的依赖关系，在其中，一度被表明是结果的物却在上溯中理应得到它成为其结果的那个物的原因的称号"①。

最后，如果我们将由房租这个概念统一起来的房子，不单单看作一个目的，而是一个目的系统，那么房子的整体与部分之间、部分与整体之间、部分与部分之间都是为了彼此而存有的。这样，房子及其各部分按照机械作用因联结的同时，又可以被评判为由目的因所造成的结果了。将房子的各个部分与房子这个目的相较，它们都是房子的材料、工具和手段；房子对于房租收入而言是有用的。如果我们进一步假设，房租是用来帮助贫苦的人的，那么帮助穷人、房租、房子及其各部分就构成了一个完整的目的系统，因为帮助穷人是不以其他目的为条件的。

这种关于人的艺术与道德实践的目的论与人的意志有关。对象之所以能够被看作是目的，是因为对象是由人生产出来的，人的意志是按照目的的表象而将目的实现出来的，并且意志的行动按照目的的表象是可以规定的，因此人的意志是对象作为目的实存的动力根据。

人生产的艺术品不仅适合用目的因的因果联系来加以说明，它也适合用机械作用因的因果联系来加以说明。人的艺术品、人工制品不仅是合目的性的，而且也是合规律的。人只能按照自然规律来生产艺术，来实现自己的目的。通过生产艺术品，人才能真正认识自然科学规律。

制造艺术品的材料、质料，原本是依照自然规律而实存着的，但在艺术品的制作过程中，人根据合目的性的形式要求，按照人的意图遴选材料，且这种遴选需要照顾到原材料本身的性质与实存方式，但质料对自然规律的遵照，从属于艺术品遵照的机械性自然规律，从属于作为目的的艺术品，充当着艺术品的手段。可见，艺术品的目的因的原因性根据，只是在我们人自身中所发现的，但这种原因性的根据作为一种只有有理性的存在者才能赋予对象的，因而是一种主观的根据，同时也是客观的。在这种目的因果关系之下，对象实存了，主体是对象实存的动因，因为是主体依照目的概念表象生产出

---

① [德]康德：《判断力批判》，邓晓芒译，杨祖陶校，人民出版社，2002，第223—224页。

了对象。

二、自然的目的因与合目的性

就自然界的诸物而言，也可以将它们看作是诸多产品，好像它们是被我们无法直观的有理智的存在者有意创造出来的。这是以类比的方式将目的概念引入对自然的观察上来，用人与其（美的）艺术品的目的性生产关系，类比上帝与其自然产品的目的性创造关系。以这种类比的方式反思自然是允许的，因为目的论中作为主体的原因与作为目的的结果之间的关系是一致的。我们把这种原因性从我们自身中借来，赋予这个有理智的存在者，并且我们并没有将这个有理智的存在者看作和我们是同样性质的，而只是将这种原因性看作与我们有相似的性质，上帝创世与人创造形式、改造与重塑自然外形，有相同之处。如此一来，我们就将目的因的因果关系赋予了自然，自然作为各种产物的集合，被看作了自然目的，其形式就具有了自然合目的性。

这种目的论可以被悬拟地引入自然研究上来的原因是：首先，就对自然界的认识而言，人心中拥有作为先验原则的诸范畴，它们是普遍的、必然的规律。判断力利用这些给定的规律对诸现象进行规摄，通过这种方式形成一些具体的、特殊的经验性规律，因而此时的判断力就是规定性的，这些先验原则也是规定性的。通过先验逻辑范畴所形成的知识是机械性的自然规律，它们是客观的，这不仅是说与这些规律所对应的现象变成了人所认识的现相，而且是指人们通过这些机械规律可以生产出为人所用的艺术品。

其次，机械性的自然规律是普遍的，是指每个人都能够对此表示认同，因而这些知识是可以普遍传达的。这些规律是必然的，是指每个人对这些知识进行逻辑（因果）推理与经验证实相结合的演绎演证后，都可以得出可重复检验的、相同的结论。这些规律不像由逻辑范畴而来的先验原则那样，具有严格的必然性，因为这些先验原则只同经验知识的可能性相对应，它们只是经验知识的对象的一般形式，但是这些经验性自然规律具有有条件的必然性。这就是说，这些经验知识的形成是质料感觉选择形式的结果，而且与这些具体的经验性自然规律相对应的对象，还拥有永远也发现不了的使自身实存的原因，还可以归属于更多的种类、更复杂的作用性因果序列。

再次，"所以我们必须在自然中，就其单纯经验性的规律而言，思考无限多样的经验性规律的某种可能性，这些规律在我们的见识看来却仍然是偶然的（不能先天地认识到的）；考虑到这些规律，我们就把按照经验性规律的自然统一性及经验统一性（作为按照经验性规律的系统）的可能性评判为偶然的"①。例如，当我们用单纯的机械作用来考察自然界中有机生物鸟的构造时，就它的骨头中的空腔、它的双翼在运动时的状况和它的尾巴在掌握方向时的状况而言，它本来是能够以上千倍的另外的方式来构成自己的，而不会恰好是现在这样一个统一体，或者说，由于我们永远也认识不到这个统一体的必然性，因而只能将这种自然生物的统一性评判为偶然的。

最后，经由自然目的概念，这种自然的统一性及其相对应的经验知识的统一性被判断力预设和假定了下来，"否则经验性知识就不会发生任何导致一个经验整体的彻底关联了，又由于普遍的自然律虽然在诸物之间按照其作为一般自然物的类而提供出这样一种关联，但并不是特别地按照其作为这样一些特殊自然存在物的类而提供的；所以判断力为了自己独特的运用必须假定这一点为先天原则，即在那些特殊的（经验性的）自然律中对于人的见地来说是偶然的东西，却在联结它们的多样性为一个本身可能的经验时仍包含有一种我们虽然不可探究、但毕竟可思维的合规律的统一性"②。这种自然的合规律的统一性就是我们以类比自己所生产艺术品的方式而得到的自然合目的性。

可见，判断力将目的论悬拟地引入自然界的研究在于，没有这种自然合目的性的预设，就不会有任何按照经验性规律而来的自然秩序的统一性预设，因而不会有任何线索来引导某种必须按照其一切多样性来处理这些规律的经验及自然研究了。如果判断力不如此预设自然秩序，知性就会因为自然的经验性规律非常巨大的差异性，而不能在自然中揭示某种可理解的秩序，并从

---

① ［德］康德：《判断力批判》，邓晓芒译，杨祖陶校，人民出版社，2002，第18页。
② ［德］康德：《判断力批判》，邓晓芒译，杨祖陶校，人民出版社，2002，第18页。

自然的材料中产生出一个彻底关联的经验来。以上也是将自然合目的性概念连接到判断力对自然的再自律之下的因果演绎,但这个因果演绎尚未完成,详见下文。

三、自然合目的性原则与再自律

将自然界看作上帝的产物与目的,认为自然界的诸物种具有合目的性形式,根据自然目的而运动与生长,这种自然目的论知识由以构成的原则,康德统称为自然合目的性概念或说原则。康德认为,出于对有关自然整体经验知识系统的统一性考虑,人将自然合目的性概念引入对自然的研究中,但是由于我们的知性缺少对这种有理智的存在者的直观,我们既不能明确地认识到他的存在,也不能认识到他是不存在的,所以这种有关自然目的论的自然合目的性概念,作为原则只是一条主观原则。

康德将判断力的这条主观原则称作反思性原则。其一,将自然界看作是有理智的存在者的产品、目的,这并不是判断力对自然界的一种规定,所以这条原则不是规定性的原则。自然合目的性概念及与之相对应的自然目的概念都是理念,通过这些理念,自然并没有被规定。

其二,反思或说反省"并不与诸对象本身发生关系以直接获得它们的概念,而是这种内心状态,在其中我们首先准备去发现我们由以达到这些概念的那些主观条件。反省是对给予的表象与我们的不同认识来源的关系的意识,惟有通过这种意识,表象相互之间的这种关系才能得到正确的规定"[①]。

其三,主体在对知识进行反思时,并没有对对象进行规定,而是在梳理与对象相对应的诸表象之间的关系。通过这种梳理,我们可以反思对象之间的相同性和差异性、一致性和冲突性、质料和形式等这些诸表象之间的相互关系。当我们反思某种具有彻底关联的经验系统的统一性时,判断力的唯一方式就是通过自然合目的性原则,将这种系统的统一性预设下来,否则我们无法思考这种经验系统的统一性,并且这种预设只是主体在反思自然诸表象

[①] [德]康德:《纯粹理性批判》,邓晓芒译,杨祖陶校,人民出版社,2004,第235页。

间系统的统一性时做出的，因而并没有给作为客体的自然增加任何东西，因为我们的知性并不能看透和证明这样一种统一性。

其四，康德将判断力的自然合目的性概念这条原则称作反思性原则，不仅是要强调这条原则并非规定性的，而且是要说明这条原则是我们反思已知表象间连续的系统的统一性时所做的预设。虽然在知性看来，诸表象之间的关联并非连续的，但是我们的判断力对这种永远也无法看透的连续统一性用目的论的原则做出了预设。如此一来，与已知表象相对应的对象的那些有待进一步发现的特殊规律，就可以在这种系统的统一性中、在这条原则的范导之下被逐步发掘出来，从而融入这种系统的统一性中，并在某种程度上证实这种预设似乎是正确的。

其五，自然合目的性原则是一条主观的调节性原则。它是主观的是指，自然产品作为目的，是人的知性看不透的，因而自然目的没有理论的客观实在性，但它是判断力的一条普遍原则，每个人都可以用这条原则来对自然界做出以上判断。它还是必然的，因为康德在自然合目的性原则与判断力对自然的再自律之间，做出了因果演绎论证。这条原则是调节性的是指，在这条原则将自然经验规律及其对象预设为合目的性的连续统一系统，它可以引导和启发知性去进一步地发现特殊规律，将它们统一到合目的性的经验系统之中。

其六，判断力的这条调节性原则，同纯粹知性的那些调节性原则有相似与不同之处。它们都具有引导和启发知性进一步发现经验规律的作用，所不同的是，自然合目的性原则是拥有理念的思辨理性颁布给判断力的原则，并且它是在对自然的反思中，而不是在对自然的规定中起作用。相反，理论理性的那些调节性原则是属于知性的，并且是在对自然的规定中起作用，也正因此，它们亦被称作原理，因为它们毕竟依托先验逻辑范畴。自然合目的性概念只被称作原则，因为它没有依托任何用来规定的要素，或者说，因为它不能直接依托先验范畴与道德律，所以才是判断力所特有的原则，而不是知性或实践理性的原则。

综上所述，正如康德所说："判断力对于自然的可能性来说也有一个先天原则，但只是在自己的主观考虑中，判断力借此不是给自然颁定规律，而是为了反思自然而给它自己颁定规律，这种规律我们可以称之为在自然的经验性规律方面的自然的特异化规律，它不是判断力在自然身上先天地认识到的，而是判断力为了某种我们的知性可以认识的自然秩序，在它从自然的普遍规律里所造成的那种划分中，当它要使特殊规律的多样性从属这些普遍规律之下时，所采纳下来的。"① 自然合目的性原则是对自然的主观的再自律原则。

四、自然合目的性原则是先验的

第一，自然合目的性概念是一条先验原则，这一点可以从下述判断力的准则中看出来。"自然界取最短之路；但自然不作飞跃，不论是在其变化的序列中，还是在各种殊异形式的编排中；然而，自然在经验性规律中的大量的多样性是在少数原则之下统一着的。"② 可见，"这些准则所针对的无非是经验的可能性，因而是自然知识的可能性，但不是仅仅作为一般自然，而是作为通过特殊规律的某种多样性所规定了的自然的知识的可能性"③。

第二，判断力的这条原则是先验的，可以通过与作为先验原理的逻辑范畴和作为形而上学原则的德性法则的比较来说明。首先，与范畴相对应的先验原理，所针对的是经验的可能性与自然知识的可能性。利用这些先验原理或说先验形式，可以构建出形而上学的先天知识。数学、几何学及纯粹物理学中的基础命题，都可以称作先天原则，可以将它们应用到经验之上，如将数学知识应用到心理经验过程的把握上，可形成实验心理学知识。

其次，道德律与先验逻辑范畴的区别在于，前者是不能直观的规定性要素，后者是带有时空直观图型的规定性要素。德性法则是形而上学原则，因为道德律和经验相结合的方式是作为形式的道德律选择经验，就如同先验范畴在形成先天知识时选择经验一样，因而它们都是先天原则。

最后，自然合目的性概念是先验原则是指，一方面，这条原则涉及直观，因而与自然合目的性概念相对应的是感性理念，而理念不是规定性的要素，

---

① [德]康德：《判断力批判》，邓晓芒译，杨祖陶校，人民出版社，2002，第20-21页。
② [德]康德：《判断力批判》，邓晓芒译，杨祖陶校，人民出版社，2002，第17页。
③ [德]康德：《判断力批判》，邓晓芒译，杨祖陶校，人民出版社，2002，第16页。

而只是反思性的，自然界的某物依照此理念被评判为目的，可以看作是这个理念的显现物，这种对此物的判断是创造性想象力的结果；另一方面，依据自然合目的性原则，那些针对自然界中物的可能性的纯粹先天知识，也可以被评判为合目的性的。

例如，圆形这样简单的图型中包含着解决一大串问题的根据，"如果所要求的是已知底边和它的对角而作一个三角形，那么这题目是不确定的，即它可以用无限多样的方式来解答。不过圆却把它们全都包括在内，作为一切符合这个条件的三角形的几何轨迹"①。也就是说，无数像这样的综合的特殊规则，都可以统一到圆形这条被知性所规定的单一原则之下。判断力把圆形判断为合目的性的，并在这样一种合目的性的指引下进一步寻找可以统一到圆形这条原则之下的那些特殊的多样性规则。

圆形是空间中的一个空间图型，并非我们之外的物的形状，因而圆形并没有涉及某物的实存，"而只涉及了物的可能性，也就是某种与物的概念相应的直观的可能性，因而也根本不涉及原因和结果，这样一来，所有在那里被看出的合目的性都必须只被看作形式上的，而永远不能被看作自然目的"②。这就是说，圆形与其相应的多样性规则的和谐一致，或者说，圆形的这种合目的性不是后天的，而是先天地被认识的，"是在我自己的有关一个在我之外被给予的不论本身会是什么的东西的表象方式中，带入了那种合目的性，而不是从这个东西中经验性地习得了合目的性"③。

这就说明，判断力的自然合目的性概念这条原则是先验的，它所针对的是通过特殊规律的某种多样性所规定了的自然的知识的可能性，而那些由它而来的合目的性的先天形式，虽然并不是一个实在的自然目的，但是所表达出的是对各种各样的，以至于无限多样的自然目的的适合性，并且这种适合性是我们的知性所无法看透的。

第三，以自然合目的性概念为先验原则，判断力可以获得不包含自然目

---

① [德]康德：《判断力批判》，邓晓芒译，杨祖陶校，人民出版社，2002，第212页。
② [德]康德：《判断力批判》，邓晓芒译，杨祖陶校，人民出版社，2002，第217页。
③ [德]康德：《判断力批判》，邓晓芒译，杨祖陶校，人民出版社，2002，第215页。

的原因和结果的先天的合目的性的形式，这些形式适合于无限多样的自然目的，而且如果把这条原则应用于自然世界，从而形成一种自然实在的合目的性概念或说某个客观质料的合目的性概念，那么这条原则就会形成某个自然目的概念。这是在用作为目的因的因果关系，考察这个作为自然目的、结果的某物。围绕自然合目的性概念，就形成了目的论知识。

与自然目的论相对应的，是作为本体的物自体。因为就自然目的而言，它的合目的性被认为是给予了的。也就是说，作为自然目的的某物是被当作整体来看的，与之相对应的那些特殊的自然规律是被认为已经统一在合目的性之下了，但是这对于知性是不可知的、不能完成的，所以自然目的就是感性理念，与之相对应的就是自然的超感性基底，并且自然目的必然会引发我们对作为超感性基底之规定的某个有理智的存在者的思考，但这一切对于知性而言，是永远也看不透的。这些与自在之物相对应的感性理念，是由自然合目的性原则而来的目的论知识系统。

就自然物作为自然目的而言，"要么我们把这个结果直接看作艺术品，要么只是看作别的可能的自然存在者的艺术的材料，因而，要么看作目的，要么看作其他原因的合目的性运用手段。后面这种合目的性（对人类而言）就叫作有用性，或者（对任何其他被造物而言）也叫作促成作用，只是相对的合目的性；而前一种合目的性则是自然存在物的内在的合目的性"[①]。可见，就相对的自然合目的性而言，它涉及的是自然界诸物之间的目的因果关系，因而与自然合目的性概念相对应的是一个完整的目的系统；就内在的合目的性而言，它涉及的是自然界某物中整体与部分、部分与整体及部分与部分之间的目的因果关系，因而与自然合目的性概念相对应的只是某个自然目的。

五、自然生命有机的合目的性

作为自然目的的有机物与人工艺术品的共性与区别在于，第一，人的艺术品是人按照自然机械作用或说自然科学规律而生产出来的。艺术品与自然

---

① [德]康德：《判断力批判》，邓晓芒译，杨祖陶校，人民出版社，2002，第217页。

产品的各部分，都是根据部分与整体的关系，按照各自存有的形式才是可能的，并且艺术品与自然产品的各部分，是由于相互交替地作为自己形式的原因和结果，而结合为一个整全统一体的，因而各部分都是为了其他部分和整体而实存的。

第二，有机物的各个部分能够交替地把别的部分产生出来，这种生成表现为三个方面：首先，有机物可以自己生成、生殖出自己的同类，"所以按照类来说它是自己产生出自己，在类中它一方面作为结果，另一方面作为原因，而不断地自己被自己生产出来，同样又经常性地自己生产着自己，这样作为类而持久地保持着自己"①。

其次，有机物作为个体自己也在生长着，有机物通过这种生长作用而给自己添加上去的质，是在它之外的自然机械作用所不能提供的，这种质的材料是有机物从自然外界离析出来的原材料，有机物借助于这种原材料而进一步自己形成自己。"在这种原材料的分离和重新再组合中却可以发现这类自然存在物的挑选能力和形成能力的这样一种独创性，以至于任何艺术离它都还是无限地遥远，如果这种艺术试图从它分解这些自然存在物而获得的那些要素中、甚至从自然提供给它们作养料的材料中重新制造出植物界的那些产物来的话。"②

最后，有机物的各个部分也是自己生长出自己，以至于某一部分保持交互地依赖于另外那些部分的保持，当某些部分在生长中有所缺乏或受到阻碍时，这些部分就会以全新的方式形成自身，以便维持现有的东西，而这就是生长中的畸形。因而有机物的各个部分相对于整体而言被看作生长出来的器官，而不是技艺工具。康德举例说，"这个表中的一个轮子也并不产生另一个轮子，一个表更不会产生出另一个表、以至于它为此而利用别的材料（把它们组织起来）；因此它也不会自动补上从它那里偷走的部分，或是由其他部分的加入来补足它在最初构成时的缺陷，或是当它陷入无序时自己修复自

---

① ［德］康德：《判断力批判》，邓晓芒译，杨祖陶校，人民出版社，2002，第222页。
② ［德］康德：《判断力批判》，邓晓芒译，杨祖陶校，人民出版社，2002，第222页。

己：相反，这一切我们都可以指望那有机的自然"①。

第三，人的艺术品是机器，并且只有运动力，而有机物不是机器，它在自身中具有形成力。所以作为自然产品的有机体是有组织的和自组织的存在者，正是由于这种主动生成与成形的特殊原因性，它们才能被称作自然目的。这种自然目的与人类的艺术截然不同，因而我们无法通过类比的方式来理解它。

第四，自然生命的有机的合目的性，让我们把包括矿物、无机物的自然界看作一个超出了机械作用的自然目的系统。"一旦我们在自然身上发现了能够产生出那些只能按照目的因概念被我们设想的产物的能力，我们就进一步也仍然可以把那样一些产物评判为属于一个目的系统的，哪怕这些产物（或者它们的即使是合目的的关系）恰好使超出那些盲目的作用因的机械作用而为它们的可能性寻求另外一条原则成为不必要的。"②

由牛顿力学而来的能量守恒原则，呼唤着质能转换公式的到来，但是康德认为，这种用于说明无机物机械作用的自然规律，无法解答有机物、生命的生成与演化。因而凭借有机物向我们提供的自然目的而对自然界所做的目的论评判，使我们有理由提出一个可以感性显现的理念，把自然当作一个巨大的目的系统。例如，根据相对的合目的性概念，草是为适宜于牛和羊生存而存在的，而牛和羊又可以抑制草的过渡生长，维持动植物界的食物链平衡。寄生虫以人为生，而它们又是对人讲卫生的一种督促，因而是人保持健康的重要手段。我们之所以会将自然界看作一个巨大的目的系统，是因为当我们无法用机械作用解释有机物而引入目的因，从而形成自然目的理念的时候，与有机物相对应的自然目的理念"已经在它们的根据方面把我们引向了对感性世界的超出；因为这种超感性原则的统一性必须被看作不仅适用于自然物的某些物种，而且以同一种方式适用于作为系统的自然整体"③。

第五，就有机物而言，我们的知性无法按照自然的单纯机械作用而证明

---

① [德] 康德：《判断力批判》，邓晓芒译，杨祖陶校，人民出版社，2002，第226页。
② [德] 康德：《判断力批判》，邓晓芒译，杨祖陶校，人民出版社，2002，第233页。
③ [德] 康德：《判断力批判》，邓晓芒译，杨祖陶校，人民出版社，2002，第233页。

其产生是不可能的，同样也不能证明其产生是可能的。因为我们人的知性是推论性的知性，它是通过概念和感性直观来认识客体的。感性直观给予了我们某物，但未使对象被我们所认识，感性无知性则盲；概念指向对象的可能性，但知性无感性则空。因而就人的认识而言，它是感性和知性共同作用的结果。正是基于这种知性特点，我们可以正确地推论出事物是可能的而不是现实的，因而从单纯的可能性中绝对推论不出现实性来。

这种情况只适合于感官对象，而不适合于一般的物。因为就自在之物而言，可能性和现实性之间的区别是无效的，知性不能认识自在之物，而只能认识它的现象。虽然知性可以思考自在之物，但是它只是一个悬拟的概念，人的知性永远也达不到。知性是通过概念判断从普遍进向特殊并试图达到个别的，假如特殊并没有被普遍所规定，那么特殊不能单从普遍中推导出来。所以对于知性来说，在自然中提供给它并能够被纳入它的概念之下的那些特殊的东西可能是哪些及如何的各不相同，这必须是偶然的，这种偶然性使我们的知性极难把自然产物的多样性纳入知识的统一中来，但是这种在自然多样性中的特殊还是应当与普遍的东西相一致，以便能被规摄于其下，即便这种和谐一致在这种情况下必然是极其偶然的。

因此当我们的知性去认识作为产物的有机物的原因时，它必须从分析的普遍即从概念进向被给予的经验性直观的特殊。当知性思考有机物这个实在的整体时，它只能被看作是各部分竞争的推动力造成的结果，因为"我们的知性是必须从作为被普遍思考的那些根据的各部分出发，而前进到各种能被作为后果而归摄于那些根据之下的可能的形式的"①。这就是说，知性在考察有机物这些复杂的自然产物时，它只能从部分进到整体，整体包含有各部分结合的偶然性。所以我们的知性无法看透那些有机物内部无限多样的特殊规则，因为有关有机物可能性的内部普遍充分的原则是出于超感官的东西中的。这样，我们便不能找到有机物的自然秩序，不能找到其经验性的统一性，因而无法系统地认识这些有机物。

---

① [德]康德：《判断力批判》，邓晓芒译，杨祖陶校，人民出版社，2002，第262页。

六、自然合目的性原则的先验演绎

为了突出人类知性的上述特殊之处，康德在最普遍含义上思考出一种直觉知性，或用否定的说法，一种非推论性知性。其一，这种知性拥有一种完全自发性的直观能力，它完全不依赖于感性的认识能力。对于这种能直观的知性，它除了现实的东西之外没有任何对象了，可能性和现实性的区别在它这里被取消了，"而那些毕竟还没有实存的东西的可能性，也就是如果它们实存的话它们的偶然性，因而甚至那必须与此相区别的必然性，就将完全不能够进入这样一个存在者的表象之中了"①。对这种知性而言，它的客体永远都是现实的、必然的实存物，且不存在可能的、偶然的事物。

其二，当这种直觉知性考察有机物产生的原因时，它是从综合的普遍，或者说，是从一个整体本身直观的普遍而进向特殊的，也就是从整体进向部分。它的整体表象并不包含各部分结合的偶然性，不涉及各部分的可能性按照其性状和关联是依赖于整体的。

其三，判断力为了可以确立自然秩序，预设其经验性的统一性，从而把特殊归摄到普遍法则之下，在系统的统一性中认识自然，判断力可以按照直觉知性将部分设想为依赖于整体而可能的，那么我们的知性就不能同直观知性一样，认为整体包含各部分连接的必然根据。因为这对于我们推论性的知性是自相矛盾的，而只能认为"一个整体的表象包含有这整体的形式的、及隶属于这形式之下各部分之连接的可能性根据。但在这种情况下，既然整体将是一个结果（产物），它的表象被看作它的可能性的原因，而一个原因，其规定根据只不过是其结果的表象，它的产物就叫作目的"②。

其四，"按照我的认识能力的特有的性状，我关于那些物的可能性及其产生不能作任何别的判断，只能是为此而设想出一个按照意图来起作用的原因，因而设想出一个按照与某种知性的原因性的类比来生产的存在者"③。这

---

① [德]康德：《判断力批判》，邓晓芒译，杨祖陶校，人民出版社，2002，第257-258页。
② [德]康德：《判断力批判》，邓晓芒译，杨祖陶校，人民出版社，2002，第263页。
③ [德]康德：《判断力批判》，邓晓芒译，杨祖陶校，人民出版社，2002，第252页。

就是说，我们的判断力以类比艺术品的方式，向自然界引入了目的因或说自然合目的性概念这条先验原则。判断力用这条原则来考察有机物进而形成自然目的概念，以便先天地预设有机物内部自然秩序经验性的统一性，在这种合目的性且又合规律性之下，促进知性进一步认识有关有机物的自然规律。

其五，"我们也必不可少地需要把一个意图的概念加之于自然；所以这个概念对于我们理性的经验运用来说已经是一个绝对必要的准则了"[①]。因为否则的话，我们就不能形成任何自然秩序，进而形成相应的经验知识系统了，并且很明显的是，"一旦这样一条研究自然的引线被接受并被认为得到证实了，我们也就必然会至少把这个所设想的判断力准则也在自然整体上尝试一下，因为按照同一个准则还可以发现一些自然规律，它们平常根据我们对自然的机械作用的内部加以洞见的局限性，将会是仍然对我们隐藏着的"[②]。这就是说，在有机物这类自然目的的引导下，自然合目的性概念进一步被应用到了整个自然界。

综上所述，为了预设经验系统的统一性，判断力只能引入自然合目的性概念。这就是说，康德对自然合目的性概念与判断力的再自律之间关系的因果演绎是双向的。不仅自然合目的性概念可以造成判断力对自然的再自律，预示经验系统的统一性，而且判断力的再自律只能通过自然合目的性原则来实现，因此自然合目的性概念与判断力再自律之间的关系就是无条件的、必然的。

自然目的论只是被悬拟地引入对自然的探索中来。首先，自然合目的性概念作为先验原则，只是判断力在对自然进行反思时所做出的预设，为的是在系统的统一性这种预设之下将特殊归摄到普遍之下。因而这条原则并不适用于对自然的规定，而只适用于对自然的反思，所以由它而来的那些目的论知识作为准则并非对自然规定性的科学知识，而只是反思性的调节性原则，它们能够引导和启发知性寻找对自然目的的机械解释。

---

① [德]康德：《判断力批判》，邓晓芒译，杨祖陶校，人民出版社，2002，第252页。
② [德]康德：《判断力批判》，邓晓芒译，杨祖陶校，人民出版社，2002，第252-253页。

这就是"为什么我们在自然知识中早就不满足于通过目的因果性来解释自然产物了，因为我们在这种解释中所要求的是对自然的产生过程仅仅适合着我们对之进行评判的能力、即适合着反思性的判断力来进行评判，而不是适合着这些物本身、为了规定性的判断力来作评判"①。

其次，由自然合目的性这种原因性而来的自然目的只是理念，其客观实在性根本不能通过理性来证明。"我们关于是否有一个根据意图而行动的、作为世界原因（因而作为原始存在者）的存在者为我们有权称之为自然目的的东西奠定基础这个命题，是根本不能从客观上、无论是肯定地还是否定地做出判断的"②，因为我们对一个按照目的来行动的有理智的世界原因无法直观。

最后，理性之所以会把某个有理智的存在者悬拟地当作自然目的之可能性的基础，只是出于判断力的本性，出于那条主观的反思性原则而做出的，而且这并没有证明这个有理智的存在者是实存的。因为虽然那些按照自然合目的性原则的启发而找到的特殊规律可以在一定程度上证实自然目的，但它们不足以证明自然目的具有客观实在性。

七、自然目的概念中的二律背反

如果理性将对自然目的系统的认识误以为是规定性的判断力原理，那么对自然机械论认识与对自然目的论反思之间会出现二律背反。这种对自然的物理学认识方式与关于自然的类比技艺反思方式的二律背反，正题为："物质的东西的有些产生按照单纯机械的规律是不可能的"③，反题为："物质的东西的一切产生都是按照单纯机械规律而可能的"④。康德认为，这组二律背反的成因是："我们混淆了反思性的判断力原则和规定性的判断力的原理，混淆了前一种判断力（它只是主观上对我们的理性在特殊的经验规律上的运

---

① ［德］康德：《判断力批判》，邓晓芒译，杨祖陶校，人民出版社，2002，第263页。
② ［德］康德：《判断力批判》，邓晓芒译，杨祖陶校，人民出版社，2002，第255页。
③ ［德］康德：《判断力批判》，邓晓芒译，杨祖陶校，人民出版社，2002，第240页。
④ ［德］康德：《判断力批判》，邓晓芒译，杨祖陶校，人民出版社，2002，第240页。

用有效）的自律和后一种判断力的他律，这后一种判断力必须遵循由知性所给予的（普遍的或特殊的）规律。"①

第一，这两条原则原本是调节性原则，错误地将它们转变为有关客体本身的可能性的构成性原理，这对于理性是看不透的，理性既不能证明正题，也不能证明反题，正题与反题均不成立。首先，如果我们独断地认为有机体的机械产生是不可能的，那么这就意味着"对任何知性来说，设想这样一个多样性联结的统一性都将是不可能的（即自相矛盾的），如果这统一性的理念不同时又是这统一性产生的原因，也就是如果没有有意图的生产的话"②。

其次，表示统一性的自然目的只是理念，所以它不可能在判断力方面做出上述独断处理。因为"我们不仅不能决定作为自然目的来看的那些自然物对于其产生是否要一个完全特殊类型的原因性（按照意图的原因性）；而且甚至连提出这个问题都不可能"③，所以当我们对自然目的或自然目的系统做出独断处理时，我们都不能从客观上对自然中某物或目的系统做出肯定断言或否定断言。例如，我们不能断言自然目的或目的系统是有意的或无意的。

最后，可以把这两条原理还原成调节性原则，正题为："物质自然的有些产物不能被评判为按照单纯机械规律才可能的（它们的评判要求一条完全不同的原因性规律，也就是目的因的规律）"④，反题为："物质的东西及其形式的一切产生都必须被评判为按照单纯机械规律才可能的"⑤。这两条原则实际上根本不包含什么矛盾。

因为就反题而言，它所说的是对一切自然事物及其形式的可能性都必须按照机械规律来评判，我们任何时候都应当按照自然的机械原则来对自然事物的可能性进行规定与反思。没有这条原则作为研究自然的基础，人就不可能无限地追问与发现科学真理，形成自然科学知识，探索用来生产艺术品的

---

① [德]康德：《判断力批判》，邓晓芒译，杨祖陶校，人民出版社，2002，第242页。
② [德]康德：《判断力批判》，邓晓芒译，杨祖陶校，人民出版社，2002，第264页。
③ [德]康德：《判断力批判》，邓晓芒译，杨祖陶校，人民出版社，2002，第250页。
④ [德]康德：《判断力批判》，邓晓芒译，杨祖陶校，人民出版社，2002，第240页。
⑤ [德]康德：《判断力批判》，邓晓芒译，杨祖陶校，人民出版社，2002，第240页。

自然规律，但是这条原则并没有说，自然事物及其形式只有按照这种方式才是可能的，从而排除了任何其他的原因性方式。就有些自然事物而言，机械的自然规律对其产生是无法解释的，"绝对没有任何人类的理性（也没有任何与我们的理性在性质上相似、但在程度上更高超得多的有限的理性），能够希望从单纯机械的原因来理解哪怕是一株小草的产生"①，所以这条原则并不妨碍按照目的因的原则对有机物、整个有机自然界、生活世界进行观察与反思。

这条目的因的原则并没有取消机械原则，反而要求我们尽可能地去遵循它。因为目的论原则只是反思性的主观原则，它只是悬拟地向自然界引入目的论，为的是用自然目的预设统一性的理念，并依照经验线索来研究自然产物的可能性，进而在这些自然产物（有机物）上探索出已知的、还可以发现的特殊机械规律。因为我们永远也不能停止为这样一种产物的可能性去援引一个与此完全不同的产生根据，即目的因果性，所以它并不表示有机物按照机械规律就是不可能的，它所主张的只是："人类理性遵照这条准则并以这种方式将永远不会找到关于构成自然目的的特殊性质的东西的丝毫根据，虽然能够找到关于自然规律的别的知识；同时也并未确定，在自然本身的我们所不知道的内部根据中，同一些物身上的物理—机械联系与目的联系是否能在一个原则中关联起来。"②

第二，如果我们把反思性的判断力原则当作规定性的，那么就某一自然产物的可能性而言，机械论的解释方式排斥目的论的解释方式。为了使这两条原则在评判自然时相互结合成为可能，我们必须思考一条原则，它"必须被置于那处在这两种解释方式之外（因而也是外在可能的经验性的自然表象之外）但却包含着这自然表象的根据的东西中，就是说，必须被置于超感性的东西中，而这两种解释方式的任何一种都必须与之相关"③。

如此一来，"就会有一种尽管我们无法认识的超感性的实在根据为我们

---

① [德]康德：《判断力批判》，邓晓芒译，杨祖陶校，人民出版社，2002，第265页。
② [德]康德：《判断力批判》，邓晓芒译，杨祖陶校，人民出版社，2002，第241页。
③ [德]康德：《判断力批判》，邓晓芒译，杨祖陶校，人民出版社，2002，第267页。

本身也同属于其中的自然界产生出来,因而我们在自然界中将会把在它里面作为感官对象是必然的东西按照机械法则来看待,但却把它里面作为理性对象(甚至作为系统的自然整体)的东西,即各种特殊法则及据此而来的诸形式的、我们在自然方面必须评判为偶然的那种协和一致性和统一性,同时也按照目的论法则来看待,并把它们按照两种不同的原则来评判,而并不用目的论的解释方式排除机械的解释方式,好像它们相互矛盾似的"①。

也就是说,为了将两种解释自然的原则相互结合起来,我们可以悬设一个有理智的存在者作为有意的原因,这样机械原则便从属于目的论原则。质料所接受的形式只能被评判为按照意图而可能的,而就质料与形式的结合而言,质料按其本性却可以按照机械规律而进行,那么机械作用便充当了创造自然目的的手段。这样,我们就为自然界的诸物引入了某种完全另外的秩序,它不同于单纯自然机械作用的秩序。因为就人生产的艺术品而言,当我们把它们归入一个目的系统时,这并没有为自然界引入另外一种秩序,因为人是按照自然规律来生产艺术品的,甚至人的道德实践都可以用自然规律来无矛盾地解释,但是就自然产品而言,它的根据是某个有理智的存在者,并且这个存在者使得机械论和目的论对自然的解释可以相互结合起来。

第三,通过悬设有理智的存在者,我们即使将目的论看作构成性原则,将自然目的看作是客观的,是有理智的存在者创造的,它也可以和机械论一起被不矛盾地设想,但是作为目的论和机械论相融合根据的有理智的存在者是超感性的东西,它作为原理又是超验的,因而对它的悬设并没有使作为反思性原则的目的论就此而获得什么或失去什么。因为我们无法洞见超感性的东西,所以目的论知识只能作为调节性原则来促进人对自然科学的研究,而并不认识自然产物的规定根据,因而我们可以将自然目的是有意的还是无意的完全抛开。

具体到有机物而言,作为调节性原则的目的论仅是表达出:"一个有机的自然产物是这样的,在其中,没有任何东西是白费的,无目的的,或是要

---

① [德]康德:《判断力批判》,邓晓芒译,杨祖陶校,人民出版社,2002,第264页。

归之于某种盲目的自然机械作用的。"① 自然目的仅指生命的有机统一性，人通过这条线索来观察自然并形成自然科学知识，至于其作为被造物体现了上帝的何种动机，这是不可知的。

为了思考目的论和机械论可以在客观上无矛盾地相互结合，理性会思考某个有理智的存在者，用它来解释自然的产生。这就说明，目的论知识可以将我们引向神学，它是神学的入门，但是根据目的论本身的特性，康德认为，它无法证明上帝的实存，理性只能出于道德实践的考虑无矛盾地将上帝当作信仰，且这是一种独断处理。

第二节 康德对自然目的论的批判性解释

一、自然目的系统的统一性

有机物的内在合目的性将我们引向了外在合目的性，在那里一个自然物充当了另一个自然物达到其目的的手段。这样，就某个被造物而言，我们就可以通过询问它为什么而存在，来寻找另一个以它为手段的被造物，从而在诸被造物之间确立相对的手段和目的关系。

第一，我们可以认为无机物，如水、空气、土，是为了有机物而存在的。植物界是为了以它们为生，借此能够以多种多样的种类扩展到地球上的那个动物界而存在的。动物界中的食草动物又是为了食肉动物而存在的。这整个自然界又是为了人的多种多样的利用而存在的。这种手段与目的关系也可以反过来考虑，"食草动物的存在是为了抑制植物界的过度生长，这种过度生长会窒息许多的植物种类；食肉动物是为了给食草动物的贪吃建立限制；最后，人通过他追捕和减少食肉动物而造成在自然的生产能力和毁灭能力之间的某种平衡。所以人不管他如何可以在某种关系中值得作为目的而存在，但

---

① [德]康德：《判断力批判》，邓晓芒译，杨祖陶校，人民出版社，2002，第228页。

在另外的关系中他又可能只具有一个手段的地位"①。

第二，就上述对自然目的系统的考虑而言，出现了两个问题，它们可以被看作是关于自然目的系统的特殊之处。首先，就无机物而言，它们不具有内在合目的性。它们的可能性不以内在合目的性为前提，它们只能作为有机物的外在目的与手段而存在，因此"水、空气和土并不能被看作大山堆积起来的手段，因为大山本身根本不包含任何要求它的可能性有一个按照目的的根据的东西，所以大山的原因永远也不能在与目的的关系中放在（用于目的的）某个手段的诸谓词之下来表现"②。

这就是说，虽然无机物单独作为材料并不是目的，但它作为自然界这整个艺术作品的材料是合目的地被产生出来的。虽然无机物没有内在合目的性，但是它们的外在合目的性表现为：一方面，陆地的形态、江河的流淌及空中的降水对各种有机物的生存繁衍是合目的性；另一方面，它们的形态是火山爆发、洪水及海啸等作用的结果，而且它们由此而造成的生态变化导致了最初的有机物的灭亡。这种完全可用机械作用界定的自然现象，对于有机物而言，又具有外在的合目的性。

其次，在自然界这个目的系统中，就某个自然存在物的实存而言，"一个这样的自然存在物的实存的目的就在它自身中，就是说，它不仅是一个目的，而且也是一个终极目的；要么就可以说：它实存的目的在它外面的另一个自然存在物中，就是说，它不是作为一个终极目的、而是必须同时作为一个手段而合目的地实存"③。就作为终极目的的自然存在物而言，我们不能再问他为谁而存在。虽然人在自然界中值得作为终极目的而存在，但是如果仅从人的自然属性考虑，他同时又具有手段的地位。从这个意义上来讲，我们很难将他看作自然的终极目的。人为什么是自然的终极目的，随后说明。

最后，正是由于自然界目的系统的这两个特殊之处，给我们提供了自然产生的完全无意向的机械作用的指示，使得我们似乎无权要求和主张自然产

---

① ［德］康德：《判断力批判》，邓晓芒译，杨祖陶校，人民出版社，2002，第284页。
② ［德］康德：《判断力批判》，邓晓芒译，杨祖陶校，人民出版社，2002，第282页。
③ ［德］康德：《判断力批判》，邓晓芒译，杨祖陶校，人民出版社，2002，第283页。

物的另外一个起源，以此设想自然界的目的秩序。因而基于自然目的系统的这两个特殊之处，我们甚至认为，人类不可能是自然的最后目的，地球上的有机物之聚合也不可能是一个目的系统。以往被看作是自然目的的自然产物，除了自然的机械作用以外，也没有任何别的起源。

第三，通过对自然机械论与目的论二律背反的分析可知，基于在一切只可能思考为目的的自然事物上所发现的那种偶然性，而将自然界的起源看作是无目的的，是机械性的，这是理性向本体的僭越。因为知性只能认识极为有限的现象，它完全不能断定自然界的起源只是机械性的，但是如果我们把这种理性僭越，只是看作知性对自然界科学规定所期望做出的最大努力，那么理性的这种冒险就是被允许的，因为它只是起到了尽力促进知性用机械论界定自然界的作用。

自然机械论不排除目的论。如果我们想解释有机物的产生，那么我们就必须悬拟地引入目的论，并且由此假设整个自然界的产生都以目的论为秩序，甚至那些只有外在合目的性的无机物也是合目的地被创造出来的。因为机械论不能解释无机物如何可以产生有机物，我们必须以目的论为前提和基础，再对自然界做出机械论界定。

第四，如果我们把自然机械论看作是依照自然概念而来的，或者说，它是依照规定性的先验逻辑范畴及其诸原理来寻求自然的他律性规律的，那么就自然的产生而言，自然机械论就会将我们引向绝对无条件的必然存在者，思辨理性必然会进行上帝实存的本体论证明。在《纯粹理性批判》中，康德批判了上帝实存的本体论证明，认为将上帝看作单纯的实体，它是自然界的蓝本，自然界是上帝的派生物，这只是理论理性为寻求统一性而形成的先验幻象或说理念性理想，理论理性无法证明其客观实在性。

第五，自然目的论就上帝和自然界的关系可以说出更多内容。首先，它悬设了自然界这个产物中相互外在的杂多之物结合起来的统一性，这种统一性是自然诸产物的目的关联中的统一性。如果只是利用机械性的自然规律中的关系范畴来寻求这种统一性，那么就超出了理论理性的能力范围。因为机械论无法解释有机物的产生，所以理论理性按照机械论无法获得这种统一性，只有纯粹理性（理论的和实践的）通过判断力的自然合目的性原则才能实现这种统一性。

其次，要寻求自然目的关联的统一性，找到终极目的是关键，"终极目的是这样一种目的，它不需要任何别的东西作为它的可能性的条件"①。如果没有终极目的，相互从属的目的链条就不会完整地建立起来。人在很多情况下被看作是其他自然产物的手段。人不仅是其他种类存在物的存在手段，而且人与人之间实用的人际关系使人往往成为被利用的手段，但是人是这个世界中唯一的有理性的存在者，"它们的原因性是目的论的，亦即指向目的的，但同时却又具有这种性状，即它们必须依据着来为自己规定目的的那个规律，是被它们自己表象为无条件的、独立于那些自然条件的，但本身又被表象为必然的。这种类型的存在者就是人，但却是作为本体看的人；这是惟一这样的自然存在者，我们在它身上从其特有的性状方面却能认识到某种超感官的能力（即自由），甚至能认识到那原因性的规律，连同这种原因性的那个可以把自己预设为最高目的（这世界中最高的善）的客体"②。

也就是说，由于人是道德的存在者，所以我们不能再问："他是为了什么而实存的？"因为他的存有本身中就具有依照道德律而行动这种至上目的，他能够尽其所能地使全部自然都从属于这个至上目的，或者更确切地说，他至少能够坚持不违背这个至上目的而屈从于自然的影响。可见，"只有在人之中，但也是在这个仅仅作为道德主体的人之中，才能找到在目的上无条件的立法，因而只有这种立法才使人有能力成为终极目的，全部自然都是在目的论上从属于这个终极目的的"③。

最后，由于我们能够将自然界看作一个完整的目的系统，所以目的论可以在这个无条件的必然存在者（上帝）与作为其派生物自然界之间，确立一种更为切近的超验因果关系。这种关系就是将这个作为原始根据的绝对必然的存在者看作具有某种理智实体的属性，而作为目的系统的自然界是他的后

---

① [德]康德：《判断力批判》，邓晓芒译，杨祖陶校，人民出版社，2002，第292页。
② [德]康德：《判断力批判》，邓晓芒译，杨祖陶校，人民出版社，2002，第293页。
③ [德]康德：《判断力批判》，邓晓芒译，杨祖陶校，人民出版社，2002，第294页。

果,是他有意创造出来的艺术产品、结果。因为如果我们无法确立目的系统的统一性,我们就不能将这个原始根据看作是一个而不是多个有理智的存在者。

通过目的论,我们将作为单纯实体的绝对必然的存在者这个自然的原始根据看作一个有理智的存在者,从而将其与自然形式的目的关系设想为创世的因果性关系,而这通过机械论是无法完成的。因为机械论的因果关系在于时间的先后性,而绝对必然的存在者与其派生物自然界又无法在时间中做出规定,所以这关系无法明确为创生性,仅是派生性因果关系。只有通过目的论,纯粹理性才能确立这种因果关系。也就是说,只有通过由判断力的自然合目的性原则而来的目的论,纯粹理性才能实现其对自然界主观系统统一的解答,而且借此它并不能赋予这个原始根据以经验的理论客观实在性。

第六,判断力在利用其原则实现自然目的系统的统一时,它在确立终极目的方面是通过实践理性来完成的。这样,判断力就通过其目的论使纯粹理论理性按照知性原则的思维方式和纯粹实践理性按照自由原则的思维方式出现了一种过渡。也就是说,纯粹理论理性在思考自然的原始根据时,必须通过纯粹实践理性的帮助。纯粹实践理性之所以能够提供这种帮助,是因为它的道德律在自然界拥有领地。正是因为道德律是规定自然的另外一种法律,所以判断力才能将人看作是自然界的终极目的。这样一来,判断力就起到了连接知性和理性的作用。

第七,由判断力的自然合目的性原则而来的自然目的论知识,不属于自然科学。因为自然合目的性概念只是反思性原则,而自然科学所需要的是规定性原则,对自然机械性规律的探寻才是自然科学。虽然判断力在按照其原则对自然现象的相互目的关系进行考察,但是这种关于自然感性外观形式的观察与描绘,并没有对自然合目的性形式的产生及其内部可能性,提供任何规定性的解释,而这种规定性的解释是理论自然科学所真正关心的。

第八,目的论也不属于神学。所谓神学,就是关于一切经验对象之总和的世界的原始根据学说。虽然自然目的论"把自然的诸产生过程及其原因作为自己的对象;并且即使它指向那个原因,即指向一个预定在自然之外和之上的根据（神圣的创造者），但它在考察自然时这样做却并不是为了规定性的判断力，而只是为了反思性的判断力（为的只是凭借这样一个与人类知性相适合的理念作为调节性原则而引导对世界上的事物的评判）"①。也就是说，单单凭借判断力目的论，不可能彻底开展对上帝存有的证明，对上帝做进一步的规定，这些工作是纯粹理论理性与纯粹实践理性借助目的论而开展的。虽然通过目的论，思辨理性对上帝创世说、上帝与至善的理知世界的关系更加明确了，但是强调自然目的论并不属于神学的关键要义在于，目的论可以在不履行哲思上帝职能的情况下被保留下来，将自然目的看作似乎是无意向的或意图不明的，将自然的感性外观反思为具有无目的的合目的性的美的形式。

二、目的论对自然万物生长的说明

目的论虽不属于自然科学，但它是知性寻找自然规律的前提和基础，自然科学是建立在目的论之上的。就判断力应用知性形成相应的目的论知识而言，我们可以将目的论中的部分知识隶属于自然概念之下，考察判断力依照自然概念对自然万物生长的解释能够前进到何种程度。自然概念不仅是指机械作用是他律的，而且意指有机生命的生存与繁衍也是他律的，人的动物本能与感性任意是不自由的，人既是自然他律的，也是自由自律的。

第一，就只能作为自然目的而产生出来的有机物而言，它们以某个原始的有机体（母体）作为基础，这个母体或者利用机械作用，产生出另一些有机形式，或者利用不可知的合目的性生命原则，把自己的形式发展为新的形态，这些形态永远是从那个目的中并与之相符合地产生出来的。

通过动物比较解剖学可以看到，"动物种类以某种共同图型而相互一致，这种图型不仅仅在它们的骨骼结构中，而且在其他部分的安排中，也显得是基础，在这里，这一值得惊叹的简单构架通过压缩一部分而延长另一部分，发展这一部分而展开那一部分，已经能够产生出物种的如此巨大的多样性

---

① ［德］康德：《判断力批判》，邓晓芒译，杨祖陶校，人民出版社，2002，第272–273页。

了"①。

"这些形式的类似性，就它们尽管有一切差异却显得是按照一个共同的原型生产出来的而言，就加强了它们在由一个共同的原始母体生产出来时有现实的亲缘关系的猜测，所凭借的是一个动物种类到另一个种类的渐进式的接近，即从目的性原则在其中显得最为可靠的动物种类即人类开始，直到水螅，从水螅乃至于直到苔藓和地衣，最后达到对我们显得是最低级的自然阶段，即粗糙的物质；从这种粗糙物质及其力中，按照机械性的规律（正如它在结晶体产生时据以起作用的规律一样），我们在有机体中如此难以理解、以至于我们相信需要为此设想另一种原则的那全部自然技巧，似乎都有了源头。"②

第二，就无机物与有机物之间的生成关系而言，如果我们认为从无机物中可以生长出有机物，那么这只不过是把对自然界的目的论解释延伸到了无机物上，而并没有使无机物和有机物的产生摆脱了目的因这个条件。这样，我们就可以将自然界看作一个巨大的动物，它按照我们所已知的机械作用和猜测的生命原则，从混沌状态中生长了出来。"最初从它的母体中生出具有较少合目的性形式的生物来，这些生物又生出另外一些与其繁衍场所和相互关系更相适合地形成起来的生物；直到这个母体本身凝固下来，僵化起来，把自己的生育局限在了那些确定的、今后不再越轨的物种上，并保留了如同在那个富有成果的形成力运作的终局所沉淀下来的那样一种多样性。"③

从上面关于自然万物生长的说明中可以看出，以目的论为根据对自然生命产生的考察与评判，必须有机械论参与其中，机械论仿佛是一个有意起作用的原因的工具，自然在其机械性规律中仍然被隶属于有意起作用的目的。虽然目的论与机械论的这种结合理性并不能理解，但是可以确定的是，如果没有由目的论和机械论而来的两种因果性，就没有任何作为自然目的的万物的生长与定型。

第三，自然界这个巨大母体的生长必然涉及生殖作用，康德检验与批判

---

① [德]康德：《判断力批判》，邓晓芒译，杨祖陶校，人民出版社，2002，第274-275页。
② [德]康德：《判断力批判》，邓晓芒译，杨祖陶校，人民出版社，2002，第275页。
③ [德]康德：《判断力批判》，邓晓芒译，杨祖陶校，人民出版社，2002，第275页。

了既有的三种相关理论，它们分别是偶因论与预定论中的先成论和新生论。首先，偶因论认为，"至上的世界原因按照其理念就会乘每次两性交合的机会而给在交合中混合起来的物质直接提供有机的形态"①。这种理论强调，两性交合只不过是某个至上的有理智的世界原因决定每次都直接插手形成一个胚胎的一道手续，留给母体做的只是释放和养育这个胚胎而已。康德认为，偶因论使得理性完全失去了对因生殖作用而生成的自然产物的可能性下判断的一切运用，这种观点不仅使理性在对这些产物做机械论的解释时产生一种惰性，而且使理性不能将上帝当作最高的理想来看待。

其次，根据预定论，至上原因"就会在他自己的这种智慧的最初产品中只放进这种素质，凭借这种素质，一个有机物就产生同类东西，而这个物种便持久地保持着自己，同样诸个体由于自己同时造成自己的破坏的本性而带来的死亡也就持续地得到了补偿"②。

其中的先成论认为，至上原因在创造自然之时，在世界的开端就会部署一些超自然的形式，这一大堆形式的部署是在那世界的开端就形成了的，而胚胎须在不遭受自然力破坏的前提下，经由一个长期的过程才能孕育出来，而这些形式是胚胎完好无损地保持下来所要求的，所以由生殖作用而来的同类有机物是离析出来的东西。

康德认为，先成论虽然承认个体有机物的产生具有合目的性的形成力，但是它又没有将这种形成力赋予进行生殖作用的雌性或雄性有机物。由于这种观点将自然生长看作是自我展开的，所以它不能解释杂种的产生。因为由杂交而来的物种可以表明，在自然力的作用下超自然的形式并没有完好无损地保持下来，所以进行生殖作用的母体具有形成驱力。

最后，预定论中的新生论符合人的理性对自然生殖作用的解释。"因为这种解释方式就我们只能够在起源上按照目的因果性而设想为可能的那些事物方面，至少在涉及到繁殖时，毕竟把自然看作是自我产生的，而不单纯看

---

① [德]康德：《判断力批判》，邓晓芒译，杨祖陶校，人民出版社，2002，第279页。
② [德]康德：《判断力批判》，邓晓芒译，杨祖陶校，人民出版社，2002，第279页。

作是展开着的，因而毕竟是花了尽可能少的超自然的东西就把从第一开端以来的一切相随之物都留给了自然（但关于这个第一开端却并没有确定什么，它是物理学不论想用一种什么样的因果链条来尝试总会在上面栽跟头的）。"①

第四，康德根据新生论进一步说明了自然万物的生长过程。"说粗糙的物质是按照机械规律而原始地自我形成起来的，说生命本来就能够从无生命之物的本性中产生出来，而且物质本来就能够自发地把自己安排进自我维持的合目的性的形式中去，这些说法都是违背理性的；但他同时又在某种原始有机体的这种我们无法探究的原则之下为自然机械作用留下了一个不可确定的、但却也是不会弄错的份额，为此，在一个有机体中物质的能力（与物质的普遍蕴含的单纯机械的形成力不同而）被他称之为某种（仿佛是从属于对前一种形成力所作的更高的引导和指令的）形成驱力。"②

这就是说，至上原因在创世之初，并没有安排超自然的形式给自然，而只是赋予了自然母体以原初的素质。这种素质就像一粒种子，最终可以生长出来，而且这种生长是一种自我产生的过程，是自然产物积极主动地按照合目的性形式而发展的过程。虽然这种生长过程符合有理智的存在者的意志，但是被造物的这种自然素质是其自己开拓出来的。正是由于自然的这种形成驱力，有机物从无机物中生长了出来，动物从植物中生长了出来，动物又通过同名生殖（繁殖出同类）和异名生殖（繁殖出新的种类，这种生殖作用就我们的自然知识所达到的范围来说是从来没有遇到过的），使得水生生物演变为沼泽动物，沼泽动物又演变为陆生动物，陆生动物中逐渐出现人类。

康德对新生论的探讨意义重大，它为黑格尔构思必然与自由的自然辩证法与历史辩证法提供了思路。后世指责黑格尔的历史辩证法实则取消了康德意义上的自由，也可以通过这个新生论来思考。按照新生论，人类命运的终点是确定的，但轨迹不是先行设计好的，是需要自我开拓的。黑格尔强调这就是人类自由的本质规定，但是康德认为新生论不是形而上学知识，他的自

---

① [德]康德:《判断力批判》，邓晓芒译，杨祖陶校，人民出版社，2002，第281页。
② [德]康德:《判断力批判》，邓晓芒译，杨祖陶校，人民出版社，2002，第281页。

由观超出这种规定,强调这种目的论认识仅是人的至善信仰的体现,不论自然本质如何,人就是要依照至善信仰,反思自然的外观,通过对自然的再自律,实现自我的不断解放,自由是一个求超越的无限过程。没有康德对自由的暗中激进规定,就不会有叔本华至尼采罢黜至善的超善恶自由观。

三、目的论对人类历史进步的说明

康德认为,人是目的系统中的最后一环。因为人是有理性的有限的存在者,他不仅可以给自己规定目的,而且他的意志可以按照目的来进行活动。他所规定的目的可以是以感性即愉快或不愉快的感受为条件的,也可以不以感性为条件,前者叫追求幸福,后者叫德行。人的意志有自然和自由两个方面,人身上不仅有自然素质,而且也有道德素质。正是因为道德素质,人成为自然目的系统中的终极目的。基于人的自然素质对人的目的论解释可以归属于自然概念之下,而基于人的道德素质对人的目的论解释可以归属于自由概念之下。根据预成新生论,人的素质是自我生产的。也就是说,人是通过生产艺术和道德实践才使得自身的自然素质和道德素质不断地生长的,这种生长是人改造、创造自己的过程。

根据人是道德的存在者,判断力按照目的论将人自身看作自然目的系统中的终极目的,自然的最终目的就是要从自然中生长出人来,要让人自身的素质得以生长,最终生长得可以进行道德实践,即有德性地追求幸福,进而在这种无限的过程中实现至善。人的目的论知识需要说明,自然为了使人准备去做他为了成为终极目的所必须做的事,自然能提供哪些东西,这种作为道德实践的准备工作的目的,只能在人的自然素质中去寻找。

康德将这种准备性的目的称为最后目的。因为人的道德素质和自然素质是同时生长的,在时间上具有共时性,但由自然素质而来的东西为人的道德实践做好了准备,因而人的最后目的是人的终极目的的手段。与人的自然素质相对应,可以被认为是自然目的的东西,"或者必须具有这种方式,即人本身可以通过大自然的仁慈而得到满足;或者这就是对能够被人利用(外在的和内在的)自然来达到的各种各样目的的适应性和熟巧。前一种自然目的将会是幸福，后一种目的则将是人类的文化"①。这就是说，自然的目的不仅是要人可以获得幸福，而且是要人类社会逐渐变得文明，使文化在自然界生长出来。

第一，幸福作为自然的目的不是自然的终极目的。首先，"地上的幸福，它被理解为人的一切通过在人外面和内面的自然而可能的目的的总和；这是人在地上的一切目的的质料，这种质料，如果他使之成为他全部的目的，就使他不能够为他自己的实存建立一个终极目的并与之协调一致"②。幸福只是人通过他与想象力和感官知觉缠绕着的知性而构想出的一个理念，"他甚至如此经常地改变这一概念，以至于就算自然完全屈从于他的任意，自然却还是根本不能为了与这种动摇不定的概念及每个人以任意的方式给自己设置的目的协和一致，而表现出任何确定的、普遍的和固定的规律"③。

其次，人追求幸福是为了实现自己的感性需求，因而实现幸福也就意味着通过消费自己所生产出来的艺术产品而得到了满足与享受。这些艺术产品不仅包括用于满足人衣食住行的人工制品和实用的社会关系，而且也包括美的艺术。幸福满足与产品的质料相对应，因为人在消费这些艺术产品的过程中感到愉快，人的感性欲求得到了满足。如果我们认为幸福就是自然的终极目的，那么人的价值就会跌落到零度以下，甚至人连自然目的也不是了。

再次，人与其他自然生物相比具有极大的优越性，号称世界的主人。但是如果人只能追求幸福而不能德行，那么由于人追求幸福也要和动物一样服从自然规律，并且人的感性欲求不论变得多么人化、精致，它也还是动物性的，与动物的感性欲求属于同一个种类。"更有甚者，人身上的自然素质的矛盾性还把他置于自造的磨难中，又把和他自己同类的另外的人通过统治的压迫和战争的残暴等等投入绝境，而正如在他身上发生的那样，他自己也进行着毁灭他自己的同类的工作，以至于即使在我们之外是最仁慈的自然，如果这个自然的目的是针对我们这个物种的幸福提出来的话，也是不会在地球上的

---

① [德]康德：《判断力批判》，邓晓芒译，杨祖陶校，人民出版社，2002，第287页。
② [德]康德：《判断力批判》，邓晓芒译，杨祖陶校，人民出版社，2002，第289页。
③ [德]康德：《判断力批判》，邓晓芒译，杨祖陶校，人民出版社，2002，第287–288页。

一个自然系统中实现出来的，因为我们内部的自然是很难受到这个外部自然的感动的。"①

而且自然也没有表现得对人有多么仁慈，"自然界远不是把他当作自己特殊的宠儿来接受并善待他胜过一切动物的，毋宁说自然界正如对待一切其他动物一样，并没有使他免于自然的破坏作用的伤害，如瘟疫、饥饿、水患、冻伤、其他大小动物的侵袭等等"②。

最后，假如人没有自由的一面，只有自然的一面，那么人内心中的自然与外界自然的矛盾、人与人之间的矛盾，就不能使幸福理念逐步被落实。人与动物的区别不在于人可以通过艺术实践来追求幸福，而在于人有道德律，人是道德的存在者。正是因为人的道德实践，人才有资格成为自然的终极目的，幸福只是有条件的自然目的。

如果我们考虑到人是自由的，那么我们就可以认为，幸福在自然的无限进程中作为德性的结果是可以逐步实现的。因为道德毕竟约束了人不合法的感性欲求，使人与自然、人与人之间变得不再矛盾重重，达于和谐，所以"人的状态，幸福只是作为按照那种协和一致而来的后果，而与那个作为人的存有的目的的终极目的相联系的"③。

第二，幸福不是自然的最后目的，文化是自然的最后目的。其一，追求幸福与德行是对抗的，幸福作为有条件的自然目的，不可能为道德实践这种自然的终极目的扫清障碍、做好准备，反而会阻碍人的道德实践，让人无视其道德的一面。

其二，就人的自然素质而言，"人在自然中的一切目的里面就只剩下形式上的主观条件，即这种适应性的主观条件：一般来说能为自己建立目的并（在他规定目的时不依赖于自然）适合着他的一般自由目的的准则而把自然用作手段，这是自然关于外在于它的终极目的所能够做到的，因而这件事就能被看作自然的最后目的。一个有理性的存在者一般地（因而以其自由）对随便

---

① [德]康德：《判断力批判》，邓晓芒译，杨祖陶校，人民出版社，2002，第288页。
② [德]康德：《判断力批判》，邓晓芒译，杨祖陶校，人民出版社，2002，第288页。
③ [德]康德：《判断力批判》，邓晓芒译，杨祖陶校，人民出版社，2002，第294页。

什么目的的这种适应性的产生过程，就是文化。所以只有文化才可以是我们有理由考虑到人类而归之于自然的最后目的（而不是他所特有的地上的幸福，也根本不只是在外在于他的无理性的自然中建立秩序与一致性的最重要的工具）"①。

其三，如果我们不考虑作为有条件的自然目的幸福，而只考虑用来实现幸福的手段文化，那么文化是可以成为自然的最后目的的。因为文化不仅是人追求幸福的手段，而且它可以作为人与自然的知识符号中介，通过为人在自然中建立秩序，使人与自然尽可能地达成一致，为人的道德实践扫除障碍、做好准备。

其四，感性欲求与熟巧的关系是：一方面，由于有些欲求对于人追求幸福的实践能力而言，是永远不能实现的，所以这些欲求就是无用的希望。例如，希望时间倒流而使已发生的事没发生，希望时间立刻过去直到自己所希望的事发生，都因超出了人的熟巧，是无用的希望。另一方面，有一些欲求是人暂时无法实现的。例如，很早以前人就希望可以像小鸟一样飞翔，可直到现代社会，当人的自然素质生长到一定程度的时候，人才制造出飞机来实现这一欲求。正是因为人有这些会落空的欲求倾向，人才会不断尝试自己的实践力量，逐步认识和提升自己的实践力量。

其五，感性欲求与熟巧这两方面的关系，可以被看作是我们天性中某种善意的合目的性安排的结果。人通过科学和艺术，不仅使自己的感性欲求得以实现，而且也使人的幸福生活得以多样化，人可以确定和实现的目的更加丰富。艺术不仅包括所有的人工制品，而且包括实用的人际关系，而科学与艺术就是文化（熟巧）。因此人与自然的关系、人与人之间的关系是以文化符号为中介的，人利用自然、认识自然，人利用人、认识人，都是通过文化来完成的。在人类种族繁衍的过程中，后人继承前人的科学与艺术，并在此基础上进一步将它们加以发展，人类不仅得以延续下去，而且其自然与道德素质也在不断提高。

---

① [德]康德：《判断力批判》，邓晓芒译，杨祖陶校，人民出版社，2002，第289页。

第三，目的论从自然而非自由的层面，就人类历史合目的性发展，有如下考察与说明：一是文化是在人类的不平等中发展起来的。在那时，大多数人机械地、无须特殊技艺地为别人的舒适和方便提供生活必需品，少数人则从事科学和艺术部门的工作，发现生产人工制品的理论与方法，发明那些统治和利用大多数人的规则与权谋。虽然绝大多数人保持在受压制、辛苦劳累和很少享受的状态中，但是上层阶级的文化有一些逐渐地扩散到了下层阶级中去了。

二是随着文化的进步，人类的磨难也在两方面增长着。一方面，由于人类在利用自然时出现的失误和错误，我们饱受自然灾害；另一方面，文化的进步代表着人身上自然素质的发展，这种素质的发展虽然使人利用自然、利用他人的熟巧得以进步，但也导致了人内心的不满足。不被人利用和控制，自己主宰自己，按照自己的任意来设定和实现目的，这些并非真正的道德实践命令，仅是人自由选择欲求的表达，荣誉欲、统治欲和占有欲开始连带膨胀。这种人性的自私，使得人与人之间、阶层与阶层之间、国家与国家之间不能相容。于是在手中拥有暴力的人那里，战争开始了。战争给人类带来了极为恐怖的劫难，而和平时期的长期备战甚至给人们带来了更多的磨难，并且使得人民对安居乐业幸福生活的希望遥不可及。但是正是因为这种来自人的外部自然和内部自然的侵害，使得人把服务于文化的一切发展到了最高程度。

三是人的自然素质的生长，导致在人类历史中出现了自私自利的自由意向的交互冲突，为了减少祸害，在人与人的伦理关系中出现了法制状态。与这个法制状态相对应的实用人际关系的整体，就是公民社会。在其中，人与人之间的冲突是通过合法的强制力来对付的。不过，"即使人类有足够的聪明去发现这一法制状态、并有足够的明智自愿地服从它的强制，却还需要一种世界公民的整体，即所有那些处于产生相互侵害作用的危险中的国家的一个系统"①，没有这个系统，战争就不可避免。

四是上述人与人之间的关系是实用的人际关系或说技巧。这种人际关系

---

① [德]康德：《判断力批判》，邓晓芒译，杨祖陶校，人民出版社，2002，第290页。

的性质是通过利用别人来达到自己的目的,甚至那些以情感、移情为基础的人际关系,表面上看起来是在帮助、关心对方,但其实质也是一种实用的人际关系。因为这种人与人之间的需求也是以感性为基础的,双方的互动其实只是满足了人的感性需求。康德对关于人间爱情的评价不高,说这种人际关系是艺术,认为要处理好这种人际关系,需要很高的熟巧。道德人伦需要超越性欲满足与利益纠缠。在敬重的道德情感中,性别差异被消除了,男女两个半球合成一个完美的球体,实则不是道德完善,且有待扬弃,道德完善是超越并扬弃肉身的精神和谐。

五是虽然人的外部自然和内部自然的生长,给人类带来极大的祸害,但是这种祸害尤其是其中的战争,也是自然他律性的安排,尤其通过人的反社会性、相互迫害而逐步地使人类合目的地进入法治社会,而且这个社会是一个世界公民的整体,只有在这种社会中,人的自然素质的最大发展才是可能的。从这个人类历史的自然发展过程中,还无法确认人类社会的历史进步论,仅能看到人类的反社会—非社会—肯定社会性的历史发展过程。

第四,在人类历史发展中,人的自然素质在发展的同时,人的道德素质也在逐渐生长。通过观察道德素质的生长,康德认为,目的论提出了人类历史的合目的发展,是进步的,螺旋上升的。道德实践只有在人与人之间才能进行,所以人与人之间除了实用的人际关系之外,还包括道德的人际关系。由于每个人的一生永远都处于利用别人和被人利用的人际关系之中,而且人的有限性决定了自己一生中是绝对不可能完全按照道德律来处理人际关系的,所以从历史的发展可以看到,社会关系是实用的技艺与权谋,而道德只是闪现其中。

但是人的自由意志决定了人是道德的存在者,正是因为人心中那个普遍的道德律,人才拥有权利,个人按照德性法则对待他人的同时,个人就拥有了他人也按照相同的德性法则对待自己的权利,而这种权利使人与人之间平等。所以虽然人类历史发展是以追求幸福而开始的,作为追求幸福的手段的文化,是在人与人之间的不平等中才发展出来的,在这种文化中,人与人之间的人际关系是实用的人际关系,但是人类历史发展有合目的性,文化的发展起到了促进人的道德实践的作用。因为康德预见到，随着世界公民社会的出现，一个建立在道德律之上的社会系统最终将会出现，人与人之间的关系将会以道德的人际关系为基础，而不以实用的人际关系为基础，届时有德性地追求幸福就是可能的了。

第五，康德认为，文化之所以是自然的最后目的，是因为它的发展起到了促进道德实践的作用，为人有德性地追求幸福扫清了障碍。这个历史进步过程，可以从以下几个方面来说明：其一，科学技术生产供人使用的艺术品，这些实存产物由以构成的知识形式，作为文化符号，"当然是对促进一般目的的适应性的最重要的主观条件，但却还不足以促进在规定和选择其目的时的意志，这种规定和选择本质上却是对目的的某种适应性的全部范围所要求的"[①]。虽然这种熟巧的文化决定了人能实现哪些目的，但是它不能决定个人的意志选择哪些目的来实现。

其二，利用别人的艺术作为文化，往往对人的欲望有压制作用。因为在与人打交道的时候，为了实现自己的目的，人不得不对自己的行为有所收敛，甚至需要放弃一些利益，因而这种文化就可以决定意志选择哪些目的来实现。所以它是管教、训练的文化，"它是否定性的，它在于把意志从欲望的专制中解放出来，由于这种专制，我们依附于某些自然物，而使我们没有自己作选择的能力，因为我们让本能冲动充当了我们的枷锁，大自然赋予我们这些冲动只是充当指导线索，为使我们中的动物性的规定不被忽视乃至于受到伤害，然而我们毕竟有充分的自由，由于理性的目的的要求，而使这种动物性绷紧或是放松，延伸或是压缩"[②]。

其三，处理人与人之间实用的人际关系的技艺与习俗规矩，作为文化的重要组成，可以被看作是最后目的。因为它对人的不良爱好进行了训练，不良爱好虽然与人作为一个动物种类而特有的自然素质完全适合，但是使人类的进步发展步履艰难。这种规矩性文化训练，使人在追求享乐与爱好时表现

---

① [德]康德：《判断力批判》，邓晓芒译，杨祖陶校，人民出版社，2002，第289页。
② [德]康德：《判断力批判》，邓晓芒译，杨祖陶校，人民出版社，2002，第289页。

出的粗野性和狂暴性，越来越多地败北，从而为人性的发展扫清障碍。因为那些爱好与追求享乐的过程，更多属于我们身上的动物性，且与更高的道德使命之教化极端对立。自然通过这种合目的性的教化，人接受了由自由概念提供的更高的生活目的。

其四，随着文化的发展，人忍受着来自外部自然的灾害，又饱受来自人内部自然的自私之祸害，但是人们在对待这些祸害的时候，表现出了勇敢、坚毅的精神。因而这些祸害也是自然合目的性安排，它召唤、提升、坚定灵魂的力量，使之不被这些祸害所战胜，并让我们感到，在人心中隐约有对那些更高道德目的的适应性。因为道德实践在现实生活中往往需要做出牺牲、舍生取义，而由战胜自然灾害而来的勇敢等这些激情，可以帮助人捍卫心中的道德律，勇敢与坚毅不仅适合于实现感性欲求，而且有助于道德实践。

其五，伴随着人类文明的进步，由人与人之间不相容的自私所导致的人内心的不满足开始膨胀，它的极端表现就是战争，"尽管战争是人类的一种（由于不受约束的情欲的激发）无意的尝试，但却是深深隐藏着的、也许是无上智慧有意的尝试，即借助于各个国家的自由，即使不是造成了、但毕竟是准备了各国的一个建立在道德之上的系统的合法性、因而准备了它的统一性"[①]。这就是说，通过战争，法治社会出现了。在这种社会中，人的自由意向受到了合法的强制力的制约，文化适合于在这样的社会关系中发展。

其六，文化发展的顶点称为奢侈，即对非必需之物的偏好已经开始造成对必需之物的损害。在这样的社会中，如果人想实现自己的目的就必须大力发展科学技术，"凭借科学，对趣味的文雅化直到理想化甚至奢侈作为虚荣的食量，通过由此产生的一大堆不能满足的爱好而把那种祸害倾倒在我们头上，这种祸害的占优势已是无可争辩的了"[②]。上层阶级为了自己的享受，让绝大多数下层人为此遭受了磨难，因为这种享受更多的是来自他们的荣誉欲、统治欲和占有欲。他们的这些情欲的满足更多的只能通过社交来满足，因为

---

① [德]康德：《判断力批判》，邓晓芒译，杨祖陶校，人民出版社，2002，第290页。
② [德]康德：《判断力批判》，邓晓芒译，杨祖陶校，人民出版社，2002，第291页。

这些情欲的对象是人。

其七，在奢侈社会，如果想在社交中利用别人实现自己的目的，那么人就必须得有礼仪。在这礼仪中最重要的一项就是要找到大家都喜欢、都感兴趣的东西，而只有美的艺术和科学才能传达普遍愉快。因而不论是将科学和艺术作为谈资与润滑剂，在社交中实现另外的实用目的，还是就是喜欢科学和艺术所带给人的普遍愉快，"美的艺术和科学通过某种可以普遍传达的愉快，通过在社交方面的调教和文雅化，即使没有使人类有道德上的改进，但却使他们有礼貌，从而对感官偏好的专制高奏凯旋，并由此使人类对一个只有理性才应当有权利施行的统治作好了准备"①。

这就是说，当人们开始从科学和艺术中获得愉快的时候，人们就会逐渐地喜欢科学和艺术。人从美的艺术欣赏与科学的学习中，从科学探索和艺术创作中感到了愉悦，人开始为了这种愉悦而从事艺术和科学活动。对艺术和科学的追求虽然使得我们有教养，显得文明、有礼貌，但是这只是一种道德假象，人变得越来越像演员，虚荣心、伪善掩饰着人们的道德缺陷，然而对艺术和科学的追求至少使人摆脱了野蛮，变得热爱社交，战争、暴力减少了。

其八，人类的思想开始从幼儿阶段向成人阶段迈进，人开始对现有的社会制度产生疑问，这种启蒙作用使得人开始争辩。这就是理性自由运用的开始，通过这种争辩而来的一致性，可以把政府引向公共目的，从而为将以实用关系为基础的社会逐步改变成以道德关系为基础的社会做好准备。因为争辩的一致性的基础在于普遍原则，幸福原则不是普遍的，只有道德原则才是普遍的。虽然争辩是以利益权衡为起点，但是最终是以人的自由、权利和平等的不断获得为结果，以有德性地追求幸福为结果。

四、目的论对历史进步的说明是主观的

康德认为，上述关于自然万物生长、人类历史进步的目的论说明，不是客观的科学知识，仅是主观的意见与信念表达。第一，根据自然生长的预成

---

① ［德］康德：《判断力批判》，邓晓芒译，杨祖陶校，人民出版社，2002，第291页。

新生论，类比地解释人类社会的合目的性进步进程，是非常危险的。因为它将自由统一到了必然性之下，这种统一取消了先验自由，使人的自由消解为心理学的自由。这样，人在自然中的主体地位就被取消了，人只是他律的人，而不是自律的人。如果我们一味地强调人类社会的合目的性发展，那么来自理性对人类社会中不平等、不合理、战争暴力的批判便会失去效力，人在应当做的义务面前便会更多地寻找所谓的客观原因、实际情况，就不会改进和消除那些不合理的东西。

第二，人类历史进步的目的论解释包括自然目的论与道德目的论，需要用后者来思考前者，将历史进步的必然性统一到先验自由之下。一是自然目的论与自然概念相对应，是判断力通过知性而完成的。这种自然目的论知识包括自然生长与人类历史过程中所出现的最后目的，强调人的文化对人的道德实践的促进作用，这种知识属于理论哲学。道德目的论和自由概念相对应，是判断力通过理性而完成的，"这种道德目的论涉及到我们自己的原因性与目的的关系、甚至与我们在这个世界中不能企求的终极目的的关系，同时也涉及到这个世界与那种道德目的及其实行出来的外部可能性的交互关系（对此没有任何自然的目的论能够给我们提供指导）"[1]，这种知识属于实践哲学。

二是按照道德目的论的观点，由于由自由概念而来的道德律"具有一种特别的性状，即它把某物作为目的而无条件地、因而恰如一个终极目的概念所需要的那样向理性颁布出来；所以，惟有这样一个在目的关系中能够成为它自己的至上法则的理性的生存，换言之，惟有服从道德律的理性存在者的生存，才能够被设想为一个世界的存有的终极目的"[2]。

正是由于人作为有理性的存在者是自由的，它才能通过由自由而来的道德律通过自身的理性为自己在自然界中获得一种价值。这种道德的价值使他从自然界中独立了出来，同自然界的一切生物都有所区别，而且他作为自然的终极目的，赋予了自然界一种价值。自然界的价值就在于它要最终生长出

---

[1] [德] 康德：《判断力批判》，邓晓芒译，杨祖陶校，人民出版社，2002，第307页。
[2] [德] 康德：《判断力批判》，邓晓芒译，杨祖陶校，人民出版社，2002，第309页。

自由的、有理性的、道德的存在者来，在于人在道德实践时可以利用自然界的诸物。

三是如果世界纯由无生命的存在者构成，或者部分由有生命但无理性的存在物构成，又或者虽有理性存在者，但他们的理性只能够把物的存有价值，建立在自然对他们的福利关系之中，那么虽在这个世界中会有相对的目的，但不会有任何绝对的目的，这样世界的存有就终归会是没有目的的。自然如果没有目的，它连同作为其一部分的人就都不具有价值，即没有存在的意义。在自然界中，"所有这些多种多样的创造物，不管它们有多么宏伟的艺术布局，也不管它们是如何多种多样地、相互合目的性地关联着，甚至就连它们的被我们不正确地称之为诸世界的如此众多体系的那个整体，如果在其中没有人（一般有理性的存在者）的话，就都会是无意义的；也就是说，没有人，这整个创造都将是一片荒漠，是白费的和没有终极目的的"①。

四是如果没有人，或者人没有理性，没有自我意识，那么人就不能认识存在，这样就无所谓存在，更无所谓自然与人的存在意义和价值了。自然界的价值不仅在于它为了人能够认识它而存在，更为根本和重要的是，人的内心诸能力是合目的地指向道德实践的，人之所以能够认识自然，是为了人的道德实践。因为人是自由的，人才在自己所认识的自然中具有道德价值。人作为自然的终极目的，使得其他自然存在者也被认为具有符合人的道德实践的价值和意义。

五是理性通过道德律这种自由的形式，不依赖于任何以物质为条件的目的，而单凭自身就可以约束我们。理性给我们先天地规定了一个终极目的，使得我们对它的追求成了自己的责任，而这个终极目的就是，通过自由而得以可能且在这个世界中最高的善——至善，所以道德目的论还会涉及至善是否能够在自然生长过程中，在人类历史发展过程中，在人不断创造自己的过程中逐步地实现。我们通过对人类社会历史的反思看到，人是不断地向善的，文明社会的出现、文化的提高，使人逐步地变得开始有德性地去追求幸福了。

---

① [德]康德：《判断力批判》，邓晓芒译，杨祖陶校，人民出版社，2002，第301页。

六是根据康德关于至善的界定，至善仅在理知世界是可能的，在感性世界既不是可能的，也不是不可能的。所以道德目的论统一自然目的论、自由之自律将自然之他律统一到其之下的要义是：理性的道德律与至善信仰，让人主观地如此这般地观察说明历史发展过程，主观地认为历史是一个进步的过程，这仅是意见与信念的表达。

第三，目的论对人类历史进步的说明，虽然是主观的，但是这并没有否认历史进步的可能性，断绝了人类向至善而无限自我解放的可能性。人类历史进步的可能性，源自人的先验自由，源自因自由而来的先验概念系统，源自人大胆地使用理性。艺术与科学的启蒙，为人类历史的进步带来了契机与希望。

首先，人类的历史已经成为过去，而且人类社会的发展极为复杂，我们很难还原它，但是判断力依然将它看作是一个线性的进步过程。判断力对人类社会的合目的性发展，更多的是从社会性与非社会性这种作用力和反作用力上来说明的，强调人的道德素质的提高是一个漫长的过程。这种判断与说明，隐含着明智的德性训练和理性的自我启蒙。

其次，科学和艺术的启蒙并不简单地就是上述对科学理性的启蒙，它更是对人道德理性的启蒙。这种启蒙通过凸显人在道德事务上的自由，强调自然规律、目的论认识都是人实现至善的手段，让人知道人应当如何生活。对人类社会做出目的论解释，这并不是有关人类社会的科学知识，我们只是在它的范导之下来寻找人类社会发展的科学规律，进而可以更好地指导未来生活。

最后，只要每个人都通过检查自己的理性而明确了自己应当如何生活，那么人就会不再姑息自己所犯下的错误，而会努力地改变自己。理性已经比较成熟了，只是很多人还不想、还不会、还不敢去用它。人在道德事务上现在已经能够做出正确判断，完全可以利用自然规律按照自己的合理想法来创造生活的意义。虽然人的有限性使自己对所做出的事情还不能真正看出是否符合道德，但是理性至少可以纠正那些可以看出的不合理事务。

本章结语

康德将因果关系分为三种：第一种是在时间中展开的直观的因果关系，这种因果关系可规定自然现象的机械作用，形成他律的自然规律。

第二种是不带图型的因果关系，包括人依照道德律德行与人造成某物的实存或说生产艺术品。后者不仅可以看作是在时间中展开的他律性因果关系，也可以看作是人自主地赋予质料以形式，对象的实存是通过人自由的概念活动而获得的。

第三种是目的的因果关系，人与其生产出来的实存物之间的因果关系使这种实存物具有了合目的性。通过将自然物与艺术品做类比，将自然物看作是上帝的艺术品，自然物就具有了自然合目的性。因为人与艺术品之间具有不带图型的因果关系，才使自然物被类比地反思为具有合目的性因果关系。上帝创造自然与人创造艺术品的质的区别在于，人是在赋予质料以形式，或者至多创造一个新世界的感性表象，而上帝是在创造质料。

康德对自然目的论的说明，强调人只能认识自然的机械作用，无法认识自然的生命作用。目的论对自然万物生成与人类历史进步的观察与反思，只是见出了自然现象形式的有生命力的转型与成形作用，但人缺乏认识自然生命内在机理的工具，仅能用数学计量、机械作用认识有限的生命现象，而且如果目的论对人类进步的观察是客观的，那么这种客观性就用自然他律的必然性取消了人的自由自律。将目的论看作是主观的，不是自然科学知识，并没有否定人类社会历史进步的可能性。

自然合目的性原则是理性将目的因悬拟地引入对自然的反思中来而获得的一条原则。判断力根据这条主观、先验、反思性原则而形成的目的论，实则并没有真正规定什么。但是判断力对自然合目的性的反思，是按照理性的至善使命来看待自然的，这种对自然现象间关系的悬设，其实并没有使我们真的认识到自然就是可以实现至善的世界。理性这样反思自然、看待自然间诸物的关系，其实是通过判断力对自然的再自律，让知性按照适合实现理性使命的这种范导与引导，追求至善与真理的统一。所以自然本身是否为真理与至善的统一并不重要，重要的是人按照真理与至善的统一来创造生活的意义。这种大胆使用理性或说艺术与科学的启蒙，保证了人类历史进步的可能性。判断力对自然的再自律，其实是理性自由本性的表现，自然合目的性原则也是和自由理念有无条件的必然因果连接的先验原则。

第四章　解析康德纯粹哲学体系的建筑术及其象征理论

在前三章，我们分别揭示了康德的先验理论知识形式系统、实践知识形式体系、自然合目的性原则及其目的论知识系统，尤其通过说明灵魂与上帝的本体论证明、灵魂与上帝的道德证明，来凸显理论知识形式系统与实践知识形式系统的核心组成是理念系统。通过揭示先验逻辑及其先验原理与自我意识的先验演绎、道德律与先验自由或说自由意志的先验演绎、自然合目的性原则与判断力的先验演绎，强调先验自由是人的三种知识形式的存在理由，它们对应着人对自然的三种立法能力，分别是人对自然（包括人）的他律性立法、人对自然的自律性立法与人对自然的再自律性立法。

本章的核心目标是揭示康德如何将这三种知识形式统一起来，如何弥合至善与自然界的鸿沟：（1）什么是康德纯粹哲学体系的建筑术，自由为什么是这座大厦的拱顶石，为什么这座大厦需要有夯实的地基，如何获得夯实的地基，鸿沟指什么，如何弥补鸿沟。（2）重思康德对上帝存有的目的论—道德证明的说明，为什么能够集中体现人的知识形式系统的统一性，为什么能够进一步说明康德如何弥合此岸与彼岸的鸿沟，或者说，康德如何消解了上帝，且又保证了人类历史的无限进步。（3）康德的象征理论是什么，象征作用对于人的知识形式系统的构建与应用为什么最为关键，康德是如何把象征扩大为符号的，通过将符号作为人与自然的关系中介，康德如何借助符号思考认识与实践的统一性。（4）康德通过构建人的知识形式系统，是如何对人做出本体论界定的，理性启蒙如何有效回应了人的有限性问题。

第一节 康德论自然合目的性原则对理论与实践知识形式系统的整合

一、自由是纯粹哲学体系这座大厦的拱顶石

康德将哲学分为理论哲学和实践哲学，前者与《纯粹理性批判》相对应，后者与《实践理性批判》相对应。在《纯粹理性批判》中，康德不仅为知性的运用领域划出界线，用因果演绎证明了先天知识的客观实在性在于自我意识，而且将上帝、灵魂及自由等宇宙论理念，改造成了认识真理概念系统中的调节性原理。先验理论知识系统中的先验逻辑范畴、一切规定性的先验原则、作为调节性原理的理念，都可以说是来自自然概念的，是因为按照它们而来的理论知识是机械性的自然规律，这些自然规律以感性为条件，受质料束缚，因而是他律的规律。

在《实践理性批判》中，康德同样对实践知识进行了分析，并借此批判了人的实践能力。由于与欲求能力相对应的意志分为自然意志和自由意志，所以实践知识分为技艺上的实践规则和道德方面的实践法则，前者的规定与实践理性即知性相关，后者的规定与纯粹实践理性相关。在自由的形式逻辑范畴表中，一切实践原则的形式都被确立起来，其中假言判断统辖的实践形式是追求幸福的规则，定言判断道德律统辖的实践形式是德性法则，且道德律又统辖着追求幸福的一切可能的实践形式。正是为了能将这两种实践知识及与之相对应的实践能力全部包括在内，并澄清幸福论与德性论之间的关系，康德才将他的第二批判称作实践理性批判，而不是纯粹实践理性批判。

用来生产艺术的技术规则，作为用于追求幸福的可能的实践形式，只是应用性的理论知识，因而是理论知识的补充，并不能归到纯粹实践哲学的范围里。所以用来生产艺术品的技术规则也是因自然概念而可能的，运用技术的意志就是自然意志，按照这些技术规则所生产的艺术品可以直接满足人的感性需要。当然，它们也可以间接地用于道德实践。

第四章 解析康德纯粹哲学体系的建筑术及其象征理论

只有围绕道德律而来的先天实践知识才属于纯粹实践哲学,先天实践知识体系包含道德律,由道德律而来规定善行与恶行的形式逻辑范畴或说法规,由道德律而来的至善理念,由至善理念而来的灵魂理念、上帝理念和理知世界理念。与道德律相对应的纯粹实践理性又被康德称为理性。因为自由是道德律的存在理由,而道德形而上学中的先天实践知识系统,又是因为道德律而可能的,所以纯粹的实践知识来自自由概念。由自由概念而来的道德律是与自然规律截然不同的理性为自己规定的自律法则。

康德认为,当先验自由的实在性通过道德律而被证明之后,"它现在就构成了纯粹理性的、甚至思辨理性的体系的整个大厦的拱顶石"[①]。这就是说,当康德将知性的先验原则演绎到自我意识之下时,这个认识真理的先验知识系统就和自由理念之间具有了无条件的必然因果关系。然后,通过将道德律演绎到先验自由之下,并用道德律界定至善理念、用道德律联系由至善而来对灵魂和上帝的悬设,所有的先天实践知识也和自由理念之间具有了无条件的必然因果关系。这样一来,自由理念就连接了纯粹理论知识系统和纯粹实践知识体系,成为理论与实践两种知识形式系统的拱顶石,而这就使一个完整的纯粹哲学系统的建立成为可能。

根据第三章内容可知,自然合目的性原则与判断力具有因果演绎关系,而判断力同样是先验自由的体现,所以自由理念不仅是理论与实践这两种知识形式系统的拱顶石,而且也是自然合目的性原则与目的论能够作为大厦夯实基地以弥补鸿沟的成因。

二、这座大厦须有夯实的基地去弥补鸿沟

康德认为,"我们全部认识能力有两个领地,即自然概念的领地和自由概念的领地;因为认识能力是通过这两者而先天地立法的。现在,哲学也据此而分为理论哲学和实践哲学。但哲学的领地建立于其上且哲学的立法施行于其上的这个基地却永远只是一切可能经验的对象的总和,只要这些对象不

---

① [德]康德:《实践理性批判》,邓晓芒译,杨祖陶校,人民出版社,2003,第2页。

被看作别的、只被看作单纯的现象;因为否则知性对于这些对象的立法就是不可思议的"①。

第一,这里的全部认识能力包含三部分:一是知性对自然现象的规定,进而形成自然规律。二是理性对人的行动事件所做的道德判断,进而形成善与恶的实践知识。三是判断力对自然所做的目的判断,进而形成有关自然产品的目的论知识。因此这里所说的认识能力,指的是形成理论知识、实践知识和目的论知识的知识能力。

第二,由自然概念而来的先天理论知识系统,由于可以对作为现象的自然界进行规定或说对其进行立法,进而形成他律的自然规律,所以它在作为基地的自然界现象总和中拥有领地。同样,由自由概念而来的道德律所形成的善与恶的逻辑范畴与法规,可以对自然界中作为现象的人的行动事件进行规定或说对其进行立法,进而在作为形而上学原则的德性法则之下,形成具体的善与恶的实践知识,所以它在作为同一个经验的基地的自然界现象总和中也拥有领地。

第三,"因此,理性和知性对于同一个经验的基地拥有两种各不相同的立法,而不允许一方损害另一方。因为自然概念对于通过自由概念的立法没有影响,正如自由概念也不干扰自然的立法一样"②。虽然这两个领地各自独立,并且在其立法中互不影响,但是它们在作为其共同基地的感官世界即自然界中所造成的效果,却是不停地相互牵制的。就人用于追求幸福的技术规则而言,这种依照自然规律而制定的实践规则往往不与德性法则相一致,因为人的自由的一面和自然的一面是对立的,人的道德实践与幸福实践是对抗的,人的这种来自感性的有限性,使人不能依照道德律而制定幸福原则。

因而即便道德律作为命令在其有效性(普遍性和必然性)方面并没有减少其效力,依照道德律是必然的事件在自然规律看来却是偶然的,这些原本"应当"发生的事件往往没有发生。这种偶然性即幸福与德性对抗突出地表现在:

---

① [德]康德:《判断力批判》,邓晓芒译,杨祖陶校,人民出版社,2002,第8页。
② [德]康德:《判断力批判》,邓晓芒译,杨祖陶校,人民出版社,2002,第9页。

有德性的人往往活得不幸福，活得幸福的人往往没有德性，只有在极为偶然的情况下，那些相对比较有德性的人活得比较幸福。因此在自然界这个经验基地中，自然规律和德性法则无法构成一体，在自然界中事物的发生不能完全既是符合自然规律的，也是符合德性法则的。如果自然界中一切事物的发生既符合自然规律也符合道德律，那么人的至善理念就可能会在自然界中实现了。

第四，由于人无法完全地认识自然，无法认识本体，所以人依照自然规律、机械作用会认为至善在自然界既不是可能的，也不是不可能的，而是不可知的，尤其无法证明人的伦理生活可以在人类历史的进程中越来越完善，向至善无限进步。因为至善可能性的证明，需要对作为本体的自然界的全部认识，对自然的超感性基底有智性的直观，而这对于人这种有限的有理性的存在者而言是不可能的。正是因为人无法认识超感官的东西，所以人不能认识它们是实存的，也不能否定它们是不存在的。超感官之物的领域，是人的理论认识能力无法接近的领域。因而就理论知识而言，我们在其上没有任何基地和领地，知性为了探寻绝对必然的存在者、作为本体的自然界存在的最高原因，只能用理念来思考这个超感官之物的领域。

第五，就人的实践知识而言，人可以对这个领域中的超感官之物做出无矛盾悬设。理性可以依照自由理念，出于道德实践的考虑对至善理念、理知世界与上帝做出规定，从而使本体、超感官之物具有实践的客观实在性。因而自由概念在超验领域中拥有领地，所以自由概念不仅在经验基地上有自己的领地，而且在超感官之物上也有自己的领地，因为由自由而来的道德律是无法直观的法律，而这就使理性有权力依照它来对超感官之物做出实践上的规定，这样做并没有使我们的理论认识延伸到超感官之物上。这样一来，在作为感官之物的自然概念领地和作为超感官之物的自由概念领地之间固定下来一道不可估量与逾越的鸿沟。

第六，根据柏拉图以来的理知世界与感性世界的二分模式，传统形而上学多断定至善在理知世界是可能的，在感性世界是绝对不可能的，否则的话，就取消了人的自由意志，因为自由意志首先有作恶的可能性。这就是上述不可逾越的鸿沟之历史来源。康德并没有像黑格尔那样,继承亚里士多德,试图证明至善在感性世界是可能的,理知世界与感性世界最终是统一的,自由与必然也是辩证统一的。

第七,康德希望证明,至善在感性世界既不是可能的,也不是不可能的,是不可知的,但是感性世界向至善无限生长,人类历史不断进步,人的伦理生活越来越完善的自我解放过程是可能的。《纯粹理性批判》与《实践理性批判》并没有完成这个工作,这突出地显示为:首先,理论理性与实践理性虽然分别与先验自由连接了起来,但是没有彼此连接起来。其次,理论知识的形式体系与实践知识的形式系统,虽然都以自然现象之总和为地基,但是这个地基尚没有让理论与实践的知识形式之间建立起连接,或者比喻地说,这块共有的地基没有被夯实,没有用自然合目的性原则统一起来,而这种统一,意味着这两种知识形式系统被自然合目的性原则统一为一个系统、一座大厦。

三、自然合目的性原则有夯实基地的建筑作用

康德认为,"如果这样一个体系要想有一天在形而上学这个普遍的名称下实现出来的话(完全做到这一点是可能的,而且对于理性在一切方面的运用是极为重要的):那么这个批判就必须对这个大厦的基地预先做出这样深的探查,直到奠定不依赖于经验的那些原则之能力的最初基础,以便大厦的任何一个部分都不会沉陷下去,否则将不可避免地导致全体的倒坍"[①]。这就是说,康德认为这座哲学体系的大厦在《纯粹理性批判》和《实践理性批判》完成之后并没有完全地建立起来,因为追求真理和德行现在是两回事,自然界的真理是否能和人的至善使命相一致呢?或者更确切地说,人在追求真理的时候是否必然带着实现至善这样一种诉求呢?如果是这样,那么理性是如何来控制知性,让它这样来进行追求真理的活动呢?所以这个体系还缺少一块基石,而这使《判断力批判》进入康德的先验哲学中。

这块基石就是自然合目的性概念,它是判断力所独有的一条先验原则。

[①] [德]康德:《判断力批判》,邓晓芒译,杨祖陶校,人民出版社,2002,第2—3页。

自然合目的性概念之所以能够作为这座哲学体系大厦的基石使其不会沉陷并倒塌，是因为：第一，就这座大厦的理论知识形式系统而言，自然合目的性原则使理论知识形式系统成为一个合目的性的连续整体。因为它作为调节性原则预设了所有的特殊规律之间都是连续的，统一到普遍规律之下，因而从这个意义上来讲，它有凝结理论知识系统的基础性作用。

第二，所有机械的特殊自然规律都隶属于由自然合目的性概念而来的目的论之下，自然规律只是实现自然目的的手段。因为就自然界的有机物而言，我们永远无法用机械的自然规律完全认识它，所以我们在用机械作用解释有机物时必须以目的论为前提，永远也不能抛弃目的论。由此我们可以推及整个自然界是一个目的系统，这个目的系统作为基础，使理论知识形式系统在上边建立了起来。因为自然目的系统代表着对整个自然界的完全认识，是对作为本体的自然界、自然界超感性基底的认识，而理论知识只是对作为现象的自然界非常有限的认识。因而从目的论知识与理论知识的关系来看，判断力目的论在引导知性追求真理，所以自然合目的性原则是理论知识形式系统的基石。

第三，自然合目的性概念也是先天实践知识的基石。首先，就这座大厦中的先天实践知识形式系统而言，实践理性能够依照至善理念对上帝进行规定，认为上帝拥有全知、全能、全善的神圣意志和最高智慧，是自然界的创造者，他是本源的善，理知世界是派生的善，自然界是理知世界的摹本。这是因为由自然合目的性概念而来的自然目的系统及其终极目的，使我们对上帝进行如此规定成为可能，如果没有自然合目的性概念、没有目的论，我们就无法将上帝悬设为一个有理智的存在者。因而从这个意义上来讲，目的论开启了对实践理性的有利前景。其次，就目的系统的终极目的而言，理性之所以把人看作自然的终极目的，是因为人是道德的存在者，而这就使目的论之上可以建立起实践知识形式系统。最后，由自然合目的性概念而来的目的论，使理性将超感官之物悬设为上帝、灵魂和理知世界成为可能，进而理性通过它们来规定自然的超感性基底，因而自然合目的性概念作为实践知识的基石使其不会塌陷下去。

第四，自然合目的性概念在纯粹哲学体系大厦的下部，将理论知识形式系统和先天实践知识形式系统连接了起来。这种连接突出地表现为：人是在理性、判断力和知性的共同作用下，开展对上帝存有的目的论—道德证明的。通过目的论，上帝、灵魂等宇宙论理念，作为没有客体的调节性原则，具有了实践的客观实在性，指向且具有了客体。通过悬设上帝，自然界就是一个可以于无限中向至善生长的世界，而且人在这里是完全自由自为的，上帝并不出手援助。

这样一种对上帝存有的目的论—道德证明，使至善在自然界具有了实践的客观实在性，那么知性就会在判断力提供的自然合目的形式的引导下，完成理性使命，带着实现至善的诉求来追求真理。因为虽然目的论否定了至善在自然界是不可能的，且并没有证明至善在自然界就是可能的，但是理性通过目的论及在此基础上的对上帝的悬设而向知性许诺，自然是可以向至善无限进步的，或者说，不论自然的本质如何，不论理性是否悬设上帝，判断力根据自然合目的性原则，展开对自然外形的再自律，让知性在这种再自律的自然现象形式的基础上追问真理，因而所追问出的科学规律本身，就带有伦理生活改善的诉求与可能性。

四、自然合目的性原则有弥补鸿沟的建筑作用

康德认为，自然合目的性原则有弥补鸿沟的建筑作用，表现为以下四个方面：第一，上帝存有的目的论—道德证明认为，根据理性对上帝的悬设与规定，至善可以在自然界的无限进程中、在理知世界中实现。上帝作为最高的原因，创造了包括人在内的自然界，使得自然界在最初就拥有一种可以在无限的进程中最终生长出来至善的素质。上帝是自然界的创造者，自然界是理知世界的摹本，自然界在其无限的生长过程中是要和理知世界完全一致的。这一上帝概念，使自然规律和道德律在自然界最终可以统一，于是超感性之物就对自然界有了某种影响。超感官之物与自然界之所以会有这种关系，是因为目的论使理性对超感官之物的规定成为可能。就自然的产生而言，目的论将我们引向了一个有理智的存在者。因而自然合目的性原则作为基石连接

理论知识和实践知识系统可以弥补鸿沟是指，在上帝存有的目的论—道德证明中，目的论作为桥梁连接了超感官之物与自然界，使得它们之间有了联系，目的论是理性如此规定上帝和作为本体的自然界根据。

第二，通过考察上帝存有的目的论—道德证明可知，自然合目的性概念作为基石连接理论知识和实践知识形式体系可以弥补鸿沟又是指，由于目的论一方面涉及自然的产生问题，另一方面就其终极目的的确立而言又涉及道德实践，目的论使人按照自然概念的思维方式向按照自由概念的思维方式的过渡成为可能。判断力"通过自然的合目的性概念而提供了自然概念和自由概念之间的中介性概念，这概念使得从纯粹理论的理性向纯粹实践的理性、从遵照前者的合规律性向遵照后者的终极目的之过渡成为可能；因为这样一来，只有在自然中并与自然规律相一致才能成为现实的那个终极目的之可能性就被认识到了"[①]。

首先，根据上帝存有的目的论—道德证明过程可知，由于人是道德的存在者，所以在目的论中人被看作是终极目的。这样纯粹理论理性就可以将作为本体的自然界看作是一个完整的目的系统，进而纯粹理性就可以将自然界的产生，看作由一个有理智的存在者的创造。自然界中的目的论原则与机械原则，就可以统一到这个作为超感官之物的有理智的存在者这条原则之下。

虽然纯粹理论理性无法赋予这个有理智的存在者以理论的客观实在性，但是依照自然概念，判断力通过知性而形成的目的论，至少使纯粹理论理性可以无矛盾地来思考这种统一性。当然，它无法认识这种统一性，也无法看透这种有理智的存在者是如何按照目的论原则来创造自然产品的。

由于判断力在形成目的论系统知识之时，在终极目的的判定上借助了实践理性，所以即使理论理性是依照自然概念来思考这种统一性的，但是它是以目的论作为基础的，依然需要实践理性依照自由概念提供帮助。这就是说，理论理性需要一种思维方式的过渡，才能思考这种统一性，而这个过渡的中介就是由判断力的自然合目的性原则而来的目的论。

---

① [德]康德：《判断力批判》，邓晓芒译，杨祖陶校，人民出版社，2002，第31-32页。

其次，人的终极目的是至善，而就至善在自然界的实现而言，理性之所以会用上帝来对自然界的超感性基底做出规定，且不会对自然界本体不做规定或做出其他规定，是因为目的论将理性引向了一个有理智的存在者，而通过对这个存在者的规定，就可以确保至善在自然界无限进程中的实现。如果至善要在自然界实现，那么道德律最终就必须和自然规律成为一体。这需要将自然界看作是一个不断生长的过程，并且它在被创造之初还必须具有这种实现至善的素质。

所以纯粹实践理性对上帝的悬设，同理论理性思考这个有理智的存在者与自然界的关系是相契合的，而且纯粹实践理性还超越了纯粹理论理性对有理性的存在者与自然界关系的无矛盾思考，并对这个有理性的存在者和自然界之关系做出了进一步的规定。这就使上帝这个超感官之物有了实践的客观实在性，上帝作为调节性原则，统一了自然界中的目的论原则和机械原则，并使这两种原则也具有了实践的客观实在性。上帝不只利用机械来创造自然目的，机械作用还是上帝创世的手段之一。

虽然纯粹实践理性在对上帝和自然界关系进行规定的时候，是依照自由概念而进行的，但是由于纯粹实践理性在悬设和规定上帝的时候，必然要涉及自然的产生与生长问题，这就需要纯粹理论理性依照自然概念提供帮助。可见，这种规定也需要实践思维向理论思维的过渡。这种过渡之所以能够实现，是因为由判断力的自然合目的性原则而来的目的论充当了中介。

最后，判断力连接起了知性和理性、理论与实践思维，通过判断力，知性理论思维可以向理性实践思维过渡，理性实践思维也可以向知性理论思维过渡。自然合目的性概念是判断力所独有的一条反思性先验原则，它不是规定性的，只是一条主观原则。这条规则"只是充当判断力本身的规则，但也不是充当一条判断力可以使自己的判断与之相适合的客观规则，因为为此又将需要一个另外的判断力，以便能够分辨该判断是否属于这个规则的场合"[①]。这就是说，知性和理性拥有客观规定性的先天原则，与这些先天原则相对应

[①] [德]康德：《判断力批判》，邓晓芒译，杨祖陶校，人民出版社，2002，第3页。

的概念从属于知性或理性。知性和理性如果要利用这些先天原则对现象或事件进行规定，就需要判断力，因而此时的判断力只是针对知性或理性、理论或实践的先天原则，开展应用工作。判断力本身必须有一条先验原则，且它不可能是客观的，只能是主观的，否则它也需要另一个判断力。

第三，根据康德对自然合目的性原则与目的论的说明，自然合目的性概念作为基石连接理论知识和实践知识体系可以弥补鸿沟还指，自然合目的性原则与目的论是理论知识形式系统与实践知识形式系统的中介，将纯粹哲学系统构建为一个完整的体系。一是人的诸认识能力有三种立法功能。知性可以为自然界立下他律的自然规律，理性可以为自然界和本体立下自律的道德律，判断力可以为自然界立下再自律的主观自然合目的性形式。

二是由自然合目的性原则而来的目的论知识没有理论的客观实在性。自然合目的性原则并非规定性原则，仅是反思性、调节性、范导性原则。它没有领地，只有基地，这个基地就是自然界，而且是作为本体的自然界，因为目的论是将自然界及自然界中的任何一物都当作完整的整体来看的，整体即本体。

三是虽然目的论知识并不属于理论知识也不属于实践知识，但是目的论知识可以相应地归属于自然概念之下和自由概念之下，目的论也可以分为自然目的论和道德目的论。因为判断力在形成目的论这种知识的时候，它是分别借助知性和理性来完成的，自然合目的性概念是理论知识系统和实践知识系统的基石。

四是自然目的论之所以被归属于自然概念之下，是因为目的论知识可以作为调节性原则来促进知性探寻机械性的自然规律，而道德目的论被归属于自由概念之下，是因为对终极目的的判断使用了来自自由概念的道德律。

五是由自然合目的性原则而来的目的论知识，由于并非规定性原则，并不能在形而上学体系的大厦里，在理论哲学和实践哲学之间，构成任何特殊的部分，而只能在必要时，随机附加于双方中的任何一方。

六是由于自然合目的性概念作为中介，起到了连接先天理论知识系统和先天实践知识体系的作用，所以"对于纯粹理性，即对我们根据先天原则进行判断的能力所作的一个批判,如果不把判断力的批判(判断力作为认识能力自身也提出了这一要求)作为自己的一个特殊部分来探讨的话,它就会是不完整的"①。

由于康德"三批判"建立了纯粹哲学体系,所以康德的批判哲学是哲学入门,是"任何一种能够作为科学出现的未来形而上学导论",并且由于自然合目的性概念不是规定性的客观原则,所以"就判断力而言,有用的是批判,而不是理论;相反,按照哲学被划分为理论哲学和实践哲学而纯粹哲学也被划分为同样两个部分,构成学理探究的将是自然的形而上学和道德的形而上学"②。也就是说,美学和目的论只能存在于作为哲学入门的批判哲学之中,而无法进入哲学的学理研究中。

第四,根据康德对上帝存有的目的论—道德证明的结果分析可知,该证明并没有证明上帝实存、证明自然的本质就是至善理念,仅是证明了人通过纯粹哲学体系这一完整的人类知识形式系统,通过自由地做与知,可以实现人类伦理生活的无限完善,人类历史的无限进步,无限趋近至善这一终极目的。因而自然合目的性概念作为基石连接理论知识和实践知识体系可以弥补鸿沟最终是指,人类通过自由地做与知这一不断自我解放的知识更新工作,经由艺术与科学的启蒙,可以实现人类伦理生活的逐步完善。

首先,当判断力通过自然合目的性原则反思自然之时,将自然悬拟地看作是一个完整的自然目的系统之时,我们可以进一步反思自然背后更多的意义,这个意义就是上帝存有的目的论—道德证明。这种反思虽然涉及了对上帝理念的规定,理性赋予了上帝一些属性,但是这种规定并没有使我们对上帝有理论认识,因而依旧只能算作是反思。

其次,通过这种反思,理性告诉我们,自然背后的意义表达出真理与至善在自然界好像是统一的。如此一来,目的论就可以促进人去追求真理,这种追求就不是简单地为了追求幸福而追求真理,而是带着实现至善的诉求去

---

① [德]康德:《判断力批判》,邓晓芒译,杨祖陶校,人民出版社,2002,第2页。
② [德]康德:《判断力批判》,邓晓芒译,杨祖陶校,人民出版社,2002,第4页。

追求真理。同时，目的论也让人们反思至善似乎可以在自然界实现。这样人就会努力地实践德行，至少是有德性地追求幸福。基于这种关联，人在感性与理性的对抗中、自然与自由的对抗中、人与人的争辩中，努力实现自我的创造性。这种创造性的实现，就使每个人的感性与理性、自然与自由在此生达到了最大的统一。如果我们这样来考虑自然合目的性原则与目的论，认为不仅理论知识和实践知识都建立在目的论之上，而且它还可以促使人们去追求真理与至善的统一这个最高的真理，那么目的论就是先验哲学中的第一哲学。

最后，康德一直强调自然合目的性原则是一条主观的、反思性原则，目的论不是自然科学知识，就是要说明我们将自然看作一个目的系统，这只是理性出于自身使命的考虑而这样做的，我们是在对自然间诸物的关系做出一种悬疑的判断，自然本身是否如此，知性是看不透的。所以真正说来，判断力并没有将自然统一成一个真实的目的系统，这只是理性的一种主观愿望的表达，为的是在此基础上对上帝存有做出独断的证明，以使人们信仰至善在自然界是可以实现的。这样，理性就是在不管自然本身是否处于真理与至善统一的情况下，硬性地按照自己的理性使命假设自然是可以实现至善的。

当我们知道了这是理性最大的先验幻象的时候，理知世界、上帝和灵魂就被消解了。理性虽然不知是否有这些本体，但是理性是希望它们有的，希望每一个人都能够过上至善的生活。可以明确的是，理性通过目的论来范导知性追求真理，这就使真理本身带有了实现至善的诉求。虽然至善作为一个遥不可及的理念对现世的人而言都不可得，但是它使人的生活有了价值和意义，生活的展开就可以朝着至善这个终点而前进，而这种过程才是每个人可以实实在在把握的人生。在此生中追求真理、提高德性，都落实到了有德性地追求幸福之中，而这样一种人的生活才是真正有尊严、体现人在自然中的主体性地位、强调人本身就是目的而不是工具和机器的人生。

所以表面上虽然看起来，知性、判断力和理性在证明上帝的时候都履行了自己的职能，因而三者是统一的有机体，但是实际上知性和判断力都是理性的手段，都是理性要独断地证明上帝存有的手段。理性之所以这样做，也只是为了确保至善这个最终命令在现实生活中具有最强大的效力。也就是说，理性这样做其真正的目的，就是要通过判断力而利用知性，使它带着实现至善的目的去追求真理，而不是为了感性的享受而去追求真理，背离理性的最高使命。

第二节　康德对上帝存有的目的论—道德证明的批判

一、上帝存有的目的论—道德证明概述

在第一章，我们提示了康德对上帝实存的本体论证明的说明，仅是知道理论理性必然会思考上帝实存与灵魂不朽问题，是由于知性的先验理论知识体系追求整全、大全、必然的绝对、无对的整体，或者说，知性在追求真理时，是在整体论的范导下进行的，而且思考整体就是思考超验本体。那些用上帝理念、理想统一的宇宙论诸理念，在先验理论知识系统中，仅是追求真理的调节性原则，它本身无法将自然看作一个目的系统，因为对自然机械作用的研究，在面对自然的生命作用时，是有限的、不充分的。

在第二章，我们提示了康德对上帝存有的道德证明的说明，该证明通过悬设上帝和灵魂，将每个人的至善生活都落实到了在来生才能到达的理知世界之中。这种对上帝和灵魂的悬设其实就是上帝存有的目的论—道德证明的关键组成部分。康德为了强调上帝只是出于人的道德实践而来的信仰，所以在《实践理性批判》并没有过多地涉及目的论，但是康德依然提示了上帝创世说。这个将人与艺术同上帝与自然相类比而来的创世说，实则是目的论的组成部分。

按照传统形而上学的观点，理知世界与感性世界、彼岸与此岸是有鸿沟的。因为如果此岸与彼岸是统一的，那么人的自由就是虚假的与机械的。因此上帝为了赋予人自由，必须让此岸与彼岸分离，没有桥梁、没有道路可以将二者统一起来。黑格尔提供的解决方案是，上帝作为绝对精神，为了实现自我认识，必须经历从自然实体、伦理实体到绝对精神的辩证扬弃过程，其中的

自由与必然的辩证法，让人的自由生活类似于演员表演，而剧作者是理念。

康德给出的解决方案是，守护先验自由的绝对自主性，反对目的论中的预成新生论，反对所谓自由与必然的辩证法。其核心要义是：人因为有道德律才信仰至善与上帝，且在创世说中，把至善看作是自然的本质、自然生长的终极目的。其实，自然能否实现至善，是不可知的，这仅是人基于道德律如此反思、感悟与想象自然生长、人类历史发展的感性形式构建，为的是依据无目的的合目的形式，追求真理，有德性地追求幸福，通过艺术与科学启蒙，自主实现伦理生活的改善与超越性提高。

所以考察康德对上帝存有的目的论—道德证明的说明意义重大，这样做不仅可以集中体现康德纯粹哲学体系或说人的做与知的知识形式系统的内在统一性，而且可以提示康德哲学对神学的消解、对人的主体性地位的强调，即康德哥白尼式革命的核心思想。这种思想的关键在于，人依据自己的认识论形式系统，可以实现生活的超越与改善；自由作为人的自我解放之做与知，让人能够变得越来越好，能够实现社会的进步。以下将先介绍这个证明。

第一，通过对目的论的解释我们看到，只有通过目的论，人才能构想一个创造世界的原始存在者。因为目的论先将人看作是自然的终极目的，又把自然看作是一个完整的目的系统，进而思考一个有理智的创世者。可见，目的论为实践理性按照自己的终极目的，根据道德律来规定这个原始存在者做好了准备，目的论将我们引入了神学。

第二，目的论在上帝存有的目的论—道德证明中的作用在于，如果我们只是看到上帝存有的道德证明，那么至善对每个人而言在现实生活中就是不可能的，因而经验世界和理知世界就具有一条不可逾越的鸿沟。相反，如果我们依托目的论，那么经验世界和理知世界之间就架起了一座桥梁。根据目的论，理知世界对经验世界造成了影响，经验世界在合目的性生长过程中逐渐地趋近这个理知世界，至善落实到了人间。

第三，上帝的道德证明，将至善的可能性推入了理知世界，这是对至善问题的第一次解决。经由目的论，至善落实到了人间，这是对至善问题的第二次解决。目的论否定了依照自然规律至善在自然界是不可能的这样一种观点，因为自然规律的探寻都是以目的论为基础的，目的论使我们知道了自然规律对一些自然产物的实存不能做出完全的解释，但是仅凭目的论，没有得出至善在自然界是可能的这样一种结论，还是需要借助《实践理性批判》中的那个上帝存有的道德证明，才能确保每个人的至善生活不仅可以在理知世界中实现，而且也能够在经验世界的无限生长中实现。

第四，至善就是"在这个世界中所可能的、并且就我们而言可以作为终极目的来促进的最高的自然的善，就是幸福，就是在人与德性法则相一致这个客观条件下、即在配得幸福的条件下成为幸福的"①。至善作为人的一个主观的最高命令，人当然希望也相信它在自然界是可以实现的。如果它在自然界可以实现，那么至善就不仅仅是一个主观命令、是人无用的希望，而是一个客观命令，对人而言是一种真正真实的存在。

由于幸福是人得以在道德律之下树立一个终极目的的主观条件，因而"根据我们的一切理性能力，我们不可能把由道德律作为任务加给我们的终极目的的这样两个要求，想象为只是通过单纯的自然原因而结合起来的，并与所说的那个终极目的的理念相适合的。所以，如果我们除了自然因果性之外不把任何其他（某种手段）的因果性结合到我们的自由上来的话，关于一个这样的目的，通过我们能力的应用的实践必然性这个概念，就不和实现这目的的物理可能性的理论概念协调一致了"②。

这就是说，首先，自然的机械作用被当作自然目的得以实现的手段，自然的机械性规律无法完全解释自然产物的实存，而自然目的论也无法看透至善在自然中的实现。其次，人的道德实践和人追求幸福的实践是按照两种截然不同的规律来进行的，所以因为有德性就会配得幸福这样一种因果性，与自然的原因性是完全不同的。最后，自然的机械作用和目的论不能解释至善在自然界的实现，这种理论的可能性与实践的必然性是不协调一致的。

第五，由于目的论无法解释依照德性而配享幸福这种原因性，所以"我

---

① [德]康德：《判断力批判》，邓晓芒译，杨祖陶校，人民出版社，2002，第309页。
② [德]康德：《判断力批判》，邓晓芒译，杨祖陶校，人民出版社，2002，第309-310页。

们就必须假定一个道德的世界原因（一个创世者），以便按照道德律来对我们预设一个终极目的，并且只要后者是必要的，则（在同样程度上并出于用一个根据）前者也就是必然要假定的，因而这就会是一个上帝"①。

这就是说，首先，道德目的论引出了至善在自然界的实现问题，而道德目的论又将人看作自然界的终极目的，从而和自然目的论一起，甚至帮助自然目的论将自然看作一个完整的目的体系。其次，这样就使人的实践理性对至上原因即原始存在者做出规定成为可能。最后，这种规定使至善在自然界的实现成为可能，至善这个原本就具有实践必然性的理念同时具有了物理的可能性。

第六，基于至善理念中德性与幸福的因果性原则，"我们将必须不仅仅把原始存在者设想为理智及为自然界立法的，而且必须设想为在某种道德的目的国中的立法的首领。考虑到惟有在这首领的统治下才有可能的至善，也就是考虑到服从道德律的有理性的存在者的实存，我们将把这个原始存在者设想为全知的：以便甚至意向中最内在的东西（这构成有理性的世间存在者的行动的真正的道德价值）对他都不会隐藏；设想为全能的：以便有可能使整个自然都与这个最高目的相适合；设想为全善的同时又是公正的：因为这两种属性（结合着智慧）构成一个至上的世界原因作为在道德律下的至善的因果性之条件；同样，还有其他一切先验的、在与这样一种终极目的的关系中被预设的属性，如永恒性、全在性等等（因为善和公正性是道德的属性），我们也必须为这个原始存在者想到"②。

通过这种规定，道德目的论就包含了这样的内容：人在自然界不断创造自身的过程是一个逐渐实现至善的过程，是一个不断趋近目的王国的过程。就个体的人来讲，在灵魂不朽的前提下，人在无限完善德性的过程中，最终是可以进入理知世界这个目的王国过上至善的生活的。以上就是上帝存有的目的论—道德证明。

---

① ［德］康德：《判断力批判》，邓晓芒译，杨祖陶校，人民出版社，2002，第310页。
② ［德］康德：《判断力批判》，邓晓芒译，杨祖陶校，人民出版社，2002，第303页。

二、这个证明是三种知识能力协作的结果

上帝存有的目的论—道德证明，是人的知性、判断力和理性这三种认识能力共同作用的结果。第一，就人的知性这种认识能力而言，它只能认识自然现象，不能认识本体，它只能对自然产物的实存做出机械作用的解释，因而它只能从自然中发现机械性的自然规律。通过自然目的论可以看到，它完全不能解释有机物的生长作用，只能认识极为有限的自然现象。因而就作为思辨、理论理性的知性而言，自然界实存的最高原因是这种原始存在者，它是一切自然现象存在的原因，是超时空的本体，所以知性对其根本没有任何知识。它只是知性用来认识现象、作为知性调节性原则的一个理念，不具有理论的客观实在性，因此知性对上帝存有的本体论证明是根本没有结果的。

第二，判断力根据自然合目的性原则，借助知性的逻辑表象，可形成自然目的论，但自然目的论无法成为神学的基础。依照自然概念，自然目的论只能前进到人对追求幸福、文化发展这种观察反思中，不能将人看作是终极目的，至多看作是最后的目的，因而这种目的论不能将自然看作一个完整的目的系统。我们虽然可以通过这种目的论有一个有理智的世界原因的概念，"作为一个主观上与我们认识能力的性状惟一相适合的概念，即关于那些我们根据目的才能理解的事物的可能性的概念，进行辩护，但却既不能在神学的意图上也不能在实践的意图上对这一概念作出进一步的规定"[①]。

神学是关于自然至上原因及其属性的学问。虽然我们通过自然目的论会对各自分散的自然目的有一个艺术作品统一性的理解，但是对于一个原本必然包含那种艺术理解的规定根据的终极目的，却不会有任何智慧。虽然我们可以依照自然目的论设想一个有理智的原始存在者作为世界的原因，但是我们并不知道它的终极意图是什么，我们对其无法做出规定，我们永远也不了解它的智慧，思考其属性。所以从自然目的论中就不能推出有关至上原因的任何确定的概念。由于这个概念是神学不可缺少的奠基，因此在自然目的论之上并不能建立一种神学。

---

① [德]康德：《判断力批判》，邓晓芒译，杨祖陶校，人民出版社，2002，第295页。

由于自然目的论有这种局限性，所以当我们在思考至上原因时，会出现两种结果：其一，将自然合目的性的最初根据宣布为无意义的，不依照自然合目的性这条原则，将自然的最高原因看作是有理智的原始存在者。因为我们认识不到它的终极意图，而只是将它当作一个单纯实体，自然是其派生物，是无目的的。这样，我们就不是用判断力来思考自然的最高原因，而只是利用知性的机械性因果关系来思考这个最高原因，而这就又回到了上帝的本体论证明上。同样，这种上帝的概念由于缺少理论的客观实在性，因而对上帝没有做出任何规定，所以它也不能作为神学的奠基。

其二，我们依照这各自分散、无法关联的自然目的，设想许多个有理智的原始存在者，使其各自成为不同自然目的的原因，或者虽然设想一个唯一的有理智的原始存在者，但是因为缺少自然目的的统一性，对这个存在者的属性一筹莫展。虽然在自然目的论之上不能建立神学，但是自然目的论却是神学的入门。因为它不仅让我们将自然的最高原因设想为一个有理智的存在者，而且也让我们开始寻求自然的终极目的。可见，判断力和知性这两种认识能力的单独使用，是不能证明上帝存有的，因而它们不能建立神学。

第三，判断力通过由自然合目的性概念这条先验原则的逻辑表象，可形成自然目的论和道德目的论，判断力与知性通过联系纯粹实践理性，可针对至善的实现问题，对原始存在者做出规定，开展上帝存有的证明，建立起神学。

按照自由概念，判断力借助理性形成道德目的论，将人看作是自然的终极目的，这一逻辑表象的完成，意味着自然合目的性原则将自然目的论和道德目的论结合起来。至此，我们才有足够的理由来设想一个有理智的存在者，一个创世者。"当我们使用创造这个词时，我们只能把它理解为在这里所说的那种意思，即一个世界存有的原因，或一个世界中的物（实体）存有的原因；如同这也是由这个词的本来的概念所带来的（actuatio substantiae est creatio①）那样：所以这个词也并非已经带有了对一个自由发生作用的、因而

---

① 拉丁文，实体的实现就是创造。

是有理智的原因（其存有正是我们首先要证明的）的预设。"①

由于自然被看作一个完整的目的系统，所以我们可以设想它有一个最高原因。由于还确定不了它的意图，所以它是否有理智，我们对此依然犹豫不决。现在，根据人的终极目的的实现或说根据至善理念，理性就可以单独对上帝做出规定，这种规定使得上帝理想具有了属性，这个上帝概念就可以为神学奠基。可见，只有在道德目的论之上，才能建立神学。通过目的论，这种由知性而来的绝对必然的存在者，就被理性出于道德实践的考虑而进行了规定。

也就是说，判断力使知性与理性这两种思维方式的过渡成为可能。判断力的自然合目的性原则，作为中介性概念，通过其目的论，将理论知识形式系统和实践知识形式体系连接了起来。其突出的表现在于，上帝这个概念不仅是知性探寻自然的调节性原则，也是由理性所规定了的、具有实践的客观实在性的概念。正是由于这种规定，至善在自然中不仅具有实践上的必然性，而且也有物理上的可能性。自然的合规律生长是逐渐趋向至善的，至善在自然界的实现、其依照德性而配有幸福的原因性，符合自然的原因。

第四，在上帝存有的目的论—道德证明中，理论理性只是配角，而实践理性才是主角，因为"对于理论上反思的判断力来说，自然目的论从自然界的目的中充分证明了一个有理智的世界原因；对于实践的反思判断力来说，这一结果是道德目的论通过一个终极目的的概念而造成的，而这个终极目的是道德目的论由于实践的意图而不能不赋予造物的"②。一是思辨的理论理性通过判断力的自然合目的性原则，可以形成一个有理智的存在者的概念作为创世的原因，且这里的有理智是指，他拥有对于自然产物和自然规律的全能知性。这之所以是必然的，是因为这个创世原因概念的形成，取决于实践理性的终极目的这个概念。这是思辨理性依照理论和实践的反思判断力做出的第一个推论。

二是知性对这个有理智的存在者无法认识，更不用说对它做出规定了。

---

① [德]康德：《判断力批判》，邓晓芒译，杨祖陶校，人民出版社，2002，第308页。
② [德]康德：《判断力批判》，邓晓芒译，杨祖陶校，人民出版社，2002，第316页。

因为知性甚至都形不成自然目的的知识,而自然合目的性概念只是判断力的一条反思性原则,所以思辨的理论理性虽然能够无矛盾地思考这样一个存在者,但是不能证明它有理论的客观实在性。

三是出于实践理性为人所规定的终极目的即至善的考虑,实践理性对这个有理智的存在者做出了规定,将这个作为创世者的有理智的存在者规定为一个道德的存在者即上帝,此时的全能知性就具有了实践的客观实在性。这是实践理性依照理论和实践的反思判断力所做出的第二个推论。

因为"按照我们理性能力的性状,没有一个同时又是道德立法者的创世者和统治者,我们就根本不可能使一个如此与道德律及其客体相关的、存在于这种终极目的中的合目的性成为我们可理解的"①。正是因为这样,上帝才不具有理论的客观实在性,而只具有实践的客观实在性。

四是一个最高道德立法的原始创造者的现实性只有对我们理性的实践运用才得到了充分阐明,而无须对其存有从理论上有什么规定。作为道德的创世者的上帝这个理念的客观实在性虽然不能仅凭自然目的就得到阐明,但是"如果自然目的的知识和道德目的的知识结合起来,那些自然目的就由于纯粹理性的'尽可能做到遵循原则的统一'这条原则而有了巨大的意义,以便通过这理念在理论的意图上对判断力已经具有的那种实在性来辅助它在实践上的实在性"②。

也就是说,如果我们依照道德目的论,认为自然生长是一个不断趋近至善的过程,那么自然目的论的知识,尤其是其中有关文化对道德实践促进作用的解释,就在一定程度的理论意图上证实了至善的可能性,从而使我们更加确信上帝的存有。这恰恰表明,理论理性证明上帝的实存,是其过分辅助实践理性规定上帝的一种表现。理论理性对上帝的证明是间接指向道德实践的。正是由于人道德素质的不断生长,人才开始对自然界的美和目的产生了兴趣,理论理性才开始通过研究自然界的内部性状来追寻自然的最高原因,

---

① [德]康德:《判断力批判》,邓晓芒译,杨祖陶校,人民出版社,2002,第315页。
② [德]康德:《判断力批判》,邓晓芒译,杨祖陶校,人民出版社,2002,第316页。

而完全没有考虑通过这种对自然内部性状的研究可以从中获得很多好处，虽然理论理性对原始存在者完全不能认识，对它们的论述也只能是胡说。

五是自然目的论虽然是判断力借助知性来完成的，但是它也指向道德目的论。因为自然目的论不仅促使理性去探寻终极目的，而且它同样提出了有理智的存在者这一理念。这种提出超出了思辨理性的能力，但对这个原始存在者的思考，毕竟使理性从实践角度来规定这个存在者变得容易让人接受。因而自然目的论是理性通过道德目的论证明上帝存有的手段，它可以看作间接地出于人的道德实践。

这样一来，不仅知性所对应的真理，而且判断力通过知性而来的作为调节性、范导性知识的自然目的论，指向道德实践，指向至善。这不仅体现了人内心的诸能力都是指向道德实践的，而且也体现了由人的诸知识能力而来的各种知识形式，直接或间接地表达出了对至善的追问。在目的论知识上建立的对上帝的证明，可以激发人内心的道德动机，进而促进人的道德实践。

三、这个证明表达至善信仰

第一，上帝存有的目的论—道德证明，是理性出于自身使命的考虑，对世界的本源做出的一种独断论处理。一是判断力将自然看作是合目的性的，只是为了使知性在追求真理的时候，可以获得特殊经验规律之间的统一性，并且在这种统一性范导之下探寻自然规律。目的论是判断力在自然现象还没有完全被认作是现相之前，对自然现象间关系系统的统一性悬设，这种悬设虽然使我们获得了目的论知识，但是这种自然目的的实存，对人而言是不能把握的。我们能了解的只有按照自然规律和道德律而来的事物、人工产物与人的德性实存。判断力对自然的这种再自律，并不是将自然界现象间的关系真正规定出来，而只是做出了预设与反思。

二是对自然的再自律是理性对判断力提出的要求，为的是与知性发生间接关系。这种关系是指理性提出至善命令，这种命令知性不加考虑就会同意，但爱莫能助。现在，理性又给判断力提供了一条隶属于判断力自身的自然合目的性原则，为的是让判断力引导知性，按照理性的至善使命来看待自然与追求真理。这样，知性在追求真理的时候，就间接带着实现至善的诉求。所以判断力赋予自然以合目的性的感性形式，这种对自然的再自律，也是理性为了实现自治而对知性的再自律。

三是判断力利用自然合目的性原则对自然的再自律，之所以具有这种引导知性按照至善使命来追求真理的功能，是因为判断力在实践理性的帮助下悬设了自然的终极目的是人。自然合目的性形式显示，自然不仅是向人生成的，而且是向人的终极目的生成的。

实践理性还通过悬设上帝，向知性许诺，世界就是如此。虽然上帝不插手知性的工作，但是知性具有这种实现至善的素质。因而在目的论基础上，知性开展科学认识与艺术创造工作，就会实现人类历史向至善的进步。这样，知性就会在判断力所提供的目的论知识的范导中，去探寻自然规律，而且当知性在判断力的引导之下，将一些特殊的规律统合起来时，知性就会误以为自然确实是朝着至善生长的，朝着人的终极目的生长的。

实际上，这只是知性通过判断力的引导而在自然界产生的结果。因为理性通过判断力要求知性去工作，知性就会带着这样的至善使命去工作，判断力其实并没有真的看出自然是朝着人的终极目的而生长的。因为判断力是在自然还没有完全呈现给知性之前，当然永远也不会呈现给知性之前，就将这种适合于理性实现至善的统一性强加给自然了。

四是目的论本身也不能看透至善能否在自然中实现，所以理性又通过由目的论而来的有理智的原始存在者的规定，保证实现至善的物理可能性，试图使自己的至善使命变成客观的，在自然中有实存的可能性。如果没有理性的至善使命，人就不会这样去看待自然，并按照自然合目的性原则的引导，去探寻自然背后的意义。

五是上帝和灵魂这些理念，都是理性为了使自己的至善使命获得最大现实效力而形成的必然先验幻象；知性思考、证明上帝，也是服务于理性的至善使命的。也就是说，虽然人无法参透自然的奥秘，解释不了自然中有机物的实存，但是理性概念系统或说人的知识形式系统整体，提前将自然看作一个可以实现至善的自然，并且按照至善的命令来改造自然。

六是通过对理性自身的审查，理性虽然发现自然背后有自己认识不了的东西，但是理性出于自身使命的考虑，便做出了独断处理，将它看作是上帝，以增加自身使命在自然界形成结果时的效力。所以有没有上帝，理性其实无法解答，但是理性希望有上帝，这就是人为什么会信仰上帝的原因。当我们将自然背后的东西搁置起来的时候，我们就会看到上帝和灵魂只是主观理念，它们只具有实践的客观实在性，它们只具有内在的应用，它们的客体作为本体是不能说的。

　　从这里我们可以看出，康德是如何消解上帝的。笔者认为，消解上帝就是让上帝消失、隐匿，使之对现实生活没有任何干涉，让上帝变成主观理念与调节性原则，派生在先验自由理念之下。让上帝只具有内在的、此世的应用，让理知世界、至善理念不再停留在彼岸，可以对经验世界产生影响。不论有没有上帝与彼岸，人的主体性作用在于，依照自己的知识形式系统，通过自由地做与知，可实现超越与自我解放，让世界变得越来越好。

　　第二，上帝存有的目的论—道德证明，与其说是对上帝存有的一种证明，不如说是对至善可能性条件的一种规定。因为这个证明并没有证明上帝的实存，而只是找到了实现至善的必要条件——上帝，实践理性悬设上帝对至善这个最高实践命令的执行而言是必要的。对上帝的确信并不是理论上的确信，这个证明并没有断言对象自在地是什么。对上帝的确信是道德实践上的确信，这个证明断言的是，对象对于我们一般人类而言它有必要是如何的。

　　上帝只是一种信仰，实践理性是出于我们的实践使命，才对它做出了必要的悬设，并且这种悬设并不同理论理性相矛盾。信仰作为一种状态而不是一种行动，是理性在把对于理论知识来说难以达到的东西，认其为真时的道德思维方式。"那些就纯粹实践理性的合乎义务的运用而言必须得到先天的思考（不论是作为后果还是作为根据）、但对于理性的理论运用却是夸大其辞的对象，都只不过是信念的事。"① 由于至善是被实践理性假定为可能的，所以至善"连同其可能性的我们惟一能思考的那些条件，即上帝存有和灵魂

---

① [德]康德：《判断力批判》，邓晓芒译，杨祖陶校，人民出版社，2002，第330页。

第四章 解析康德纯粹哲学体系的建筑术及其象征理论

不朽,都是信念的事"①。

康德认为,上帝信仰与道德实践的关系是:首先,人信仰上帝,相信上帝的存有,这并不是指只有通过对上帝的信仰,人才会认为依照道德律的道德实践是一种义务,而如果人不信仰上帝,认为上帝是不存在的,那么他就摆脱了遵守道德律的责任。相反,不论人信仰不信仰上帝,依照道德律的道德实践都是人必须履行的义务。因为道德律是由人的自由而来的理性的唯一事实,它可以通过经验而加以阐明。

其次,人信仰上帝而行善不是出于恐惧,害怕因为作恶而受到上帝的惩罚;也不是出于贪图回报,希望自己的善行可以换回个人的幸福。人信仰上帝只是希望自己可以在永恒中不断地完善自己的德性,完成不仅是上帝颁布给我们的命令,而且更是我们的理性自己给自己颁布的命令,希望上帝最终可以做出公正的审判,依照自己的德性配享相应的幸福。人在道德实践时,可以完全不想这些东西,只是为道德而道德,只是按照道德情感和道德律而实践德行。上帝信仰是在道德实践过后,人必然会有的这样一种反思性的希望。

再次,人对上帝的信仰时有时无,但不会彻底放弃信仰。一个不信仰上帝、不相信来生,但极为尊重自己内心道德目的与使命的人,通过自然规律无法洞见至善的可能性,并且看到周围的人和自己都无法完全按照道德律而行动,而自己又希望因为自己的德性而获得幸福。所以为了消除矛盾,依照自身的理性能力,他可能会信仰上帝,相信来生,但是由于他无法直观上帝,阻碍了他对上帝的确信,所以他对上帝的信仰时有时无,然而他绝对不会彻底放弃信仰。因为这种无信仰的思想境界,是不能与起支配作用的道德准则共存的。假设当他在生活的红尘苦海中感到无助,他就会重拾对上帝的信仰。

最后,虽然上帝只是一种信仰,只具有实践的客观实在性,而不具有理论的客观实在性,但是人对上帝的信仰恰恰是人自由的表现。因为上帝是人依照自由法则而悬设的东西,是人出于道德实践的考虑才不矛盾地认其为真的东西。所以人信仰上帝,说明人是自由的,人是自己创造自己的。向至善

---

① [德]康德:《判断力批判》,邓晓芒译,杨祖陶校,人民出版社,2002,第330—331页。

理想无限前行，是人自我解放的伟大事业。

四、对这个证明的批判消解着上帝

上帝存有的目的论—道德证明，使得上帝在现世的生活中变得不重要了。第一，信仰上帝只是理性信仰至善的表达，理性信仰上帝，实则是为了更好地依照至善这个命令进行道德实践。按照目的论的观点，上帝在创世之初就将一切素质蕴含在自然这个母体之中了，而人的理性就像一粒种子，通过生长就可以逐渐成熟起来，自然是朝着至善的方向而生长着的，人所能做的就是尽量通过实践，通过使用理性而促使理性的生长。这样，自然界在无限的生长中是可以实现至善的。这就是说，上帝在创世之后就不再影响现实世界了，上帝不会一次次伸出援助之手而影响现世生活，现实世界会自然而然地根据上帝的意志生长。

人的理性生长具有形成力，通过实践人可以自己形成自己，自己创造自己。上帝创造世界就是要让人通过实践而重塑自然的外形，使之变成至善的世界，且上帝对人的这种实践活动是不进行干涉的。人的自由就表现在自觉地按照上帝的命令而实践，而不是出于对上帝的恐惧或希望讨好上帝以换回好处。人在上帝面前也是有尊严的，这是因为人自己就和上帝一样同样具有神圣的道德律。

第二，康德的认识论给出的这个人类知识的形式系统，只是人用来规定和反思自然意义的系统，且这个系统解释不了自然背后的东西。首先，上帝和灵魂理念可以作为调节性原则范导知性发现自然规律，可以促进人按照道德律在自然界实践德行。目的论可以在不考虑自然目的系统是否有意图的前提下，促进人追求真理和德行，给人一种预见未来的启示，通过这种启示而创造生活的意义，或者说，不论自然本质是否是至善，人只能借助这个知识形式系统，依照至善去做与知。人虽然不能认识自然界能否实现至善，但是人能够确定的是，根据这一知识形式系统，人可以自我解放与取得进步。

其次，如果理性足够成熟，那么它就不会再去询问是否有上帝这个问题，会清楚地知道，这是自己构想出来的理念。自然背后的东西我们是不能说的，而且有没有上帝也不重要,重要的是,人已经按照自己的概念系统,将自然看作是好像可以实现至善的自然了,而且人也是这样去创造生活的意义的。

再次,至善不会因为我们悬设了上帝,就具有了物理可能性,这种可能性是悬设的可能性。相反,人的这个先验概念系统,就是按照至善目标来设计的,这就是为何至善具有实践客观实在性的原因。所以人只能按照至善使命来创造生活的意义,于无限中不断超越自己、趋近至善。

最后,真与善在理性看来就是统一的,追求真与善的统一这个最高真理,就是我们每个有道德理性的存在者应当在此生履行的义务。只有部分地完成了这个任务或说实现了自己的创造性之时,人的这一生才活得有价值、有意义、有尊严,人才会是目的,不是工具和机器。

第三,既然上帝和灵魂是理性构想出来的理念,那么理性就可以让它只具有实践的内在应用,而取消它理论的内在应用,因为目的论可以履行实践的内在应用这种职能。然而,康德为什么还要保留上帝和灵魂信仰呢?

笔者认为,首先,自然界如何会出现有理性的人,这个问题超出了人的认识能力,人所知道的有限的自然规律解决不了这个问题。如果世界背后真的有东西,那么这个东西究竟是要将我们人带入天堂还是带入地狱?虽然这个问题对理性而言并不重要,因为它只是按照自己的理性使命而要求知性去工作,但是理性为了杜绝这种沉沦幻象,依然悬设了上帝,且这是一种独断处理,但它对人的现实生活有好处,为的是不要让人心中的恶占据统治地位,所以上帝作为信仰被康德用目的论—道德证明保留了下来。

其次,康德出于人道主义关怀,觉得有些人奉献那么多,但由于实用的社会关系而导致付出与收获不对等,所以康德保留了上帝信仰,希望人们不要使用暴力来消除这种不平等,希望通过精神的自由、理性的争辩,逐步地改变这种不平等的实用社会关系。正是在这个意义上,他才强调社会的发展是合目的性的,因为要让每个人都明白人究竟应当如何生活,需要漫长的时间,明智的德性训练不是对每个人都有效,对道德理性的启蒙需要慢慢来。

上帝信仰就为这个自我启蒙争取到了时间。在该信仰下,既然现实生活中坏人要比好人生活得好,这种不公平又很难一下根除,所以就让饱受苦难的好人去天堂享福吧。这样，好人就会对一些不合理的制度，保持容忍和宽容的态度，让它和平地得以改良，而不是诉诸暴力，试图把它们从人类的生活中清除出去。暴力的使用者，不管动机本身如何符合道德律，但暴力本身就是一种恶行，这种恶行会给人类带来无法挽回的恶果。

最后，康德在《纯粹理性批判》中将上帝请了出去，在《实践理性批判》中又将上帝请了回来，而在《判断力批判》中又让上帝变得不能干涉人的生活，只能作为人至善信仰的表达。虽然表面上看起来，康德将每个人的至善生活都安顿到了来生的理知世界，但是康德更强调现世的生活，因为有没有来生、有没有上帝，理性是不能说的。既然理性不知道自然背后是什么，那么每个人就应安心过好此生，在此生中尽力实现自己的创造性，尽力提升自己的道德素质和自然素质，而这就是康德在消解神学时所表达出来的启蒙思想。

至善信仰是主观自律，真理是客观他律，目的论使主观信仰和客观认识结合了起来。如此一来，不仅人的主观世界变得更完整、和谐，而且客观世界也变得更加融洽、丰富。目的论对自然的再自律，所表达出的是人必须按照理性使命而进行道德实践，并且这种实践可以使我们无限地趋近至善，至于至善是什么，人永远不能用感性的东西去规定它。

生活的意义就在于人通过实践，将人内心主观的东西逐步落实下来，让内心主观的东西在自然界逐步地呈现出来，让这些主观的形式、理念，通过和自然界中的东西相结合而逐步地获得意义与实存。这样，世界就是属人的世界，因人而有意义和价值的世界，人生活的意义就是让内心中主观美好的东西实现。正是因为终点、结果对人而言无限遥远，人的生活才能无限地丰富起来，所以过程比结果更重要、更精彩。

第四，统一了真理和至善的目的论，就可以看作是人主观的东西的直接表达，是理性对自身使命的表达，因而自然合目的性原则与目的论，就具有确证已有的生活、启示未来生活的作用，上帝就可以看作是消除了人的有限性的人的最为完善的原型。人通过理性提前表达出来的这些主观的东西，具有启示作用，有益于人在自己创造自己的过程中，让这些主观的东西提前出场，拥有感性外形，为其今后变成客观的实存做好准备。所以反思自然与生活的意义，比规定自然的意义更重要，艺术与哲学比科学更重要。通过反思，我们可以思考人自身的使命、人存在的价值、人与自然的和谐关系，从而意识到那些属人主观的东西，并在这些主观的东西的启示下，在真理与至善相统一的诉求之下，更好地创造生活的意义。生活的意义无限展开的终点应当是，也将是真理与至善的统一。

目的论并非人对自然的主观臆测、猜想，而是人主观的东西的提前形式化表达，人正是在这种对自然的反思中，而获得对未来生活的启示的。目的论可以促进人进一步追求真理，而且是带着真理与至善相统一的诉求追求真理；目的论也可以促进人进一步有德性地追求幸福，而且是带着将至善落实下来的坚定信念去进行这种道德实践，所以追求真理就是实践德行。

当人在无助的时候，人也可以通过对自己构想出来的人的原型上帝的关照，而坚定自己对至善的信仰。幻想和理想不同，至善信仰不是绝对幻想，它是理性的终极使命。目的论不是幻想，而是人带着至善命令对自然的再自律。人赋予自然这种形式，其实就是理性对自身的启示，让人从自然界看出来人应当、将要如何生活。

康德对人的主体性作用的强调，被后世反复批评，被认为是人狂妄自大、企图主宰自然的体现，然而康德的至善理念是一个有机整体，人与自然在其中是和谐一致的，人的主体性作用并不是要消灭地球，而是要守护地球，呵护自然。人的知识能力，完全能够实现人类社会的进步，且这种进步是一个自我解放、自我超越的无限过程。人类不进步，人类的历史是一个自我沉沦的历史，这种观点在康德的先验哲学中是不存在的。

第三节　解析康德的象征观点与人的本体论

一、作为类比的象征与先验逻辑范畴

康德认为，"要显示概念的实在性永远需要有直观。如果它们是经验性的概念，那么这些直观就叫作实例。如果它们是纯粹知性概念，那么这些直

观就被称之为图型"①。"一切作为感性化的生动描绘都是双重的：要么是图型式的，这时知性所把握的一个概念被给予了相应的先天直观；要么是象征性的，这时一个只有理性才能想到而没有任何感性直观能与之相适合的概念就被配以这样一种直观，借助于它，判断力的处理方式与它在图型化中所观察到的东西就仅仅是类似的，亦即与这种东西仅仅按照这种处理方式的规则而不是按照直观本身，因而只是按照反思的形式而不是按照内容而达成一致。"②

就知性的认识方式而言，概念所对应的直观要么直接就是图型或形象，要么虽然也是图型或形象，但是它们间接地表达出了所指涉的概念。有些概念无法直接用图型或形象表达出来，但是可以间接使用图型或形象。这些图型或形象可以指涉所要表达的概念，是因为它们的形式或关系与所要表达的概念的形式和关系是同一的，有类似性。

图型是先验想象力依照纯粹逻辑范畴的属性而赋予这些范畴的时空直观形式，它们代表着对应范畴可能规定的经验形式。其中，质与量的范畴获得的是图型式的图型。因为虽然定量是同质的东西在时间中的连续叠加，但是质与量毕竟都有广延，是在空间中展开的。

关系范畴获得的是象征性的图型。因为关系只是与时间相对应，而时间只有通过人的内感这种直观才能感受到，所以我们在空间中看不见时间。为了让我们在空间中看出时间，我们就必须通过可见的经验概念，把在时间中展开的关系象征出来。例如，"变化"一词就是一个先天的经验概念，我们在空间中能够看出变化，这样变化就可以象征因果关系。因果关系规定变化，"不是借助于直接的直观，而只按照和直观的类比，即按照对一个直观对象的反思向一个完全另外的、也许根本没有一个直观能与之相应的概念的转换，而对概念所作的表达"③。所以关系范畴所获得的图型其实都不是图型式的，而是象征性的生动描绘。

---

① [德]康德：《判断力批判》，邓晓芒译，杨祖陶校，人民出版社，2002，第199页。
② [德]康德：《判断力批判》，邓晓芒译，杨祖陶校，人民出版社，2002，第199–200页。
③ [德]康德：《判断力批判》，邓晓芒译，杨祖陶校，人民出版社，2002，第201页。

第四章　解析康德纯粹哲学体系的建筑术及其象征理论

关系范畴所对应的时间的延续与流失虽然在空间中看不见，但是我们可以通过内感而感受到这种时间的前后相继。因而它们所对应的图型也是直观图型，虽然不是在空间中直观的图型式图型，但是依然是在时间中直观的象征式图型。

正是因为空间的持存性，才使得我们有了实体范畴，进而可以知道变化。某物的变化这个先天经验概念，所表达出的时间上的前后相继性，与因果关系所指涉的时间上的前后相继性是同一的，进而变化才能象征因果关系。正是因为所有的表达因果关系的先天或后天经验概念中都蕴含有这种最为基本的关系，人才能通过在空间中直观实存对象的因果关系，而象征或说预见在空间直观中尚未出现，甚至永远也不会出现的对象。

由于象征作用可以形成先验范畴，所以它是知性认识世界的一种最为基本的方式。例如，将人的理性及其技术活动，与动物的那种相似的根据及其技巧活动相比较，可以看到由于其间的因果关系是一致的，所以我们用本能来命名动物技巧活动的根据，以表达它与人的理性有区别。我们之所以不认为动物也有理性，是因为按照经验，我们人的理性与动物的本能有本质的特殊差异，我们至多能说动物和人一样是通过表象或者更确切地说通过信号而行动的。

可见，通过利用因果关系这种类比的思维方式，我们虽然可以形成对某个未知之物的知觉，但是我们尚未对其进行质、量、模态等方面的充分规定。这却表明，在科学认识之中，象征这种思维方式是可以预见未来的，而且由于类比出的因果关系最初表达时间上的先后关系，进而表达了可重复检验的时间上的先后关系，提示对象间的作用力与反作用力关系，所以我们对未来的东西还没有足够的认识。

例如，男人送给女人一束花，代表着男人希望和女人发生爱欲关系。因为花就是植物的生殖器，和男人、女人的爱欲器官有类似之处，并且男人送花、女人接受这样一种作用力与反作用的因果关系，与男女爱欲关系作用有类似之处。这种关系是类似的，而不是同一的。因为这种关系是加了内容的因果关系，并不单单代表着在现象中不能直接看到却被象征的时间上的先后关系，也不是仅仅表现了最为普遍和抽象的力的关系,因为这种力并不简单地就是先天概念所表达的物理学方面的机械作用力。男女之间如果要发生爱欲关系,还需要爱情和情欲力的吸引、纠缠与撕扯。女人通过男人送花这一举动已经预见到未来,但是她对这个男人可能还不了解,没有足够的知觉,所以男人的感性欲求能否实现,还需要女人的进一步考验与配合,因而具有不确定性。

二、作为类比的象征与自然目的论

作为类比的象征作用不仅使得知性能够形成探寻自然规律,进而科学地预见未来的关系范畴,而且也使判断力通过象征作用,能够形成自然合目的性概念这条先验原则,进而用它来反思自然生长、人类历史的进步,并协助理性思考上帝信仰。

第一,人的知识形式中有三种因果关系。其一,是作用因的因果关系,它是知性通过类比的思维方式而得来的,它被用来认识自然规律,这种因果关系是指带有象征性图型的因果关系。其二,如果剥离因果关系的图型,那么我们就获得了只是表达形式逻辑范畴的本体论因果关系。这种因果关系不能形成理论知识,但能够形成实践知识。先验自由是道德律的存在理由是指,我们对先验自由和道德律都没有直观性认识,且由于道德律可以在自然界产生效果,所以我们虽然不认识先验自由,也不知道人的理性为什么是自由的,但是我们知道先验自由有实践的客观实在性。正是因为先验自由具有实践的客观实在性,所以我们才有权将知性的先验原则演绎到自我意识之内,将自然合目的性原则演绎到判断力的再自律之中,认为它们之间具有无条件的必然性。先验自由是指开始一个无条件的序列,所以这种本体论因果关系虽然没有让我们知道人为什么可以赋予自然界以形式,但是我们知道了人是自由的,这种自由使人可以赋予自然界以形式。其三,目的因的因果关系是判断力通过类比艺术创造而得来的,可以形成有关自然生长、历史进步的目的论。人所生产的艺术品中的目的因的因果关系与自然产品中的目的因的因果关系是相似的,或者说,判断力以类比的方式将自然看作一件伟大的艺术品,它作为自然目的就具有了自然合目的性,但是这种自然合目的性仅仅在形式上与艺术品的合目的性有相似之处,其不相似之处体现为自然生命的合目的性形式是有机的,与人工制品的机械性不同。当判断力通过这种先验的自然合目的性形式而形成目的论知识时,这种知识中就加入了特殊的自然目的的生长作用,而这在人的艺术作品中是没有的。

所以自然合目的性原则所表达的只是我们依照他律的自然规律生产艺术品,然后我们又通过艺术品具有的目的因果关系来反思自然。知性只能形成机械的自然规律,它只能认识有限的自然现象。为了将自然现象全部悬拟地统合起来,为了将自然看作合适于人的理性使命实现的自然,更为了使知性在追求真理的时候带着真理与至善相统一的诉求,判断力通过类比艺术创造的方式,悬拟地引入了目的因,形成了自然合目的性原则,并用它来反思自然现象间的关系。通过反思完整的自然目的系统,悬设自然与自由、真与善的统一性,但是自然目的因不能形成自然规律,自然目的论不是科学知识。

第二,判断力之所以可以把属人的目的因悬拟地引入自然,是因为我们将人和艺术品的因果关系与原始存在者和自然目的的因果关系做了类比。属于人的目的因转换为属于这个原始存在者的目的因,使判断力可形成自然合目的性概念。"就作为自然目的的世上之物而言把原始存在者的原因性按照和某种知性的类比,即与我们叫做艺术品的某些产品形式的根据的类比来设想(因为这样做为的只是对我们的认识能力作理论的或实践的运用,这种运用是我们在按照某种原则的世界上的自然物方面不得不对这个概念做的);但我们决不能通过某种类比,而从我们不得不把知性赋予世上存在者中的某种被我们评判为人工的结果的原因,就推论出甚至那和自然完全不相同的存在者对于自然本身也应拥有如同我们在人类身上所知觉到的那种原因性:因为这恰好涉及到那种不同性质的地方,这种不同性质之点是在某种就结果而言以感性为条件的原因与就其概念而言的那超感性的原始存在者本身之间来设想的,因而不能被转移到后者身上去。"[①]

首先,判断力通过知性和理性形成目的系统的知识之时,理论理性就会

---

① [德]康德:《判断力批判》,邓晓芒译,杨祖陶校,人民出版社,2002,第326页。

以类比的方式将超感性的原始存在者思考为一个有理智的存在者，认为他是世界的创世者，但是他与自然之间的因果关系是不以感性为条件的，不是时间中的因果关系，是超感性的本体论因果关系，所以这种因果关系就与人同其艺术作品的因果关系不同。尘世的因果关系不能转移到创世者那里，因为尘世有理性的存在者，与超验的创世者是不同种类的。

因为人（天才）与（美的）艺术之间的因果关系虽然可以是不带图型的逻辑因果关系，而上帝与自然之间的因果关系也是不带图型的逻辑因果关系，所以我们可以将上帝和人做出类比。人的自由表现在了能够赋予自然以形式，这种开始一个无条件序列的活动因而涉及经验内容，而上帝是使实体实存的原因，他要创造出自然的质料，因而与人具有截然不同的性质。因此按照类比，虽然我们将这个原始存在者思考为一个有理智的存在者，但他与人不是同一个种类，不能将人的属性赋予他。

其次，当理性依照至善的可能性将他规定为上帝时，我们说他是神圣意志、全知、全能。这只是一种象征的说法，我们是在用人的知性、意志来象征上帝。如果我们将这些只有在尘世存在者身上才有其客观实在性的知性、意志这些概念用来规定上帝，认为这些概念对上帝而言也是图型式的，那么我们就会陷入拟人主义，将上帝想象成为一个审美理念或说感性偶像，而不单单是一个通过象征、类比来表达的非直观理想。审美理念因无法穷尽上帝、理知世界与至善，因而仅是理念的不充分显现，是理念的感性象征。该感性象征不是概念性理念，仅指示、关联、显现着概念性理念。

最后，人与其艺术品的关系是以感性为条件的，这里并不是强调人生产艺术品是为了满足自己包括审美需求在内的一切感性需求，而是强调人的自由在于赋予自然以形式，且这个形式总是以经验为内容，而经验就同人的感性相关。正是因为人是感性的有理性的存在者，所以人只能赋予自然以形式，不能创造质料。

第三，什么样的艺术品才能同自然这件伟大的艺术品相类比呢？我们说是美的艺术。因为上帝创造的是一个完整的自然目的系统，天才可以创造一个完整新世界的感性表象。美的艺术之所以是完整的、无条件的感性表象，

第四章 解析康德纯粹哲学体系的建筑术及其象征理论

是因为美的艺术表达出了审美理念,而审美理念所对应的就是无条件的自然合目的性。审美理念表达出的是,我们通过自然合目的性概念把自然当作一个完整的目的系统来看待,而人的认识能力中只有判断力才能形成关于整个自然的无条件的概念系统,即自然目的论。

虽然自然目的论只是对自然粗糙轮廓的象征性反思与再自律,因而还可以有无尽的经验内容添加进来,但是美的艺术中的审美理念象征了这些有待形成目的概念的无尽的经验内容,因而与完整的自然的感性表象相对应。也就是说,审美理念象征的是人内心中那些有待和自然相结合而落实成意义的所有主观的感性形式。所以美的艺术中的精神象征是一个关于自然的无条件的概念系统,美的艺术经由审美理念象征概念系统的整体性,与自然目的系统的整体性具有类似之处,因而具有了可比性。美的艺术所表达出的是人可以赋予整个自然以感性形式,而上帝可以创造这整个自然的质料。关于美的艺术、精神与审美理念、自然目的概念系统与上帝理念、人的知识形式系统之间的关系说明,可见第五章。

第四,上帝存有的目的论—道德证明,借助类比的象征思维方式,因为自然合目的性原则及上帝理念都是通过类比而得来的。"(在质的意义上讲)类比就是在根据和后果(原因和结果)之间的关系的同一性,只要类比是撇开诸事物的、或那些包含相似后果之根据的诸属性本身的差异(也就是在这种关系之外来考察)而进行的话。"① 类比就是象征,象征作用有助于表达出对至善的信仰。这就表明,通过对自然目的的反思,我们可以预见未来。由这种象征作用而来的对未来的预见,是在对我们所做事情的反思之后而完成的,因而它有确证现有生活、启示未来生活的作用。

美的艺术与自然目的论,通过象征至善而预见未来的方式,与知性通过机械作用的因果关系预见未来的方式是不同的。"把那些真实的、具有意义的世界现象冒充为只是某个隐藏在底下的思想世界的象征(像斯维登伯格那样),这就是迷狂。反之,在体现那属于密切关联到一切宗教本质的道德、

---

① [德]康德:《判断力批判》,邓晓芒译,杨祖陶校,人民出版社,2002,第325页。

即属于纯粹理性的概念（所谓理念）时，把智性的象征物（宗教仪式）这种虽然在一段时期内是有用的和必须的外壳，和事情本身区别开来，这就是启蒙。因为不这样，一个理想（纯粹实践理性的）就会被一个偶像所替换，并失去了最终目的。"①

这就是说，科学在预见未来的时候，它只能说的是事物将是什么，而不能说出事物发展的方向和目的，而我们通过艺术审美与目的论来预见未来的时候，所说的却是事物将应当是什么。由于理性是带着自身的使命而这样看待自然的，所以自然与人类历史的走向就好像、应当以至善为终极目的。审美理念依照至善理念表达出的让未来提前出场的感性形式，好像、应当变成实存。那些用于表达上帝的宗教仪式，作为感性外壳，实则蕴含着对未来的想象，象征着人的自由的自我解放的道路与前景。

虽然这种象征作用并没有使我们对未来有任何科学认识，但是它对人的价值、人生活的意义有一种终极关怀，使人对不能说的超验本体有一种思考，使人对自身主观的东西有所了解，而这就造成人在自我创造的过程中，可以通过由理性使命而来的对自然目的论的反思，而明确自己的任务和目的，进而坚定自己向善的步伐。带着生活由以展开的原因去反思生活的意义、想象未来，比无目的地对自然意义的规定更具有启示作用。因为这种目的论的反思揭示出的是人将应当如何生活，而不是生活将是什么，而"应当"才是人生活意义得以展开的全部，而不是"是"。

可以说，康德的先验哲学作为认识论，不仅同样要反思生活得以展开的原因，这个原因是先验自由，而且同样要澄清人将"应当"如何生活，这个"应当"就是依照自己的知识形式，重塑自然的形式，实现人类的永久和平与历史进步，因而康德哲学就具有了对人的未来生活的启示作用或说对人的启蒙作用。康德通过对理性自身的审查，澄清上帝只能是至善信仰的表达，而且这个上帝对现实生活还没有影响，所以宗教的象征物是有局限的，需要被超越，如果不这样做就会陷入迷狂或说迷信。人需要大胆地使用理性，否则就会变

---

① [德]康德：《实用人类学》，邓晓芒译，上海人民出版社，2005，第84页。

得愚昧无知，乐于听从他人的错误意见，被他人玩弄于股掌之间，被他人当作利用的工具。

三、作为符号的象征

通过以上对象征中类比作用的考察可以看到，知性利用类比作用认识自然规律，判断力和理性利用类比作用形成目的论和至善信仰，都是通过象征物来完成的，这些象征物也被叫作符号。在康德这里，象征物也可以翻译为符号，同卡西尔的符号形式哲学对应，但区别性翻译为象征物是指，它更强调所指涉的那个内容，它的直观形式只是用来间接指涉并非它自己的直观形式直接就能表达的内容，因而它可以说是已经完成了象征任务过程的符号，或者说，是符号通过象征或类比行动而提供的背后内容。

符号不仅强调可以直接或间接指涉的那个内容，还强调符号自身的特征。所以符号不仅指符号的本意，而且也可以指它后面更多有待继续探寻的意义，因而符号是开放的，其意义是可以不断开显的。所以象征物强调的是象征方式、过程及其结果，更多强调的是概念与逻辑的类比，代表着人高级的先天知识能力，而符号首先对应着与动物类似又与动物不同的人低级感性的后天知觉能力，且康德用象征物说明美和美的艺术，已经在强调审美不是低级的动物性认知。因而符号及其所指涉的有待进一步开显的意义，不仅可以是感性直观或间接比喻的表征，也可以是有待逻辑的类比等概念活动处理的东西。类比、象征与符号，都是表象或说表征，都是通过操弄符号而进行的。

康德将符号分为任意的艺术符号、自然符号和奇迹符号。其中，属于艺术符号的有表演、文字、音符、数字等这些人造的可以表意的艺术品，而后二者都是背后带有意义的自然现象。毫无疑问的是，自然符号及自然所呈现出来的意义是通过艺术符号来思考、表达和记录的，不然我们便不能和已经逝去的前人交流，不能在前人的基础上继续探讨真理和信仰，并且这种对前人艺术符号的解释本身就是通过象征的思维方式来完成的。

正如康德所说："如果涉及这些民族的思想家在撰写他们的神圣作品时实际上想了些什么，那么人们不能把这些作品解释为象征的，而必须按照字面上去解释，因为曲解他们的词句应当说是不诚实的态度。但如果问题不光涉及这些思想家们的本意，而且主要还涉及学说的真理时，那么我们能够而且应该把这些作品当作只是象征的观念方式，用与那些实践理念相伴随而采用的仪式和习惯来注释这个学说；因为不这样，与终极目的密切相关的智性的意义就会逐渐丧失掉。"①

本节前两部分讨论的人的认识能力中的象征作用，都是根据符号指涉出的内容来探讨的，内容间的象征作用可以称为类比，这种作用可以表达真理和信仰，预见未来。本部分所讨论的符号与内容之间关系的建立，也是通过象征作用来完成的，康德将这种象征作用称为记号或标记。"即通过伴随而来的感性符号来表达概念，这些感性符号不包含任何属于客体直观的东西，而只是按照想象力的联想律、因而在主观的意图中用作那些概念的再生手段；这类东西要么是语词，要么是可见的（代数的甚至表情的）符号，作为对于概念的单纯表达。"②

类比象征与符号象征的不同之处在于，首先，前者所造成的概念可以是先天的或先验的，因而是康德先验哲学要探讨的对象；后者所造成的概念最先是经验性的，因而只属于人类学的研究范畴。其次，前者可以称为逻辑象征，通过概念类比概念，概念指涉概念，象征的概念可以是经验性的、先验的，如关系范畴；也可以是无法直观的概念，如至善、上帝、理知世界这些理性理念。后者可以称为感性象征，用感性形象指涉概念，这些被表征出的概念可以是经验概念，也可以是理性理念。在感性象征中，"有些形式并不构成一个给予概念本身的体现，而只是作为想象力的附带的表象表达着与此概念相联结的后果及这概念与另一些表象的亲缘关系，我们把这些形式称之为一个对象的（审美的）象征"③。

当这些感性象征物象征理性理念时，"它们并不像那些逻辑的定语那样，

---

① [德]康德：《实用人类学》，邓晓芒译，上海人民出版社，2005，第84页。
② [德]康德：《判断力批判》，邓晓芒译，杨祖陶校，人民出版社，2002，第200页。
③ [德]康德：《判断力批判》，邓晓芒译，杨祖陶校，人民出版社，2002，第159–160页。

表现出在我们有关造物的崇高和壮伟的概念中所包含的东西"①，我们不是在有关自然目的系统的目的论知识的基础上通过类比方式来对超感性的东西做出规定，"而是表现某种别的东西，这些东西给想像力提供把自己扩展到那些有亲缘关系的表象的总量之上的诱因，这些表象让人思考比我们在一个通过词语来规定的概念中所能表达的更多的东西"②。

最后，感性表征是人类认识和反思生活意义一种比较低级的方式，它的低级之处在于，当它用有限的感性表象指涉比较高级的概念、理念的时候，人们容易将感性的东西误以为就是那个理念本身，而且感性表象在象征理念的时候很难使我们对那些理念有最为清晰的认识，因而这种认识是模糊的、不完全的，所以就容易产生幻象，让人们迷信，甚至迷狂。相反，逻辑类比就是一种高级的认识和反思自然意义的方式，人的自由就表现在可以进行概念活动，按照概念来指导自己的生活，概念可以非常清晰地把对象表述清楚，而且概念甚至还能指涉那无法直观、因而是超感性的东西，所以概念活动、类比思维才能让我们对自然的意义有透亮清楚的认识与反思。美与美的艺术中的象征作用，尤其是依存美，需要进入目的论与概念哲思，才能成为低级的感性象征与高级的概念性类比之间的中介，成为象征物。

类比象征与符号象征的相同之处在于，首先，类比和符号表征都是象征，即"当事物的形象（直观）只是被概念用作观念的手段时，它就是象征，而由此形成的知识就称为象征的或比喻的知识"③。其次，象征作用就是人类使用符号的能力，其最为显著的特征在于，它是"以当前事物为媒介，把预见未来事情的观念与对过去事情的观念联接起来的认识能力"④。也就是说，只有通过人的象征思维方式，或者说，正是因为人是符号的动物（卡西尔），人才能对未来生活有预见、有希望、有信仰，而这就是我们人精神活动的根本意义之所在。人的精神实践所表现出来的能力，是通过象征思维方式来完

---

① ［德］康德：《判断力批判》，邓晓芒译，杨祖陶校，人民出版社，2002，第160页。
② ［德］康德：《判断力批判》，邓晓芒译，杨祖陶校，人民出版社，2002，第160页。
③ ［德］康德：《实用人类学》，邓晓芒译，上海人民出版社，2005，第83页。
④ ［德］康德：《实用人类学》，邓晓芒译，上海人民出版社，2005，第82-83页。

成的，使用符号才是人追求真理和信仰的根本方式。象征或说符号是人的知识形式系统构建与应用的决定性因素。

四、符号是人与自然的关系中介

康德认为，象征就是人类使用自己所生产出来的艺术品的感性表象以表征的方式感性地表达自然界所呈现出来的意义，对这种由表征作用而联想到的作为内容的意义表达，又是通过逻辑类比的方式来完成的。这就是说，人在规定与反思自然的意义之时，我们并不是直接面对自然的意义，人与自然之间是隔着艺术的，而且这种艺术是被当作符号来使用的。它是具有意义的，人只有通过对这种艺术符号的解释才能认识和反思自然的意义。

当人生产出来艺术品的时候，对它的质料的消费其实并不重要，对艺术品本身特性的认识其实也不重要，或者艺术品的本意并不重要，重要的是它所指涉、象征的背后的自然意义，那是有待进一步开显的意义，等待着人进一步反思与规定的自然意义。人只有通过对艺术品背后内容的发掘，才能提升与认识自己，才能追求真理和至善的统一。因为人的创造性不仅在于能够生产艺术品，而且在于能够通过赋予自然以形式，追问生活的意义来改造这个自然，生产艺术品只是人的这种思维活动的结果而已。

象征作用最主要的功能就是预见未来，它不仅可以预见生活将是什么，而且可以预见生活将应当是什么，前者是对自然的科学认识，后者是对自然和人之间关系的反思，这是艺术与哲学的工作。康德哲学作为启蒙哲学，不是简单地强调科学，那仅是人工具理性的一面。艺术与哲学要通过对不可见的东西的感悟与思考，指出人应当如何生活，要通过对终极的关怀，找到现实生活得以展开的原因，进而预见未来。未来不仅指"将是什么"，更是指"应当是什么"，人应当如何生活，人的理性使命将把人带向何处，所以康德哲学是对道德的启蒙。

通过类比思维方式而得到有关自然的整体概念，是对自然与人关系最为完整的反思，这种反思集中体现为上帝存有的目的论—道德的证明。康德通过解说这个证明，廓清了属于人的整个知识形式体系，得出了真理与信仰是相统一的结论，明确了人自身的价值和使命是什么，人应当如何使用理性。人除了利用这个概念体系来反思和规定自然的意义以外，是否还有一种非概念的思维方式？

康德认为，感性表征的象征方式，因感性表象的有限性，不如概念对自然的意义的界定那么清晰和透亮，所以有限的感性表象是不能表达真理和信仰的统一的。因为这种比喻的思维方式太粗糙、太简单，容易让人变得愚昧和迷信，但是还有一种感性表象是可以表达出真理与至善的统一的，那就是美的艺术。

美的艺术与人利用先验概念反思自然的意义完全不同：首先，前者是创造感性形式，后者是赋予自然以形式；前者创造出的感性表象自由地象征感性理念，后者却要受到质料的束缚，重塑自然的形式需要考虑质料感觉的接受性与人的有限性。

其次，如果美的艺术要表达出真理与至善的统一，那么美的艺术就必须表达出无条件的自然合目的性，即审美理念。由于这种表达并不是将整个自然都描绘出来，而只是利用有限的感性表象来表达整个审美理念，所以美的艺术就创造出了另一个世界，且这个世界只是具有感性表象的世界，不是真实的世界，但是由于这个世界表达出来的是真理与至善的统一，是让未来以感性图型的方式提前出场，等待先验概念系统将之落实下来，所以这个世界因具有超越性而比自然界更真实。

再次，人最先是通过对美的艺术中的精神感悟与解释来反思自然与人的关系的。通过这种感悟与解释，人的先验概念系统逐渐地生长了出来，人的理性逐渐成熟了起来。美的艺术中的精神具有启示作用，人是通过对这种精神的反思来提升自己的。这种反思的最高成就是，通过将天才与美的艺术同上帝与自然相类比，进而利用概念来形成真理与至善的统一这种结论。

最后，人去大自然欣赏自然美，如果这个自然的感性表象也表达出了审美理念，那么我们也能从中看出真理和至善的统一，但这只是欣赏，或者更确切地说，不仅是欣赏，而且还是概念活动，是反思自然的意义，而不是创造感性形象。欣赏使用的只是鉴赏力，而创造感性形象是人的整体认识能力的本性表达，是人的自由的本性表达，所以欣赏与创造有本质的区别。美的艺术中的内容本身就包含有自然美，所以对自然的欣赏只不过是去再现美的艺术中所表达出的自然美。当我们把自然当作美的艺术来看待时，美的艺术中的内容是如此丰富，岂是受到质料束缚的自然符号所能再现得了的。

综上所述，我们通过重思康德的知识形式系统的建筑术，康德对上帝存有的目的论—道德证明的说明，集中再现了康德构建出的人类知识形式系统或说先验概念系统，尤其强调它是由构成性与调节性先验原则搭建起来的。人的知识形式系统不是有机统一的，仅有机械的统一性。人通过操弄它，不仅可以认识他律的原始自然，而且也可以自律地生产艺术品，改造与重塑自然的外形，有德性地追求幸福，追问真与善相统一的真理。关于他律与自律的矛盾之解决，康德将自然合目的性原则解释为判断力对知性的再自律，要求知性在追求真理时，带着至善诉求。康德所说的人为自然界立法，于是就带有了最强的主体性作用，不论自然本身是什么，人凭借知识形式的做与思，就是要实现人类的自我解放，实现人类历史的进步。自然本体作为他者、他在与自在之物，似乎仅是具有可塑性的质料，但是它的惰性与拒绝形式，它的有机性与神秘难解，让康德认为，至善是或不是自然的本质，是不可知的。为了强调自由的首要性，康德反对将至善看作自然的本质，仅是认为，虽然人的知识形式系统是有限的，通过它人无法认识生命的奥义，但是至善这一彼岸、人内心的东西，可以在自然界产生效果，人类可以朝至善无限进步。这一论断的理由，集中体现在了康德对自然合目的性原则的说明中。自然合目的性原则对自然生长与人类历史发展，给出了和谐与进步的感性形式预设，这种预设是对自然形式的再自律，范导人有进步、有改善地认识与实践。

通过康德象征理论的说明，我们希望提示类比、象征作用在人类知识形式系统或说先验概念系统构建与应用中的关键性作用，而且通过将康德指出的象征与符号间的关系界定清楚，希望表明艺术创造就是符号设计，艺术品就是符号，符号的意指功能就是象征作用，自然是因为人的做与思的符号活动才具有意义。艺术品作为符号，是人的知识形式系统的工作媒介与工作结果，人与自然、人与人的关系中介是艺术符号。卡西尔扩大的认识论源头在于康德的象征理论。康德的目的论提示的生命的必然性与自由的自律的应然性，是在分而治之的形式逻辑的思路中被思考的，它将经历黑格尔的自然与历史辩证法而获得升华。从中我们将会看到自然与人、人与人之间的深刻矛盾关系，这一撕裂是如此爆裂，以至于后来的叔本华、尼采、海德格尔等人，开始用"无"思考"存在"，在罢黜至善、消灭上帝的过程中，人类的命运被看作是自我沉沦的不进步的历史。卡西尔为了坚持康德的进步论，反对沉沦说，不得不重新思考符号形式的历史转型与统一性，思考人类为什么总是走极端，要么强调至善是人类的最高价值，要么彻底消除至善与上帝，陷入虚无主义。卡西尔符号形式哲学的最终任务是：重新证明人类的自我改善是如何可能的，海德格尔的诗意栖居，为什么不能救赎技术世界。[①]

五、对人的本体论界定

当我们澄清了康德的知识形式系统、强调了其象征理论的重要性之后，就可以回答"人是什么"。"认识你自己"是形而上学中的古老命题，是人类自我意识的集中表达。心理学对这个问题的解答只能是从人的自由所表现出来的现象上来回答，而哲学作为反思自然的终极、整体的学问，必须从本源上来回答，要回到不可知的本体。

当康德将先验理论知识系统演绎到自我意识之中，将由道德律而来的实践知识形式演绎到人的实践的自由、纯粹实践理性、自由意志之中，将自然合目的性概念演绎到判断力对自然的再自律之中时，其所表达出来的含义是，人的自由体现在了人对自然的立法之中，这种立法就是赋予质料以形式，使自然的实存对人而言具有意义和价值。如果人不是自由的，那么自然对于我们而言是无所谓存在的。人只有作为从自然中独立出来的自由主体，才能朝着理性的终极目的，展开在自然中的现实生活。因此人虽然不是自然界的创造者，但是他是生活世界的创制者，是生活世界如此存在的原因之一。

[①] 为了提示笔者在博士毕业后继续开展了哪些工作，新增加了这一段落，该段落在原博士论文中没有。相关话题的说明，参见郭宾：《艺术超越论：思入卡西尔与海德格尔之间》，中国社会科学出版社，2023。

人探寻自然界的规律不单单是为了追求幸福，人进行道德实践不单单只是为了压抑自己的感性。相反，人把自然界看作符合人终极目的实现的合目的性自然，人追求真理不仅仅是为了幸福，而是为了追求至善，人对真理的追求本身就包含了希望真理与至善相统一的诉求，人希望通过道德实践而最终达到感性与理性、自由与自然的统一。这就是说，"对我们诸能力的一切处理最终必然都指向实践，且必然在作为它们的目的的实践中结合起来"[①]。

康德是在不同的语境中使用知性、理性、纯粹理性、理论理性、实践理性、纯粹实践理性和思辨理性这些概念的，因而这些概念往往具有不同的含义：一是纯粹理性可以指出自先天原则的认识能力。此时，它就是理论理性，包括用来认识现象的知性和用来规定知性的理性。思辨理性是指人的认识能力中用来证明自由、灵魂和上帝的理性，由于思辨理性证明它们是没有结果的，不能为这些理念提供客体，但这些理念可以作为调节性原则构成知识形式系统，所以当这些理念范导人认识自然的时候，对这些理念进行运用的就是纯粹理性或说理性。

二是实践理性既可以等同于纯粹实践理性从而与理论理性相对举，也可以包含制定幸福原则的理性和规定德性法则的理性。知性既可以指出自先天原则的认识能力，即理论理性，从而包含对其加以规定的理性，也可以仅指统一直观杂多而不统一概念的认识能力，而纯粹知性只是指统一概念的认识能力，即理性。理性或纯粹理性既可以指统一概念的认识能力，也可以指纯粹实践理性，或者可以同时指这两种含义。

三是广义的知性是指概念能力，当康德说判断力依照知性所提供的先验范畴规定现象，使现象变成可以认识的现相时，这里的知性指的是与先验范畴相对应的知性；当康德说判断力依照理性所提供的道德律而进行道德判断的时候，此时的判断力使用的是依照道德律及不带直观的逻辑范畴而来的善与恶的范畴，也可以说此时是知性在进行一种概念判断；当康德说判断力按照自然合目的性概念通过知性来形成目的概念时，也可以说知性在进行概念

---

① ［德］康德：《判断力批判》，邓晓芒译，杨祖陶校，人民出版社，2002，第40页。

判断,而且知性所提供的范畴也参与其中了。因此只要人形成了经验性的概念,不论这个概念是自然规律、有关善恶的实践知识,还是经验性的自然目的知识,都可以看作是知性概念能力的体现,因为知性所提供的逻辑范畴总是或多或少、或明或暗地参与其中了。

四是虽然康德同时认为,由于知性、理性和判断力拥有不同的认识原则,所以它们是相互独立的,但是依然可以用知性概念来表达人的这三种认识能力,只要形成的概念是经验性的概念,而不是理念。因为理性虽然也使用了以上三种原则,但是它们毕竟不是经验性的概念,而且虽然理性理念是知性不能提供直观的概念,因而与理性相对应,但是审美理念是知性能够提供有粗糙轮廓的目的论概念与之相对应的。虽然理性在形成理性理念的时候也使用了知性无图型的范畴,但是康德还是将知性与经验相对应,将理性与本体相对应。

五是知性、判断力和理性最终可以用"理性"这个词来统称,这是因为内心诸能力最后都要统一到道德实践之下。欲求能力(意志)、愉快与不愉快的能力,这些能力虽然和三种知识能力不同,但是这些能力都在使用理性,或者更确切地说,它们是理性落实到感性上的结果,理性通过它们在自然界产生效果,所以我们就可以用"理性"这个词来统称人内心的诸能力。

当我们初步澄清了康德说明人知识能力的术语后,以下将根据康德的知、情、意三分法,说明他对人的本体论界定。第一,人的认识能力。首先,与认识能力相对应的内心能力有感性、想象力、知性及自我意识,这里的知性不仅指利用带图型的逻辑范畴形成自然规律的知性,也指利用不带图型的范畴形成自然诸理念(自由、灵魂、上帝等宇宙论理念)的知性。我们在形成这些理念的时候,其实是使用了判断力目的论,而且就将自然看作一个整体以便形成自然诸理念而言,我们还通过自由概念而将人看作是自然的终极目的。也就是说,我们在形成这些理念的时候还使用了判断力和理性。为了凸显这些理念是自然诸理念,它们只是用来追求真理的调节性原则,我们剥离了判断力和理性在形成这些理念时的作用,只是认为这些理念是由不带图型的知性范畴而形成的,是用三段论推理而形成的。

其次，自我意识是知性利用感性和想象力形成规定性认识真理的先验原则的原因，因而自我意识就使知性成为可能。虽然我们不知道知性为什么只具有这样认识真理的能力，但是我们知道，自我意识是人自由的表现。因为自我意识所表达含义是指，人自行开始一个规定自然的行动或说概念序列，自我意识利用知性赋予质料以形式，使对象的实存被我们认识到。自我意识的这种概念活动，预示着我们可以重塑自然的外形，使可以人工改造的自然对人而言具有了实用价值，人通过消费它的质料可以满足自己的感性需要，自我意识的这种概念活动可以用于追求幸福。

最后，理性自由本性是自由的，这种自由表现在人有自我意识，人可以赋予自然界以形式，认识自然规律，改造自然的外形。因而自我意识就和作为本体的理性或说自由，具有了因果关系，但这种因果关系是不带图型的因果关系。我们只能说，自由的理性是自我意识存在的原因。自我意识并没有使我们对理性的自由有丝毫的理论知识，因为自我意识与理性的自由之间的因果关系是不带图型的因果关系，自我意识这个概念没有表达出直观了什么，而只是表达出"我思"这个动作。我实存于进行思维之时，我是我、我存在，因缺少谓词，并没有形成对本体的认识，而且只要加上谓词，甚至仅加上现在时或过去时的系词变化，我就是经验的我，而非先验的我，经验的我是心理学研究的对象。

第二，愉快与不愉快情感的感受能力。首先，与这种能力相对应的内心能力有感性、想象力和判断力。判断力的鉴赏能力是以判断力目的论判断为结果和导向的。正是因为自然是合目的性的，所以我们才会在判断力没有形成目的概念之前，就通过鉴赏判断而感受到愉快或崇高、不愉快与不崇高。这里的判断力不是指知性利用范畴形成自然规律的判断力，也不是指理性利用道德律与知性纯粹范畴形成善与恶概念的判断力，而只是指利用自然合目的性原则对自然进行再自律的那个判断力。依存美或它的反面表明，自然目的论判断是伴随有情感感受的，上帝信仰的表达是有情感的宣泄的。

其次，判断力连接着知性和理性。因为知性在形成未做道德规定的理念之时，使用了判断力和理性，而理性在形成被道德律规定了的理念之时，也使用了判断力和知性，理性是在判断力和知性形成原始存在者的基础上来规定上帝的。由于知性将上帝思考为绝对必然的存在者，判断力将上帝思考为有理智的存在者，理性才认为上帝拥有智性直观，通过这种直观就可以创造出自然界。这就是说，自然合目的性概念是先验概念体系的基石，在它之上才建立起了理论知识形式系统和实践知识形式系统。通过目的论，真理与至善之间的统一就是可能的，判断力通过自然合目的性原则对自然的再自律，就是要为解决真理与至善的统一做好准备。

再次，判断力目的论知识会引导我们去追求真理，思考至善的可能性。当我们在目的论的基础上对自然的超感性基底做出规定之后，当我们对真理与至善、自然与自由相统一的可能性条件做出悬设之后，目的论判断不仅可以引导知性按照至善使命来追求真理，而且目的论还能够对这种真理与至善的统一进行部分证实，虽然这种证实是独断论的。这就是说，当我们利用目的论知道自己的价值在于自己是道德的存在者之时，知道至善在经验世界好像是可能的之时，目的论知识就会促进我们去有德性地追求幸福。由于美和崇高与目的论有关系，所以美和崇高才能促使人反思世界的意义，激发我们在实践中去追求真理和至善的统一。

最后，判断力对自然的这种再自律是理性的自由表现，这种赋予自然以形式的方式，没有使目的论的知识具有理论的客观实则性。因为目的论的理论客观实在性要求知道上帝如何创造生命，对此我们的知性是一无所知的，因而是一种主观的、独断的信念，所以由目的论而来的关于对象实存的知识与理论理性关于对象实存的知识是不同的。与目的论相对应的自然就与认识真理的理论知识形式系统的自然不同，前者是作为本性的自然，是有生命的，好像是朝着至善生长的自然；后者是作为本质的自然，是机械的，看不出其变化方向的自然。虽然目的论知识不是科学知识，但是判断力依然通过自然合目的性原则这样反思自然，希望人通过实践可以使至善在现实世界中产生效果，人类可以无限地趋近至善，自我改善。当我们确立了理性的自由与判断力对自然再自律的因果关系之时，我们对作为本体的理性依然没有增加任何理论知识，因为此时的判断力也是作为本体来看待的。

第三，欲求能力或说意志。首先，与这种能力相对应的内心诸能力有感性、知性、理性及促进人进行实践的激情和情欲。没有理性参与的欲求活动是人的本能活动，有理性参与的欲求活动是人的意志活动。如果意志是使用了知性的意志，那么人就能应用自然规律重塑自然的外形，生产艺术品以满足自己的低级感性欲求，此时的意志就是自然意志；如果意志是使用了理性的意志，那么人能通过自律的道德律来为自然界立法，使自然中的对象不仅按照自然规律而实存，同时也使它们按照道德律而实存，道德实践与人的高级欲求能力相对应，此时的意志就是自由意志。

　　其次，先验自由是道德律的存在理由，正是因为我们通过道德律知道了理性是自由的，我们才有权利认为知性探寻自然规律、判断力对自然做出再自律是理性的自由表现。理性赋予质料以三种形式，对自然界立下三种法律，是理性自由的表现。自由意志就是符合先验自由理念的那个意志，理性就是为自然界原始立法、立出道德律的实践理性，所以自由意志与实践理性之间就具有了因果关系。这种对自由意志和实践理性关系的解释并没有使我们对理性自由本性有任何理论知识，因为此时的自由意志和实践理性都是被当作本体来看待的。我们至多对自由意志与实践理性有实践知识，自由意志与实践理性具有实践的客观实在性。虽然我们不能认识它们，不知道人的意志和理性如何是自由的，但是我们通过它们在自然界造成的效果而知道理性是自由的，进而也知道知性和判断力对自然的两种立法也是理性的自由本性的表达。

　　最后，理性的自由本性分别与作为本体的知性（自我意识）、判断力和实践理性（自由意志）具有无条件的必然的因果关系。人的自由表现在可以通过知性、判断力和理性为自然界立下三种不同的法律。我们对人如何会有这样的能力一无所知，因为我们只能看到来自人的自由的这三种表现、效果，但对人的自由本性却没有任何理论知识。所以从这个意义上来讲，哲学的反思并没有规定什么，而只是将理性、其知识形式系统或说先验概念系统、自然界三者之间的关系解释清楚了。这种关系的解释比科学对现象进行质与量的规定更为重要，因为哲学正是通过这种关系的解释，解决了科学解决不了的问题，回答了现实生活为何是这样进行着的，预见了人类社会发展的方向。

综上所述，知性追求真理、判断力对自然再自律，都指向理性的道德实践。康德更强调从目的论角度来考察人，把人的诸种心灵能力都统一到理性的自由本性之下，并认为这些能力都以道德实践为目的，人生长出来的诸种内心能力是适合于在无限中追求至善与逐步改善的。这种统一性突出地表现在了知性、判断力和理性为了证明理性的至善使命在自然界是可能的，它们都参与了上帝存有的目的论——道德证明。虽然这种证明并不成功，但是这种证明至少保证了人类社会的进步是可能的。也就是说，理性要通过判断力来引导知性探寻自然规律，不要让它在追求幸福中变成一匹脱缰的野马，而是让它服务于理性的最高使命，让它带着至善的诉求来追求真理。

基于康德对人的本体论界定之上述说明，需要进一步思考康德的"人是有限的有理性的存在者"这一定义。第一，可以通过考察人的感性，说明康德对人有限性的确认。首先，康德将人界定为有理性的存在者。这种界定是对人本性的界定，强调人是自由的。这种界定忽视了感性差异，但也正是因为这种对人本体论的界定，才使这个概念适合于每一个人，不论地域、民族差异，地球上的人都是有理性的存在者；不论历史变迁差异，野蛮人与文明人，都是有理性的存在者，甚至外星人、没有感性的精灵，都可以是有理性的存在者。

其次，康德考虑了人的感性这一条件，又把人界定为有限的有理性的存在者。这种有限性先是表现为因为人是感性的，所以人只能认识现象，不能认识本体。通过对人所做出的本体论思考，通过对与感性接受性相对应的质料等超验内容的思考，可以确信本体是一种无法直观的自在之物，但是感性阻止我们认识它们。这种因感性而来的有限性更关键的表现是人不能完全遵照道德律来进行实践。这不仅是说人为了追求幸福往往会置德性法则于不顾，明明知道不对也要去做，而且是指人在追求幸福时，往往不知道这种做法是违背道德的，只有当人们把事情做出来之后，人才能意识到自己做错了。正是因为人是感性存在者，所以人就不是精灵，就不是神，人只能是人。

最后，人需要这种因感性而来的有限性，否则先验自由就没有办法获得最强权力，就会被取消。在上帝那里，在精灵或者天使那里，内在自由与外在必然性是没有区别的，甚至在至善的理知世界，内在自由与外在必然性也是没有区别的，自由存在于自然与人、人与人、内与外、物质与精神、思维与存在的"不同与有别之间"。这种"有别关系之间才有自由"，是康德先验自由观的核心要义：自由是自我解放的无限进步与改善的行动过程。

正是因为人的有限性才使理性在与感性的对抗中逐步生长了出来，渐渐成熟了起来；正是因为人的有限性，人的生活才可以从野蛮到文明，从伪善到有德性地追求幸福；正是因为人的有限性才使人的生活是一个无限趋近至善的过程，才使人的生活因此而充满了挑战；也正是因为人的有限性，人追求至善的过程才成为人真实的生活，人生活的意义就在于这个无限趋近至善的过程，而不是结果。

现实世界与人构想出来的理知世界并不单单通过目的论才架起一座桥梁，我们不能只是看到现实世界好像是适合实现至善的，而是要通过实践让现实世界与理知世界之间的鸿沟逐渐弥合，让现实世界通过人的实践而在无限中变成理知世界那个样子。我们也可以说，这个鸿沟永远无法真正弥合，此岸与彼岸只能不断趋近，且彼岸是人心中主观的东西。康德为了守护人的先验自由，实际上放弃了思维与存在、物质与精神、自由与必然、此岸与彼岸的统一性，消解了上帝与理知世界的外在性，把它内化于人心，仅对这个无限进步的过程进行了确认。历史的进步只有比较级，没有最高级；只有越来越好，没有最好。

第二，人的有限性导致了人在追求自我改善的过程中必然会犯错，那么理性是否会有一种能力让自己的概念活动在创造生活的意义之时尽可能地减少失误？当然有，这种能力就是理性通过天才创造美的艺术的能力。它完全不同于上述三种概念能力，并且是理性先于概念给自身以最高启示的能力。理性这种创造美的艺术的能力来自理性自由本性，完全没有规则可循，生活意义的展开就是通过对美的艺术中的精神的解释而进行的，人必须关注艺术活动的景观或剧场效应，那里面有理性对自身的启示，而这种启示就可以减少理性在形成意义、概念时所出现的失误。相关内容，可见下一章。

第四章 解析康德纯粹哲学体系的建筑术及其象征理论

第三，人的有限性导致了做与思的分裂、实践与反思的循环互动关系。在康德的哲学中，反思是分析的，不是综合的与规定性的，通过反思不能获得新知。后知后觉地发现自己实践中的错误，对自然与生活世界有了扬弃性认知，这种黑格尔的"理性的狡黠"辩证法，在康德这里解释不出来，康德没有很好地处理"有限性与无知"的辩证关系。

根据康德的先验哲学，就这个问题可以有以下初步认识：首先，认识与实践是统一的。人生产工具、生产艺术品、将人当作工具来利用固然重要，但人把工具和艺术当作符号来规定与反思生活的意义更重要，人本身就是目的而不是他人的使用工具更重要。因为道德理性的创造性，表现在给自然赋予三种不同的形式，这种活动是概念活动，而人把艺术当作符号来承载自然的意义，就是要为自然与人赋予这三种不同的形式，只有艺术符号活动才能使自然的外形得以重塑。人通过追问生活的意义来提升自己，按照理性的至善使命来改造自然。

其次，实践不能只是工具实践，而必须包括精神实践，甚至后者对人的生活更为重要。艺术符号中所表达出的意义能让我们预见未来，让我们在对未来的启示中，按照人的理性使命重塑自然的外形。美的艺术不仅有助于人反思生活意义的源头，而且还能够通过对人的精神关照，让未来以想象性的感性形式提前出场，这种反思虽然不是规定性的或说艺术中的美好未来总是迟迟不到，或者会改头换面地到来，但是艺术与审美有助于道德理性管理好工具理性。

第四，人与感性的有限性共处的方式是启蒙。"启蒙运动就是人类脱离自己所加之于自己的不成熟状态。不成熟状态就是不经别人的引导，就对运用自己的理智无能为力。"[①] 其一，人是社会的动物，因而我们身处实用的社会关系之中，人就像社会机器中的某个零件发挥着自己的作用，别人给我们一个指令，我们就按照这个指令来工作，我们每个人都是工具，维系着社会的正常运转。作为机器的人，必须听话，不能思考，所谓的思考也只是为了

---

① [德]康德：《历史理性批判文集》，何兆武译，商务印书馆，1990，第22页。

完成指令而进行的消极的工具性思考，把理性当作完成任务的工具而被动地使用理性。

其二，久而久之，人不善于使用自己的理性了，甚至乐于听从他人的意见，认为独立思考太辛苦、太危险。自然的发展让我们的理性成熟起来，而我们不使用它，安于这种不成熟的状态，这是对人类自身义务的践踏。社会是发展的，而要发展，原来的制度就要更换，如何更换制度这得听理性的，理性必须成熟起来才能知道如何变革。所以人在把理性当作工具来利用、在听从指令的同时，还必须让理性可以自由地思考，让理性可以公开地对社会发展提出一些意见，而这只有成熟的理性才能做到。所以康德认为需要启蒙理性，要让人从幼稚状态走出来，要让人开始自由地、公开地争辩。

其三，康德认为理性的成熟在于人可以独立地思考，站在他人的立场上思考乃至始终一致地思考。康德先这样做了，他对理性本身做出了审查，把理性所使用的知识形式系统清晰地揭示了出来，并强调上帝存有只有一种证明方式，即目的论—道德证明。这样，康德就消除了对上帝的迷信和迷狂，只把上帝当作人至善信仰的表达，甚至将上帝诉说成一个可有可无的主观内在的东西。

其四，康德强调艺术与科学启蒙，但康德不单单看重科学理性、工具理性，而更强调目的理性、道德理性。他希望人们出于对科学和艺术的爱好而能够反思自然而不单单是规定自然的意义。这样，人就能够通过对自然意义的反思而知道自身存在的价值和意义，明确人不仅仅是社会的工具，人本身的尊严在于进行道德实践，只有在实践德行之时，人才不会是被别人利用的工具，人本身才是目的。

其五，康德希望人能够通过对自然的反思而开始按照理性自身的使命生活，通过使用理性而有德性地追求幸福。人永远都是社会中的成员，每个人都在某种程度上像机器一样地活着，但人并不是机器。虽然人必须听话，但是人的精神是自由的，我们可以通过追求真理而获得精神自由。这种精神自由不仅使人的理性成熟了起来，而且更重要的是，它可以使社会进步、改良。这样，理性就是在践行自身的神圣使命。

第四章 解析康德纯粹哲学体系的建筑术及其象征理论

本章结语

在对人知识形式体系的统一性解释中可以看到,先验自由是理论知识形式系统、实践知识形式体系、自然合目的性原则及其目的论知识成为可能的原因,理论知识形式与实践知识形式为自然与人的立法活动,都需要以自然合目的性的统一性为预设和范导。由人的三种知识形式构建成的系统的统一性表现为,所有与这个先验概念系统相对应的知识,都是指向至善信仰的,自然合目的性原则作为连接求真的理论知识形式系统和至善的实践知识形式系统的中介,就是要预设出真理和至善是统一的这样一种可能性。人通过这个先验概念系统来探寻自然的意义时,就已经预先按照理性自由本性将自然看作真理与至善信仰相统一的自然了,这使人做与思的知识活动,可以保证人类的无限进步与改善。

通过重思康德对上帝存有的目的论—道德证明的说明可以看到,这个证明使用了人的三种知识能力,所以它是代表着人类对自然及人自身的最高反思,集中体现了人的知识形式系统的统一性。康德通过这个证明进一步消解了上帝,上帝在现实生活中永远不出场,永远也不对人造成影响,人信仰它实则是信仰自己心中的那个最高使命——至善。正是人心中这个主观的东西,才使我们对自然有了这样的看法与预设。判断力对自然的再自律实则就是我们人自身理性使命的表达,我们把自然看成真理与至善相统一的自然。

康德对人的知识形式系统的统一性说明,对上帝存有的目的论—道德证明的说明,试图回答一个至关重要的哲学问题,这个问题就是真与善、"是"与"应当是"能否有在自然界和人类历史过程中统一起来的前景?康德在解释这个证明的时候,是从理性利用哪些知识形式来完成这个证明上入手的。这样,我们就能够通过说明这个证明,清晰地了解人规定与反思自然的意义的概念形式系统,能够知道人为什么会有上帝信仰,而且更为关键的是知道真理与至善是否在自然界有统一的前景。

康德对这个问题的解决方法是利用目的论来连接真与善。这样,不论自然本身如何,人在创造生活的意义时,就是按照至善使命来进行的,人的这个概念系统就是要让至善在现实世界于无限中逐渐落实。所以真就是善，因为追求真理是为了实现至善，人类生活的展开就是在无限趋近至善。虽然表面上追求幸福与德行是冲突的，但是从人的自由本性来看，它们是统一的，而这种冲突就是人在追求至善时的动力，所谓"恶中开出善之花"就是这个道理，矛盾的冲突最终是要统一的。黑格尔将这种无限趋近称为坏的无限，即是说，人类在任何历史节点上，都会认为现实世界距离至善无限遥远。康德的这种解答，仅是保证人类可以越来越好，而不是达于最好，因为如果达于最好，先验自由就被取消了，而这是康德极力反对的。此种呵护自由之举，最后竟然释放出了罢黜至善的虚无主义，这是康德不愿意看到的。

在对康德象征理论的解释中可以看到，人是通过艺术符号来反思自然的，自然美象征真理与至善的统一，实则是我们即将对自然进行反思，开始概念活动。美的艺术象征真理与至善的统一，是天才创造的结果。这种活动介于感性表征与概念活动之间，是来自理性自由本性的直接表达，没有方法可循。艺术家创造出美的艺术后，他自己也不知道其作品背后有如此丰富的内容，人的概念活动可以逐步地开显其背后的意义，只有到了理性非常成熟之时，我们才知道它表达的是真理与至善的统一前景。

在对康德的人的本体论解释中可以看到，人是按照自己的理性使命来赋予自然以形式的。人的创造性在于赋予自然以形式这种概念活动，人的理性是道德、目的理性，而不仅仅是工具理性。做与思是统一的，实践必须包含精神实践。康德的启蒙思想，提示了人如何处理有限性与无知犯错、实践与认识互动的问题，人通过艺术符号追问生活的意义，通过理性争辩，人在做与思的过程中不断提升自己、自我解放与实现改善。

在前四章，我们揭示了康德的三种知识形式，分别是用于规定客体的机械性科学规律的先验逻辑形式，用于规定主体伦理行动的道德律与自由范畴，用于反思自由与必然、主体与客体统一的自然合目的性形式。这三种知识形式的超验使用，凝结为上帝存有的目的论——道德证明，康德将这个证明批判为主观的，是人的自由本性的表达。至此，神学宗教获得了去魅与世俗化的解释，上帝、理知世界实则是人自我解放、人类社会进步的隐喻，此岸与彼

第四章 解析康德纯粹哲学体系的建筑术及其象征理论

岸的分裂,被康德用人类向至善无限进步弥合了起来。此种理性启蒙进步论,后来面临黑格尔"坏的无限"之评判,面临叔本华、尼采"人类伦理生活无改善与罢黜至善"的非理性主义之回应,但新康德主义者卡西尔,根据其符号形式哲学,令人信服地保留了人类自我解放与社会进步论。

在康德哲学的语境中,如果将因人的先验自由而来这三种知识统称为真理,借此悬设知、情、意,真、美、善、圣的统一,那么这虽然无法有效提示康德对上帝的消解、对神学的批判,但是有效回应了古希腊的真理观,预示了海德格尔的"真理的本质是自由",强调了人的自由本性在于追问真理。在科学与神学的对抗之间,审美与目的论等人文学,对人自身的认识、对人与自然关系的认识,同样是真理。物理时间与生活时间、物理存在与生命存在、物理学与生存论不同,按照康德纯粹哲学体系的建筑术,后者是基础性的,科技应受到前者的范导与调节。真理不仅仅是对自然与人的机械性规律的把握,真理更是对自然生命、生活世界、人的先验心灵的非自然科学的"诗与思",法律、经济、政治等社会科学知识,无法纯粹数学化、机械化,否则这种真理就是控制论,忘记了真理的本质是自由。生存论的、人文学的真理,是存在之为存在的全面表达。消除自由意志的分析哲学,是资本主义控制人、扼杀人类自我解放之希望的帮凶。

根据卡西尔扩大的认识论,可以将康德的这三种知识统称为意义。人的这三种知识活动,表现为人为自然界立法与塑形,人改造自然的外形与认识自然现象,可以看作是人追问自然与生活意义的过程,自然与生活因人的知识活动而有意义。考虑到做与知的统一性,我们认为这三种知识活动,表现为人以自由的艺术为中介,改造与认识自然,组织社会关系。美的艺术中潜藏着这三种知识形式,人最初是以艺术符号创制与审美活动为中介,构建并反思人与自然、人与人之间的关系,自然与生活的意义起初并非概念性的,而是前逻辑的、充满情感、生命一体化与神话的,且起初的艺术符号创制是语言性、表演性与巫术性的,科技符号派生于人文艺术符号。

第五章　康德论美的艺术

本章将集中回答以下问题：（1）在康德看来，美的艺术的定义是什么？或者说，美的艺术内涵与外延是什么？（2）为了界定美的艺术内涵，康德如何将美的艺术界定为一种自由的艺术？（3）康德如何根据自然、审美理念与完善概念界定美的艺术内涵？（4）康德如何根据天才论从艺术创作角度界定美的艺术内涵？(5)在康德看来,美的艺术包含哪些门类,它们的特点是什么？（6）虽然康德的美的艺术理论与知识形式论，是对人的做与知的静态说明，缺少动态的转型说明，但是为什么可以从康德的美的艺术论中，推论出美的艺术创造作为做与知的同一，潜藏着康德的三种知识形式，是人追问生活的意义的源头？

由于本书的核心论题是在康德哲学的语境中探讨美的艺术与自然美的关系，必然涉及艺术美高于自然美、美的艺术超越自然的论证，而这个话题涉及价值高低的判断，所以有必要对康德使用的价值概念，提前做出说明。康德在讨论美的艺术的三个种类时，认为观念性的语言艺术——诗艺的审美价值最高，而听觉感觉的美的游戏的艺术——音乐的审美价值最低。这里的价值概念提示，虽然诗艺与音乐均能表达审美理念，但是观念性的表达高于感性的感受—情感的和谐游戏式表达。因而这里的价值高低是指二者虽然有质的、无法还原为量的种属关系差异，但是根据理性主义的理性控制感性、道德规制欲望、质料感觉的终点是与知识形式结合形成概念等基础论点，音乐与诗艺可以比较，且二者有质的等级差异。

如果这样思考康德的价值概念，那么我们就可以说，自然与生活的意义均具有可区分高下的价值，有重要意义与非重要意义之分。康德的价值差异是指无法量化的等级差异，与今天常用的可量化的有用性价值概念不同。美德是无价的，在道德的两难选择中，虽然可以使用实用性价值量化做出决断，但是这种决断总是无法两全其美，就在于善与恶的大小均是不能彻底量化考虑的，或者说，经济学只能解决生活中可量化的交易问题，艺术价值或说生活的意义是不可全部量化的。

如果考虑到观念、概念、逻辑与数学并不能够彻底解决人的生存论问题，概念与科技思维让人逐渐遗忘了审美直觉等感性思维方式，暗中破坏着知识形式、文化系统构建的感性地基，使我们无法有效地解决人与人、人与自然的非量化互动关系，不能合理处理社会秩序中无法量化的阶层关系，那么康德关于诗艺高于音乐的论断就会被颠倒，人感性的、肉身的艺术创作与审美体验、感悟，就会试图被再次唤醒，关于自然与生活神秘的给予性与命运话题，就会重新回归到关于存在之为存在的生存论哲思中，且要求用艺术形式来书写哲学，形成所谓"诗性或说散文哲学"。

第一节 康德论美的艺术是一种自由的艺术

一、自由的艺术

康德给出了自由的艺术定义："我们出于正当的理由只应当把通过自由而生产、也就是把通过以理性为其行动的基础的某种任意性而进行的生产，称之为艺术。"[①] 艺术品是人或者更确切地说是有限的有理性的存在者通过理性所实践出来的产品。由于人生产艺术品可以是直接出于感性欲求满足的考虑，也可以是间接出于道德实践的考虑，所以可以说人生产艺术品是以感性为条件的。

第一，自由的艺术与自然不同，艺术品不是自然产品，自然产品的概念只是我们以类比自己所生产的艺术品的方式而得来的。例如，蜜蜂所生产的

---

① [德]康德：《判断力批判》，邓晓芒译，杨祖陶校，人民出版社，2002，第146页。

蜂巢只是它们本能的产物。虽然我们也常常用类比的方式将它称作艺术品，但一个产品作为自由的艺术，只应被归之于有理性的艺术创造者。

第二，自由的艺术作为人的熟巧也与科学不同，或者说，人的能与知不同。"它作为实践能力与理论能力不同，作为技术则与理论不同（正如测量术与几何学不同一样）。于是就连那种只要我们知道应当做什么、因而只要所欲求的结果充分被知悉，我们就能够做到的事，我们也不大称之为艺术。只有那种我们即使最完备地知道但却并不因此就立刻拥有去做的熟巧的事，才在这种意义上属于艺术。"①

第三，自由的艺术不是手艺，或者说，不是雇用艺术。手艺多是艰苦劳动，一种本身并不快乐、反而很辛苦的工作，因而只是通过它的结果，如报酬而吸引人的事情，所以雇用艺术是强制加之于人身上的。例如，耕作、开采等体力劳作，武器、车船等简单工具生产，航海术、战争术、权谋与经贸之术等，是雇用艺术。

第四，自由的艺术是指艺术实践是一种游戏，一种本身就使人快适的工作，且可以得出合乎目的的结果或说产物，所以自由的艺术"一方面它不是一种作为雇工的劳动，后者的量是可以按照确定的尺度来评判、来强制或付给报酬的，另一方面，内心虽然埋头于工作，但同时却又并不着眼于其他目的（不计报酬）而感到满足和兴奋"②。

第五，自由的艺术创造包含机械作用。"在一切自由的艺术中都要求有某种强制性的东西，或如人们所说，要求有某种机械作用，没有它，在艺术中必须是自由的并且惟一地给作品以生命的那个精神就会根本不具形体并完全枯萎，这是不能不提醒人们注意的（例如在诗艺中语言的正确和语汇的丰富，以及韵律学和节奏），因为有些新派教育家相信如果让艺术摆脱它的一切强制而从劳动转化为单纯的游戏，就会最好地促进自由的艺术。"③

康德根据属加种差定义法，在界定了自由的艺术内涵后，对自由的艺术

---

① ［德］康德：《判断力批判》，邓晓芒译，杨祖陶校，人民出版社，2002，第147页。
② ［德］康德：《判断力批判》，邓晓芒译，杨祖陶校，人民出版社，2002，第167页。
③ ［德］康德：《判断力批判》，邓晓芒译，杨祖陶校，人民出版社，2002，第148页。

外延做出了分类说明。自由的艺术作为一般的艺术，分为机械的艺术和感性的艺术，而感性的艺术又可以分为快适的艺术和美的艺术。"如果艺术在与某个可能对象的知识相适合时单纯是为着使这对象实现而做出所要求的行动来，那它就是机械的艺术；但如果它以愉快的情感作为直接的意图，那么它就叫作审美的「感性的」艺术。审美的「感性的」艺术要么是快适的艺术，要么是美的艺术。它是前者，如果艺术的目的是使愉快去伴随作为单纯感觉的那些表象，它是后者，如果艺术的目的是使愉快去伴随作为认识方式的那些表象。"①

第一，康德所说的机械的艺术与中世纪所说的机械的艺术有所区别。自由的艺术包含有机械的艺术表明，机械的艺术虽指这种艺术生产是体力活且使用机械原则，但它不是低级的、粗俗的，是更多使用脑力的，是如今所谓的高科技，且这种科技制造原本是吸引人的愉快的游戏。例如，钟表制造与机械发明等是自由的机械艺术。机械的艺术不是直接用来观赏、品尝的，可以是创制快适的艺术和美的艺术的工具与辅助器械。

第二，快适的艺术是以单纯的五官、身体感觉的享受为直接目的的游戏，它是可以给自己和别人带来欢乐的自由的艺术。在社交中的厨艺、笑话、博彩、作为快适的声响的音乐这些游戏都是快适的艺术。这些快适的艺术的特点在于这些快适是不能普遍传达的。例如，在一次社交晚宴中，有些人喜欢听笑话，有些人喜欢赌博，有些人喜欢这种音乐声响，有些人却喜欢那种音乐声响，而就餐饮而言，就更是各有所爱了。

二、美的艺术

美的艺术有两个特点：第一，虽然和快适的艺术一样，通过欣赏美的艺术可以给人带来感官愉快，但这种愉快不是由快适的艺术带来的感觉享受的愉快，而是出于反思的愉快。也就是说，愉快是伴随着美的艺术中的那些认识方式的表象的，所以美的艺术就是这样一种把反思判断力，而不是把感官

---

① ［德］康德：《判断力批判》，邓晓芒译，杨祖陶校，人民出版社，2002，第149页。

感觉作为准绳的艺术。"美的艺术是这样一种表象方式,它本身是合目的性的,并且虽然没有目的,但却促进着对内心能力在社交性的传达方面的培养。"①

这就是说,对美的艺术的鉴赏愉快和认识方式的表象相对应。这种认识方式是指反思性的判断力根据自然合目的性原则提供感性表象,且感性表象可直接引发愉快,无须等待目的概念的进一步获得。从美的艺术中所感受到的愉悦是能够普遍传达的愉悦,因为先天知识是可以普遍传达的,与认知方式有关联的美感也应当是可以普遍传达的,并且这种可以普遍传达的美感可以促进社交,有利于人们达成一致,快适的艺术却很难做到这一点。

第二,"没有对于美的科学,而只有对于美的批判,也没有美的科学,而只有美的艺术"②。首先,美虽然与人的认识方式有关,但是它不形成概念。如果不能形成概念,美就不是知识。与美相应的目的论观念不是规定性的,只是反思性的,所以它虽然不属于可以作为科学规定性的哲学学理,但是它属于反思性的哲学批判。从这个意义上来说,没有对于美的科学,只有对于美的批判。

其次,虽然美的艺术创作需要概念,因为它必须能够按照机械性规则被生产出来,但是就美的艺术中的审美表象而言,它不仅是完善的表象,而且更能表达一种自由精神。因而美的艺术创造作为自由精神、审美理念的呈现,没有固定的规则。这种精神表达,使得美的艺术虽然是按照机械作用而生产出来的,但是我们找不到有关创造美的艺术的科学。

最后,美的艺术的生产虽然使用了机械性规则,但是这种规律可以看作是艺术家为美的艺术所制定的,我们从这些规律中找不到基本的要素来规定美的艺术创造,那些所谓的要素只不过是完善所要求的,与美的艺术中的精神没有任何关系,用这些完善的要素虽然能够仿制出美的艺术,但是此时的艺术却缺失了精神,成了机械性的。因而从这个意义上来讲,没有美的科学,审美理念的呈现性创造没有规则,只有美的艺术。美的艺术中自由精神的表

---

① [德]康德:《判断力批判》,邓晓芒译,杨祖陶校,人民出版社,2002,第149页。
② [德]康德:《判断力批判》,邓晓芒译,杨祖陶校,人民出版社,2002,第148页。

达，使得美的艺术不仅仅是对自然目的所表现出来的完善的模仿，不单纯是关于大自然对我们所表示好意的记录，而是我们在接受大自然好意的基础上，创作审美表象、呈现审美理念、图型性想象美好未来的感观游戏。

鉴赏美的艺术与快适的艺术而产生的愉快既有联系又有区别：第一，快适的艺术和美的艺术都是直接给人以快乐的艺术。快乐是促进人类全部生活的情感，是肉体的舒适，是健康的情感。这两类艺术能给人以快乐的原因在于，在其中，没有任何意图作为根据的诸感觉（感触、感受、情感）在持续交替着，这种感觉的自由游戏就会使人快乐，而且这种快乐与愉悦可以在我们对这些艺术所表达的对象没有任何认知兴趣的情况下上升为一种激情，或者说，我们无须对这些艺术所表达的奇思妙想做出概念评判，它们只是承载使人快乐的诸感觉的载体与媒介，诸感觉的自由游戏直接促进了肉体中内脏和横膈膜的运动，而这种运动是促进生命的活动，它产生了激情，各种激情的交替形成促进健康的快乐激情。

第二，快适的艺术和美的艺术的区别在于，前者是直接通过感觉而令人快乐的东西，后者是单纯通过鉴赏判断而令人喜欢的东西。"在所有的美的艺术中，本质的东西在于对观赏和评判来说是合目的性的那种形式，在这里愉快同时就是教养，它使精神与理念相配，因而使精神能接受更多的这类愉快和娱乐；而不在于感觉的质料（即魅力或感动），在这里本质的东西只是为了享受，这种享受在理念里不留下任何东西，它使精神迟钝，使对象逐渐变得讨厌，使内心由于意识到他的在理性判断中违背目的的情绪而对自己不满和生气。"[①]

首先，美的艺术欣赏是一种使用了认识能力的判断，但是这种判断可以不形成概念，鉴赏活动可以感受美的艺术表达出的合目的性的感性形式，且感悟到形式所激发的审美理念是适合于人的目的的，所以我们并不会对美的艺术感到讨厌。相反，就快适的艺术而言，它所激发的激情可能对人的理性而言是违反目的的激情，如复仇欲、虚荣等，但这些激情又没有审美理念在

---

① [德]康德：《判断力批判》，邓晓芒译，杨祖陶校，人民出版社，2002，第172页。

背后做支撑、引导和统合，因而快适的艺术看起来、听起来就不具有合目的性的形式，所以我们就会根据这些激情的理性判断而厌恶这些快适的艺术。

其次，就欣赏美的艺术而言，我们使用的是认识能力中判断力的自然合目的性概念，这条先验原则的特殊之处在于它可以在不形成逻辑表象或说概念的情况下，把对象评判为美的，因而它可以只同愉快和不愉快的感觉相对应。鉴赏判断和知性形成理论知识的判断、理性形成善与恶的实践知识的判断是不同的，如果我们利用这两种认识能力来对快适的艺术进行判断，我们可能会讨厌快适的艺术；如果我们同样利用这两种认识能力来对美的艺术进行评判，我们却不会讨厌美的艺术，因为美的艺术的自然合目的性形式从根本上来讲是适合人的目的的。

最后，就快适的艺术中的笑话和音乐而言，如果欣赏者不单单是着眼于它们所带给人的激情，如果这些艺术中也有一些艺术作品可以通过激情而激发审美理念，那么这些艺术作品也可以算作是美的艺术。快适的艺术中有些艺术作品与美的艺术的界限是模糊的，我们可以从欣赏与创作上将快适的艺术认作是美的艺术，将美的艺术认作是快适的艺术。赌博与色情表演不是美的艺术。

三、艺术创造是追求幸福与德行的统一

从康德对自由的艺术的界定可以看到：第一，自由的艺术是满足人的感性欲求的技艺，并且这种技艺需要有一定的难度。它不仅包括生产人工制品的技艺，也包括处理人与人之间实用的人际关系的技艺；不仅比较精致的人工制品是艺术作品，而且人与人之间实用的社交礼仪、维系社交关系的快适或美的艺术也是艺术作品。如果我们不考虑艺术实践可以间接出于道德的意图、需要认知活动，那么艺术实践是人直接追求幸福的活动。康德强调所有自由的艺术都是按照机械性的自然规律而生产出来的，美的艺术中自由精神的表达也必须通过这种机械作用才能实现。因而就机械的艺术、快适的艺术和美的艺术之间的联系而言，快适的艺术是机械的艺术。如果美的艺术中缺少了精神，是按照有规律可循的完善概念而制造出来的，那么美的艺术可以

是机械的艺术。

第二，康德将一般的艺术通称为自由的艺术，将辛苦的雇用劳作排除在了自由的艺术概念之外，是要表明自由的艺术实践的本真状态是令人愉快的，这种愉快不仅是一种确证自身素质的成就感，而且是一种智性的客观合目的性的愉悦。这种愉悦可以使人们不再顾及艺术实践所带给人的其他好处，人只是将艺术实践当作一种游戏，喜欢上这种活动，可以为艺术而艺术，为科学而科学。

不仅满足人的审美或感官需求的美的艺术和快适的艺术的创作，能使人产生愉快，而且所有自由的艺术创造都能使人产生愉快。不仅美的艺术和快适的艺术的创作与欣赏是人的自由的游戏，所有的自由的艺术的生产都是游戏。从康德对自由的艺术的界定中，可以了解康德希望人应当如何生活。

首先，人在创造艺术的时候，不应当把艺术创造仅当作满足自己感性欲求的手段。如果人们这样来生产艺术，那么这只是劳作，此时的人就是被感性或他人控制与利用的工具；如果人们只是出于食色欲求或者为了满足自己的金钱、权力或荣誉的嗜好来生产艺术，那么这样的艺术活动就不是自由的游戏，而只是把理性当作工具来使用的活动，即便人在这种状态下实现了自己的创造性，这样的生活依然体现不出来人的尊严和价值。

其次，人应当把创制艺术当作一种自由的游戏。因为这是在创造生活的意义，而不是进行简单的、重复性的劳作，这就是德行。这样生活的人就不是被雇用的工具，这样的生活就是有意义的生活。因为此时自由的任意显示的是个人独特的创造性，因而不会干涉任何人的自由的任意，所以这种艺术生产是符合道德律的。

再次，这种德行是痛苦的。因为要生产出只有自己才能生产出来的有独创性的艺术品，创造出生活的意义，是一个异常艰苦的过程。度过这个艰苦的过程只有出于对道德律的敬重之情才能实现，但是这种德行又会给人带来愉快，这种愉快是知识能力的意图得到满足的愉快与消极的道德满足感，这样的艺术创造就被看作是虽艰苦但在痛苦之后能够获得愉快的自由的游戏。因而这样的生活就类似于永福状态，虽然这种幸福完全不同于人应当依照德性而享有的幸福，但是这种消极的幸福是每个人可以获得的。虽然实现了创造性的人很可能没有配享幸福，但是至少能够获得这种消极的幸福，可以勉强算作因德行而获得了幸福。

最后，人为艺术而艺术、为科学而科学的活动，是出于道德律和道德情感的活动，而不是为了享受上述两种愉快的活动。这种活动不是出于享受由此而获得的任何好处的活动，那些由此而来的好处只是这种德行的必然结果，是人应当配享的幸福。人在进行这种自由的游戏之时，应当具有纯正的道德动机，虽然出于对科学和艺术的喜爱而生产艺术要比出于自己情欲的满足来生产艺术在道德事务上更值得同情，因为人是有限的人，但是每个人应当朝着这种提升自己德性的方向而努力。

第三，康德所说的自由的艺术与中世纪所说的七种自由的艺术是不同的。"即使在所谓的七种自由的艺术中是否本来也可以列举出有些是要算作科学的，也有的是可以和手艺相比的，对此我在这里不想讨论。"① 这里可以做出推论的是，首先，科学是逐渐从工艺中分离出来的。如果我们考虑到承载意义，承载科学理论的象征物最初就是艺术，只是后来这些象征物单独作为符号同实用的艺术品分离了，那么科学内容得以表达的形式本身也是艺术，表达科学理论本身也需要技术，与人的精神现象相对应的形式都是艺术。

其次，康德只是从艺术品所表达的意义和内容上将艺术分为科学的、美的艺术和实用的工艺。美的艺术的特别之处在于，它不仅可以表达自由精神从而具有符号功能，而且它的生产是以满足人的审美需求这种感性欲求为目的的，所以它介于科学和工艺之间，是特殊的一类。

最后，真理不仅包括科学理论知识，也包括实践知识、善与恶的概念、有关至善的信仰，还包括美的艺术。哲学、科学与美的艺术作为广义的艺术作品是象征物，是符号。每个人在创造生活的意义那一刻，其自由的任意和任何人都不冲突，因而便是德行。追求真理落实到了生产艺术（符号）之上，所以这些艺术就是自由的艺术。人是通过这种符号性的艺术品来反思和认识

---

① ［德］康德：《判断力批判》，邓晓芒译，杨祖陶校，人民出版社，2002，第148页。

充满意义的世界的,这种精神性的实践活动有助于促进和矫正人的现有生活。总之,人与自然之间的互动是以艺术为中介的,科学虽然从内容上不再被认为是艺术,但是它的形式依然是艺术作品,是方法论与技法的别称。

第二节 康德借助自然、审美理念与完善概念界定美的艺术

一、美的艺术像自然

康德指出,"美的艺术是一种当它同时显得像是自然时的艺术"①。"在一个美的艺术作品上我们必须意识到,它是艺术而不是自然;但在它的形式中的合目的性却必须看起来像是摆脱了有意规则的一切强制,以至于它好像只是自然的一个产物"②。

第一,美的艺术作为自由的艺术,是人按照概念而实现出来的目的。人生产艺术使用的是自然规律,并且这些自然规律已经是人从自然中发现和掌握的规律。从这个意义上来讲,美的艺术中的各部分之间的作用因和目的因是相契合的。因而如果仅从这个层面去看待美的艺术,那么美的艺术就是机械的艺术。如果这个艺术品能够满足人的感性欲求,如建筑艺术可以供人居住,那么这样来看待的美的艺术,就是单纯通过概念而令人喜欢的机械的艺术了。如此一来,美的艺术中的限定词"美"就失去了规定的作用,美的艺术就同一般的艺术、机械的艺术没有任何区别了。

第二,美的艺术与机械的艺术的区别在于,它是通过鉴赏而令人愉快的,并且这种愉快也不是直接的纯感官享受,或者说,美的艺术不是快适的艺术。美的艺术鉴赏所产生的愉快,是通过判断力的反思性判断之后才出现的愉快,这种愉快是可以普遍传达的,且不是直接在感官感觉中,也不是通过某个概念,但是在单纯的评判中产生的愉快。所以当我们在欣赏美的艺术的时候,我们

---

① [德]康德:《判断力批判》,邓晓芒译,杨祖陶校,人民出版社,2002,第150页。
② [德]康德:《判断力批判》,邓晓芒译,杨祖陶校,人民出版社,2002,第150页。

是通过判断力的自然合目的性原则的审美表象来进行鉴赏的。

第三，美的艺术中的审美表象必须具有自然合目的性的形式。通过自然合目的性原则的逻辑表象或说自然目的概念可以看到，当我们将自然界的任何一物当作自然目的、自然产品的时候，与自然目的所对应的概念是一个理念。之所以将它称作理念，是因为我们是将自然产物当作一个完整的整体来看的，对这个整体我们只有有限的自然规律方面的理论认识，有很多内容我们的知性无法对它们做出规定。所以此时的自然产物所显示出来的自然合目的性形式中的作用因和目的因是否契合，我们对此是无知的，因此这种自然合目的性形式与从机械的艺术层面来考虑的艺术的合目的性是截然不同的。正是因为这种自然合目的性形式，美的艺术才使人感到普遍愉快。

第三，美的艺术的审美表象形式具有自然合目的性，且这种自然合目的性表达出了我们不能用自然规律所规定的东西，所以美的艺术是一种当它同时显得像是自然时的艺术，但这并不是说，美的艺术只是对自然这件美的艺术品的单纯模仿，美的艺术创造仅是将自然界中那些合目的性的表象形式再现到美的艺术中来。因为自然合目的性概念是判断力的一条先验原则，它是判断力对自然的再自律，因而与其说我们从自然界中看出了自然合目的性，不如说是创造性的想象力赋予了自然这种合目的性形式。美的艺术创造比这种对自然的再自律还要神奇，它是来自人认识能力的超感性基底的创造，要创造出另一个自然世界的感性表象，或者说，要创造出超越已有的自然合目的性形式、指向未来美好世界的感性图型。因而这种创造就完全不同于判断力对自然的再自律，这种创造不受自然的质料束缚。判断力对自然的再自律虽然只是将质料间的关系悬设了出来，因而真正说来也不受质料的束缚，但是它受感观能力接受性的限制，而且如果这种感观能力还不成熟，那么好些自然现象间的合目的性关系它是悬设不出来的。

第四，当我们欣赏美的艺术作品的时候，"美的艺术作品里的合目的性，尽管它是有意的，但却不显得是有意的；就是说，美的艺术必须看起来像是自然，虽然人们意识到它是艺术。但一个艺术品显得像是自然却是由于，尽管这产品惟有按照规则才能成为它应当所是的那个东西，而在与这规则的符合中看得出是一丝不苟的；但却并不刻板，看不出训练有素的样子，也就是不露出有这规则悬于艺术家眼前并将束缚套在他的内心能力之上的痕迹来"①。

虽然我们在欣赏美的艺术的时候，知道美的艺术是艺术家按照已知的自然规律而生产出来的，但是由于美的艺术中的审美理念表达出了一种用任何概念都无法规定的东西，所以这使得美的艺术不像一件人工制品，倒像是一件自然产品，好像它不是艺术家按照已知的自然规律生产出来的一样，而是按照更多未知的东西生产出来的一样。总之，美的艺术审美表象的有机统一的自然合目的性形式及其象征的超越现实、对未来无限可能的感性想象，使得美的艺术像是自然，美的艺术提示自然好像是按照人的至善目的而自然而然生长的。

第五，从美的艺术创作来说，自然通过天才给艺术提供规则。"美的艺术是天才的艺术。"②"天才就是给艺术提供规则的才能（禀赋）。由于这种才能作为艺术家天生的创造性能力本身是属于自然的，所以我们也可以这样来表达：天才就是天生的内心素质，通过它自然给艺术提供规则。"③"天才就是：一个主体在自由运用其诸认识能力方面的禀赋的典范式的独创性。"④"天才这个词也很有可能是派生于genius，即特有的、与生俱来的保护和引领一个人的那种精神，那些独创性的理念就起源于它的灵感。"⑤如果要澄清美的艺术创作是天才的艺术家通过灵感而完成的，并且这种灵感使得艺术作品充满了自由精神，而且正是因为这种精神使得美的艺术创作预先没有规则可以规定艺术创作，艺术的规则只能由艺术家所提供，那么我们就必须澄清什么是审美理念、什么是完善概念。

---

① ［德］康德：《判断力批判》，邓晓芒译，杨祖陶校，人民出版社，2002，第150页。
② ［德］康德：《判断力批判》，邓晓芒译，杨祖陶校，人民出版社，2002，第151页。
③ ［德］康德：《判断力批判》，邓晓芒译，杨祖陶校，人民出版社，2002，第151页。
④ ［德］康德：《判断力批判》，邓晓芒译，杨祖陶校，人民出版社，2002，第163页。
⑤ ［德］康德：《判断力批判》，邓晓芒译，杨祖陶校，人民出版社，2002，第152页。

二、美的艺术与审美理念

康德认为:"我们可以一般地把美(不管它是自然美还是艺术美)称之为对审美理念的表达:只是在美的艺术中这个理念必须通过一个客体概念来引发,而在美的自然中,为了唤起和传达那被看作由那个客体来表达的理念,却只要有对一个给予的直观的反思就够了,而不需要有关一个应当是对象的东西的概念。"① "我把审美「感性」理念理解为想象力的那样一种表象,它引起很多的思考,却没有任何一个确定的观念、也就是概念能够适合于它,因而没有任何言说能够完全达到它并使它完全得到理解。很容易看出,它将会是理性理念的对立面(对应物),理性理念与之相反,是一个不能有任何直观(想象力的表象)与之相适合的概念。"②

第一,我们可以将审美理念理解为一切有自然合目的性的审美表象,它代表着任何可能的有自然合目的性的审美表象,它同自然合目的性概念这条先验原则相对应。自然合目的性原则作为一切审美、感性形式的构成原则,表达出了比由知性概念而来的自然规律更多的东西,所以与之相对应的审美理念不能成为任何理论知识,它是想象力永远不能找到一个概念与之相适应的直观,是想象力所提出的一个不能彻底阐明的对象图型。

第二,审美理念与知性概念不同。首先,"知性概念本身任何时候都必须是能够演证的(如果把演证理解为像在解剖学中那样仅仅是演示的话),就是说,与这些概念相应的对象必须任何时候都能够在直观(纯直观或经验性的直观)中被给予出来;因为惟有这样,这些概念才能成为知识。量的概念能够在空间的先天直观中、例如在一条直线等等中被给予;原因的概念能够在不可入性、物体的碰撞等等上面被给予。因而两者都是能通过一个经验性的直观来证实,也就是其观念可以在一个实例上得到指证(演证、指出);而这一点是必须能够做到的,否则我们就不能肯定这观念是否空洞,即是否

---

① [德]康德:《判断力批判》,邓晓芒译,杨祖陶校,人民出版社,2002,第166页。
② [德]康德:《判断力批判》,邓晓芒译,杨祖陶校,人民出版社,2002,第158页。

毫无客体"①。先验范畴只能将与之相适合的直观统合到其概念之下，知性只能利用这些先验要素来规定自然现象。

其次，通过反思可以了解到，有很多直观暂时没有或者永远无法被归摄到知性概念之下。相反，自然合目的性原则却将一切知性可能永远也不能认识、不能形成自然规律的直观统合了起来，但知性对此不能阐明，不能用自然规律来认识。如此一来，自然合目的性原则所形成的感性表象就是感性理念了，自然合目的性原则就同感性理念相对应。之所以将这个感性理念称为审美理念，是因为判断力在使用自然合目的性原则做判断的时候，可以在不形成目的概念的情况下给人带来认识愉快，这种愉快就是美感，所以这个感性理念就是审美理念。

第三，自然合目的性原则是判断力在反思包括人在内的自然时使用的原则，且我们只能通过知性的先验范畴来认识有限的自然现象。所以与判断力的这条原则相对应的逻辑表象，作为有关自然目的系统的全部目的论知识，就代表着对自然的大全知识，与自然的超感性基底相对应，知性对此是永远无法认识的。因此任何一个自然目的概念，对于知性而言都是无法演证的，所有的目的论知识都是理念。虽然自然目的知识对于知性而言是无法演证的理念，但是自然目的是判断力通过其原则所形成的经验性概念。所以有条件的自然目的只是对于知性而言才是理念，而对于判断力而言只是经验性的概念；与有条件的自然目的相对应的感性表象，只有对于知性而言才是感性理念，而对于鉴赏判断中的想象力而言是可以统合的感性表象。

第四，目的论知识代表着对自然的超感性基底的感知，理性还要在此基础之上，对这个超感性基底做出规定，且用不同于自然任何一物的超感性的东西来规定这个自然。这些超感性的东西，理性只能用它的理念来占领。理性理念是一个不能演证的概念，因为"理性理念决不能成为知识，则是因为它包含一个（有关超感性东西的）永远不能提供一个直观与之相适合的概

---

① ［德］康德：《判断力批判》，邓晓芒译，杨祖陶校，人民出版社，2002，第189-190页。

念"①。所以理性理念所表达的东西不仅是知性无法形成概念的东西，而且也是目的论知识不能达到的东西，也是鉴赏判断中的想象力永远无法用感性表象所达到的东西。

只要我们不把目的论知识中那些经验性的东西赋予这些理念，目的论知识毕竟能够以类比的方式象征这些理念，并且这种对理性理念的象征需要全部的目的论知识，即有关无条件的自然目的系统的知识，而与这种知识相对应的感性表象，就是无条件的自然合目的性的感性表象。就全部的目的论知识而言，这种知识只是有关自然的一个大概轮廓，还可以有无尽的自然现象作为经验性内容被填充进来，所以审美理念就是无法用任何概念来约定的。

如果我们想用判断力的想象力形成一个感性表象，来表达这种完整的无条件的自然合目的性的统合，那么当我们通过对象应当是什么的目的概念来形成这个感性表象的时候，且这个目的概念根本不可能就是有关自然的全部目的论知识，它仅是指向、代表这个大全，这个感性表象就会表达出比这个概念更多的东西。因为在这种情况下，这个与全部目的论知识相对应的感性表象，在判断力看来就是一个不能用任何目的概念，更不能用知性概念来达到的直观了。这种感性表象就是对所有认识能力而言的审美理念，它是通过一个以目的概念为根据的感性表象而表达出来的。这样一来，想象力就不会拘泥于概念，它可以处于一种自由的嬉戏状态，用来表达和追求这无条件的审美理念。审美理念不仅超出了与之相对应的目的概念，而且与理性理念相对应，但理性理念反对审美理念将自身直观化。审美理念象征超感性的东西，超感性的东西拒绝直观性呈现自己。

第五，美的艺术中的感性、审美表象，虽然是通过目的概念及其指涉对象而形成的，但是表达着审美理念，且审美理念超出目的概念，努力呈现超感性的东西，使得想象力处于自由的游戏之中，使得美的艺术具有了精神。"精神，在审美的意义上，就是指内心的鼓舞生动的原则。但这原则由以鼓动心灵的东西，即它用于这方面的那个材料，就是把内心诸力量合目的地置于焕

---

① [德] 康德：《判断力批判》，邓晓芒译，杨祖陶校，人民出版社，2002，第189页。

发状态，亦即置于这样一种自动维持自己、甚至为此而加强着这些力量的游戏之中的东西。"①

首先，使美的艺术作品具有精神的东西就是审美理念。美的艺术中的审美表象所表达出来的审美理念，是与有待进一步获得的、全部的目的论知识相对应的，而这些可能的目的论知识，又可以通过类比的方式表达理性理念。所以我们认为，美的艺术创作是人通过其想象力的特有方式，合目的地反思统一了真理与至善信仰那个最高真理的一条途径，或者更确切地说，它是我们人开始形成有关真理和信仰反思性知识的入门，即哲学的入门，对美的艺术中精神的关照激发了我们对自然的意义的逻辑反思与规定。

其次，康德将美的艺术中想象力创造出来的能够表达审美理念的这样一类感性表象，也称为理念。"这部分是由于它们至少在努力追求某种超出经验界限之外而存在的东西，因而试图接近于对理性概念（智性的理念）的某种体现，这就给它们带来了某种客观实在性的外表；部分也是、并且更重要的是由于没有任何概念能够与这些作为内在直观的表象完全相适合。"②

第五，美的艺术通过审美理念象征真与善的统一，体现出其特有的感观方式。首先，就审美理念意指有待进一步获得的所有目的论知识而言，审美理念是由自然合目的性原则形成的，而自然合目的性原则的特殊之处在于，它不仅能形成审美表象，而且也能形成逻辑表象，并且这二者是可以相对分离的。也就是说，当我们形成审美表象的时候，不需要出现目的概念。例如，对自然的形式美的判断，表现为无目的的合目的性。当我们形成目的概念的时候，也不必然地会伴随有美感。艺术中的审美理念是与有自然合目的性的审美表象相对应的，所以虽然审美理念与目的论知识相对应，但是人们在进行艺术创造和欣赏的时候，却不必然地就会有目的论的知识相随而来，不一定就知道所有的有关真理和信仰的反思知识。美的艺术在象征理性理念的时候，虽然会借助目的概念，但是这种象征本质上是直观性的、非概念性的。

---

① ［德］康德：《判断力批判》，邓晓芒译，杨祖陶校，人民出版社，2002，第158页。
② ［德］康德：《判断力批判》，邓晓芒译，杨祖陶校，人民出版社，2002，第159页。

也就是说，美的艺术创作与鉴赏，虽然蕴含着、等待着纯粹哲学系统的构建与对生活世界的哲思，但是美的艺术创作与鉴赏本身，作为直观与象征的感性活动，对此是无知的，仅是召唤哲思的，有启示性的，其中的概念活动，仅是激发直观与象征的感观认知手段。

其次，在美的艺术创作中，当想象力通过一个可以用目的概念来规定的感性表象来表达审美理念时，想象力必须按照经验性的联想律从自然界借取一些材料。由于此时的感性表象是要表达审美理念的，而审美理念又和完整的自然目的系统相对应，所以这种能够表达审美理念的感性表象就显得像是另一个自然。那些再现既有自然、表达现实自然的图型是绝对不行的，因为这些感性表象毕竟是有限的、有条件的自然目的表象，我们不可能用它来完全表现全部自然及其生成发展。想象力在此必须表现得足够强大，于是它使用了更高层次的把握自然界的类比原则，这些原则是理性生成目的论知识、形成至善信仰的原则。对这些原则的使用需要创造性的想象力，想象力拥有摆脱联想律的创造感性图型的自由。为了让这个感性表象可以表达审美理念，进而以类比的方式再表达理性理念，努力呈现超感性的东西，想象力将从自然界借来的材料加工成了某种另外的感性形式，它胜过自然界中任何有条件的感性表象。

正如康德所说："如果使想象力的一个表象配备给一个概念，它是这概念的体现所需要的，但单独就其本身却引起如此多的、在一个确定的概念中永远也不能统摄得了的思考，因而把概念本身以无限制的方式作了感性的「审美的」扩展，那么，想象力在此就是创造性的，并使智性理念的能力（即理性）活动起来，也就是在引起一个表象时思考到比在其中能够领会和说明的更多的东西（尽管这东西是属于对象概念的）。"[①]

最后，在艺术创造中，创造性的想象力使用象征方式，把审美理念加入目的概念的感性表象中。"有些形式并不构成一个给予概念本身的体现，而只是作为想象力的附带的表象表达着与此概念相联结的后果及这概念与另一

[①] [德]康德：《判断力批判》，邓晓芒译，杨祖陶校，人民出版社，2002，第159页。

些表象的亲缘关系，我们把这些形式称之为一个对象的（审美的）象征。"①根据康德的象征理论，这种象征方式可以大体上称为符号性表征，它是激发审美理念的符号性表征。也就是说，这种象征不单单是利用感性的象征物、利用符号中不包含任何客体直观的东西来表达客体，更重要的是，想象力通过这种符号表征要提供审美理念。符号性表征之所以能够激发审美理念，是因为它不仅能够表征可以用知性概念规定的客体，即那些可以逻辑地加以演证和阐明的、能够直观的客体，而且也能够表征不能逻辑地加以演证的、无法直观的客体，即理念的对象。例如，上帝的偶像（耶稣受难像）和宗教仪式，可以表征上帝理想。

当我们利用这类感性表象来象征理念的时候，"它们并不像那些逻辑的定语那样，表现出在我们有关造物的崇高和壮伟的概念中所包含的东西"②。我们不是在有关自然目的系统的目的论知识的基础上，通过类比方式来对超感性的东西做出规定，"而是表现某种别的东西，这些东西给想象力提供把自己扩展到那些有亲缘关系的表象的总量之上的诱因，这些表象让人思考比我们在一个通过词语来规定的概念中所能表达的更多的东西"③。这种表达并不是通过词语来对超感性的东西做出规定，而是激发了我们对超感性的东西的追寻，促使理性来思考和规定这超感性的东西。

这个时候，想象力为了配合理性的这种活动，就处于了自由的游戏中。这样一来，想象力就提供了感性理念，即不完整的审美理念以服务于理性理念。如果想象力提供的感性理念升华为审美理念，即有无条件的自然合目的性的感性表象，那么这个审美理念就可以使内心鼓舞生动。因为它向内心展示了那些有亲缘关系表象的一个看不到边的领域的远景，一个由至善理念而带来的关于创世起源、自然生长、人类历史发展与未来之无限可能的感性视域。可见，象征理性理念是美的艺术中使与概念相对应的感性表象表达审美理念的最有效方式。

---

① ［德］康德：《判断力批判》，邓晓芒译，杨祖陶校，人民出版社，2002，第159–160页。
② ［德］康德：《判断力批判》，邓晓芒译，杨祖陶校，人民出版社，2002，第160页。
③ ［德］康德：《判断力批判》，邓晓芒译，杨祖陶校，人民出版社，2002，第160页。

第六，美的艺术通过创制感性表象表现审美理念、象征理性理念需要做出如下说明：首先，理性理念不一定必须就是上帝理念，它可以是灵魂、至善等任何理念。例如，由自然目的论而来的诸神理念。这种象征也可以使用反对、对比、对举的方式，如用地狱辩证象征理知世界与上帝，用美丽的人体形象来对比地象征灾祸、瘟疫、战争等，甚至艺术家也可以不用象征理念的方式来创作美的艺术，美的艺术中的感性表象也可以不象征理念，而是通过创制去神话与世俗化的感性表象激发出审美理念。

其次，美的艺术象征理性理念只是它用来表达审美理念的手段，只有审美理念才代表着真与善的全部知识或说真理，审美理念关于过去、现在、未来之统合性想象与预期，提示了人类的进步方向与愿景，甚至美的艺术中的神话世界与上帝事迹，都是为人的自我解放的进步方向与愿景服务的符号，等待着去魅与世俗化解释。也就是说，在美的艺术中，审美理念的表达才是最为根本的。如果我们认为，美的艺术只是通过象征方式来感悟人与自然的关系，只是一种低级的符号活动，需要被概念与逻辑化，那么它同其他符号之间就不再有本质的区别了。美的艺术的创作重点在于感性表象，而不在于理性认识，理性知识只是服务于审美理念的表达，审美理念的表达让未来作为感性图型提前出场，等待理性知识去实现美好愿景，这是美的艺术创造与审美的核心功能。艺术与审美活动是基础性的，康德的纯粹哲学体系建筑其上。

最后，就艺术家通过象征理念的方式来创作美的艺术而言，艺术家对这些理念并没有逻辑知识，欣赏者也可能对这些理念不了解，甚至会误以为这个感性表象就是理念所对应的客体，从而将经验性的内容赋予理念，而不能将感性表象与理念区分开来。所以如果艺术家不是为了表达审美理念而创作，只是为了象征理念而创作，那么艺术家就不是在创造美的艺术，而只是用象征方式在逻辑地反思生活。一般而言，想象力强大了，理性思维就会差。由于艺术家理性思维不足，这导致自己的作品因追求概念化，反而会适得其反，显得没有意义、枯燥，甚至乖戾。同理，欣赏者在观赏美的艺术的时候，如果他不是为了追寻审美理念，而只是在思考其中所表征的逻辑与理念，那么他不仅不能获得审美愉快，而且通过这种逻辑的认识方式，他也不能获得像阅读哲学时那样多的启示。只有通过追寻审美理念，而不是反思表达审美理念的那个手段即所象征的理念，人才能在美的艺术中直观性感悟到比哲学还要多的启示。如何把这些启示有逻辑地表达出来，是哲学家的工作。

综上所述，美的艺术创作是艺术家通过创造性的想象力，运用象征的方式使用某个概念的感性表象表达审美理念，并且这个审美理念间接地表达着对真与善的哲思。在美的艺术中，"审美「感性」理念是想象力的一个加入到给予概念之中的表象，这表象在想象力的自由运用中与各个部分表象的这样一种多样性结合在一起，以至于对它来说找不到任何一种标志着一个确定概念的表达，所以它让人对一个概念联想到许多不可言说的东西，对这些东西的情感鼓动着认识能力，并使单纯作为字面的语言包含有精神"[1]。美的艺术表达真与善的统一并不是粗糙的，它是通过审美理念而完成这种象征作用的，而且这种象征作用才能全面地指向自然的超验意义，指向超越性的未来，它比人的概念活动表达出了更多的内容。

三、美的艺术与完善概念

完善概念是由目的概念而来的，就一般目的而言，不论它是艺术品还是自然作品，它们都具有客观合目的性，这里的客观指的是对应物的实存。知道某事物实存，是由于认识能力形成了对它的概念，我们才知道它是实存的。因而一物的实存不仅意味着我们对此物可以有自然规律与创制规则的认识，可以有对它善或恶的判断，而且也意味着我们按照自然合目的性原则，以类比艺术品的方式将它看作自然产品、自然目的。这就是说，如果没有我们的认识能力，我们就不能认识自然界，不知道实存，更不可能生产出实存的艺术。

人工艺术品的实存，是人按照自然规律从自然中借取材料（质料）将它作为目的而生产出来的；自然产品的实存，是人将它思考为原始存在者创造出来的自然目的，并且这种创造是本源的创造，它创造的是自然的质料与形式。人工艺术品与自然产品的客观合目的性的区别在于，前者是通过自然规律就

---

[1] [德]康德：《判断力批判》，邓晓芒译，杨祖陶校，人民出版社，2002，第161–162页。

可以生成的，后者通过机械的自然规律是不能生成的。它们之间的相同之处在于，不论是艺术品、艺术目的还是自然产品、自然目的，与它们相对应的客观合目的性要么是外在的，即有用性；要么是内在的，即对象的完善性。

内在的客观合目的性或说完善性包括质的完善性和量的完善性。"为了在一物上表象出一个客观合目的性，关于该物应当是怎样一个物的概念将会走在前面；而在该物中杂多与这个概念（它提供该物上杂多的联结的规则）的协调一致就是一物的质的完善性。与此完全不同是作为每一物在其种类上的完备性的量的完善性，后者只是一个量的概念（全体性），在这概念那里，该物应当是什么这点已经预先被设想为确定的了，所问的只是在它身上是否有为此所需要的一切。"①

例如，一片周围围绕着树木的草坪对于乡村舞会而言，就有外在的合目的性，它对于舞会而言是有用的，而一个适合于开舞会的草坪应该是什么样子的，对于这片草坪而言，就是内在的合目的性。这样一个目的概念决定草坪实存的样子，如果草坪适合于这个概念，它就具有内在的质的客观合目的性。当这样一个目的概念从单称概念升级为全称概念，并比较众多适合开舞会的草坪，反思哪个草坪更合适，那个更合适的草坪就具有内在的量的客观合目的性。

人工艺术品对于人而言是有用的，自然产品对于其他自然产物是有用的，因而可以直接或间接对于人是有用的。因此就人工艺术品与自然产品的外在合目的性即有用性而言，它们对于人或者会引起某种感官愉快，或者会引起某种智性愉快。因为就它们的有用性而言，要么它们可以直接满足人的感性欲求，要么它们可以间接地用于人的道德实践，而就它们的完善性而言，它们可以引起反思性愉快。

在自由的艺术生产过程中，我们感觉到自己可以用有限的机械性自然规律而将艺术品的各个部分统合起来，这是一种认识意图的满足，而这种满足就会产生愉快。同理，我们从先天的形式圆形中看到它可以将很多几何图形

---

① [德]康德：《判断力批判》，邓晓芒译，杨祖陶校，人民出版社，2002，第63页。

统合起来，从而感到自然现象是简约的，是连续的，是合目的性的，因而我们觉得圆形是完善的，是美的。这就是说，艺术生产本身就是愉快的，但这种愉快是在认识能力的全部活动中生成的，因而是由完善而来的，由概念活动而来的愉快，所以这种愉快是依存于概念而来的美，并不是纯粹美。

自由的艺术可以给人以三种愉快：第一种是感官愉快，它直接可以满足人的感性欲求，艺术的生产者与消费者都可以感受到。第二种是审美愉快，这种愉快是人的认识能力在形成概念的活动时所产生的愉快，这种愉快只有懂得如何生产的人才能感受到。第三种是智性愉快，它分为消极的自我满足感和对道德律的敬重情感。这两种情感只有懂得艺术生产的人才能感受到。人在生产艺术这种自由的游戏中，道德动机应当纯正，将道德律放在首位，统合这些感性愉快。如果道德动机不纯正，仅是出于自我满足而创制，可能会出现遭遇困难就放弃的现象，只有以敬重的道德情感为动机，才会有克服困难的激情，最终收获自我满足的愉快，收获认知与创制过程的审美愉快。

就自然产品的有机性完善而言，虽然它不是按照我们所认识的有限的机械性自然规律而产生的，但是它是按照一个它应该是什么的目的概念而生成的。对这个概念我们可以通过自然合目的性原则的逻辑表象而形成，所以对于它来讲，我们的认识能力可以形成一个知性无法完全解释的经验性概念，自然现象可以通过目的概念而统合。这样，我们的认识能力就得到了满足，我们就从自然的完善性中获得了美感，并且这种美是依存于自然目的概念而来的依存美。

通过上述人造艺术的完善和自然产物的完善之区分可知，就自由的艺术完善而言，我们需要熟悉生产艺术的实践规则，艺术得以生成的机械性自然规律，如果要感受到精益求精的完善这种审美愉快，必须得成为生产艺术的行家里手；就自然产物的完善而言，我们虽不能了解自然生命的生成规律，但通过自然合目的性原则，可以看出自然产物的鬼斧神工与奇妙造化，见出生命种类的感性形式转型中的自我更新与优化完善。当我们通过自然目的概念看出自然产物的完善性而感到审美愉快之时，"自然不再是如同它显得是艺术那样被评判，而是就它现实地是艺术（虽然是超人类的艺术）而言被评判了；而目的论的判断就充当了审美判断所不得不加以考虑的自身的基础和条件"①。

自然合目的性原则对应审美表象和逻辑表象。通过逻辑表象，我们生成了自然目的概念，这种自然目的的内在合目的性就是完善概念，但完善不一定就会产生美感。例如，蝙蝠、蜥蜴、苍蝇、蝗虫等，它们虽然可以具有质的完善，但是从生命种类演化升级来看，它们不具有量的完善，因而不一定产生美感。虽然生物学家首次看到它们质的完善时，可能会是愉快过的，但是多数人会因为它们同阴暗、邪恶有类比关系，因而不具有量的完善，而厌恶它们。

通过审美表象，我们虽然使用了判断力，但是没有生成概念，而直接就通过这感性表象获得了愉快，这就是纯粹美。感性表象具有无目的的合目的性，这种合目的性由于没有生成目的概念，所以是主观的，但又不是像一物的有用性所带来的感官快乐那样是不能普遍传达的、主观的，它是可以普遍传达的、主观的。因为这种愉快毕竟来自认识能力的反思活动，是不生成概念的判断之后的愉快。既然这种鉴赏判断使用了判断力的自然合目的性原则，那么和判断力有关的自然目的概念就是审美判断的前提和基础。也就是说，正是因为我们感受到了自然产物是适合我们人自己的目的的，所以我们才感到愉快。自然合目的性形式，使得自然成为美的自然。

审美判断并不是目的判断，我们可以没有完善概念就觉得一物是美的，而当我们觉得一物是完善的时候，我们也不会必然觉得此物就是美的。"完善性并不通过美而有所收获，美也并不通过完善性而有所收获；相反，由于当我们把一个对象借以被给予我们的那个表象通过一个概念而与客体（就它应当是什么而言）相比较时，不能避免同时也把这表象与主体中的感觉放在一起作比较，这样，如果这两种内心状态是相协调的，表象力的全部能力才会有收获。"②

---

① [德]康德：《判断力批判》，邓晓芒译，杨祖陶校，人民出版社，2002，第156页。
② [德]康德：《判断力批判》，邓晓芒译，杨祖陶校，人民出版社，2002，第67页。

判断力的自然合目的性原则是自然美与自然完善的条件，当我们反思这个充满意义的自然的时候，美是最先呈现给我们的，对这样一个美的自然我们还没有真正认识，但它之所以对我们而言显得是美的，是因为我们以我们自己认识它的方式将逻辑地反思自然好像是适合实现我们目的的自然，好像是真理与至善相统一的自然。自然中有很多事物不美也不完善，有很多事物虽然有质的完善性，但是不具有量的完善性，因而也显得不美。在自然中，美和完善是分离的，美的事物与人有亲密的和谐关系。

如果自然中的一物既是美的也是完善的，那么这种美就是依存美，它依存于完善概念及其对象，并且此时审美判断的内心状态与目的判断的内心状态是相协调的，判断力处于一种既适合目的判断又适合鉴赏判断的状态之中。"尽管鉴赏由于审美的愉悦和智性的愉悦的这一结合，而在自身得到固定方面，亦即它虽然不是普遍的、然而却能够就某些合目的地被规定的客体来给它颁定规则这方面有所收获；但这样一些规则因而也不是什么鉴赏规则，而只是鉴赏和理性、即美与善一致的规则，通过这种一致，前者可以被用作后者的意图的工具，以便用这种自身维持并具有主观普遍有效性的内心情调，来给那种只有通过下决心费力才能维持却具有客观普遍有效性的思想境界作铺垫。"①

这就是说，美是德性—善的象征需要从以下几个方面理解：首先，自然的美感本身或说自然的纯粹美本身并不是道德理念的象征，只有美的感性表象才是道德理念的象征，并且这种象征还是一种概念活动，所以与自然完善概念相对应的自然美的感性表象可以象征道德理念。其次，美的感性表象之所以可以象征作为理性理念的道德理念，是因为美的感性表象是合目的性的。自然之所以是美的，是因为自然所显示出来的意义好像是适合理性的目的的，且这个目的就是至善目的，自然好像是真与善相统一的自然。再次，如果我们要逻辑地得出这样的结论，我们就必须在完整的自然目的论的基础上来对理性理念做出规定，把它们变成道德理念，而这就是对自然的最高反思，就

---

① [德]康德：《判断力批判》，邓晓芒译，杨祖陶校，人民出版社，2002，第66—67页。

是上帝存有的目的论—道德证明。最后，当我们通过对这个证明的批判了解到上帝只是人至善信仰的表达，上帝对我们而言是不能说的之后，我们就意识到，自然之所以是美的，是因为我们依照自己的理性使命将它看作是美的，而且我们的概念系统让人在自我解放的进步过程中无限地趋近至善，人对真理的追求本身就带着追求至善的诉求。这样，美的自然就是对至善信仰的表达，它象征了道德理念。

如果我们要得出这样的概念结论，这个美的对象必须和审美理念相对应。只有这样，我们才能在完整的目的论的基础上逻辑地反思出这种结论。现在，就这些完善概念而言，它们只是有条件的自然目的，所以它们要象征如此深奥的结论几乎是不可能的。由于完善的美的自然对象毕竟表达出了自然好像是符合人的目的的，所以它们可以通过符号表征的方式，粗糙地象征一些不全面的道德理念。"百合花的白颜色似乎使内心情调趋于纯洁的理念，而从红色到紫色的七种颜色按照其次序则使内心情调趋于1）崇高、2）勇敢、3）坦诚、4）友爱、5）谦逊、6）坚强和7）温柔这样一些理念。"[①]

可见，自然完善概念如果要象征真理与至善的统一这个最高真理，那么它就必须和审美理念相对应，此时的自然完善概念就是完整的自然目的论知识；如果完善概念要象征不全面的上述道德理念，那么它所对应的感性表象就是可以使审美理念部分显现的感性表象。虽然激发审美理念的审美表象之创造没有规则可循，审美理念在自然的审美表象中的部分显现也有无限多样、难以全部把握的方式与规则，但是一旦我们形成了可以粗糙地表达道德理念的自然完善概念，那么我们就找到了表达这些不完全的道德理念的规则，这些规则及与之相对应的自然完善概念，就成了表达这些不全面道德理念的手段，可以作为中介使人们从美感过渡到道德情感。

自然完善概念将美感和道德情感结合在了一起，给布道创造了条件。因为如果用这些表达不完全道德理念的美的自然完善表象去布道，那些德性比较差的人在接受道德情感的时候，就不会因为它的不愉快、它对感性的抑制

[①] [德] 康德：《判断力批判》，邓晓芒译，杨祖陶校，人民出版社，2002，第145页。

而强烈地排斥它了。这些人会逐渐喜欢上和审美情感结合在一起的道德情感，在分不清道德情感和审美情感的情况下，误认为道德情感就是美的情感。对这些混合着道德情感的审美情感的追求，有利于激励他们的道德实践。这种教化作用以再现自然美最为有效，原因是自然美包括人的心灵与人格美。通过介绍结合了美和道德情感的真人真事给人们，可起到言传身教、知行合一的效果。这种教化方式可以看作是道德家用演讲术去布道，用产生美感，甚至是审美理念的事迹陈述的方式去布道。

这样做会使人出于消极的爱与道德满足感去德行，出于混杂了审美愉快的勇敢、谦逊、友爱等道德情感去实践德行，虽然在行为上可以是道德的，但是在动机上是不道德的、不纯正的。因而从这个意义上来讲，美并不能促进道德实践，这种通过审美而教化人的方式甚至有欺骗人的嫌疑，我们通过美给人许诺了一个伪善的现实、虚假的前景。真正的道德实践是痛苦的，甚至是要舍生取义的，并没有那么美好。所以如果美的艺术要象征道德理念，那么它就绝对不能再现这些表达不完全道德理念的自然美，而只能通过创造激发审美理念的审美表象来表达最高的道德理念，否则这种机械的美的艺术就只能是布道的工具，而不是超越现实、预见未来的图型创造，缺乏反思与批判现实的力量，缺乏丰富的生命意义，没有气韵生动的精神。

人们在欣赏自然美的时候，不应将道德情感和美感相混淆，人们必须通过概念的反思来弄清楚，为什么这些美的自然对象、可歌可泣的英雄事迹、令人同情的真人真事，让自己产生了由道德理念而来的道德情感，而这就是明智的德性训练。只有这样，自然完善概念才完成了自己的工作，否则自然美和完善的自然表象就是在迷惑理性，让理性分不清楚什么是美、什么是道德情感，以至于在道德的事务上动机不纯正，甚至出现道德迷狂的举动，无法认识现实与道德理念之间有巨大鸿沟。自然美只是象征出自然好像是真理与至善统一的自然，而不真的就是真理与至善统一的自然。人的有限性与超越性在于，人的自我解放之进步过程是螺旋上升的，不是一帆风顺的，美好的愿景并不是可以完全实现的，美好的愿景中有很多东西是迟迟不来、无限遥远的，审美图型转化为现实，中间隔着各类知识形式的辛苦构建。

就美的艺术创作而言，由于它毕竟是自由的艺术创造，所以必须通过概念而产生出来，或者说，它必须按照机械性自然规律而被生产出来，所以美的艺术创造者能够获得生产自由的艺术而来的那些愉快情感。这里依然要强调的是，应当以敬重的道德情感为动机，去进行美的艺术创造。对道德律的敬重之情并不是对自己心中道德律的敬重之情，而是对他人心中的道德律的敬重之情。消极的道德满足感人们从自身就可以感觉到，但敬重之情必须通过他人才能感受到。所以按照敬重的道德情感来创造美的艺术，就是要看到别的艺术家在创造美的艺术时所表现出来的不畏艰辛的刚毅精神，为了创造出美的艺术宁愿消耗掉自己的生命之崇高品格，并在这种对艺术家的敬重之情下，去创造美的艺术。

美的艺术是让人鉴赏的自由的艺术，它要满足人的审美需求。这样，它就不能仅通过那种让人了解如何生产的方式，来传达普遍的智性愉快，它还要让那些不懂如何生产美的艺术的人，也能感受到审美愉快。这就需要美的艺术中的感性表象必须是美的，这种感性表象首先得具有无目的的合目的性，判断力可以通过自然合目的性原则在不形成概念的情况下把这个审美表象评判为美的。所以就美的艺术的创作而言，艺术家首先要依照艺术目的的完善来生产，即依照不同类型的美的艺术形式或说语言，精益求精地打造艺术产品，遣词造句。艺术家更要依照美的艺术中其感性表象的完善来生产，因为只有感性表象完善了，欣赏者才能在不形成完善概念的情况下，判断力不使用自然合目的性概念的逻辑表象的情况下，产生审美愉快。所以就美的艺术创作而言，自然目的论就是艺术美的前提和基础。

如果美的艺术的创作只是针对感性表象的完善，那么这种生产就是将自然界中那些美的感性形式再现到艺术作品中。由于自然界中的美的形式和自然目的的完善相对应，而完善作为概念是可以把握的，那么我们就拥有了再现美的形式的规律，但是这些规律并不是创造艺术美本身的全部规律。因为美的艺术创造与鉴赏判断并不完全依照自然美与自然完善概念，而只是与审美理念相对应，所以艺术美的创造是没有规律可循的。那些已知规律是丧失了审美理念、与艺术美相对应的感性表象完善的规律，是再现完善感性表象的规律。只要掌握了这些规律，任何人都可以生产出美的艺术。

美的艺术中的感性表象并不单单是完善的，它还要表达审美理念。如果美的艺术中的感性表象只是完善，那么我们就不是从自然界中借来一些素材，进而将这些素材加以改造，使它表达出比自己原本所表达的更多东西，进而使这个有限的感性表象好像是另一个自然。这种只是依照完善概念而来的美的艺术，将只是对自然完善和自然美的再现，而不会有更多的意味在其中。依照完善概念而来的感性表象，只能看作是极为有限地显现了审美理念中微小的一部分，而没有像有精神的美的艺术那样表达审美理念。所以依照完善概念而生产的美的艺术，就是再现自然的机械性艺术，因为这种生产是按照先有的有关完善的规则而进行的，这些规律是每个人都可以把握的，因而与其他自由的艺术的生产没有根本区别。这种依照完善概念而来的美的艺术之所以能够使人产生审美愉快，是因为它再现了自然目的的美与完善的感性表象，且这种感性表象表达出了与我们所能掌握的机械性自然规律相比更多的东西，但这些美的艺术缺失精神，无法有效表达审美理念。

四、美的艺术中完善与审美理念的关系

通过以上对康德有关审美理念与完善概念的区分可以看到：第一，美的艺术中的精神或说其表达出的审美理念，使得美的艺术不再是对自然美与完善的单纯模仿。虽然美的艺术的生产依然是按照机械性自然规律而进行的，但是美的艺术创作不能仅按照自由的艺术的生产来衡量和规定。虽然美的艺术仍然属于自由的艺术，但是由于美的艺术的感性表象是要表达审美理念的，而审美理念的表达是没有规则可循的，可以完全表达审美理念的有限的感性表象是不固定的、无限多样的，所以它们不像完善的感性表象那样是固定的、有规律可循的。因此美的艺术的创作与其他自由的艺术的生产的不同之处在于，前者是艺术家为美的艺术的创作制定规则，后者是生产者依照已知的规则进行生产。在没有发现新的自然规律之前，自由的艺术生产的机械性规则，是没有本质变化的。

第二，美的艺术中的审美理念是依存于完善概念来表达的。虽然艺术美

与自然美都使想象力处于自由的游戏状态,这种状态表现为想象力在其自由中与知性合规律性的适合与和谐,但是这种游戏状态在程度上是不同的,比完全表达审美理念的艺术美所对应的想象力的自由程度要高一些。因为与审美理念相对应的,是判断力按照自然合目的性原则的逻辑表象,通过知性和理性而形成的全部的自然目的论知识。判断力通过知性出于理性所提供的自由理念,将人看作是自然的终极目的,这说明知性在此是适合于这种统合的,处于自由状态的想象力是能够由知性来驾驭的。相反,自然美只是部分地表达出了审美理念,因而与之相对应的是判断力通过知性或理性而形成的部分的目的论知识,此时处于自由状态的想象力就更容易由知性所驾驭。虽然与艺术美和自然美相对应的想象力的自由都可以由知性来驾驭,但是表达审美理念的想象力,在程度上要比部分显现审美理念的想象力更自由一些。

在美的艺术中,为了使感性表象表达审美理念,最为有效的方式就是创造新的审美表象,而非模仿自然的审美表象,并用新的审美表象有效象征理性理念。由于理性理念对于想象力而言是无法达到的,所以象征理性理念的审美表象最容易使想象力处于自由状态。如此一来,知性就有可能无法驾驭想象力。如果知性不能驾驭此时的想象力,那么感性表象就不能表达审美理念。为了遏制想象力在其无规律的自由中肆意妄为,并且使这种自由成为合规律的,艺术家在进行创作的时候就必须诉诸完善概念,使感性表象必须是完善的。这样,知性就可驾驭想象力了。

因而从这个意义上来讲,用来表达审美理念的感性表象的完善,是创造美的艺术不可缺少的条件。我们可以将由生命完善概念而来的艺术看作是美的艺术,不能将只有精神却不完善的艺术看作是美的艺术。也就是说,虽然美的艺术中表达精神是最为根本的,但是美的艺术中的完善是表达精神的必要条件。如果美的艺术中的感性表象不是完善的,它就不能表达审美理念,至多只能粗糙地象征理性理念。这样一来,它就不是美的艺术了,可能仅是粗鄙的宗教符号。我们用美来规定那些表达完善概念的艺术,因为这类美的艺术中完善的美的形式是表达审美理念的前提。虽然只具有完善的美的形式的艺术不是好的美的艺术,但是我们通过美就可以将这类艺术与其他自由艺术、其他文化符号区别开来。

第三，当艺术家创作出表达审美理念的美的艺术之后，我们可以找到与美的形式相对应的完善规则。通过这种规则我们可以仿制出同样是美的但没有精神的艺术，因为规则只能与完善相对应，而不能与完善的感性表象的精神相对应。通过与完善相对应的艺术美创制规则的学习，可以生产出表现很强鉴赏力的美的艺术，但不一定能创作出表达审美理念的美的艺术。因为所谓艺术美的规则只是生产出完善的美的感性表象的规则，它们与独创地表达审美理念的感性理念及其感性表象没有任何关系。好的美的艺术是美的有精神的艺术，它虽然也使用概念，象征理性理念，但是这些都是艺术家激发审美理念的手段。我们之所以感受到美的艺术是有意味的、有精神的，我们可以对它做出无尽的解释，是因为审美理念以其特有的方式象征着人们对真理和信仰的反思。我们可以通过完善的美的形式，甚至是激起审美理念的形式去布道，但我们并不把这称为美的艺术鉴赏，因为激发审美理念成了演讲者布道的手段，审美活动成为进入概念活动的手段。美的艺术创造与鉴赏，以感悟审美理念为目的，其间的概念活动仅是辅助性的手段。

第三节　康德论天才创制美的艺术

一、独创性是艺术天才的特性

康德认为，"天才 1. 是一种产生出不能为之提供任何确定规则的那种东西的才能；而不是对于那可以按照某种规则来学习的东西的熟巧的素质；于是，独创性就必须是它的第一特性"[①]。

第一，就自然科学及与之相对应的技术而言，科学发现是人通过由知性概念而来的先验原则对现象做出的规定，而技术只是科学规律的应用。所以就科学发现和自由的艺术发明而言，"即使人们也自己思考或创作，而不仅

---

① ［德］康德：《判断力批判》，邓晓芒译，杨祖陶校，人民出版社，2002，第151页。

是领会别人所思考过的东西,甚至在艺术和科学上也有所发明,但对于把这样一个(常常是伟大的)头脑(与那种从来不能超出单纯的学习和模仿因而叫作蠢材的人的头脑相反)称之为天才,毕竟也还不是十足的根据;因为恰好这一点本来也是能够学得到的,因而终归是摆在按照规则进行研究和思索的那条自然道路上的,而与通过勤奋并借助于模仿而能获得的东西没有种类上的区别"①。

首先,既然科学发现和艺术的发明都是按照先天概念进行的,而这些概念是可以学习到的,所以按照这些概念而进行科学、艺术的研究与学习别人的科学、艺术没有种类上的区别,"在科学中最伟大的发明者与最辛劳的模仿者及学徒都只有程度上的区别"②。这种程度上的区别只是在于,有些伟大的头脑可以利用学来的概念和规则进一步规定现象,因而这些头脑有很强的判断力的应用能力。相反,一些愚蠢的头脑只能学习和模仿别人思考过的东西,而不能利用学来的概念去纠正别人对现象的错误规定,或在他人的基础上进一步规定现象。

其次,科学发现与艺术发明是学习能力的表现。这种学习并不是我们再现自然这个自在之物,被动地接受大自然给我们的恩惠,而是主动用人自身所拥有的思维方式规定自然现象。虽然自然规律是人利用自身所拥有的先验范畴,通过创造性的想象力而对自然做出的规定,这种认识能力的活动反映了人的自由,但是自然规律是他律,人赋予自然以形式要受到质料感觉的束缚。虽然道德实践是人对自然的自律,但这种在自然界产生的效果,依然要受到感性的束缚,表现为应当实存的东西并没有实存,而不应当实存的东西实存着。虽然这种对自然的自律不是对自然的主动学习,但是道德实践同样受到感性的限制,受到人本性中自然的限制,即自然的质料限制。

再次,就判断力对自然的再自律而言,这种对自然间诸物关系的悬设,真正说来不太会受到质料感觉的束缚。因为这种自律只是将质料感觉间的关

---

① [德]康德:《判断力批判》,邓晓芒译,杨祖陶校,人民出版社,2002,第152页。
② [德]康德:《判断力批判》,邓晓芒译,杨祖陶校,人民出版社,2002,第153页。

系悬设了出来，且对质料本身没有任何知觉。虽然这种对自然的再自律是质料感觉在选择自然合目的性原则所对应的所有的可能形式，但是这种选择并非如同知性形成自然规律时那样，不得不听从质料感觉的安排，而是判断力将这些形式悬设地、好像如此地赋予质料感觉。这种对自然的再自律活动依然部分受到质料感觉的给予性、受到判断力这种能力的限制。如果判断力尚未成熟，我们只能看出极为有限的自然合目的性形式，并在此基础上形成目的概念。

最后，人对自然的鉴赏，也是一种对自然美的发现。人需要通过对美的艺术的学习与模仿，学习艺术家如何发现自然美，才能提高自己的鉴赏力，进而自己发现自然美。同理，如果知性对自然的他律能力还不成熟，它就只能认识简单的自然规律；如果理性对自然的道德自律还不成熟，它就很难约束感性，而且对自身的权利与义务没有透彻的认识。正是因为以上三种知识能力有个自我成熟的历史过程，所以人类只能逐步地认识真理，创造生活的意义，会不断地犯错与自我纠正，而这样一个人类社会发展的过程就是一个合规律、合目的性的过程。

第二，美的艺术天才是与这种模仿精神完全对立的。因为天才要通过完善的概念来表达审美理念，而审美理念的表达可以有无数的感性表象与之相对应。所以天才选择什么样的感性表象来表达审美理念与自然界的质料感觉没有任何关系，与人的概念能力的成熟与否没有任何干系。虽然美的艺术创造要借助知性和鉴赏力，但是不管知性与判断力现在拥有什么程度的能力，天才依然能够在此基础上，找到表达审美理念的感性表象，并且这个感性表象表达出了理性自由本性中主观的东西。这些东西需要理性的概念能力将之与自然的质料感觉相结合，落实成实存对象的概念和意义。

第三，天才创造美的艺术就是一种独创。这种独创体现在作为个体的天才任意地选择创制审美表象以表达审美理念。美的艺术天才创造出了一个与自然界的感性表象截然不同的另一个世界的感性表象，而这个感性表象就指涉自然，表达出了自然界那有待开显的无尽的意义。天才表达审美理念的感性形式不能从自然的外形中直接借来，艺术家必须对自然的有限感性表象加以改造。这样，它才能表达出审美理念，而这就使得感性表象的创作没有现成的东西可以学习和模仿。这种生成表达审美理念的感性表象的能力，就不是每个人都能够通过学习和模仿而得到的。因为这种能力不是关照自然的鉴赏力，懂得欣赏自然美与艺术美的人，不一定就能创作出有精神的美的艺术，至多只能制造出机械的美的艺术。这种机械性制造与模仿，完全是出于知性所提供的规则而进行的，缺失了提供表达审美理念的感性表象任意创作这一环节，而这就使美的艺术没有了精神，使这种制造成为对天才的艺术作品与自然美的模仿和学习，没有独创性在其中。

二、天才的艺术作品是典范

康德认为，"2. 由于也可能会有独创的胡闹，所以天才的作品同时又必须是典范，即必须是有示范作用的；因而它们本身不是通过模仿而产生的，但却必须被别人用来模仿，即用作评判的准绳或规则"[①]。这是鉴赏力与天才、使用知性的判断力与想象力在美的艺术创作中所占比例的问题。天才"作为一种艺术才能，是以对作为目的的作品的一个确定的概念为前提的，因而是以知性为前提的，但也以作为这个概念的体现的某种关于材料、即关于直观的（即使是不确定的）表象为前提，因而以想像力对知性的关系为前提；第三，它与其说是在实行预先设定的目的时通过体现一个确定的概念而显示出来的，毋宁说是通过展示或表达那些为此意图而包含有丰富材料的审美理念才显示出来的，从而使想像力在自由摆脱一切规则的引导时却又作为在体现给予的概念上是合目的的而表现出来"[②]。

第一，能够表达审美理念的感性表象必须是完善的、美的，不是完善的、美的感性表象是不能表达出全部审美理念的。审美理念之所以能够通过有限的感性表象而被表达出来，是因为审美理念作为一个整体，是可以被使用知性的判断力而统合的。也就是说，我们可以经由审美理念形成完整的目的论

---

① ［德］康德：《判断力批判》，邓晓芒译，杨祖陶校，人民出版社，2002，第152页。
② ［德］康德：《判断力批判》，邓晓芒译，杨祖陶校，人民出版社，2002，第162–163页。

知识，但是审美理念中所对应的丰富、可能的经验性的东西，却是判断力通过知性而不能统合的，因为还可以有无数经验性的内容被整合到目的论当中。依照完善概念而来的自然美的形式，只能看作是审美理念的有限显现，天才所构想出来的感性表象却可以看作是审美理念的完整显现。所以与前者相对应的就是鉴赏力，与后者相对应的就是天才的创造，鉴赏力中的想象力比天才创作中的想象力在自由的程度上要弱一些。

第二，天才要用完善的、美的感性表象来表达审美理念，天才的想象力必然会提供丰富的材料，只有由这些材料而来的感性表象才能表达出审美理念，所以天才会使用从自然中借来的被人们所忽视的感性经验来表达审美理念。接下来，天才还得将这些材料统合成一个完善的感性表象，由于审美理念的表达借助了被人们所忽视的经验性材料、想象力的审美形式独创，所以这些经验性材料完善的感性形式的创造与统合，就需要新的艺术创制规则。依据这些创制规则，人们就会欣赏那些被我们所忽视的自然现象中的美。这些自然中被我们所忽视的美，就不像在美的艺术中所表达的被艺术家改造了的可以表达审美理念的艺术美那样，能够表达完整的审美理念，而只能表达部分审美理念。

这样，天才就通过美的艺术创作而为美的艺术制造及对美的自然欣赏提供规则和线索，而且天才的美的艺术创造，并不仅仅是发现人们所忽视的自然美，进而将它们再现在美的艺术中，这只是鉴赏力的事，这种能力是通过模仿和学习而得来的。人们通过对艺术规则的学习，能够逐渐地自主判断，感悟多数人没有发现并鉴赏出来的自然与艺术美。那些所谓再现被人们所忽视的自然美规则，真正说来并不是新的艺术规则，而只是被人们忽视了的规则。

第三，表达审美理念的感性表象并不单单是从自然中借来的素材，这些看起来只是自然中感性表象能够表达比其本身更多的东西。天才所提供的感性表象是被改造过的自然素材，这个感性表象虽看起来像自然，但另一个自然，是在既有自然中找不到的。这个感性表象不仅是表达审美理念的表象，而且也是完善的表象。因为完善是表达审美理念的前提，所以这又需要艺术天才有鉴赏力，能够将这个感性表象统合成完善的。

这样，这个表达不同于自然，但又像自然的感性表象创作规则，就不同于再现被人们所忽视的自然美规则，因而才是新规则。正是从这个意义上来讲，天才为艺术制定规则。虽然这种规则不是再现自然美的规则，但是它包含了人鉴赏力的表达，而且通过对这种规则的学习，有助于我们鉴赏力的提高。可见，在美的艺术中，天才的独创性和鉴赏力都是必要的，并且它们之间是有张力的。如果艺术家不是天才，没有天赋，那么他就不能构想出表达审美理念的感性表象；如果艺术家没有鉴赏力，他就不能将感性表象统合成完善的；如果美的艺术不完善，审美理念就不能被表达。

第四，与完善相对应的鉴赏力中想象力的自由与天才创新能力中想象力的自由在程度不同。为了让鉴赏力与创造力达于和谐，天才的想象力在创作时必须有所收敛，但又不能只是处于完善中的自由程度。在美的艺术创作与鉴赏中，判断力通过知性形成对依存美的判断。这里的鉴赏力并不是指完全不依照概念而进行审美判断的能力，此时的鉴赏力是与知性结合在一起、使用了知性的鉴赏力。所以在美的艺术中鉴赏力与天才创新对立的解决，就是知性与想象力最终达于和谐。

"在想像力与知性的合规律性的自由的协和一致中，那不做作的、非有意的主观合目的性是以这两种能力的这样一种比例和搭配为前提的，这种比例和搭配不是对任何规则、不论是科学规则还是机械模仿的规则的遵守所能导致的，而只是主体的本性所能产生的。"① 在美的艺术创造过程中，虽然使用了知性的鉴赏力和天才的创造力同等重要，但是鉴赏力必须起到基础性的作用，它必须对天才的能力加以控制。"鉴赏力正如一般判断力一样，对天才加以训练（或驯化），狠狠地剪掉它的翅膀，使它有教养和受到磨砺；但同时它也给天才一个引导，指引天才应当在哪些方面和多大范围内扩展自己，以保持其合目的性；又由于它把清晰和秩序带进观念的充盈之中，它就使理念有了牢固的支撑，能够获得持久的同时也是普遍的赞扬，获得别人的追随

---

① [德]康德：《判断力批判》，邓晓芒译，杨祖陶校，人民出版社，2002，第163页。

和日益进步的培育。"①

第五，如果我们考虑到纯粹美和依存美所使用的鉴赏力有区别，考虑到天才的想象力与依存美的想象力之间有差异，考虑到美的艺术创作使用了判断力通过知性而来的完善概念，使得鉴赏力与天才的创造力在审美表象的生成过程中达到了和谐，那么美的艺术创造就要求有想象力、知性、天才的独创性和鉴赏力，并且前三种能力只有在第四种能力中才获得了它们的结合。

艺术家是天才，能够为艺术建立规则。由于艺术家的鉴赏力，才使得这些艺术规则被确立了下来。天才的独创性生成了表达审美理念的感性表象，使用了知性的鉴赏力生成了有关完善的依存美的概念，而知性又独立地通过这个目的概念，依照自然规律生成了艺术创制规则。天才的美的艺术是典范，既是指艺术创作不能仅模仿既有规则，也是指天才的美的艺术创造形成了新规则，人们可以通过对它们的模仿来学习创作美的艺术，提高自己判断依存美或纯粹美的鉴赏力。如果艺术天才不能依照鉴赏力来形成完善的感性形式，那么这些艺术的新创制规则就不是典范，可能是胡闹。因为它们不是有关完善的规则，对美的艺术的创作及鉴赏力的培养没有任何助益。

三、自然通过天才为美的艺术创造颁布规则

康德认为，"3. 天才自己不能描述或科学地指明它是如何创作出自己的作品来的，相反，它是作为自然提供这规则的；因此作品的创造者把这作品归功于他的天才，他自己并不知道这些理念是如何为此而在他这里汇集起来的，甚至就连随心所欲或按照计划想出这些理念、并在使别人也能产生出一模一样的作品的这样一些规范中把这些理念传达给别人，这也是他所能控制的"②，"4. 自然通过天才不是为科学、而是为艺术颁布规则；而且这也只是就这种艺术应当是美的艺术而言的"③。

美的艺术创作虽然包含概念运用，但是终究是感性认知的体现，这种感

---

① [德]康德：《判断力批判》，邓晓芒译，杨祖陶校，人民出版社，2002，第165页。
② [德]康德：《判断力批判》，邓晓芒译，杨祖陶校，人民出版社，2002，第152页。
③ [德]康德：《判断力批判》，邓晓芒译，杨祖陶校，人民出版社，2002，第152页。

性认识与概念逻辑说理不同。根据西方美学史可知,艺术天才曾被当作神谕者、神秘的启示者,且天才对于传达神谕的工作一无所知。康德将艺术天才的创作过程尽量地用概念说明的方式论述了出来,这是一个强调人的主体性地位的去魅过程,但是康德依然从人的被动接受性与被给予性的一面,保留了自然通过天才为美的艺术创作制定规则这一说法,将之作为人类自我认识的历史回响,表明人是自然的一分子,甚至人的先验自由,也是被神秘给予的;人类的历史进步过程,也是自然自我生长的一个阶段。鉴于此,以下将参照上帝存有的目的论—道德证明,解释康德的这一命题。

第一,按照上帝存有的目的论—道德证明,上帝是自然的创造者,人作为有限的有理性的存在者这种造物,能通过知性概念来认识有限的自然现象。所以就自然物的实存而言,人只能认识他律的机械性自然规律,且它是上帝创造世界的手段之一,上帝还根据目的论、生命原则创造万物与人。从这个意义上来讲,虽然人是通过自身的理性与自然产生互动的,但是我们依然认为人认识自然、生产自由的艺术,都是对自然的模仿和学习,甚至我们的道德实践,都是在履行上帝的命令。虽然我们在道德实践中是自由的,但是这种自由也是被给予的。

第二,就艺术天才创造美的艺术而言,天才的独创性使得艺术家可以为美的艺术创造制定新规则,这些规则虽然可以通过学习和模仿而获得,但是它们最初是由艺术家而制定的。因为美的艺术规则与由知性通过概念而产生的规则,在生成上多了一个天才表达审美理念的环节。这种制定新规则的活动,要创造另一个自然的审美表象,与我们虽然同样是通过创造性的想象力来判断自然美、再现自然美是不同的。美的艺术正是因为创造出了另一个自然的感性表象,所以艺术天才能为美的艺术制定规则。当美的艺术的规则一经艺术天才制定之后,它们就又成了与自然规律相对应的规则,而对这种规则的学习就又成了对自然的模仿。

所以从上帝创世论角度来看,自然是通过天才而为艺术制定规则的。"由于天才是大自然的宠儿,这样一类东西我们只能看作罕见的现象,所以它的榜样就为别的优秀头脑造成了一种训练,也就是造成一种按照规则的方法上的传授，只要我们能够把这些规则从那些精神产品及其特有属性中抽出来；而对这些优秀头脑来说，美的艺术就自然界通过天才为它提供规则而言，就是模仿。"①

对于另一个天才而言，"一个天才的作品（按照在其中应归于天才而不应归于可能的学习或训练的东西来看）就不是一个模仿的榜样（因为那样一来它身上作为天才的东西和构成作品的精神的东西就会失去了），而是为另一个天才所追随的榜样，这另一个天才之所以被唤起对他自己的独创性的情感，是因为他在艺术中如此实行了摆脱规则束缚的自由，以至于这种艺术本身由此而获得了一种使才能由以作为典范式的而显示出来的新的规则"②。就自然美作为审美理念的显现而言，判断力在鉴赏的时候使用的是自然合目的性概念的主观审美表象，虽然审美理念的显现没有规则可循，但是我们可以通过完善概念将美的自然表象再现出来。所以虽然再现自然美的艺术使用了自然合目的性原则，但是我们依然将这看作是对自然的学习与模仿。虽然我们不能模仿出一个有机物的实存，但是我们可以模仿出它们的感性外形。

第三，天才所要表达的审美理念是直接的对理性理念的感性显现。人的全部认识能力可以生成三种理念："首先是一般超感性东西的理念，它除了自然的基底这一规定外没有进一步的规定；其次是同一个超感性的东西作为对我们认识能力的自然的主观合目的性原则的理念；第三是这个超感性的东西作为自由的目的的原则、并作为自由与道德中的目的协和一致的原则的理念。"③

第一种理念就是由理论理性所生成的全部理念，能把所有这些理念统合在一起的就是原始存在者或说上帝这个理念。这个理念并没有被规定，自然的超感性基底也没有被规定。第二种理念就是审美理念和作为审美理念显现的全部自然目的论知识，但这全部的目的论知识作为经验性的理念，只是审美理念整个轮廓的粗略表达。第三种理念就是实践理性在与审美理念相对应

---

① [德]康德：《判断力批判》，邓晓芒译，杨祖陶校，人民出版社，2002，第163页。
② [德]康德：《判断力批判》，邓晓芒译，杨祖陶校，人民出版社，2002，第163页。
③ [德]康德：《判断力批判》，邓晓芒译，杨祖陶校，人民出版社，2002，第193-194页。

的目的论的基础上，依照道德律与至善理念而来的灵魂与上帝理念。上帝作为理想，可以将以上两种理念统合到自身之中，并且这个理想规定了自然的超感性基底。

所以审美理念就与作为自然开端的上帝理念、作为感性世界生成终点的至善的理知世界相对应。天才创造表达审美理念的感性表象，就可以看作是对上帝创造自然这种伟大智慧的直接表达。天才为美的艺术的创作提供了规则，而其他人就可以学习和模仿这种规则。这种景观就如同上帝创造了自然，有理性的存在者通过学习自然规律和生产艺术品来模仿上帝的这种创造，并且生产艺术品的这些自然规律还是上帝制定的。审美理念对世界起源与终点的想象，好似传达出规定了人的生存的上帝旨意。

第四，天才创制出可以表达审美理念的感性表象，这另一个自然的感性表象，好似感性世界的美好未来与终点，好像是整个自然目的系统、人类历史的生成终点。对这个审美理念的追求，使得人们开始欣赏自然美和崇高，反思自然美和崇高所呈现出来的意义，激励我们思考人存在的意义与价值及自然存在的意义与价值，要求理性悬设上帝而表达至善信仰。虽然人通过类比方式认为，上帝创造了自然的超感性基底，创造了自然的质料与形式，而天才只是创制出了另一个自然的感性表象，但是人只能通过天才与美的艺术的关系来类比上帝与自然的关系。自然通过天才为美的艺术建立规则，似乎可以看作是上帝独具匠心的安排，上帝让天才创造美的艺术，就是要让人逐渐地去发现、探索和思考上帝创造世界的智慧，人、自然与上帝的关系是什么。

既然上帝是要通过天才创造美的艺术来表达他自身创造自然的智慧，所以天才不仅是自然的宠儿，而且还是受神灵所保护的人。自然借助天才创造美的艺术，代表着上帝创造自然时的智慧。上帝不仅要让人们通过对美的艺术的欣赏来关注自然美，进而参悟上帝创造自然的智慧，使人确认自己在自然中的地位和作用，进而坚定人的道德实践，而且这种只是针对人的审美需求而来的艺术创造，可以使人变得有教养、爱社交，进而爱科学和艺术，而这就开发了人的自然素质，可以促进人类社会的进步，为人类的生活在道德实践上有所改进做好准备。

四、美的艺术是理性自由本性的感性表达

西方艺术史，是有神论隐退、上帝去魅与世俗化的历史，但依然保留着关于人类命运与自由抗争、统一与冲突的回响，即便在尼采提出上帝死了之后，当艺术与哲学感悟并反思人与自然的关系时，命运与自由之争，依然是"诗与思"存在之为存在的永恒命题。人不希望在世界上变得孤单，希望有神灵庇护，而且也希望上帝可以给人带来启示，惩恶扬善，让人的生活有方向、有希望，让每一个人都可以不再遭受苦难，过上至善生活。对自然美的欣赏，曾被误认为是在接受神灵的好意，是在获得神灵的启示，且伴有感恩的宗教情感。天才所创造的美的艺术，也会被认为是神灵通过天才在启示人类。

根据康德可知，早期的人类之所以会有神话和宗教，那是人的理性不成熟的表现。在理性启蒙阶段，当人逐步意识到自己在自然界中的主体性地位的时候，人也还是希望有上帝。康德对上帝存有的目的论—道德证明的批判，必须将感性世界与理知世界分离开来，否则人的先验自由就会被取消，而且人类社会可以无限进步，人类的伦理生活可以不断完善，是人自由地自我解放过程。上帝与至善的理知世界既不是可能的，也不是不可能的，上帝仅是因人内心的道德律与至善理念而来的悬设与信仰，上帝之手不干预人的尘世生活。上帝只是属于人的至善信仰的表达，上帝只是理性通过类比天才与美的艺术而得来的，上帝只是最完善的人的原型，是水中的纳西赛。人为了自由与尊严变得孤单了，只有理性自身的自由使用，才能自我解放地改善尘世生活。

康德认为，人的知识能力虽然不能实现至善，否则人就变成了上帝，但是人的知识能力是可以实现自我解放、人类进步、伦理生活无限完善的。因为理性出于自己的最高使命在利用判断力引导知性，使得知性在追求真理的时候带着实现至善的诉求。就人赋予自然形式的能力而言，知性构建他律的自然规律是有限的，它不能真正认识自然的生命原则，连一棵小草的生长都解释不了，只能机械性、数字化、片面化地认识小草的生成作用。自律的道德律在人的感性面前不那么管用，康德对道德迷狂的说明，已经提示出道德

律在进入现实生活之际,会出现无数例外情况,人始终处于伦理学矛盾中,处于生存困境中,人的生存始终是充满问题的。判断力对自然的再自律,让我们能够知道人的终极目的是什么,而且人也比较自信地通过它而消解了上帝。因为根据自然合目的性原则,人可以通过对自己所作所为的反思,想象未来生活,将"应当是"逐步地、合目的地变成"是"。

但是人对自然的这种再自律也是有限的,因为过去的事情我们看不出目的且总是遗忘,通过艺术审美与目的论而预见未来,这种启示作用是片面的,表现为未来的美好愿景总是迟迟不到,现实总是将我们从未来的筹划中残忍地拉回来。康德认为,判断力通过艺术审美对自然的意义反思,这种知识能力还不够强大,可以继续生长,人的全部知识能力还可以合目的性地和谐生长。正是因为人的理性是合目的性生长着的,人类社会的进程也才被看作是合目的性发展的。人在这样的一种过程中,虽然逐步意识到是人的自由使生活如此展开,但其展开的方式不受自己控制。人必须合规律、合目的性地生活,甚至当我们看到最不想看到的战争之时,我们也只能无奈地说,这是人类社会展开的必然方式,战争也有其合目的性的一面,战争乃万物之父。

康德的启蒙哲学提示,理性自身使命的认识、对自己用来追求进步生活的原则的认识,也是随着理性的逐渐成熟而出现的,这是人类社会发展合目的性的一面。通过科学与艺术启蒙,通过明智的德性训练,人知道自己的意义、价值和尊严体现在道德实践时的自由之中。理性启蒙不一定会促进人有德性地追求幸福,通过启蒙提升人的道德情操,只是一种美好的愿望,因为说与做毕竟是两回事。好意变成恶果,因为所知有限。这是康德没有充分反思的问题。知道却做不到,这是康德想批判的。虽然人们知道自己那样做不好、不对,但是很少有人能在生活压力之下捍卫自己的自由与尊严。精神自由对大多数人而言,是一个不可企及的梦想。

可见,人类在追求至善生活时表现出来的有限性、出现的失误都来自人本性的一面。这个本性不仅指人感性的一面,也指人理性的一面。因为理性自由本性也是被给予的自然本性,与人的自然本性一样,不仅是本质,而且也是有生命的本性。虽然人已经意识到人在自然界是主体,人在按照自己的使命来改造自然的外形,创造生活的意义,但是由于这种活动依然受到包括人在内的自然本性的束缚,因而人主观的东西变成意义的过程、人的理想变成现实的过程,依然是一个有自身规律的合目的性的过程。美的艺术对自然的赋意,仅是提示了生活的方向与目标,美好未来的愿景需要通过科学技术、政治经济、法律道德等符号形式的转型与意义构建,才能逐渐落实为实存的。这是一个历史过程,个体需要通过创造、创制与制造,进入这个集体协作的过程中,有条件限制地助推人类历史发展。

从这个意义上来讲,人创造生活的意义的活动可以称为对自然的学习与模仿,但是这种学习与模仿作为对自然的表象,就是形式创制了。在上帝存有的目的论—道德证明中,由于自然规律是他律,所以人把知性的这种活动看作是对自然的模仿;把理性的对自然的自律看作是模仿上帝的意志;把判断力对自然的再自律看作是接受上帝给我们的启示。现在,根据康德对上帝的消解可知,有没有上帝人是不能说的,上帝并不会给我们任何启示,知性对自然的他律并不违背人追求至善,我们必须把对自然的模仿与学习看作是理性自由本性的表达与成长,人之外的自然的本性对人而言已经无关紧要,重要的是人之内的本性,理性要自己启示自己,实现自我成长。理性自由本性是不可见的,如果理性要对自己的本性进行模仿和学习,或者说,开展自我启示活动,那么它就必须首先在概念活动之前,就将自己本性中主观的东西感性地呈现出来。只有这样,人才能彼此学习和相互模仿,开展自我启示活动,美的艺术最先感性呈现理性自由本性中主观的东西。通过学习与模仿美的艺术,进而学习与模仿其他符号形式的工作方式,人合目的性地展开生活的意义,理性自由本性合目的性地成长。

正如康德所说:"对于应该提出必须使每个人都喜欢这一合法要求的美的艺术中那种审美的「感性的」、但却无条件的合目的性而言,能够用作主观准绳的不是规则和规范,而只是那仅仅作为主体中的自然、但不能被把握在规则或概念下的东西,也就是主体的一切能力的(没有任何知性概念能达到的)超感性基底,因而是那种使我们的一切认识能力在和它相关中协调起来的东西，是由我们本性的理知的东西所提供的最后目的。"①

第一，天才创制表达审美理念的感性表象，来自主体的本性，来自主体认识能力的超感性基底，是主体的本性或说自然，提供着艺术规则。美的艺术作为表达意义的符号，与概念符号不同。对概念符号含义的开显，只能通过对概念的再解释而完成，这种知识活动并非感性认知，而所出现的愉快也只是智性愉快，是由概念活动而来的愉快。美的艺术是感性符号，通过对它的鉴赏与感悟，不仅能够获得意义，而且也能获得感性愉快。美的艺术不仅本身就是美的，而且它也能让我们联想到自然美，那些被忽视了的美。美的艺术表达出的精神就是审美理念，一种用任何概念都不能诉说全面的东西。虽然我们能够形成与审美理念相对应的自然目的论，但是这只是对自然大概轮廓的概念知识，其间的细节很难被概念化，而且自然中人类社会发展是一个逐渐绽开的过程，所以过去的很多东西还没有看出来目的，未来的无限可能也是未知的。美的艺术中的审美理念却将这些未看出来的东西用感性图型表达了出来，从这个意义上来讲，美的艺术是创造，是对未来生活的启示，是理性的自然本性对自己的启示。

第二，当我们通过概念的反思获得新的意义之时，我们会看到原来美的艺术中早已包含这一层含义，所以美的艺术是不朽的，凝缩着人类历史与精神形态的转型。人是通过美的艺术的启示，来追问生活的意义的，对自然的欣赏与反思只是我们在对美的艺术进行解释。人要发现美的艺术所蕴含的丰富意义，通过对意义的概念反思与规定，才能使人类生活得以展开与进步。对美的艺术的最高反思、对美的艺术背后内容的最宏观与最遥远的感悟，就是我们通过类比美的艺术而得出真理与至善是相统一的、自然好像是适合实现至善这样一种终极的结论，但是这个结论过于抽象，生活展开的过程被忽视了。

第三，美的艺术创造是来自理性自由本性的东西，其中的精神有最为丰富的属于人的内容，我们要通过反思这些内容而提升自己的生活。也就是说，

---

① [德] 康德：《判断力批判》，邓晓芒译，杨祖陶校，人民出版社，2002，第191页。

美的艺术中的精神关照着现实生活将应当如何展开，通过这种关照，美的艺术才不仅能启示终极目的，而且也能启示当下生活的展开。美的艺术的这种启示作用要归功于审美理念的表达，归功于来自理性自由本性的东西。对自然美的欣赏与反思，就是要让美的艺术中的精神，通过获得质料感觉而具有意义。这样，不仅美的艺术的启示作用在逐渐地完成，而且对自然美的欣赏与反思也因此而获得了启示作用，人们可以对它再做出解释，让生活的意义逐渐地呈现。

但是对自然美的欣赏与反思只是对美的艺术中精神的部分呈现，因为理性的概念能力束缚了我们赋予自然以形式，有太多的质料我们还没有能力赋予它形式，我们的理性还没有成熟到拥有赋予那些质料以形式的能力。因而美的艺术中属于人的东西还有太多没有通过和质料相结合而呈现出来，自然也因此而有太多的领域没有被理性照亮。美的艺术中的精神却依然作为理性自由本性的表达启示着人们，让人们通过实践与认识使自己的理性更为成熟，逐渐照亮这黑暗的世界。理性首先是通过美的艺术来照亮黑暗的世界的，自然美只是美的艺术所散发光芒的折射与再现。

第四，艺术创造是理性自由本性的审美直观表达，理性尚未成熟就有，人可以通过反思其中属于人的东西，而了解自己所忽视的东西，美的艺术对人的启示是全面和永久的。虽然人因为理性尚未成熟，只能从中得到片面的启示，但是这是生活展开的必然方式。因为我们是通过对美的艺术的循环有限解释，来认识理性自由本性，获得自我启示的。由于人们的审美能力还不够强大，因而不能依照艺术天才所提供的审美尺度去关注自然美，而这就使我们忽视了很多自然目的，而对这些内容的忽视，又使我们不能对美的艺术中的精神做出比较全面的解释，这就使生活意义的展开是一个合目的性的历史进步过程。

第五，欣赏自然美只是意味着从美的艺术中获得了片面启示，而美的艺术是开放的，想象力越是自由，从中获得的意义就越多，因而获得的启示也就越多。因此虽然可以说人给自然赋予概念性形式是创造性的，但是这个创造仅是创制，这种创制只是通过对美的艺术的解释而对理性自由本性的学习和模仿,是人对艺术精神的概念化学习与模仿,是人与人之间的概念化学习和模仿。这个概念化、理性化创造生活意义的过程,受到了理性自由本性需要不断成熟这种限制,使生活的展开是个人所左右不了的。

当康德消解了上帝以后,上帝创世的"创造"一词,只能用于说明天才的美的艺术创造。因为美的艺术是理性给自身最完整的启示,是理性自由本性中主观的东西的提前呈现,这种创造在人类的生活中有着至关重要的作用。人的知识能力是有限的,这种有限性会让人犯错,但美的艺术可以给人以最全面的启示。关注艺术活动的景观,就可以减少与纠正失误,明确方向,预见未来。可以说,美的艺术是人类生活得以展开的核心与源头。美的艺术作为一种对社会生活的反映与其他概念符号的反思不同,社会生活是对美的艺术中精神的逐步实现,社会生活是对美的艺术中精神的解释。这种解释作为创制,是对美的艺术的再现、模仿与学习。

第四节　康德论美的艺术的三个门类

一、语言艺术

就美的艺术包含哪些种类而言,康德对美的艺术做出了划分,这种划分是依照将美的艺术的表达方式类比于人类在语言中的表达方式而进行的。人类语言的表达是通过词语、姿态和声音即吐词、表情和音调来进行的,"只有这三种表达方式的结合才构成了说话者的完整的传达。因为观念、直观和感觉由此而同时地并协同一致地传递给了别人"[1]。与语言的三种表达方式相对应的有文字与文学、视像设计与行动表演、表情与数字化音符等这些艺术符号,"于是只有三种不同的美的艺术:语言的艺术、造型的艺术和感觉游戏的(作为外部感官印象的)艺术"[2]。

---

[1] [德]康德:《判断力批判》,邓晓芒译,杨祖陶校,人民出版社,2002,第166页。
[2] [德]康德:《判断力批判》,邓晓芒译,杨祖陶校,人民出版社,2002,第166页。

如果我们将语言看作是表意的、观念性艺术符号，而不是表达自然与生活意义的抽象概念符号，人通过这些表意的语言艺术来象征自然符号所呈现出来的意义，那么美的艺术可以借助语言艺术符号来表达审美理念，通过对审美理念的表达，使人们关注自然符号最初所呈现给我们的神秘、美、惊奇和崇高。

"语言艺术就是演讲术和诗艺。演讲术是把知性的事务作为一种想像力的自由游戏来促进的艺术；诗艺是把想像力的自由游戏作为知性的事务来实行的艺术。"① 这就是说，演讲术（oratory）和诗艺（poetry）都是使用表达观念的语言符号来表现审美理念的美的艺术，但演讲者是要表达一个确定的道理、预告一件确定的事情，他们不是直截了当地告诉观众，而是要和理念做游戏，激发审美理念，从而娱乐观众。"所以演讲者虽然给予的是某种他没有许诺的东西，也就是想像力的某种娱乐性的游戏；但他也打断了某种他所许诺的东西和毕竟是他所预告过的事物的东西，也就是合乎目的地从事知性。"② 因此如果演讲者的动机并不在于它所要告诉人的事物，而只是为了娱乐观众、讨好观众，那么演讲术在促进社交方面还是有积极作用的。

"演讲术，就其被理解为说服人的艺术，即通过美丽的幻想捉弄人的艺术（作为 ars oratoria③），而不仅仅是善于言辞（口才和修辞）而言，它是一种辩证法，这种辩证法只从诗艺那里借取它对于在人们作评判之前就为了演说者自己的好处而赢得人心并剥夺他们的自由所必要的东西；所以它既不能推荐给诉讼法庭也不能推荐给布道坛。"④ 这就是说，演讲术还可以包含一种说服人的心机，这种心机让人感到演讲术是某人捞取好处的技巧，它可以同样用来美化和掩盖罪恶和错误，我们不能根除对演讲者故意蒙混过关的暗中怀疑。

"如果所关注的是公民法律、个人权利或耐心地劝导和促使人心对自己

---

① [德] 康德：《判断力批判》，邓晓芒译，杨祖陶校，人民出版社，2002，第166-167页。
② [德] 康德：《判断力批判》，邓晓芒译，杨祖陶校，人民出版社，2002，第167页。
③ 拉丁文，雄辩术，能言善辩的艺术。
④ [德] 康德：《判断力批判》，邓晓芒译，杨祖陶校，人民出版社，2002，第173页。

的义务有正确的知识和认真的遵守的话：那么这对于这样一件重要的事物是有失身份的，哪怕只要让人看出一点机智和想像力的放肆的痕迹，更不用说看出要说服人而为某个人捞取好处的技巧的痕迹了。"① 这就是说，演讲活动包含演讲术和逻辑说理，演讲术是美的艺术，而美的艺术并不在于基于美感和道德情感的相似性而通过美的形式来布道，使大家很愉快地接受一个观点，了解一件事情，演讲术讲述一件事情或一个观点，这只是表达审美理念的手段，美的艺术不在于认识具体的事件与观点，而只在于审美理念的表达、感性表象的创制。

根据康德关于演讲术的界定，可以对脱口秀、相声、评书等的雅俗之争做出说明。演讲术与笑话有区别，演讲术不仅是快适的艺术，也是美的艺术，而笑话仅是快适的艺术。"我给丧葬人员的钱越多，让他们显得悲伤些，他们看起来就越快活。"② 丧葬人员的哭丧行动，是假装悲伤的表演，以盈利为目的，而雇主多给钱的行为，虽符合丧葬人员的利益，却使得表演变得更虚假。该笑话反讽地重申了把一切都变成买卖，会带来虚假与伪善这一观点。该观点由于是生活中的老生常谈，所以没有让人获得新知识或激发人求新知，仅是刺穿了生活中显而易见的谬误。"笑是由于一种紧张的期待突然转变成虚无而来的激情。"③ 因而此种认知活动，因遭遇谬误与常识，降格为感觉表象运动，成为技艺，其本意在于激发感性与肉体的运动，"产生出生命力的某种平衡"④，以追求感觉愉快本身而非新知为目标，有益于健康。相反，演讲术通过讲一个事件或观点，不仅可以让人笑，而且也可以让人感动落泪，通过激发审美理念，引发人求知的兴趣，而且演讲术并不要求说服人接受某个观点，而是希望引起观众的感悟与深思。

"在一切美的艺术中，诗艺（它把自己的源泉几乎完全归功于天才，并最少要规范或榜样来引导）保持着至高无上的等级。它扩展内心是通过它把

---

① [德]康德：《判断力批判》，邓晓芒译，杨祖陶校，人民出版社，2002，第173页。
② [德]康德：《判断力批判》，邓晓芒译，杨祖陶校，人民出版社，2002，第180页。
③ [德]康德：《判断力批判》，邓晓芒译，杨祖陶校，人民出版社，2002，第179页。
④ [德]康德：《判断力批判》，邓晓芒译，杨祖陶校，人民出版社，2002，第179页。

想像力置于自由中,并在一个给予概念的限制之内,在可能与此协调一致的那些形式的无限多样性之间,呈现出一个把这概念的体现与某种观念的丰富性联结起来的形式,这观念的丰富性是没有任何语言表达与之完全适合的,这形式于是就把自己通过审美提升到理念。诗艺加强内心则是通过它让内心感到自己的自由的、独立的和不依赖于自然规定的能力,即把自然按照其外观来作为现象观看和评判的能力,这些外观并不是自然在经验中,不论是对感官还是对知性,自发地呈现出来的,因而这能力也就是把自然用于超感性之物的目的、并仿佛用作超感性之物的图型的能力。"①

第一,以诗为代表的美的艺术是通过目的概念来表达审美理念的,因而知性对理念的思考是通过审美而调动起来的。诗艺是隐喻的,这并不是说诗就是为了象征理念,而是说诗通过隐喻看不见的理念,激起审美理念的表达。诗象征理念只是诗表达审美理念的方式,通过激发审美理念,知性就开始形成丰富的观念来规定这个审美理念。这样一来,审美理念就表达出了理性理念。所以诗艺的隐喻是指借助观念创制审美表象,通过审美表象而象征理念,由此激发出审美理念,凭借审美理念汇集无限多样的观念,且这些观念或说意义、意味,无法用概念充分界定。

第二,天才诗人借助语言观念性写景、叙事与抒情,这种用有限的感性表象来表达全部审美理念,好似创制出另一个自然的表象能力,是与按照抽象概念原理或原则规定和反思自然现象的知识能力完全不同的。天才诗人的这种创制能力,神秘地源自我们认识能力的超感性基底,通过创制出好像另一个自然的表象,这种天才的能力可以看作是对超感性之物的图型能力。随着人对上帝的消解,当诗艺不再描写神迹,逐步去魅神话与世俗化之后,关于那超感性基底的图型只能是理性给自己提出的终极目的至善,只能是人类历史的过去与未来轮廓,生活世界的可能性整体。天才把这个理性自由本性中不可见的东西变得可见了,让我们从中可以感受到人的本性中有待进一步展开的内容。诗艺,最高贵的艺术,它不仅有理性的终极关怀,而且诗意中

---

① [德]康德:《判断力批判》,邓晓芒译,杨祖陶校,人民出版社,2002,第172—173页。

属于人的尚未呈现的东西也非常生动,正是因为它的生动、它的终极关怀,它才具有了全面、持久的启示作用。通过诗艺,人不仅可以看到最远的终点,而且也可以照顾到现有生活的展开。

第三,虽然"诗人许诺得很少,并且只预告了一种理念的游戏,但却完成了某种配得上一件事务的东西,也就是在游戏中给知性提供了养料,并通过想像力给知性概念赋予了生命"①。与演讲术相比,"在诗艺中一切都是诚实而正直地进行的"②。"诗艺用它随意产生的幻相做游戏,但不是以此来欺骗;因为它把自己的工作本身就解释为单纯的游戏,尽管这游戏也能被知性所用,合目的地运用于它的事务上。"③可见,虽然诗艺并不像演讲术那样,就是要告诉人们一件事物、一个道理,但是诗艺通过这种单纯的理念游戏,通过审美而激发了知性,让人开始思考诗中的审美理念所表达的超感性的东西。

二、造型艺术

"造型艺术或对感官直观中的理念(不是通过单纯想象力的那些由词语激起的表象来)加以表达的艺术,要么是感官真实的艺术,要么是感官幻相的艺术。"④造型艺术与语言艺术的不同之处在于,造型艺术通过直观形象表达审美理念,而语言艺术通过词语形成写景、叙事与抒情的观念意象表达审美理念。造型艺术与表演艺术的相同之处在于,在表演艺术中,人通过行动展示事件、通过表情与姿态表达自己的精神,这种绘声绘色的表演,是根据直观的思维方式而进行的。同理,在造型艺术中,艺术家也是通过直观形象设计而为他的"是什么和怎样设想"的对象,提供了一个有形的表达,这就像表演艺术的表演过程,所不同的是无生命之物(造型艺术使用的材料)按照直观形象的形式,配上了某种从它们里面流露出来的精神。用语言中的姿态与表情来类比造型艺术,表明造型艺术并非对自然美的再现,而是对生命

---

① [德]康德:《判断力批判》,邓晓芒译,杨祖陶校,人民出版社,2002,第167页。
② [德]康德:《判断力批判》,邓晓芒译,杨祖陶校,人民出版社,2002,第173页。
③ [德]康德:《判断力批判》,邓晓芒译,杨祖陶校,人民出版社,2002,第173页。
④ [德]康德:《判断力批判》,邓晓芒译,杨祖陶校,人民出版社,2002,第167页。

精神的表现，造型艺术不仅可以有符合人实用目的的功能，而且造型艺术的本质是由内而外的精神表现，而非简单的情感表现，甚至自然的纯粹美都是生命精神的呈现。

在造型艺术中，感官真实的艺术就是塑形艺术，它包括雕塑和建筑；感官幻想的艺术就是绘画，它包括真正的绘画和园林艺术。这两种艺术"都使空间中的形象成为对理念的表达；塑形的艺术使形象在两种感官方面成为可感知的，即视觉和触觉（虽然后者并不着眼于美），绘画则只在视觉方面是这样"①。在塑形艺术中，表达审美理念的副本或摹本的形象，在其形体的广延中如同对象本身实存那样，被给予出来。它作为反思的形象，是一个现实目的的外形。在绘画艺术中，表达审美理念的形象，按照这广延在眼中所呈现的那种方式，或者说，按照其在一个平面中的显像，被给予出来。它作为反思的形象，是一个现实目的的假象。

就塑形艺术中的雕塑和建筑而言，"前者是如同事物在自然中可能实存的那样将事物概念体现在形体中的艺术（但却是在作为带有对审美合目的性的考虑的美的艺术）；后者是体现这样一些事物的概念的艺术，这些事物只有通过艺术才有可能，它们的形式不是把自然、而是把一个任意的目的当作其规定根据，但这种体现在这个意图上毕竟同时也是在审美上合乎目的的。在后一种艺术中主要的事情是对人为的对象的某种运用，这作为条件而使审美理念受到限制。在前一种艺术中主要的艺术仅仅是使审美理念得到表达"②。人、神和动物等的立像属于雕塑，庙宇、礼堂、住宅、凯旋门、纪念塔甚至家具都是建筑。

根据柏拉图的艺术模仿说，感性世界是对理念世界的模仿，雕塑是对自然外观的模仿。感性世界映射出了造物主、诸神与理念世界，因而雕塑用美丽的人体再现诸神是合适的。现在，根据康德把上帝与理知世界转化为主观的、理性自由本性的精神表达可知，雕塑的本质就不是对自然的模仿，而是人精

---

① [德]康德：《判断力批判》，邓晓芒译，杨祖陶校，人民出版社，2002，第167页。
② [德]康德：《判断力批判》，邓晓芒译，杨祖陶校，人民出版社，2002，第168页。

神的表现，并且这种表现有自由与必然、主观与客观、精神与物质、灵与肉的统一诉求。雕塑与建筑虽然都是表达审美理念的美的艺术，但是建筑作为现实的目的，可能具有其他的实用性运用，而且建筑是根据事物在自然中可能如何实存而将目的概念落实为实存的实物，这导致建筑在表达审美理念时会受到更多限制，所以雕塑比建筑的等级、地位要高。

绘画艺术由于是对目的表象的表达，所以能比塑形艺术更远地深入理念的领域，能更多地扩展直观的范围，并且绘画艺术中的素描是一切造型艺术的基础，因此绘画艺术要比塑形艺术的地位更高一些。绘画艺术中除了真正的绘画和园林艺术之外，用于观赏的室内设计、服饰、首饰及花坛等装饰物，都是绘画艺术。

三、音乐艺术与综合表演艺术

康德将第三类美的艺术称作感觉的美的游戏的艺术，包括音乐和色彩。笔者为了方便论述，将康德的第三类艺术仅称作音乐艺术。因为本书主要是从艺术创作角度揭示康德的美的艺术论，而不是从欣赏角度揭示康德的艺术观。如果从创作角度来思考，色彩虽然是视觉性感觉的，但是它是构建视觉性直观、直觉形象的必要素材，而音乐不仅是表情的听觉感觉快适的艺术，也是非视觉直观、时间性内感、听觉直觉的美的艺术。

"感觉的美的游戏的艺术（这些感觉由外界产生出来，但却仍然必须能够普遍传达）所能涉及的无非是这感觉所属的那种感官的各种不同的情绪程度（紧张度）的比例，也就是这感官的调子；而在这个词的这种宽广的含义上这种艺术可以划分为听觉和视觉这两种感觉的人造游戏，因而分为音乐和色彩艺术。"[1] 就颜色和声响而言，我们不能肯定地说它们"仅仅是快适的感觉呢，还是本身已经是诸感觉的一种美的游戏，并作为这样一种游戏在审美评判中带来一种对形式的愉悦"[2]。音响作为空气的振动，通过作用于我们身

---

[1] [德]康德：《判断力批判》，邓晓芒译，杨祖陶校，人民出版社，2002，第170页。
[2] [德]康德：《判断力批判》，邓晓芒译，杨祖陶校，人民出版社，2002，第170页。

体有弹性的部分，才能被听觉感觉到。如果这些颤动所进行的数字化时间划分，未被发觉和纳入评判中来，那么与声音结合在一起的只是音响抚慰肉身的快意或所激发情绪任意抒泄后的快适与平静，而不是它们的有节奏、成比例组合的审美快适。这种音响或说音乐感受，就仅是将音乐当作快适的艺术来对待。

因为审美判断毕竟是一种知性活动，它要求对象的感性表象有一种合目的性形式。就音乐而言，这种合目的性形式就是空气的颤动在时间中的比例，如旋律、节奏与和声等。对音乐的美的判断基础，是音乐中这些乐音振动的比例及其评判由以可能的那种数学的东西，这种数学上的关系比例支撑着音乐中形式的合目的性，而且这种合目的性表现为音乐形式是有机的，其潜在的数学关系超出了机械性思维，要求是生命原则的体现。这种与生命运动、情感起伏相适配的有机的合目的性的音乐形式，就会带来美感。毕达哥拉斯学派诸天音乐的思想，强调数学比例关系的简约性，意指自然机械规律与生命规律的统一。

对颜色的美的愉悦来自一种色调的数学关系的合目的性，其中的数学关系是潜在的、基础性的，而颜色感觉是表象的、外观的、显露的。这种潜在的数学形式虽然不像在有关自然科学规律中是通过确定的概念而被表现的，"但惟有仰赖于这形式，才有那种愉悦，它把有关这一大束相互陪伴或跟随的诸感觉的单纯反思与诸感觉的这种游戏结合起来，作为每个人的美的有效性的条件；也惟有这形式才是鉴赏力可以依据着自以为有权把每个人的判断预先说出来的东西"[①]。

所以我们在欣赏音乐或颜色的时候，要么会欣赏音乐或色彩中基于数学关系有机的合目的性，要么只是接受音乐或色彩所带给人的感官愉快。因此依照欣赏者的态度，音乐和色彩要么会被当作美的艺术来接受，要么会被当作快适的艺术来接受。在康德看来，音乐与色彩无疑可以表达情感，激发感受与感觉，但音乐的本质并非肆意表现情感，而是有整全结构与形式地表现生命律动、有节奏与有喜怒哀乐的生活运动过程，表现人的精神、审美理念。

---

① [德]康德：《判断力批判》，邓晓芒译，杨祖陶校，人民出版社，2002，第175页。

音乐是用来传达内在感觉的,这种感觉就是魅力和内心的激动。它能够如此普遍地传达魅力是因为每一种语言表达在关联中都有一种与表达的意义相适合的音调,这种音调或多或少标志着说话者的某种激情,并且也在倾听者那里产生这种激情,这样音调的变化仿佛是一种对每个人都可以理解的普遍的感觉语言一样。因而音乐作为语言音调的抽离与集中形式化,是一种激情的语言,传达着人性格、性情的魅力。

如果音乐要表达审美理念,那么它就只能通过表现激情,间接传达根据联想法则而与激情自然地结合在一起的审美理念,"但由于那些审美理念不是概念和确定的观念,所以把这些感觉复合起来的那个形式(和声与旋律)仅仅是代替语言的形式,而用于通过诸感觉的一种合乎比例的搭配(这种搭配由于在这些音调方面是基于在同一时间内、就诸音调同时或前后相继地被结合而言的空气振动的数目关系上,所以能在数学上被归入某种规则)来按照在乐曲中构成主导激情的某种主题而表达出对一种不可名状的观念丰富性的关联整体的审美理念"[①]。

可见,音乐中的数学形式作为潜在的东西,是旋律、节奏与和声等音乐形式表达魅力和激情的基础,是激情可以召唤审美理念的载体。如果音乐没有这种数学性和谐形式,它就不是美的艺术,就不能表达审美理念。因此和声、旋律、节奏、曲式结构,作为美的数学性形式的表达,是音乐表达审美理念不可回避的必要条件。汉斯力克试图表明,音乐形式本身可以不经由激情而召唤审美理念,这种观点并非康德的音乐观,这种观点源自毕达哥拉斯的诸天音乐论,其合法性在于反对音乐仅是情感的任意宣泄,音乐的和谐形式是激发审美理念、表现精神的必要条件。这种观点的错误之处在于,音乐对生命节奏与律动、生命感受与情感的表现,同样是表现审美理念与精神的必要条件,而且这种表现会将音乐的数学性和谐形式升级为无法用数字分割的有机和谐的生命形式。

音乐"虽然不凭概念、而是通过纯粹的感觉来说话,因而不是像诗那样

---

① [德]康德:《判断力批判》,邓晓芒译,杨祖陶校,人民出版社,2002,第175页。

还为思索留下了某种余地，但它毕竟更多样化地、并且尽管只是转瞬即逝但却更内在地激动着内心；但它的确更多地是享受而不是教养（由此而附带激起的观念游戏仅仅是某种仿佛机械性联想的作用），并且凭借理性来评判也比美的艺术中任何别的一种更少价值"①。

首先，音乐通过数学性美的和谐形式，表达激情间张弛有度的游戏，而这种内在感觉的游戏可联想出观念，而观念最终可以表达审美理念。所以音乐这种感觉游戏的艺术与语言艺术、造型艺术相比，它是从诸感觉生发出不确定的审美理念，而不是根据确定的观念形成稳固、持存的直观形式，并经由直观向上生发出审美理念、向下激发诸感觉运动。因而音乐表演不具有持存性印象，只具有短暂性印象，并且这些音乐印象必须经常地变化，否则我们就会对音乐形式的重复而感到厌烦。所以就音乐对人的认识能力的扩展深度与广度而言，它较少激发人们对审美理念背后意义的思考。欣赏音乐和创作音乐与前两种艺术活动相比，不需要太多对自然进行规定和反思的知识，它更多地需要对人心中情感的了解。

其次，由于音乐与肉体的享受最为接近，它甚至缺少前两种艺术的温文尔雅，并且在人认识能力的扩展上也有所欠缺，从事音乐活动的人因而会显得没文化、没教养，所以音乐在美的艺术中处于最低的位置，但是如果我们考虑到音乐是对人情感的表达，可以表达出用概念无法诉说的人的激情和情欲，并且音乐是通过这种魅力而表达审美理念的，那么我们就会对审美理念中所包含的人主观的内容进行反思，并通过对人的反思追问人与自然的关系。因此音乐在象征自然目的论知识的时候，就能以其特有的方式，更易于表达出人与人、人与自然，甚至是自然诸物之间的关系，而这是其他美的艺术所不能取代的。

最后，人内心主观的东西，当它还没有形成观念性意义的时候，用情感表达这些内心主观的东西最为生动。因为音乐的情感表现，最能诉说那概念无法捕捉的生命—生活的瞬间变化。音乐表演通过激发丰富的情感体验，引

---

① [德]康德：《判断力批判》，邓晓芒译，杨祖陶校，人民出版社，2002，第174页。

发对审美理念的探索，使人获得启示，是一种最为有效但也是较为危险的方式。例如，人在欣赏巴赫、马勒的音乐作品时，它们更多的是激发了人的宗教情感和道德情感，这些音乐作品要求我们对上帝、人与自然的关系做出思考。根据康德的启蒙哲学，这种哲思应把关于上帝的宗教情感，最终消解为人自身的自由、崇高与尊严的表达，而这些去魅与世俗化的情感，才能直击人心灵的最深处，激发人追求生活的意义。

这需要更多的理性思考。如果欣赏音乐的人在此方面没有修养，就很可能陷入宗教和道德的迷狂之中。音乐是对生活意义最初的基础性感悟，由于距离哲思较为遥远，所以审美价值最低。如果要从音乐中获得关于生活意义的启示，就必须克服感性享受，必须对生活有非常深刻的反思。只有这样，我们才能了解情感背后的意义。音乐的抽象之处在于，它需要人从多变的生命—生活的瞬间感悟中，最终概念化地哲思生活的意义，这不仅需要强大的内感听觉能力，而且还需要强大的概念活动能力。考虑到感性与理性的对立，鉴赏与感悟音乐表演需要进得去，进得去就会获得最深刻的意义，进不去就只能获得享受，甚至会阻碍理性发育。德国曾盛产哲学家和音乐家，似乎德语世界的人曾善于感悟与反思。音乐是他们借助感性感悟生活的基础方式，而且这种感悟最为深刻，激发了同样深刻的哲学反思，能把音乐中最深刻、最抽象、最不容易捕捉的生命—生活现象概念化地表达出来。

以上三类艺术还可以结合成新的综合性艺术形式。"演讲术可以和某种绘画性的表演、它的主体及诸对象结合在一出戏剧中，诗可以和音乐结合在歌唱中，而歌唱却同时又能和绘画性的（戏剧性的）表演结合在一场歌剧中，音乐中诸感觉的游戏可以和诸形象的游戏结合在舞蹈中等等。甚至对崇高的东西的表演，就其属于美的艺术而言，也能在一场吟诵悲剧中，在一首教训诗中，在一曲圣乐中和美结合起来，而在这种结合中美的艺术就更加人为化了；但是否（由于如此多样的各种愉悦相互交织在一起而）更加美了，在这些场合中的有些场合下是可以怀疑的。"[①]

---

① [德]康德：《判断力批判》，邓晓芒译，杨祖陶校，人民出版社，2002，第171页。

这就是说，崇高作为激发审美理念的手段有时候会适得其反。悲剧人物是崇高的，它虽然激发了审美理念，却是通过否定方式，通过展现不幸、苦难、灾祸、道德悖论等完成，这些充斥着否定至善信仰、意指自然的本质是虚无的事件与生活感受，暗中败坏着自然美与艺术美提示的理性的自由本性。理性的自由在于，不论自然的本质为何，人就是要筑造一个持存的文化系统作为自己的家园，以确保人类历史是一个自我解放、不断改良与进步的过程。美好的未来、和谐与正义的社会总是迟迟不到，这是理性不成熟、历史条件不具备导致的，但随着理性的成熟，人的知识无限增加，错误被不断纠正，美好的未来总是有希望的。

　　总之，美的艺术在于表达审美理念或说精神，象征抽象的理性理念，使精神能够接受更多的审美愉快，而不在于获得由感觉质料而来的魅力和感动交替产生的享受。这种享受使得精神迟钝，不能让精神和理念相配，不会在理念中留下任何东西，并且会"使对象逐渐变得讨厌，使内心由于意识到他的在理性判断中违背目的的情绪而对自己不满和生气。如果美的艺术不是或远或近地被结合到那些惟一带有一种独立的愉悦的道德理念上来，那么后一种情况就是这些美的艺术的最终命运了"①。"一般来说，自然美是最有助于前一种意图的，如果我们早就习惯于观赏它、评判它和赞叹它的话。"② 艺术与自然美的关系问题，将会在最后一章中做出回答，但可以先预告结论：美的艺术超越自然。

本章结语

　　感性表象与审美表象、感性形式与审美形式、感性理念与审美理念、道德理念与理性理念这些康德哲学术语，是理解康德美的艺术论的核心概念，也是区分与统一自然美和艺术美的关键概念。感性表象可以由质料感觉与知

---

① ［德］康德：《判断力批判》，邓晓芒译，杨祖陶校，人民出版社，2002，第172页。
② ［德］康德：《判断力批判》，邓晓芒译，杨祖陶校，人民出版社，2002，第172页。

性、理性、判断力的三种认知形式构成,对应着科学、道德与目的论知识。感性表象可以是无形式的,这是指外在的质料感觉与内在的生命感受——情感是稍纵即逝的,因无法被持存地、有形地感悟与把握,被看作假象、幻象与不存在的,与持存的自然、生命与生活的和谐形式不符合的东西。感性表象可以是持存的,但具有不和谐完整的形式,这种感性表象可能表现出外在对象、事件与人物行动数量的无限大或力量的无限强,可以激发道德理念,引发道德情感。这种感性表象不是优美的审美表象,而可能是崇高的审美表象,所谓具有无形式的合目的性。感性表象作为科学的、道德的感性表象,可以不是审美表象,可以表现与激发情感,审美表象必须具有合目的性,但是具有合目的性的感性表象不一定就是美的或崇高的审美表象。例如,虽然最优秀的苍蝇具有质的合目的性与同类中量的合目的性,但我们并不因为这种完善就认为苍蝇是美的,因为从物种进化与符合人的生存上来讲,苍蝇是低等与有害的,它至多是神秘、恶心或令人恐惧的。当我们说战争、死亡是合目的性的时,需要通过象征与隐喻的方式表达其中蕴含的美的合目的性,如果直接用感性表象描述杀戮与瘟疫、尸体与粪便,虽然我们可能会感受到生命—生活的更新,但此种美感不是对象的感性表象带来的,而是经由辩证地激发审美理念而带来的。

感性表象可以激发感性理念,象征道德理念。古希腊的美德论,提示勇敢等四大美德是感性与理性的统一,但是根据康德幸福论与德行论的二分可知,显示勇敢的人物事迹作为感性表象,提示了道德理性对趋利避害的感性欲求的控制与反对。勇敢作为道德情感,并没有提示感性与理性的统一,反而揭示出感性与理性的对抗。所以人物事迹、伦理故事等感性表象,作为勇敢等道德情感的表现与激发,象征了道德理念。这种道德理念要求道德律控制感性,最终实现感性与理性的和谐统一。勇敢不仅是感性的符合道德律的激情、践行道德律的动力,意指一切可能的勇敢行动的感性表象,而且也蕴含道德律对感性的控制。因而勇敢就是象征道德理念的感性理念,意味着人的道德实践是至上与无限的。自然美象征勇敢等感性的道德理念,是指自然合目的性原则悬设了感性与理性、必然与自由的统一。勇敢作为感性的道德理念、道德实践的激情与动力，好像统一了感性与理性、必然与自由，因而象征勇敢的感性表象可能是审美表象，是美的或崇高的。

完善的感性表象可能是审美表象，审美表象激发审美理念，象征理性理念。在宗教符号中，为了显示此岸与彼岸的二分，地狱与恶魔等感性表象本身是丑陋与恐怖的。它辩证地象征上帝与理知世界这些理性理念，因而这些符号可以被看作是感性理念。如果直接用人间或者想象力创造的完善且优美的感性表象，不完善但崇高的审美表象，来象征上帝、至善的理知世界等理性理念，那么这些审美表象是通过激发审美理念而象征理性理念的。审美理念有整体性，将上帝与天堂等宗教符号去魅为自然合目的性生长、人类社会的合目的性发展，因而蕴含着人内心主观精神如何落实为实存的这一生命—生活过程的感悟、想象与希望，与自然目的论知识整体对应。审美理念象征理性理念，意指自然与生活的意义之整体与无限丰富，感性理念象征道德理念，作为部分被包含在审美理念象征理性理念之整全的过程中。

我们把自然美限定在既有自然与人类历史这一范围内，用艺术美包含自然美，强调艺术美对未来的想象作用、对现实的超越作用。这样做的理由在于，虽然康德认为自由、理性也是自然而然地生长出来的，但是康德毕竟最是强调人的自由与自然之本性的对立、感性与理性的二分、主观精神与形式对感觉质料的塑造、人为自然界立法。所以将自然符号与艺术符号统一进人造的艺术符号中，将自然美统一进艺术美之中，以艺术符号赶超现实为理由，强调艺术美高于自然美，虽然过度凸显了人的主体性地位，显得狂妄自大，忘记了人是自然的一分子，存在的存在作用更需要从客体的给予性对人的宰制与守护中去理解，但是这种做法的合法性在于，它有效地回应了当今历史的走向。康德美学与目的论中的因果倒置与互换法，虽然提示了人对自然意义理解的有限性，提示了人的生存是充满矛盾与问题的，自然的给予性是神秘难解与需要沉思的，但是康德哲学的总基调是哥白尼式革命，让客体围绕主体旋转。他把审美与目的论看作主观的、非科学的，预告着科学主义的盛行，艺术与科技合力征服地球，导致世界大战的到来。

人的自由体现为人有理性，人能够按照理性使命而实践，追求真理或说追问生活的意义。人赋予自然以形式这种能力的创造性，表现在人通过这种实践活动，不仅可以知道事件将会怎样，而且也可以知道事件应当怎样，甚至还能预见事件将应当怎样。这就是说，人创制的核心特征是预见未来，通过这种启示作用来展开生活的意义，这种预见未来的思维方式集中表现为象征的思维方式。人本性中主观的东西，如何才能投射出来，让人可以对理性自由本性的使命有所关照并获得启示？美的艺术创造让再现性的审美表象中有新图型初次出场，让由此到来的审美理念引发哲思，体现人的超越性，并指向超验的内容。

人通过美的艺术象征非直观的理性理念，进而把至善当作最高指令和真理来追求，这种象征只是指出了终点，虽然使得人明确了生活的大方向，但是很难对人当下的现实生活有全面的关照。其原因是人的概念能力对已经发生过的事情还不能深入细节，有些东西没有照顾到，所以人往往看不清楚生活的小方向，而这就是人创制的局限性。这使人会犯错、会走弯路，且人的生活只能如此展开，甚至感性的有限性还让人知道错了也不改正，道德情操不高尚，让知与行不能合一。

美的艺术象征审美理念，这种表达并非概念表达，是完全不同于概念知识能力的表达，这种来自理性自由本性不可见的精神内容的投射是以审美理念为媒介的。通过它，无法直观的理性理念好像获得了图型，一个艺术的美丽世界被创造出来。这种理性理念的表达不受自然的质料束缚，因为它的图型只是一个审美理念，而这就使僵死的理性理念变得生动，有了生命，理性的精神内容变成了感性的，似乎可以直观。这种生动的感性精神，就可以有效照顾到当前生活的展开。因为它激发了人的知识能力，让知识能力变得更有活力，可以使人对现实生活的反思更细致、更深入。正是因为知识能力对美的艺术中精神的开显永远都是有限的，所以美的艺术这种特有的、来自理性自由本性的启示作用，对人的生活就有至关重要的作用。

人的概念能力无法参透天才的艺术创造是如何发生的，天才对此也一无所知，这是理性为了实现自身使命的智慧表现。所以人不仅要关注科学家眼中的自然，更要关注艺术家眼中的自然及人类艺术活动的景观，因为美的艺术及其艺术活动的景观对生活的启示作用是全面的、持久的、细致的。如果要在自然与作为主体的人的初次感悟之间放上一种符号，那么只能放置做与知同一、神话与科学同一的艺术符号，而不是做与知分裂、神话与科学对抗的生产工具或概念符号。因为美的艺术中的精神就蕴含整个概念知识体系，人生活的展开也是通过对美的艺术中精神的解释而完成的。美的艺术是创造，是理性用来照亮世界的火炬。美的艺术可以代表人感性欲求的满足，美的艺术创造是出于理性使命的实践，道德实践的最高目标是追求真理，而提升人类社会的福利与匡扶正义，是追求真理的必要条件。族群、美的艺术及其景观、自然这三者之间的互动，标志着整个人类社会生活的展开，是通过自然意义的开显而实现的。

如果这样来理解美的艺术，康德将艺术引入其哲学研究的原因由此也就找到了。对人类生活有如此重要作用、代表着生活意义起源的美的艺术，不得不作为一个论题，进入以反思自然意义、人类生活本源和终点的形而上学中。如果艺术创造是先验哲学中的内容，那么天才创造美的艺术论就不是经验科学，而是一种先验演绎。康德通过论述天才与美的艺术的关系，将美的艺术这种没有规则可循的创造方式与完全不同于三种知识能力的、来自理性自由本性的艺术创造能力连接了起来，艺术创造是先验自由的最高体现。

人的创造性在于赋予自然以形式的能力，所以实践不仅仅是工具实践，更是精神实践，人只有通过逼近真理才能让自己的生活得以展开。人生产艺术品并不仅仅将它拿来消费，更重要的是拿它来揭示真理，人要将艺术品当作符号来使用。只有这样，人才能了解自然背后的意义，而自然才会成为属于人的自然，自然才会因人而改变。人解释真理，了解自然背后的意义，改造自然，并不只是为了满足自己的感性需求，虽然人的活动是都是感性的，但是人赋予自然以形式是人理性的表现，人是按照自己的理性使命而创造艺术品，创造艺术符号的。所以对艺术品的消费、幸福的满足只是追求至善的结果而已，甚至追求至善仅是追求真理的手段。由于社会生活是对美的艺术理想的部分落实，它表现为神话宗教、科学技术、经济政治、法律道德等符号形式的转型过程，与人理性的成熟相对应，所以社会生活的进程有其个人无法改变的节律。那么,每个人在这种规律之下应当如何生活呢?康德的启蒙哲学认为,人的价值不仅在于为了有德性地追求幸福而活着,人的尊严就在于德行,而且人的价值在于揭示真理、说出真理,凭借自身的创造性融入文化符号系统的更新中,有条件、有限制地推动社会进步与人的自我解放。

  为了让自己的理性成熟,人必须思考,反思和规定自然的意义,而如果我们每个人都这样做了,不仅人的精神获得了自由,人的创造性得以实现,而且人类社会也会随之发展。当然,这种精神自由,其前提必须是人要首先履行自己所处位置的社会功能,进而通过言论自由,集体协商与对话,助推社会的改革与发展。所以个体应当创造出只有自己才能创造出的自由的艺术,体现自己的独创性,把这种活动当作一种自由的游戏,当成一种义务,至于由此而来的好处,仅是自己应当配享的幸福,不要过于计较公平不公平。理性是我们唯一可以依赖的东西,我们要相信理性给我们的承诺:"凡是根据理性的理由对于理论是有效的,对于实践也就是有效的。"①

---

① [德] 康德:《历史理性批判文集》,何兆武译,商务印书馆,1990,第210页。

第六章　康德论美、崇高与德性—善的象征关系

本章将回答以下问题：(1) 在康德看来，从质、量、关系、模态四方面考察，美的鉴赏判断形成非概念性的美的对象，其审美表象或说感性形式有哪些特征？为什么美的鉴赏判断是先天综合判断？基于自由美与依存美的区分与联系，鉴赏判断的二律背反如何获得解决？(2) 在康德看来，崇高的鉴赏判断形成非概念性的崇高的对象，从数量与力量方面考察，其超越感性形式限制的审美表象有哪些特征？同样是先天综合的崇高的鉴赏判断是如何可能的？崇高感与道德情感、宗教情感的区别与联系是什么？崇高与美有哪些互动关系？(3) 在康德看来，审美认知与概念认知有何区别与联系？根据康德对美的艺术、美与崇高的界定与说明，为什么可以从这些论述中，最终推论出美的艺术超越自然这一论断？根据美的艺术超越自然或说艺术美高于自然美的论证思路，基于康德艺术审美无利害说，可以对康德"美是德性—善的象征"命题，重新做出哪些解释与说明？借助康德的人类学哲学对自然美与艺术美的说明，为何不能推翻建基于康德的美的艺术、美与崇高批判哲学之上的美的艺术超越自然这一推论？

第一节　康德论美的鉴赏判断

一、愉快、认知意图满足与鉴赏判断的非概念性

康德认为，每个意图的实现都和愉快情感结合着。第一，机械性自然科学规律的认知、无法表达审美理念的自由的艺术生产与享受，让人逐渐失去

智性或审美愉快。根据做与知的同一与对立关系，生产自由的艺术，对于工匠或艺术家而言，包含概念活动，但这种主体创制目标的实现与不制作仅是享受艺术品的接受者之间，形成了分离与交互关系。因而自由的艺术生产作为知识能力的意图满足，与消费对象质料这种意图满足不同，这种满足只是人感性欲求的满足，而与理性自由的知识活动没有干系，由此而来的这种感性愉快，距离因知识能力的意图获得满足而产生的愉快较远，是非智性、非审美的。

快适的艺术生产与享受，虽然有知识活动参与其中，但是它以撩动欲望与肉身舒适为目标，其概念或感性的认知活动，虽然产生快感，但是生产者、参与者与接受者，都可能会对此产生厌烦，不再感到愉快。美的艺术创造与享受，作为概念与审美的认识活动，之所以会产生审美疲劳，是因为美的艺术创造与鉴赏变成了单纯的概念活动，概念活动虽然满足了认识意图，但是会让人丧失智性或审美愉快。

正如康德所说："虽然我们在自然的可理解性和那个种类划分的自然统一性——只是由于这种统一性，我们借以根据自然的特殊规律来认识自然的那些经验性的概念才是可能的——方面，不再感觉到任何明显的愉快了；但这种愉快肯定在那个时候曾经有过，而只是由于最通常的经验没有它就将是不可能的，它就逐渐与单纯的知识混合起来而不再引起特别的注意了。"① 这就是说，依照自然合目的性原则判断自然现象与创制自由的美的艺术，那审美愉快最初和对象的合目的性形式结合在一起，但是当这种目的论引导知性认识自然规律时，这种审美愉快就消失了。

这是因为知性是依照先验范畴来探寻自然规律的，"我们在自己的心中找不到、也不可能找到从知觉和按照普遍自然概念（范畴）的规律之间的吻合而来的对愉快情感的丝毫影响，因为知性在这时是无意中按照其本性必然行事的"②。虽然这种探寻自然规律是认识能力的意图满足，但是这种过程是

---

① [德]康德：《判断力批判》，邓晓芒译，杨祖陶校，人民出版社，2002，第22页。
② [德]康德：《判断力批判》，邓晓芒译，杨祖陶校，人民出版社，2002，第22页。

无意的，因而不能带来愉快。

这就是说，当认知意图最终显示为探寻自然规律、依照机械性的自然规律生产自由的艺术时，当这种认知偏离了表达审美理念的审美表象的形式鉴赏，仅是为了完善及其使用功能时，生产者与欣赏者都会逐渐感受不到愉快，都会因重复而变得厌烦与疲劳，丧失智性或审美愉快，甚至当我们用目的论思考自然与人的关系时，当概念的整体性框定了自然与人，人不再能感受到这个整体性轮廓中无尽丰富与生动的意义时，智性与审美愉快就丧失了。

马克思从私有制与劳动异化角度，思考了创制作为人的本质力量对象化，为何最终让人舍本逐末，陷入追求金钱与消费的满足中，丧失了求知与自我实现的乐趣。在康德这里，我们看到了更深层次的原因，机械性的概念活动或说科技，扼杀生命意义的丰富性。在自由的艺术生产劳动中获得的愉快，可以被看作是自我满足的道德情感，但这种自我满足会丧失。因为就判断力通过知性利用由理性所提供的道德律来进行道德判断时，我们必然会感受到由此而来的道德情感，这种情感只能是敬重与谦卑的情感，而不能是消极的道德满足感。前者是对他人的情感，后者是对自身道德实践的情感。这种认识能力的意图满足顾及了欲求能力，因为道德律是对欲求能力的规定。所以这种意图满足可以看作是间接的道德动机的满足，因为这种情感是与道德实践直接相关的。因此从道德律控制感性、感性与理性之分裂来讲，科技创新作为求知实现的自我满足感，在无限追问真理面前，显得渺小与片面，没有目标，缺乏与自然和谐的生命意义感。这种实践的智性快感，最终会丧失。

第二，智性或审美愉快，作为知识能力的意图满足，不在于获得了哪些概念认知，而在于其合目的性形式激发了知识能力对生命—生活意义的追问。其一，"发现两个或多个异质的经验性自然规律在一个将它们两者都包括起来的原则之下的一致性，这就是一种十分明显的愉快的根据，常常甚至是一种惊奇的根据，这种惊奇乃至当我们对它的对象已经充分熟悉了时也不会停止"①。"惊异是内心对于一个表象及由它所给予的规则与那些已经植根于内

---

① [德]康德：《判断力批判》，邓晓芒译，杨祖陶校，人民出版社，2002，第22页。

心中的原则的不可结合性的一种抵触,所以这种抵触带来一种对于我们是否看准了或是否判断得正确的怀疑;但惊叹则是一种哪怕这种怀疑消失了却仍然反复出现的惊异。"① 可见,对自然界的惊奇(惊叹)或是惊异,都是主体在认识自然规律时,反思其可否或好像具有简约合目的性的统一性时而获得的情感。这种情感连同认识意图满足的愉快情感一起,可以被称为智性愉快。认识到某种相对完善性体现出来的客观合目的性是指我们在反思自然规律时,形成了完善概念。因而智性愉快是概念活动之后而感受到的愉快,而且这种认识的智性愉快与实践的自我满足情感不同,虽然二者都是由概念而来的智性愉快,但是前者仅使用了自然合目的性原则,后者还使用了由道德律而来的判断善与恶的自由范畴。作为保障经验性的自然规律得以拓展下去的目的论知识,不会必然和愉快情感而结合,虽然最初这种情感肯定是有过的。认知的智性愉快情感,不是必然与完善概念结合着的,而只是与具有合目的性的感性表象结合着的。

其二,自然合目的性形式最初不是通过目的概念而被确立下来的,它最初是通过情感而让人们感受到的。想象力将这个感性形式提供给知性,但知性并没有由此而用目的概念来约定它,只是将想象力所提供的形式与知性可能形成概念的那些对应形式,也就是与知性概念能力相比较,表达出这个感性形式适合自己来提供概念。这样,我们就可以在不形成概念的情况下,出于想象力在自由嬉戏状态中与知性的协和一致,而感受到对象是适合于自然合目的性逻辑概念的判断的,而愉快情感也就在这种判断之后出现了。

其三,依照自然合目的性原则所判断出的"对象的形式(不是它的作为感觉的表象的质料)在关于这个形式的单纯反思里(无意于一个要从对象中获得的概念)就被评判为对这样一个客体的表象的愉快的根据;这种愉快也被判断为与这客体的表象必然结合着的,因而被判断为不只对把握这个形式的主体而言,而且一般地对每个下判断者而言都是这样的。这样一来,该对象就叫作美的;而凭借这样一种愉快(因而也是普遍有效地)下判断的能力

---

① [德]康德:《判断力批判》,邓晓芒译,杨祖陶校,人民出版社,2002,第215页。

就叫作鉴赏"①。

其四，广义的知性是指概念能力，是形成三种经验性的知识能力。与经验性概念相对应的形式，即先验时空、范畴、道德律、自然合目的性原则都是主观的，但对每个人而言都普遍有效。它们又是客观的，因为它们代表着自然中一切可能的经验形式。质料感觉是主观的，但从它所对应的是自然的质料来理解，它也是客观的，而且这种客观性表现在我们依照这些概念在自然界产生了效果，造成了某物的实存。这种客观性又是主观性造成的，如果没有这种认识能力、没有这些主观的先天或先验原则，那么自然对我们而言是无意义的，我们不能认识实存，不能思考超感性之物。

因此实存不仅仅是指人生产艺术，用自然规律和德性法则规定自然与生活现象的实存，更是指自然以人所思考出来的上帝创世这种未知方式的实存，并且对这种实存的反思性认识最初不是通过概念，而是通过情感而感受到的。人之所以会对这种实存感到愉快，是因为这种实存表达出自然好像是适合于理性使命而生长的自然，人从这种杂多的偶然现象中看到了合目的性与合规律性的统一，好像人的自由与自然的必然是统一的，而这是知性利用先验范畴所做不到的，只有判断力利用自然合目的性原则才能做到。

人的知识能力当然希望自然与理性的至善使命是统一的，而当我们看到对象好像适合于这种统一之时，虽然我们还没有形成目的概念以确立这种实存，但是我们通过美而先于概念感到了这种实存。因为这种自然感性形式的合目的性实存，代表着自由与自然的统一，知性意图由此而得到了满足，知性会按照这种统一性去追求真理。当我们将一些杂多的现象用一条简单原则统一起来时，我们对它的惊奇也恰恰是因为我们对自然的再自律，这种依照理性使命而强加于自然的统一被部分地证实了。因此这些与概念相对应的主观形式也是客观的，因为它们毕竟代表了自然界任何一物实存的可能性，而且是按照理性使命而实存的万物的可能性。

其五，与鉴赏判断相对应的美感虽然是关于自然依照理性使命而实存的

---

① [德]康德：《判断力批判》，邓晓芒译，杨祖陶校，人民出版社，2002，第25-26页。

一种最初感受，但是它只能是主观的。因为这种与表象结合着的愉快或不愉快，根本不能成为任何知识成分，而"凡是在一个客体的表象上只是主观的东西，亦即凡是构成这表象与主体的关系、而不是与对象的关系的东西，就是该表象的审美性状；但凡是在该表象上用作或能够被用于对象的规定（知识）的东西，就是该表象的逻辑有效性"①。所以愉快情感表达的只是对象与主体的关系，这种关系就在于人的认识能力适合于对此物的认识。我们可以依照判断力对自然的这种再自律来追问自然的意义，逼近真理与至善的统一这种最高真理。正是从这个意义上来讲，我们才说对象只具有主观合目的性，而不是有与概念相对应的客观合目的性。

第三，鉴赏判断是非概念性的，以获得美感或说愉快为结果。"这里就有一种愉快，它正如一切不是由自由概念（即由高层欲求能力通过纯粹理性所作的先行规定）产生的愉快和不愉快一样，永远不能从概念出发被看作与一个对象的表象必然结合着的，而是必须任何时候都只是通过反思的知觉而被认作与这个表象联结着的，因而如同一切经验性的判断一样并不能预示任何客观必然性和要求先天的有效性。"②这就是说，和概念判断一样，鉴赏判断使用的也是先天原则，但是它不是用来形成概念，而只是表达对象是适合主体认识的，对象的主观合目的性这种适合性对于认识能力而言是偶然的，这和经验性概念判断的道理是一样的。

"鉴赏判断也只是像每个其他的经验性判断那样要求对每个人都有效，这一点即使它有内在的偶然性，总还是可能的"③，所以"一个人在单纯对一个对象的形式的反思中不考虑到概念而感到愉快，尽管他的判断是经验性的并且是个别判断，他也有权要求任何人的同意：因为这种愉快的根据是在反思性判断的普遍的、尽管是主观的条件中，也就是在一个对象（不论他是自然产物还是艺术品）与诸认识能力相互关系之间的合目的性协和一致中被发

---

① [德]康德：《判断力批判》，邓晓芒译，杨祖陶校，人民出版社，2002，第24页。
② [德]康德：《判断力批判》，邓晓芒译，杨祖陶校，人民出版社，2002，第26页。
③ [德]康德：《判断力批判》，邓晓芒译，杨祖陶校，人民出版社，2002，第26页。

现的,这些认识能力是每一个经验性的知识都要求着的(即想象力和知性)"[1]。

正是由于美感来自使用了先天原则的认识能力不形成概念的判断,才使美感不必然地和概念相结合,而这样一来,美感就有了独立的价值,这种美与目的概念的关系"正是在判断力原则中那神秘难解之处"[2]。这恰恰是感性、审美认知与概念认知的区别所在,它让美直接地、直观地、不经由概念活动地指向善。真正令人费解的是,康德认为,鉴赏判断虽然是经验性的判断,但是我们可以将它看作是先天判断,而且在这个基础上可以对它做出先验演绎。

由于同样使用了自然合目的性原则的美与崇高同自然目的概念之间的关系是彼此独立的,所以《判断力批判》分为审美判断力批判和目的论判断力批判两个部分。在目的论判断力批判中,康德通过对目的论知识的分析,借助自然合目的性原则的逻辑表象,将这条原则看作判断力对自然的反思性再自律,然后在此基础上解决了目的论判断力的二律背反。接着,康德通过批判上帝存有的目的论—道德证明,不仅利用自然合目的性原则完成了其纯粹哲学体系的构建,用判断力将知性和理性联结了起来,而且也尽力弥合了理知世界和经验世界的鸿沟,提出了人类社会进步论。

在审美判断力批判中,康德的研究对象是艺术和自然符号。由于自然符号的美与崇高是通过美的艺术符号来表达的,所以康德认为,鉴赏力的应用范围是艺术。同样,康德要对美和崇高的对象进行分析,找到美和崇高所构成的要素,即空间和时间、情感、先验原则,进而将它们的成因,归结到一般认识能力中知性与想象力的和谐(美)、理性对想象力的强暴(崇高)这种主观的根据上来。此种既是经验的又间接地是先验的因果演绎,不仅回答了"鉴赏是如何可能的",也有效地解决了美的鉴赏判断的二律背反(崇高没有二律背反,因为崇高不能与完善概念相对应)问题。

对美与崇高的要素分析,康德使用的是质、量、关系与模态四类知性范畴,

---

[1] [德]康德:《判断力批判》,邓晓芒译,杨祖陶校,人民出版社,2002,第26—27页。
[2] [德]康德:《判断力批判》,邓晓芒译,杨祖陶校,人民出版社,2002,第4页。

利用这些逻辑范畴来解释美和崇高是什么。之所以可以用知性范畴来分析美与崇高的构成要素，是因为它们是经验性的东西，是可以利用概念来分析与认识的，且更重要的原因在于，鉴赏判断毕竟和知性有某种关系。也就是说，鉴赏判断使用了知性范畴，康德通过这些知性范畴的线索对美的对象从质、量、关系和模态这四个方面做出了分析。美或崇高的对象是个整体，因为我们在判断一个对象是美的时候，已经同时使用了这四类范畴，但是范畴的使用并不是审美判断的根本，因为我们毕竟没有用它们形成知识，范畴是依存自然合目的性原则而起作用的，它才是审美判断的根本。正是因为这条原则，美的对象才不像理论知识那样，可以将一个对象的知识从这四个方面拆开来分别表达。美或崇高的对象作为一个整体是拆不开的，拆开了就不是美或崇高的对象了。

审美认知与概念认知不同，前者是整个概念知识能力超感性基底的感性表达，显示为美的对象是有机的整体，概念对它的解释是机械性的、不全面的、有遮蔽的。美与崇高的对象对应的是生命、生活、生存时空，不是机械性的、数字化的、均质可计量的时空。与美和崇高相对应的时间与空间关系表现为生命与生活契机。契机按照物理学知识来讲，就是力矩，是力与力臂的乘积。这种机械力虽然提示了时间与空间的乘积关系，但是生活在世界中的人的生命—生存力与这种时空的乘积关系，是生活瞬间的感性合目的性形式的统一性、整体性与个体性的同时到达。美这种有机统一性表达的只是对象或对象部分间的和谐关系，而崇高这种无形式合目的性表达的是个体与整体、自由与必然的矛盾与不和谐。美和崇高的鉴赏判断与知性范畴机械性地规定自然现象是截然不同的，它们是对人与自然关系、自由与必然关系生命一体化的感悟与反思，其中目的论提示的必然，实则是人命运的必然，美与崇高提示了人的自由与命运之争。

二、对美的愉悦是无利害的

在美的分析论中，第一契机是鉴赏判断形成美的对象时按照质来看的契机，而并不是从量来看的契机。这是因为美只是对象诸部分间关系的统一性，这种合目的性表达的是部分间异质、无法还原为量的关系的统一性。所以一个美的对象的数量关系，并不能完全决定一个对象是否美，而无法量化的异质部分之间的关系，可以决定对象是否美。相反，就知性依照范畴探寻自然规律而言，对一个对象质与量的规定，最终要尽可能地量化。因为一定的量可决定质，量变引起质变。当对象的数量关系确定了，对象的质就确定了，所以美的分析论只能先从质来看。

在第一契机当中，康德认为，"鉴赏是通过不带任何利害的愉悦或不悦而对一个对象或一个表象方式做评判的能力。一个这样的愉悦的对象就叫作美"[①]。就一物的实存而言，我们已经区分出了三种不同的实存：一种是按照自然规律的实存，因而是按照自然概念的实存；一种是按照德性法则的实存，因而是按照自由概念的实存；还有一种是按照目的论的实存，由于目的论表达出的是自然生长与历史发展好像是向至善无限趋近的，因而这种实存是悬设自由和自然相统一的实存。

前两种实存可以作为人的主观目的，引起我们的愉快情感，这种愉快表达了对象对我们有一种价值。也就是说，这两种愉快是与功利结合在一起的。功利可以分为利益与兴趣，前者表达的是对象的实用价值，这些对象包括直接满足人生存的自然物与人依照自然规律制造的满足人欲求的人造物或说艺术品；后者表达的是对象的道德价值，这些对象主要是指我们的伦理行动及其产物。

如果一个对象不仅使人喜欢，而且使人快乐，那么这个对象所引起的愉快就是快适，获得这种情感不需要对客体性状有任何判断，因而快适只是对客体的主观感觉，而不是使用了认识能力的感受，它代表的是一种享受。这些对象主要是指食物等通过消灭质料而获得肉身满足的消费品，虽然快适的艺术使用了认识能力，但是其目标是娱乐与享受，而不是感悟与沉思。由于什么东西可以不经过认识能力就直接让人愉快，这对于每个人及处于不同阶段的同一个人而言是千变万化的，所以这种愉快不是普遍的，不是对每个人

---

① [德]康德：《判断力批判》，邓晓芒译，杨祖陶校，人民出版社，2002，第45页。

都有效的。

就按照道德律而实存的行动及其产物而言，虽然它不直接具有实用价值，不是直接用来满足人的幸福的，但是人们对它怀有道德兴趣，行动与产物的实存具有道德价值，表达出了人作为道德的存在者这样一种价值。凭借这种兴趣，我们就会产生愉快情感，它就是自我满足的道德情感。与道德律有先天必然联结的道德情感是敬重情感，因而由善恶判断而来的对人的伦理行动及其效果感到愉快，实际上最终只能变成对按照德性法则行动的人的敬重之情。由于道德情感是与善的概念必然结合着的，因而具有客观必然性和普遍性。

值得注意的是，作为实现幸福的手段可以是间接的善。它们之所以叫作间接的善，是因为这些追求幸福的实践规则可以是道德实践的手段，也可以是追求幸福的手段。如果它们是因为前者而令人愉快，那么这种愉快就是一种道德情感；如果它们是因为后者而令人愉快，那么这种愉快就是感性的快适。

作为有限的有理性的存在者的人，除了拥有以上与某物的实用价值和道德价值相对应的功利相结合的两种愉快以外，还有另外一种愉快，这种愉快与某物的第三种实存相对应，但是这种愉快并不是因对象的实存而来的愉快，这种愉快不是与目的概念有必然联结的愉快，而只是表达出这种对象合适于人的认识能力，按照自然合目的性原则可形成目的概念。因而就审美判断而言，对象的实存对我们而言是无涉的，我们是在知觉没有概念的情况下，按照自然合目的性原则，最先感受到这种实存，而这种对象的实存所表达出的自由和自然的统一，并没有通过目的论及对至善信仰这种逻辑活动而被表达出来。

这就是说，美感是无利害的，首先是指对象并没有经过科学与伦理道德的认识处理，我们对于对象的实存尚未说出什么，但这种美的对象是纯粹美，范导科学与伦理认知，那么对依存美的美感如何也是无利害的。在自然的依存美与美的艺术中，美感来源于其中的合目的性形式，而不是完善概念，而且这种美感的无利害或说超厉害是指审美表象在表达审美理念、象征理性理念时，这种感性图型的设计在于超越现实，要求革新现实的科技与伦理道德，既有的科技与伦理道德，无法界定美的艺术对于未来的超越性想象。

同时，这种美感的无利害或说不厉害是指如果直接把美的艺术的图型，看作即将到来的现实，而任意反对当前生活，就会陷入谬误，忘记艺术理想与感性现实之间需要经历科学技术、政治经济、法律道德等符号形式的转型，才能完成理想与现实的辩证互动。由于美感与道德情感有亲密关系，因而可以为现实的道德说教披上审美的外衣。这样做经常会弄巧成拙，是因为虽然道德情感超越现实的道德实践，是实施道德绑架的有力工具，但是美感超出道德情感，要求全面地、倒因为果、倒果为因、辩证地看待问题，是审慎地批评与反对既有伦理生活的感性表达。

三、单称的美的对象普遍令人喜欢且必然让人愉快

按照量来看，鉴赏判断形成的美的对象的第二个契机包括两个方面：首先，在对象的全称判断、特称判断和单称判断中，康德认为，某对象是美的，这一鉴赏判断是单称判断，说明美的对象是一个个的，并不存在同类的美的对象。所谓"玫瑰花一般来说是美的"，这只是在鉴赏判断之后，做出的类的全称判断，它不是鉴赏判断，而是一个类的概念判断。其次，对象的美是对一个人有效，或是对一些人有效，还是对所有人有效？或者说，当某人看到某个对象是美的之后，其他人是否会对此加以赞同呢？康德认为，"美是那没有概念而普遍令人喜欢的东西"[①]。美感是无利害的愉快，这种愉快与主观目的相对应的欲求能力、道德意志没有直接关系，只和道德意志的最高使命有间接关系，并且这种愉快是在认识能力的判断活动之后而产生的。所以美就是普遍的，而且这种普遍性只表现为主观普遍性。如果美是普遍的，那么美就得是必然的，或者说，按照可然、实然与必然的模态关系来看，鉴赏判断形成的美的对象的又一个契机（康德根据行文顺序，将之称为第四契机）是指，"美是那没有概念而被认作一个必然愉悦的对象的东西"[②]。

可以通过说明三种先天知识的客观普遍性和必然性，比较性辨析鉴赏判

[①] [德]康德：《判断力批判》，邓晓芒译，杨祖陶校，人民出版社，2002，第54页。
[②] [德]康德：《判断力批判》，邓晓芒译，杨祖陶校，人民出版社，2002，第77页。

断形成的美的对象的主观普遍性与必然性。第一,就知性的先天知识形式而言,这些先天知识由以构成的先验逻辑原理作为经验的可能形式,具有客观普遍有效性是指每个作为有理性的存在者的人,都是按照这类先验原理来规定包括人在内的自然现象的。虽然人是感性存在者,每个人的感性都是不同的,是有差异的,但是先验逻辑形式是包含直观的形式逻辑,纯概念的逻辑形式通过创造性的想象力而形成先验图型,这里的决定因素不在感性,而在于人的知性。这种知性是自然赋予每个有理性的存在者的,并且所有人的自我意识,就是知性的可能性基础。先验逻辑形式对每个人都是有效的,纯粹的逻辑形式寻找图型这样一种因果关系也是必然的。这种因果关系不仅在每个人的时间中都必然实存,而且这种必然性是无条件的,不受与质料相对应的感觉左右,只是由人的自我意识而造成的。

就先天知识的构成而言,先天知识中有经验性的东西,而经验性的东西必须是通过感觉而感受到的,但是这里不是感觉的东西来选择一切先验形式中的某个形式,而依然是先验形式依照创造性的想象力来获取经验。因而这种知性规定的先天知识,是可以先天地推导出来的,依然不受感觉左右。所以先验原理与先天知识的这种因果关系也是必然的,依然可以统一到自我意识上来,因此先天知识及先验原理的普遍性和必然性就可以落实到每个人的自我意识这种先验统觉上来。虽然康德在因果性演绎证明先天知识的必然性时,使用了心理学的概念,但是这种证明从根本上来讲,源自对先天知识与先验逻辑形式的观察,而不是对心理过程的观察与内省。"我思"作为自我意识、先验统觉,首先是暗含、潜在于先天知识与先验逻辑形式之内的,而后才可以被看作是认识过程的内在本体性根据,而且这种必然性因果演绎证明,保证了先验逻辑形式在经验与超验应用时的普遍性。

第二,就理性的先天实践知识而言,有关事件善与恶的知识都是先天知识,这种知识的获得不需要创造性的想象力提供图型,道德律与经验的结合只是通过不带直观知性形式逻辑范畴的同一律与不矛盾律而获得的。善恶的经验性知识之所以也叫作先天知识,是因为这种知识的获得也是道德律通过知性而获取经验,感觉在这里无法左右这种知识的构成。这种知识的普遍性和必然性可以因果性演绎到人的自由意志（实践理性）上来。

与道德律有先天必然联结的情感是敬重的道德情感，这并不是说道德情感可以从道德律中先天地推导出来，而只是说道德情感有先天的道德律作为其根据。虽然道德情感是人后天的经验感受，道德律规制出敬重的道德情感，是对抗、控制质料感觉影响的结果。那些爱与自我满足等道德情感，都显示出道德律对感性欲求的控制不彻底、不完全。虽然敬重情感是感性的，但是这种情感是道德律落实到人感性上的结果。所以道德律与十二个自由范畴、善恶知识与道德情感的因果关系也是必然的，其根据在于人的自由意志。自由与道德律的必然因果关系，保证了德性法则、善恶知识是普遍的。

第三，就判断力自然合目的性原则而言，首先，这条原则可以在和质料感觉无涉的情况下，将知性先验的可能经验形式统一起来。例如，用圆形统合无数个三角形。这就说明，它有客观普遍性和必然性，或者说，可以将它和对自然进行再自律的判断力做出无条件的必然连接，因而使之具有客观普遍有效性。

其次，就这条原则形成的目的论知识而言，这些目的论知识具有主观普遍性和必然性。因为自然合目的性原则是反思性的，不是构成性的，它形成的目的概念具有倒因为果、倒果为因的特点，而这种两方面都具有合理性的说明，使矛盾的东西在目的论中随处可见。目的论可以将自然生长与人类历史发展看作是一个完整的目的系统，其根据在于理性理念中上帝的本体论证明与上帝的道德证明。也就是说，如果上帝、灵魂与至善的理知世界等理念没有实践的客观有效性，那么目的论知识就形不成整体，无法具有主观普遍性与必然性，而且目的论提示了历史的必然性与人的命运，所谓其间的偶然性，被看作命运的两个面相，它们分别是宿命与运气。康德有意将目的论看作主观的，至多具有道德实践的客观有效性，不仅是因为人不能完全认识生命生成的原则，否则人就成了神，更是因为目的论作为个人与人类的历史命运论，假如是客观的，就会取消人的自由。如卡西尔所说，人文学（艺术与目的论）提示了人的自由与命运之争。自然合目的性原则与理性理念的合力，形成了人知识形式的整体轮廓，这个轮廓是先天与主观的、普遍与必然的。它的客观性或说对象化应用，意指一切可能的经验与体验。如海德格尔所说，人的自由是宿命的，人的宿命是自由的。

最后，正是因为我们每个人都是有理性的存在者，理性对先天知识的判断才是普遍和必然的，这三种先天知识及与之相对应的先天原则才具有普遍性和必然性，并且由于这些判断能够形成概念，它们代表着对象按照自然概念或自由概念的实存。这些先天知识的普遍性和必然性是客观的是指，当我们利用它们在自然界造成效果的时候，它们才具有客观普遍有效性。每个人都有理性，由于天赋和后天努力的不同，因而每个人的理性在程度上是有差异的，但是这并不是说，每个人会有不同的先天原则，而是说所有人都在使用相同的先天原则，只是在使用能力上有差异。因此我们说每个人都有理性，只是预设了每个人都有与先天原则相对应的一般的认识能力和实践能力，并没有忽视每个人的理性在程度上的差异。

艺术天才创制美的艺术，超出了概念活动，他是在概念形式的整体框架下，通过创制感性表象而表达审美理念的。其神秘与伟大之处在于，这种来自人超感性基底的创制能力，其创制的感性表象并非仅是概念性地表达了什么，而是集聚着丰富的自然与生活意义。这种感性图型想象与设计，有超越现实让未来提前出场的作用，创造性想象力的直觉思维与概念活动有质的差异。根据康德，这种美的艺术作品作为个体性与普遍性的统一，显示为天才的艺术具有典范性，天才为艺术创作制定规则。虽然从康德这里将逐步走出极端强调个体性与不可交流性的艺术创作思潮，但是不能放弃康德将个体的创新看作集体的文化事业之推进，每个人"应当"看出对象是美的，这是维持社会潜在和谐的基础条件。

第四，当知性按照先验范畴形成经验性的自然规律时，这种知识的形成不仅仅取决于自我意识与先验范畴，更取决于对质料的感觉，这种感觉决定知性范畴给出什么样的形式，是内容决定形式，而不是形式决定何种内容可以进来。这样一来，先验形式与经验概念之间的因果关系就成为有条件的、必然的了，这个条件就是外部感觉。就这种知识所对应的实存物而言，它们是有条件的实存，其他实存物的存有可决定它们的实存，而绝对必然的实存，知性是不能认识的。所以这些与经验知识相对应的实存物可以是偶然的，或者是有条件的、必然的，它们的非存有是可能的，而不是不可能的。就这个经验判断本身而言，这种判断虽然是必然的，但这种必然是有条件的必然，它的条件就是人的外部感觉，而且什么样的感觉决定什么样的形式这种概念活动是偶然的，因为我们的外部感觉是受质料的影响而不确定的。

我们也将这些知识看作是普遍的，因为这些知识是可以重复检验的，而且人们通过它在自然界产生了效果，这种效果可以让每个人受益，但是这种普遍性是有条件的，因为我们还可以寻找无数的条件来考察对象的实存。例如，当爱因斯坦的相对论尚未出现以前，我们认为牛顿力学对自然的规定是普遍的，而且我们并不因为相对论的出现就认为牛顿力学是错误的。相反，相对论可以包容牛顿力学。

普遍性强调可交流性与人与人之间的一致承认，康德对知识形式与认识方法的因果演绎证明，确保了这种普遍性，或者说，当人们使用相同的概念形式与研究方法检验别人发现的自然规律时，会得出相同的结论。每个人都是有理性的存在者，而这就造成了每个人的先验概念形式没有质的差异，因为这是理性对感性的要求，但是人与人之间的感性具有质的差异，它表现为每个人的质料感觉是不同的。由于经验知识取决于质料感觉，所以虽然这种知识可以被任何人验证，但是它们并非每个人都可以随便发现的。因为人的感性有差异，而这种差异造成如果个人去规定自然现象，那么他只能规定适合自己感性的自然现象，有些自然现象他的感性是感受不到的，或者说，他的感受是与众不同的，而这种情况就使人与人之间在感性层面上是不好交流的。

第五，就判断力形成与目的概念对应的美的艺术及美的对象而言，这种判断也是经验性的，是质料感觉在选择形式，但是需要将这种判断和知性形成经验知识做出明确区分。首先，经验性的自然规律，其中的质料感觉非常关键，它使这种主动地赋予自然以形式的认识活动有其被动的一面，质料感觉作为内容在决定形式，所以这种知性的认识活动就形成了他律的自然规律，或者说，科学假说需要实验证实。

其次，就经验性的美的艺术创造和审美表象而言，虽然这里同样是质料感觉在选择形式，但是此时的判断力不受质料感觉的束缚。因为判断力对质料感觉并不关心，而是将质料感觉间的形式关系根据主体的至善信仰，强加给了自然现象，所以所谓质料感觉在选择形式也只是说，一些质料感觉刺激了判断力，然后判断力对没有形成科学知觉的现象，甚至永远也不能形成科学知觉的现象之间的关系做出了悬设。所谓有条件的自然合目的性，也只是我们在质料感觉的刺激之下，可以赋予自然界无限多的合目的性形式，与自然的丰富意义相对应。

再次，从这个意义上来讲，表面上是经验性的美的艺术创造或鉴赏判断，其实却是对自然的再自律，虽然它同道德律对自然的自律不同，但是依然是自律，是介于他律的自然规律和自律的道德律之间的一种先天判断。用康德的话讲，"在这个能力中，判断力并不认为自己像在别处经验性的评判中那样服从经验法则的他律；它是就一种如此纯粹的愉悦的对象而言自己为自己提供法则，正如同理性就欲求能力而言所做的那样；并且认为自己既由于主体的这种内在可能性、又由于一个与此协和一致的自然的外在可能性，而和主体自身中的及主体之外的某种既非自然、亦非自由、但却与自由的根据即超感性之物相联的东西有关系，在这超感性之物中理论能力与实践能力就以共同的和未知的方式结合成为统一体"[①]。

最后，正是因为这种判断与使用了这种判断的美的艺术创造，强调的是感觉质料间的诸关系，所以虽然它是经验性的，但是它具有和先天知识一样的普遍性。因为这种判断依然忽视了感性的质的差异，形成的是理性对感性所要求的与质料感觉无涉的经验性形式。理性对感性提出这种要求，是为了通过这种合目的性形式来范导知性，让知性按照理性的至善使命去规定现象。如此一来，他律的自然规律就具有了与理性使命相一致的展开维度。

---

① [德]康德：《判断力批判》，邓晓芒译，杨祖陶校，人民出版社，2002，第202页。

四、共同感与鉴赏判断为何是先天综合的

通过以上先验逻辑概念、目的概念、经验性概念及美的对象（包含美的艺术）的比较性分析可以看出，三种知识与美的对象的普遍性提示，人与人之间在何种程度上是可以交流与彼此承认的。理性或感性的知识活动与结果的普遍可交流性，取决于理性对感性的要求，且这种要求只能使感性在纯粹的形式构建与反思上是一致的。如果理性再前进一步，就会命令感性在这种对自然的再自律的经验性形式设计与反思上是一致的，而这种经验性地要求每个人都具有的形式感觉，被康德称为共通感。"人们必须把 sensus communis「共通感」理解为一种共同的感觉的理念，也就是一种评判能力的理念，这种评判能力在自己的反思中（先天地）考虑到每个别人在思维中的表象方式，以便把自己的判断仿佛依凭着全部人类理性，并由此避开那将会从主观私人条件中对判断产生不利影响的幻觉，这些私人条件有可能会被轻易看作是客观的。"①

康德认为，共通感使得一些经验知识在忽略了质料感觉差异的情况下依附着形式感觉而得以普遍传达，这就形成了与共通感相对应的普通知识。这种普通知识主要通过理解而获得，虽然这种理解作为学习和模仿，没有创造性在其中，但是这种普通知识的学习，使人与人在感性的质的差异上出现了类似的感受，人与人通过模仿和学习表面上变得很相似。"既然如此，就无须立足于心理学的观察之上，而可以把这种共通感作为我们知识的普遍可传达性的必要条件来假定。"②

第一，共通感是理性在应用时对感性提出要求而逐步形成的。首先，从道德实践层面来讲，人的自私源自感性欲求，这种自私让人与人之间的竞争、斗争与战争无法消除。因而城邦秩序首先有实用的权力控制的一面，而道德素质的逐步生长、道德理性的逐步应用，才让城邦的法律逐步与普遍的道德律相符合。自私的感性反对道德律的恶行，有企图建立合法性的一面。当人

---

① [德]康德：《判断力批判》，邓晓芒译，杨祖陶校，人民出版社，2002，第136页。
② [德]康德：《判断力批判》，邓晓芒译，杨祖陶校，人民出版社，2002，第75页。

们不断通过使用理性，而不是暴力与阴谋来处理利益纠纷时，道德理性就会逐步控制感性，形成越来越纯粹的道德情感与道德动机。那些混杂着自私与自爱的自我满足与爱情、怜悯与同情等道德情感，就会逐渐让位给敬重的道德情感，而且这种情感是普遍与必然的，隶属于人类的共通感。

其次，与人类伦理生活的理性善恶判断与思辨一样，哲学与科学研究有助于熔铸人类的共通感。康德认为，"对被动的理性、因而对理性的他律的偏好就叫作成见；而一切成见中最大的成见是，把自然界想像为不服从知性通过自己的本质规律为它奠定基础的那些规则的，这就是迷信。从迷信中解放出来就叫作启蒙；因为这个称呼虽然也适合于从一般的成见中解放出来，但迷信却是首先值得被称之为一种成见的，因为迷信置身于其中、甚至也许会将它作为一种义务来要求的那种盲目性，首先使靠别人来引导的需要、因而使一种被动理性的状态变得明显了"①。这就是说，人类的认识错误首先在于对人类的知识形式反思不充分。知识的错误在于两个方面：一方面是知识形式的应用边界与使用方法不明确，导致论证、证明的错误。如果论证是错误的，就会得出错误的知识。另一方面是过度强调质料感觉的给予性，认为知识的正确性在于知符合于物，理性对于自然界的认识是极为有限的，并且将一些成见不加验证与检验地接受下来，而质料感觉有欺骗性与诱惑性，或者说，我们的知识形式只能接受那些持存的、重复循环的质料感觉，无法把握那些瞬间的、流动的、方生方灭的质料感觉。

科学认知在于大胆假设与小心求证这一探索过程，要求相信自己的理性可以检验一切既有知识，破除错误、成见、迷信。康德强调科学知识的客观有效性不仅在于人的知识形式的正确使用，也在于持存性的质料感觉选择了知识形式，科学假说与实验证实达成了一致，而且这一由科学家开展的工作是可以重复检验的，或者说，可以理解与学习，通过这一理解过程，人类的共通感就会逐步形成。虽然每个人眼中的太阳都是不同的，但是正是因为我们每个人的形式感觉是一致的，所以人们才能在质料感觉截然不同的情况下

---

① [德]康德：《判断力批判》，邓晓芒译，杨祖陶校，人民出版社，2002，第136—137页。

都判断出那是太阳，而不是月亮。

最后，导致成见和迷信的根本原因在于我们没有反思人类做与知的形式原则及其边界，没有按照这些规则去规定自然现象与行动，没有去检验和批判前人对自然的认识与改造，甚至反对理性对自然的认识，反对用必然和普遍的原则追问自然的意义，所以从迷信中解放出来就叫作启蒙。迷信中最大的迷信就是对上帝的迷信，康德通过对理性本身的审查，将上帝消解。这种行为的合法性在于，康德是在对理性本身的先天原则进行反思的基础上进行这项工作的，这些知识不是经验性的，所以它们是普遍和必然的。通过对这些原理在证明上帝时所起作用的审查与批判，我们就可以将上帝这个先验幻象消解，让他不在自然界起作用，但是由于这个幻象来自理性自由本性，所以要让人们完全杀死上帝，却很难做到。

所以按照康德的启蒙思想，我们首先要意识到每个人都是有理性的，它表现为人的实践与认识是有先天规则可循的，我们每个人都可以按照这些规律去实践、亲自去规定现象，而不是盲目地听从他人（上帝），依靠别人的引导来生活。接下来我们就可以按照这些原则独立地思考，自己思维，独立地面对生活，而这就可以看作是人从幼儿阶段走向了成人阶段。由于感觉的欺骗与诱惑导致了理性的错误使用，所以我们每个人对事物的思考都不会完全正确，不能正确地用原则规定现象，不能始终一致地按照原则去生活，甚至由于每个人对自然的反思与规定都不可能完全正确，所以这种模仿和学习很容易导致成见的传播。但是至少我们每个人都在独立地思考与生活，所以错误只是人理性的不成熟表现，通过对原则的不断应用，我们的理性会逐步成长，人会在生活的历练中不断解决难题、纠正错误而成熟起来。这种成熟的标志在于人类的共通感不断积累，人与人通过争辩与交流，逐步达成共识，实现彼此承认。

第二，共通感是美的对象普遍令人喜欢的必要条件。其一，鉴赏判断有先天根据，这个先天根据就是自然合目的性原则的审美表象。这种审美判断和判断力利用知性的先验范畴规定自然现象形成经验概念在方式上是一致的，同样是由质料而来的感觉决定形式。因而美的对象与愉快情感这种必然的因果联结就是有条件的,这个条件就是共通感。这种感觉并不是某个对象的感觉,而是对象诸部分间关系的感觉,所以就这种共通感而言,"我们不把它理解为外部感觉,而是理解为出自我们认识能力自由游戏的结果"①。

其二,由于共通感作为经验性的形式感觉是可以要求每个人在此方面达成一致的,所以鉴赏判断的必然性就"不是说,每个人将会与我们的判断协和一致,而是说,每个人应当与此协调一致"②,"这种必然性作为在审美判断中所设想的必然性只能被称之为示范性,即一切人对于一个被看作某种无法指明的普遍规则之实例的判断加以赞同的必然性"③。可见,鉴赏判断的普遍性是假定了共通感的普遍性。

其三,为了表达审美判断并不是生成概念的判断,或者说,这种判断并不是针对客体的,对客体的实存是不关心的,康德将这种普遍性和必然性称作是主观的。即是说,它们并不表示对象对认识能力的关系,而是表示对象对每个主体愉快与不愉快情感的关系。鉴赏判断"不是把美这个谓词与完全在逻辑的范围内来看的客体的概念相联结,但却同样把这个谓词扩展到所有的作判断的人的范围之上去"④。

其四,通过以上对概念的客观普遍有效性与美的对象主观普遍有效性的分析可知,"一个客观的普遍有效的判断也总是在主观上普遍有效的,就是说,如果这个判断对于在一个给予的概念之下所包含的一切东西都有效,那么它对于每个借这概念表象一个对象的人也都有效。但从一个主观的普遍有效性中,亦即从不基于任何概念的感性的「审美的」普遍有效性中,是不能够推出逻辑的普遍有效性的:因为那样一种判断根本不是针对客体的"⑤。这就是说,美和目的概念之间的关系是断裂的,目的概念具有客观普遍有效性,但美没有客观普遍有效性,因为美并没有生成概念。

---

① [德]康德:《判断力批判》,邓晓芒译,杨祖陶校,人民出版社,2002,第74页。
② [德]康德:《判断力批判》,邓晓芒译,杨祖陶校,人民出版社,2002,第76页。
③ [德]康德:《判断力批判》,邓晓芒译,杨祖陶校,人民出版社,2002,第73页。
④ [德]康德:《判断力批判》,邓晓芒译,杨祖陶校,人民出版社,2002,第50页。
⑤ [德]康德:《判断力批判》,邓晓芒译,杨祖陶校,人民出版社,2002,第50页。

其五，发现自然符号中的美，创制美的艺术，这种感性认知方式，有赖于人感性的差异。每个人依赖自己的感性，发现与创制只有自己才能见到的美的形式，并由此开展追问自然意义的活动，且要求别人的承认，这种人类共通感的熔铸，提示了人的最高本质是追求真理，赋予自然界以形式和意义，而不是争夺利益与资源，满足自己的感性欲望。美美与共，是天下大同的必要条件，这种发现与创造美的过程，并不消灭存在者与毁灭地球，反而让个体性与普遍性的交融与统一，在主体间的交流与承认中展开，形成一种和平的知识竞争与分享局面，有益于人类的永久和平，或者说，人类的永久和平、人与自然的和谐共生有利于人以创造美为基础，争辩性追问真理与展开生活的意义。

第三，借助共通感对美的对象的普遍性与必然性说明，可以回答"一个判断，仅仅从自己对一个对象的愉快情感出发，不依赖于这对象的概念，而先天地，即无需等待别人同意，就把这愉快评判为在每个另外的主体中都加之于该客体的表象上的，这种判断是如何可能的？"[①] 或者说，借助共通感的说明，可以回答经验性的鉴赏判断为何是先天综合判断。

"鉴赏判断是综合的，这是很容易看出来的，因为它超出了对客体的概念甚至直观之上，并把某种根本连知识都不是的东西、即把愉快（或不愉快）的情感作为谓词加在那个直观上面。但鉴赏判断虽然谓词（即与表象结合着的自己的愉快这一谓词）是经验性的，然而就其向每个人所要求的同意而言却是先天判断，或者想要被看作先天判断，这一点同样也已经在它们的要求的这些表达中包含着了；这样，判断力批判的这一课题就是属于先验哲学的这个普遍问题之下的：先天综合判断是如何可能的？"[②]

其一，鉴赏判断由于不凭借概念，所以要求每个人都必须去亲自尝尝对象的味道、感受对象的美，鉴赏判断的此种特性，就更加需要共通感。审美判断的先天根据在于自然合目的性原则，与这种原则的审美表象相对应的是

---

① [德]康德：《判断力批判》，邓晓芒译，杨祖陶校，人民出版社，2002，第130页。
② [德]康德：《判断力批判》，邓晓芒译，杨祖陶校，人民出版社，2002，第130页。

一切可能的美的形式，而合目的性强调的是对象诸部分间合目的性的统一性。所以对象的美只在于形式，而不在于对象实存的质料感觉。因此当我们判断某个对象是美的时候，按照这条先验原则，我们要将与质料感觉相结合的魅力从美的形式中剔除出去，以保留下这个纯粹美的形式，而这同经验概念按照质料感觉来确立对象的实存有根本区别。

其二，对象的美的形式可以看作是作为一切可能的美的形式的审美理念的部分显现。这种显现就像是先天的，或者被思考为先天的，是因为虽然美的对象的形成是基于有差异的感性，但是美的判断是要求将这些与质料感觉相对应的差异全部取消，只留下与认识能力相对应的无差异的感性所形成的形式。每个人正是按照这样一种排除了感觉差异而只同认识能力相对应的感性，或者说，按照共通感觉的理念，才将鉴赏判断这个经验性的判断看作是先天必然的。

其三，我们之所以将共通感看作每个人都可以有的感觉，是因为由先天原则而来的经验性形式的普遍性要求每个人都有相似的感性。这是知性对感性的要求，理性的成长必然会带来这种感性的一致性。康德将这种共通感称作理念，是因为我们充分考虑到了人与人之间感性的无限差异，所以这种一致性又是永远无法达到的。鉴赏判断就是在共通感的前提下，在要求消除一切感性差异的前提下，而被要求看作是先天的必然判断。我们之所以有权利这样做，是因为美的形式是与作为差异的表达的有关对象实存的质料感觉没有任何关系的，这就是鉴赏判断作为经验性判断依然能够进入先验哲学、被当作先天综合判断来研究的原因。

其四，因为在一个单纯的鉴赏判断中，因对象而愉悦是与对其形式的主观合目的性这种单纯评判而结合着的，而不是和质料感觉与概念结合着的，所以由感性而来的差异就被剔除掉了。这种由对象主观合目的性而来的想象力与知性的协和一致，就与每一个人的认识能力相对应。这种认识能力是作为知识的可能性而被要求的，因而是消除了感性和理性差异的一般的认识能力。"既然判断力就评判的形式规则而言，撇开一切质料（不论是感官感觉还是概念），只能是针对一般判断力运用的主观条件的（既不是为特殊的感觉方式也不是为特殊的知性概念而安排的）；因而是针对那种我们可以在所有人中都（作为一般可能的知识所要求的来）预设的主观的东西；所以一个表象与判断力的这些条件的协和一致就必须能够被先天地设定为对每个人都有效的。"①

其五，从上述对先天的鉴赏判断如何可能的因果演绎中可知，虽然鉴赏判断和经验概念的判断一样，是对象的感觉去选择形式，但是由于鉴赏判断针对的只是感觉所选择出来的形式，这就和先天判断只考虑对象的形式相一致，而这个形式又和先天概念一样，与一般认识能力相对应，因而具有先天必然性。即便这个必然性是预设了共通感的必然性，但这个共通感是和一般认识能力相契合的共通感，因而作为一条主观原则，同想象力与知性的谐和相统一。

因此由于鉴赏判断是基于共通感之上的必然判断，所以这是一种个人站在别人立场上的思维方式，"这种思维方式不论人的自然天赋所达到的范围和程度是多么的小，却表明一个人具有扩展的思维方式，如果他能够把如此之多的其他人都如同被封闭于其中的那些主观个人的判断条件都置之度外，并从一个普遍的立场（这个立场他只有通过置身于别人的立场才能加以规定）来对他自己的判断进行反思的话"②。

"做到这一点所凭借的是，我们把自己的判断依凭着别人的虽不是现实的、却毋宁只是可能的判断，并通过我们只是从那些偶然与我们自己的评判相联系的局限性中摆脱出来，而置身于每个别人的地位；而这一点又是这样导致的，即我们把在表象状态中作为质料、也就是感觉的东西尽可能地去掉，而只注意自己的表象或自己的表象状态的形式的特性。"③

其六，经由康德对美的鉴赏判断为何是先天的说明，可以见出其艺术与科学的启蒙思想更深层的含义。当别人看出经验性形式之时，我们同样要看到这些经验性形式，但其中的质料感觉我们要尽可能地剔除掉，只是关注这

---

① ［德］康德：《判断力批判》，邓晓芒译，杨祖陶校，人民出版社，2002，第132页。
② ［德］康德：《判断力批判》，邓晓芒译，杨祖陶校，人民出版社，2002，第137页。
③ ［德］康德：《判断力批判》，邓晓芒译，杨祖陶校，人民出版社，2002，第136页。

个形式。这样，这个形式就只是一个可能的经验形式，而不是一个现实经验。如此，我们就可以将自己的质料感觉再加进去，形成不同的经验，而这个经验就有可能会否定前人对这个事物的认识，因为前人对这个事物的质料感觉可能是加了个人主观的东西的幻觉。通过这种争辩，我们也可以谨慎地将自己主观的幻觉剔除，留下真实的质料感觉，以使这个经验事实在自然界产生效果，使每个人都受益，或者如果别人对这个事物的质料感觉是真实的，那么我们就可以通过自己独特的感性再从中发现新的真实的质料感觉，使这个事物的经验知识更丰富。可见，自己独立思考容易犯思维的个人主义错误，站在别人的位置思考又容易受到别人的影响，不能始终一贯地思维，所以理性成熟的最高境界就是任何时候都与自己一致地思维，"一贯的思维方式的准则，是最难达到的，也只有通过结合前两条准则并对它们经常遵守变得熟练之后才能达到"①。可以笼统地说，独立思维是知性准则，扩展思维是判断力准则，一贯思维是理性准则。

第四，基于上述对共通感与鉴赏判断的经验性（即经验又先验）因果演绎，可以进一步探究康德关于普遍性与个体差异问题的讨论。其一，与理性相对应的先天知识是普遍的。由于每个人都是有理性的存在者，所以理性就会要求个体的感性在某种程度上是一致的，而这种一致、共通感觉就是美感、道德情感和无质的差别的先验时空感觉。这些感性都是不涉及质料感觉的形式感受，这些东西必须是普遍的，不然我们就不是有理性的存在者了。

其二，感觉的差异与诱惑，使得这些普遍形式，尤其是道德律这种普遍原则被淹没在成见和迷信之中。所以必须对人加以启蒙，让人们逐渐地学会使用自己的理性，知道理性使命及这种使命对每个人的有效性。美的艺术创造与审美活动，无疑可以促进人与人之间找到普遍的东西、共通的东西。这样，艺术的审美活动在人类社会的发展中就具有了促进人了解自身使命，使人逐步地按照这种普遍的道德律而实践的作用，而且也能促进知性按照理性使命来追求真理。

---

① ［德］康德：《判断力批判》，邓晓芒译，杨祖陶校，人民出版社，2002，第137页。

其三，人的感性差异，让每个人都可以看到真理的不同侧面，并将由此而来的好处带给每个人。但是正是由于这种差异，使人们在理性不成熟的时候，不去亲自证实别人思考过的东西，不加证实地接受既有观点。理由是我的感性看不出那些内容，因而也得不出那些结论，所以让那些能看出来的人去工作吧，我接受结论就可以，我得到由此而来的享受就可以。可是，我们是否想过，可能那些人的感性也不适合去看那些内容，因而得不出正确的结论，可能自己的感性就适合于看那些内容，得出正确的结论呢？

其四，虽然每个人的理性在程度上有差异，但是每个人的感性是独特的，是自然赋予我们的，我们每个人应当按照自己独特的感性来看待世界，而这就能够实现自己的创造性。因为对一些真理的发现，可能不需要多么强大的理性，关键是感性的独特性。虽然不加思考地接受别人的观点是我们每个人的无奈选择，因为人不是神，不可能什么都能感受到，什么都能验证一次，但是对于我们可以感受到、可能验证的东西，我们必须去亲自证明。这样，每个人才能实现自己的价值，释放自己的创造性，开显出真理，进而让每个人都受益。

其五，就人感性的独特性而言，虽然每个人在某种程度上是不能交流的，但是这并不是说每个人的独创性不能被别人了解与认可，而且这种交流也不是让每个人失去自己的特性而变成另一个人，总是被动地学习和模仿。相反，通过交流、争辩是为了将自己对生活意义的独特感受验证出来，逐步得到别人的认可。能够理解别人的观点，可能不是自己对生活意义的规定，只是由共通感而来的学习，这可能只是一种智力游戏，理解别人的观点只是为了找到自己规定生活意义的方向、领域和方法。能够同别人争辩，这就说明自己在理解别人就某一领域的观点方面是没有问题的，但这也说明不了自己已经开始规定生活的意义了，因为与你争辩的人可能根本就不适合对这一领域问题的研究。

其六，如果人要实现创造，就必须首先学会如何利用自己的理性，找到适合自己的领域，学会如何使用具体的方法实现自己对生活的意义的特有规定。因而人如果要实现自身的创造性，就首先得利用自己的共通感来理解他人的作品，这种理解是通过学习与模仿来完成的，然后学会使用理性，找到领域，学会方法，解决具体问题。这个具体问题的解决也必须是通过和别人来进行创造性的争辩而实现的，因为只有这样人才不会犯个人主义的错误，才会小心谨慎地将自己感性的独特性释放出来，实现真正的创造。

其七，对他人作品的讨论有两方面的作用：一是促进共通感的形成，让其中合理的观点可以逐步地深入人心，让人们确信那不是偏见，而是真理；二是按照自己对生活的意义的感受来对它做出进一步的解释，这种解释不仅可以是反驳与批评其中的观点，而且也可以是将其中因作者感性的有限性而忽视的内容进一步解释出来。解释者的工作虽然看似超越了原作者，这只是因为当时的生活的意义还没有现在这样丰富，但是解释者的工作可能不具备原作者那样重大的意义。因为解释者没有像原作者那样提出伟大的问题，而伟大问题的提出，对于人类的历史发展，才是至关重要的。

如果我们每个人都这样追求真理、追问生活的意义，那么不仅每个人的生活因此而具有了无法量化的价值，而且也给别人带来了好处。这样，人的理性就会逐步成熟，社会也会不断发展进步，世界的意义由此也变得更加丰富，这就是康德为什么强调理性启蒙的根本原因。因为这种每个人的创造性的实现不仅是理性使命的要求，而且也使社会不再是一个充满迷信和偏见的社会，而这样的社会就是一个和谐发展的社会，所以启蒙就是要让每一个人都生活得有价值、有意义，不要成为寻常人，只是知道常识的人，要成为一个可以把自己的天赋释放出来的人，一个有个性、按照德性法则创造生活的意义的人。

五、自由美、依存美与鉴赏判断的二律背反

就美的对象按照它里面所观察到的目的关系来看，康德认为美的鉴赏判断及其美的对象的第三契机是指："美是一个对象的合目的性形式，如果这形式是没有一个目的的表象而在对象身上被知觉到的话。"[①] 虽然康德强调美与目的概念没有必然的联系，或者说，鉴赏判断完全不依赖于完善性概

---

① [德]康德：《判断力批判》，邓晓芒译，杨祖陶校，人民出版社，2002，第72页。

念，但是康德按照美与完善概念的关系区分出了两种不同的美。"自由美（pulchritudo vaga①），或只是依附的美（pulchritudo adhaerens②）。前者不以任何有关对象应当是什么的概念为前提；后者则以这样一个概念及按照这个概念的对象完善性为前提。前一种美的类型称之为这物那物的（独立存在的）美；后一种则作为依附于一个概念的（有条件的美）而被赋予那些从属于一个特殊目的的概念之下的客体。"③

第一，与依存美相对应的鉴赏力比与纯粹美相对应的鉴赏力多了一个知性形成目的概念的环节，因而前者可以称为严格意义上的纯粹的鉴赏力，后者可以称为增加了知性概念活动的鉴赏力。由于依存美是与目的概念相结合的，所以这种并不纯粹的鉴赏力可以通过再现完善概念的审美表象这样一种模仿活动而得到提高。这种模仿表现出来的只是知性对规则的熟巧，而只有当人们能够自己使用鉴赏力评判该对象时，他们才能表现出鉴赏的能力。

但是这种模仿由于再现了美的形式，因而可以通过对美的形式的感受而促进纯粹的鉴赏力的提高。可以说，学过音乐、表演和绘画的人，在鉴赏力上一般说来要比那些没有学过的人要强一些。通过对美的艺术中由完善概念而来的艺术规则的学习，我们一方面可以训练自己的知性，另一方面通过对依存美的鉴赏，逐渐摆脱知性的束缚，按照那个普遍的自然合目的性原则进行纯粹的鉴赏，进而排除人与人之间的感性差异，找到与一般认识能力相对应的普遍的东西，最终通过自己独有的感性，按照人的普遍的知识原则创造生活的意义。

第二，自由美与依存美的对立关系可以通过下面这个例子来说明。例如，当我们欣赏有一张非常精致、迷人与柔和脸庞的战士时，如果按照自由美，可以不考虑战士应该是什么样的，那么这面容就是美丽的；如果按照依存美思考何为完善的战士，那么这脸庞就不适合表达战士的美。

这就是说，"判断者尽管由于把该对象评判为自由的美而作出了一个正

---

① 拉丁文，流动之美。
② 拉丁文，固着之美。
③ [德]康德：《判断力批判》，邓晓芒译，杨祖陶校，人民出版社，2002，第65页。

确的鉴赏判断，他却仍然会受到另一个把该对象的美只看作依附性的性状（着眼于对象的目的）的人的责备，被指责犯了鉴赏的错误，虽然双方都以自己的方式作出了正确的判断：一个是按照出现在他的感官面前的东西，另一个是按照他在思想中所拥有的东西。通过这种区别我们可以调解鉴赏者们关于美的好些纷争，我们对他们指出，一方坚持的是自由美，另一方坚持的是依附美，前者作出了一个纯粹的鉴赏判断，后者作出了一个应用的鉴赏判断"[1]。

第三，在依存美的基础上，康德认为，在自然美中，只有人才能作为美的理想表达审美理念。"理念意味着一个理性概念，而理想则意味着一个单一存在物、作为符合某个理念的存在物的表象。因此那个鉴赏原型固然是基于理性有关一个最大值的不确定的理念之上的，但毕竟不能通过概念、而只能在个别的描绘中表现出来，它是更能被称之为美的理想的，这类东西我们虽然并不占有它，但却努力在我们心中把它创造出来。但它将只是想像力的一个理想，这正是因为它不是基于概念之上，而是基于描绘之上的；但描绘能力就是想像力。"[2]

美的艺术是要用完善的形式来表达审美理念的。虽然康德没有将每个天才所创造的表达审美理念的美的艺术称作美的理想，但是他将它们称作典范，强调天才的想象力通过一个审美表象来表达审美理念。其原因在于美的理想指的是作为鉴赏原型的审美理念的一个感性表象，而不是天才创造出来的一个表达审美理念的感性表象。也就是说，美的理想必须是自然界中已有的某个表象，而不是天才通过创造性的想象力而创造出来的。

除了人以外的自然界中的诸物，与这些对象的美相对应的目的论知识，只是非人的自然目的论知识，属于人的道德目的论知识，是很难通过这些美的对象而被表达出来的。因为只有人才有道德，只有考虑到人与自然的关系，我们才能知道对象是否为依照道德律而来的实存，人自由的一面与自然的一面，使得他不仅是自然目的论知识的对象，而且也是道德目的论知识的对象。

---

[1] ［德］康德：《判断力批判》，邓晓芒译，杨祖陶校，人民出版社，2002，第67页。
[2] ［德］康德：《判断力批判》，邓晓芒译，杨祖陶校，人民出版社，2002，第68页。

所谓七种颜色表达道德情感,也仅指自然依存美并不完善地,或者说,并不整全地、没有将自然预设为一个目的系统地象征道德理念,中间没有形成审美理念这个环节。

因此"只有那在自身中拥有自己实存的目的的东西,即人,他通过理性自己规定自己的目的,或是当他必须从外部知觉中拿来这些目的时,却能把它们与本质的和普遍的目的放在一起加以对照,并因而也能审美地评判它们与那些目的的协调一致;因而只有这样的人,才能成为美的一个理想,正如惟有人类在其人格中,作为理智者,才能成为世间一切对象中的完善性的理想一样"[①]。就人作为美的理想而言,人必须是按照质与量完善的人,这种评判尺度表现为一个属于某种特殊动物物种之中的尺度,而且也应当通过人的感性形象而象征性地表达出来。只有这样,人作为美的理想才能表达出审美理念。例如,一个眼神中充满精神的美丽少女,就是作为自然产物的美的理想。相反,美的艺术中创造出来的美丽的人体形象,只能是美的典范,而不是自然美的理想。

第四,在自然界中要表达审美理念的美的理想并不是纯粹美,而只能是依存美;纯粹的自然美及与人的德性无关的自然诸物,都不能表达审美理念,而只有人的美才能表达审美理念。用康德的话讲,"要想从中寻求一个理想的那种美,必定不是什么流动的美,而是由一个有关客观合目的性的概念固定了的美,因而必定不属于一个完全纯粹的鉴赏判断的客体,而属于一个部分智性化了的鉴赏判断的客体"[②]。

在美的艺术中与自然中,能够表达审美理念的美只能是与完善概念相结合的美,是依存美。不能表达出审美理念的美,就不是统一了自由和自然的美。自然中的纯粹美,仅是自由美。美的艺术可以形成一种风格,借助概念活动表达纯粹美。只有能够表达审美理念的美才是统一了自由和自然美,而且这种美作为这种统一性的表达,并不仅仅是表达出了人是自然的终极目的,

---

[①] [德]康德:《判断力批判》,邓晓芒译,杨祖陶校,人民出版社,2002,第69页。
[②] [德]康德:《判断力批判》,邓晓芒译,杨祖陶校,人民出版社,2002,第69页。

因而人的自由与自然是统一的，而且还表达出了作为自然终极目的的人的终极目的即至善，在自然界中好像是可能的，因而自由与自然是统一的。那些自然中与人无涉的依存美，至多只能象征不全面的道德理念，即人德性中的某些方面。

第五，纯粹美与依存美提示了美的对象与目的概念的关系，会引发鉴赏判断的二律背反问题。"1）正题。鉴赏判断不是建立在概念之上的；因为否则对它就可以进行争辩了（即可以通过证明来决断）。2）反题。鉴赏判断是建立在概念之上的；因为否则尽管这种判断有差异，也就连对此进行争执都不可能了（即不可能要求他人必然赞同这一判断）。"[1] 解决鉴赏判断二律背反的关键在于对美的第三契机的理解，鉴赏判断的先天根据在于自然合目的性原则，与这条原则相对应的是所形成的审美表象，这个审美表象可以是有无目的的合目的性形式的纯粹美，也可以是因象征审美理念而超出目的完善概念的合目的性的依存美。正是从这个意义上来讲，鉴赏判断并不建立在完善概念这个自然合目的性概念的逻辑表象之上。例如，完善的蝙蝠或苍蝇并不美。

如果我们把共通感看作与一般认识能力相对应的感性而对每个有理性的存在者有要求，那么对象的美的形式判断，就可以看作是审美理念的部分显现，并且这个经验性的判断因此就是先天必然的。这样一来，鉴赏判断就不是建立在经验概念之上，因而人们对美的对象判断不能进行逻辑概念演证，或者说，由于美和审美理念相对应，所以美的形式作为审美理念的显现是没有规则的。虽然鉴赏判断不是建立在目的完善概念之上的，但是它是建立在审美理念这个概念之上的，因此鉴赏判断才要求每个人出于一般认识能力都同样认为对美的对象的评判可以引起人的普遍赞同。

也就是说，正是因为我们有鉴赏判断的先验原则，我们才能够对美的对象做出非目的完善概念的逻辑性争执，通过诸种鉴赏判断的相互反对而产生出它们的一致，并且这种一致并不是偶然的一致，而是建基于共通感之上的

---

[1] [德]康德：《判断力批判》，邓晓芒译，杨祖陶校，人民出版社，2002，第185–186页。

普遍的一致。可见，只要我们把审美理念看作是与自然的超感性基底相对应的东西，因而是反思自然的超感性基底、超感性之物的理性理念的对应物，而不是把审美理念看作经验概念，又把现象与本体区分开来，并把眼光放在超感性的东西上，这个鉴赏的二律背反就解决了，并且两个命题就可以互不矛盾地、同样正确地共存。

审美理念的显现没有规则可循，但艺术天才为艺术创造制定规则，形成美的艺术典范，这种完善的东西可以学习，有利于共通感的形成，但审美理念的显现要求打破规则，建立新的规则，这种新的完善的审美表象的创制，是在争执中、要求普遍承认中实现的，既借助概念活动，又超越概念活动，是审美直观。此种审美直观作为感性形式的创造，类似于上帝创世的直观，是个神秘的无中生有的过程，对其结果的学习与模仿，并不能概念性地解释清楚艺术天才如何创制新的艺术规则。新规则可以学习，但学习之后，并不能保证可以继续更新既有的艺术创制规则。

"反之，假如把鉴赏判断的规定根据（由于鉴赏判断以之为基础的那种表象的个别性）像某些人所做的那样设定为快意，或像另外一些人想做的那样（由于其普遍有效性）设定为完善原则，并据此来建立鉴赏的定义：那么从中就会产生出二律背反，它是绝对不可能这样来调解的，即指出相互对立（而不只是相矛盾）的这两个命题都是假的：这就表明，每个命题以之为根据的那个概念本身是自相矛盾的。"[1]

---

[1] [德]康德：《判断力批判》，邓晓芒译，杨祖陶校，人民出版社，2002，第188页。

第二节　康德论崇高的鉴赏判断

一、崇高的对象有无形式限制的自然合目的性

同人的其他知识活动一样，美与崇高的鉴赏判断都是由人的先验自由、主体性作用而肇始的。康德根据自然目的论中的自然生成论与人类历史发展论，区分出了狭义的自然目的论与道德目的论，前者反思的是包括人在内的自然属性，这种属性至多是动物本能的、感性的；后者探究的是理性的自由本性的生长与成熟，与人类历史发展有关。因此关于自然美的绝大多数判断，都是出自自然概念是指这种自然美对道德自由的表达不充分，甚至不涉及；关于自然崇高的判断，都是出自自由概念是指对自然崇高仅表达道德理念，自然崇高的无形式限制特性，没有揭示自然与自由的统一。相反，美的理想与美的艺术，其对审美理念的表达，显示了这种自然与自由的统一。因此虽然依据自由概念而做的鉴赏判断不仅是对崇高的鉴赏判断，而且也是对美的鉴赏判断，但是鉴赏判断按照（幸福）自然概念和（道德）自由概念的区别，被分为对美的鉴赏判断和对崇高的鉴赏判断。如果我们按照自然概念来感受自然合目的性，那么自然就可能是美的；如果我们按照自由概念来感受自然合目的性，那么自然就可能是崇高的。

就人通过类比艺术的方式来思考上帝与自然的关系而言，如果我们按照上帝的拟人论来思考上帝，认为上帝在创造自然之时，和人一样以审美为尺度来生产艺术、以道德情感为动机进行道德实践，那么自然美和崇高就是自然本身所具有的属性，而不单单是人对自然的反思性感受了。这样一来，我们的艺术实践与道德实践都是被动地对上帝智慧的模仿，人的自由、人的主动性就被取消了。可是，按照人格化的上帝，上帝是无情的，所以美和崇高就是主观的、属人的，而不是自然属性。按照鉴赏判断的定义，只有对某物的自然合目的性的主观感受才能被称作鉴赏判断。那么，这种自然合目的性是否为崇高的对象的合目的性呢？

康德认为，崇高的对象是没有形式限制的。既然对象没有形式限制，那么崇高的对象就是一种不合目的性的对象，而不合目的性的对象是不具有自然合目的性的。所以对自然对象的崇高感受，一定不是由崇高的对象的自然合目的性而来的，而只能是对人的内心中诸种能力的自然合目的性的一种感受。那么，我们是如何感受到这种自然合目的性的呢？

康德认为，"自然的美涉及对象的形式，这形式在于限制；反之，崇高也可以在一个无形式的对象上看到，只要在这个对象身上，或通过这个对象的诱发而表现出无限制，同时却又联想到这个无限制的总体：这样，美似乎被看作某个不确定的知性概念的表现，崇高却被看作某个不确定的理性概念的表现"[①]。

也就是说，通过外在的感性表象的激发，想象力得到了极大扩展，这种无限制扩展使认识能力联想到了这个无限制总体，知性通过想象力是无法将这个无限制总体统合起来的。这个总体却是与某些不确定的理性理念相对应的，甚至可以说，绝对总体是理性通过理念为自己提供的，为的是要求知性尽量地认识自然，甚至要认识作为完善整体的自然。这样，想象力通过这种极限扩展就体现出了自身表达理念的不适应性，完成理性所布置给自身任务的不充分性，而这就是对人的生命力的一种阻碍，但是"这些理念虽然不可能有与之相适合的任何表现，却正是通过这种可以在感性上表现出来的不适合性而被激发起来、并召唤到内心中来的"[②]。

这些理念使我们意识到了自己的理性超越感性的地方，虽然我们不能在科学认识方面超越感性的局限性，但是我们能够在道德实践上超越感性的局限性，理性可以对抗、抑制感性的诱惑，这样我们的内心就通过理性对想象力的强暴，被鼓动着离开感性而专注于那些包含有更高合目的性的理念，从而感受到自己作为有理性的存在者，而比一般自然目的具有更高的自然合目的性。

---

① [德]康德：《判断力批判》，邓晓芒译，杨祖陶校，人民出版社，2002，第82页。
② [德]康德：《判断力批判》，邓晓芒译，杨祖陶校，人民出版社，2002，第83页。

这就是对自身自然合目的性的评判，或者更确切地说，是通过认识能力的活动而对人自身的自然合目的性的一种主观感受，这种感受就是崇高情感，来自人的理性对自己所提出的作为最高目的的道德命令的敬重之情。因为理性超越感性的地方、人可以作为自然的终极目的的地方，就在于人是自由的，是有德性的，是可以舍生取义地进行道德实践的，而对这种与一切其他自然目的相比更高的、来自人的自由本性的自然合目的性的感受，只能通过对理性为自己所提供的道德理念的敬重之情而表现出来。

"所以对自然中的崇高的情感就是对于我们自己的使命的敬重，这种敬重我们通过某种偷换而向一个自然客体表示出来（用对于客体的敬重替换了对我们主体中人性理念的敬重），这就仿佛把我们认识能力的理性使命对于感性的最大能力的优越性向我们直观呈现出来了。"① 因此美与崇高相比，"（美）直接带有一种促进生命的情感，因而可以和魅力及某种游戏性的想像力结合起来；但后者（崇高的情感）却是一种仅仅间接产生的愉快，因而它是通过对生命力的瞬间阻碍、及紧跟而来的生命力的更为强烈的涌流之感而产生的，所以它作为激动并不显得像是游戏，而是想像力的工作中的严肃态度。因此它也不能与魅力结合，并且由于内心不只是被对象所吸引，而且也交替地一再被对象所拒斥，对崇高的愉悦就与其说包含积极的愉快，毋宁说包含着惊叹或敬重，就是说，它应该称之为消极的愉快"②。

二、崇高的先天综合鉴赏判断如何可能

如果我们想从自然对象的直观上，把自身道德使命的敬重之情替换为对自然对象的敬重感受，投射性感受到自身作为自然的终极目的的内心诸能力的自然合目的性，进而把对象判断为是崇高的，那么就需要两方面的条件：第一，外在的感性对象必须适合于激发想象力，将自身的运用扩展到极限，以使理性理念充满于内心。这样，这个感官对象就必须被想象力看作是无形

---

① [德]康德：《判断力批判》，邓晓芒译，杨祖陶校，人民出版社，2002，第96页。
② [德]康德：《判断力批判》，邓晓芒译，杨祖陶校，人民出版社，2002，第83页。

式限制的，因为感官对象使得想象力的扩展达到了极限，对象对于知性来说，是无法通过概念认识到对象有质的形式的。所以在我们心中激起崇高情感的东西，由于其是无形式限制的，尽可以显得对我们的判断力而言是违反目的的，与我们的表现能力是不相适合的，并且仿佛对我们的想象力施加暴力，但是这个感性表象越加被评判为是崇高的，因此"愉悦在美那里是与质的表象结合着的，在崇高这里则是与量的表象结合着的"[①]。

美的鉴赏判断与目的论判断的区别在于对纯粹美的鉴赏。同理，为了不与目的论判断相混淆，崇高的鉴赏判断的独立性在于对纯粹的崇高的对象的判断。"我们就必须不是去描述那些艺术作品（如建筑、柱廊等等）的崇高，在那里有一种属人的目的在规定着形式和大小，也不去描述那些自然物的崇高，它们的概念已经具有某种确定的目的了（如具有已知的自然规定之动物），而是必须对荒野的大自然（并且甚至只在它本身不具任何魅力、或不具由实际危险而来的激动时）的崇高单就其包含有量而言加以描述。"[②]

这些自然现象包括那些不成形的、乱七八糟堆积在一起的山峦和那些冰峰，阴森汹涌的大海，险峻高悬、仿佛威胁着人的山崖，天边高高汇聚夹带着电闪雷鸣的云层，火山及其毁灭一切的暴力，飓风连同它留下的废墟，无边无际被激怒的海洋，巨大河流形成的一条高高的瀑布，诸如此类。

这些自然景观是有危险性的，如果人置身其中就会有生命危险，一不小心就会丢掉性命，因而这些东西对我们而言就是可怕的、令人恐惧的。人在感受它们的崇高之时，虽然知道它们是令人恐惧的，但是由于自己身处安全的位置，所以不会有生命危险。这样一来，对象虽然是恐怖的，但是我们由于知道自己是安全的，不会激发出那种实实在在的恐惧激情，而只有这样，我们才能感受到崇高。

第二，人必须有足够的道德素质。与对美的鉴赏力的培养不同，在那里只要人具有了一般认识能力之后，人就基本上具有了对美的欣赏能力，并且

[①] [德]康德：《判断力批判》，邓晓芒译，杨祖陶校，人民出版社，2002，第82页。
[②] [德]康德：《判断力批判》，邓晓芒译，杨祖陶校，人民出版社，2002，第91页。

这种能力的培养可以通过对科学和艺术的学习、通过文化教养而得到提高。对崇高的鉴赏判断而言，它是对我们自身诸能力的自然合目的性的感受，而这种合目的性恰恰不是表现在我们的认识能力得到生长这种自然的最后目的之上，而是在于人内心的诸能力最终都统一到了道德实践这种高于其他自然目的的终极目的之上。所以人如要感受到崇高，必须能够对自身的存在意义与价值有所认识，而要认识自身的价值，就必须知道道德命令是理性为自身提出的最高目的，一切实践活动都应当与德性法则相契合。也就是说，人必须在心中具有由自由而来的道德理念。如果人能够按照道德理念将道德实践看作自身的最高使命，那么这就说明人已经具有了一定的道德素质，并且也已经获得了对道德命令的敬重情感，理性所提出的道德律已经落实到了人的感性上来。只有这样，对道德律的敬重情感才能转换为对自然对象的崇高情感。

因为人的文化教养并不能必然使道德素质提高，人的修养往往只是人掩盖自身道德缺陷的手段，所以有文化的人不一定能够感受到自然崇高，只能对这些对象产生恐惧，而只有有德性的人，以道德律和对道德律的敬重之情为道德实践动机的人，才能感受到自然崇高。所以对崇高的鉴赏判断是以道德情感为基础的，这种情感只是对我们心中道德理念的敬重之情。"当我们把任何一个自然对象称之为崇高的时候，我们的表达是根本不对的，尽管我们可以完全正确地把许多这类对象称之为美；因为一个自身被领会成违反目的的东西怎么能用一个赞许的词来称呼呢？我们能说的仅仅是，对象适合于表现一个可以在内心中发现的崇高；因为真正的崇高不能包含在任何感性的形式中，而只针对理性的理念：这些理念虽然不可能有与之相适合的任何表现，却正是通过这种可以在感性上表现出来的不相适合性而被激发起来、并召唤到内心中来的。"[1]

崇高的主观合目的性指的是内心诸能力在道德实践方面的自然合目的性，它虽不是人之外的自然合目的性，但是同样作为自然一部分的人之内的自然合目的性。激起这种自然合目的性的对象，可以通过对道德律的敬重情感的

---

[1] [德]康德：《判断力批判》，邓晓芒译，杨祖陶校，人民出版社，2002，第83页。

第六章 康德论美、崇高与德性—善的象征关系

转换而表现为崇高的,也可以经由这些崇高的对象表达出审美理念,此时这些崇高的对象就不仅是崇高的,也表现为美的,但这种美感是经由审美理念加持过的。例如,作为美的理想的人,美的艺术中的审美表象,不仅是美的,也是崇高的,而且这种崇高是被美俘获了的。

自然崇高与美的理想的区别在于,前者是通过对理性使命的敬重之情的转化而感受到了人自身更高的合目的性,后者是通过审美理念的表达而感受到了整全的、自然与自由相统一的自然合目的性,所以"自然界的崇高概念远不如自然中美的概念那么重要和有丰富的结果;它所表明的根本不是自然本身中的合目的之物,而只是对自然直观的可能的运用中的合目的之物,为的是使某种完全独立于自然的合目的性可以在我们自己心中被感到"①。

也就是说,崇高判断只是依照自由概念而做出的,为的是表达人因为自己的自由而超越其他自然目的的一面,这种超越在于人的理性对感性的强迫与抑制,以及人的感性对理性所提出的使命的敬重,通过它我们对生活的意义的展开没有获得过多的启示,而只能意识到自己的尊严。因为这里表达出的是按照自由概念而来的自由与自然的对抗,而没有表达出自然与自由的统一。

美的鉴赏判断,尤其是其中的纯粹美的鉴赏判断,虽然一般说来是按照自然概念而做出的,但是依存美的鉴赏判断,尤其是作为美的理想的人的鉴赏判断,以及天才所创造出的表达审美理念的美的艺术的鉴赏判断,却是按照自然和自由的统一而做出的。因为它们表达出了审美理念,而审美理念和包括自然目的论和道德目的论的完整的自然目的的系统相对应,是指向未来与至善的理知世界的。只有表达出审美理念的依存美,或者说,只有美的理想与美的艺术典范,作为对自然与人的反思性感受,才能表达出自然与自由的统一。因为与这种反思性感受相对应的是自然目的论,这种逻辑概念的反思得出的结论是:代表着自由与自然统一的至善,好像是可以在自然的无限生长中从理知世界落实到人间的。通过感悟人的感性形象与行动外观,通过描

---

① [德]康德:《判断力批判》,邓晓芒译,杨祖陶校,人民出版社,2002,第84页。

述人的历史生成，通过赋予神及其事迹以感性外观，这种自然与自由的统一，是通过有意味、有精神的美的艺术的审美表象创造而感受到的，而且由于我们无法直观至善及由至善而来的上帝，所以这种自由与自然的统一，只是人对未来生活进步的坚定信仰。人对有精神的美的自然的感受，表达出的是对意义世界的探寻及对至善生活的诉求与想象。

三、数量的崇高

康德认为，"作为审美的反思性判断力的判断，对崇高的愉悦必须正如对美的愉悦一样，按照量而表现为普遍有效的，按照质而表现为无利害的；按照关系而表现为主观合目的性，按照模态而把这主观合目的性表现为必然的"①。但值得注意的是，由于崇高的对象是没有形式限制的，所以单称的崇高的对象，体现出的是数量的无限多、力量的无限大，鉴赏判断使用了量来感悟对象的质。它表达的无非是空间和时间中的量，如果对象体现出来的是空间上的大，那么与之相对应的就是数学的崇高；如果对象体现出来的是时间上力的关系的强，那么与之相对应的就是力学的崇高。这两种崇高都是通过认识能力中想象力与理性的关系而被感受到的，但是由于力学的崇高还涉及人与自然在实践上的关系，所以力学的崇高中想象力与自由意志就有关联。

数学的崇高是指绝对大的东西就是崇高。当我们说某物是大的，或者说，某物有某种大小，这两种表述是完全不同的。例如，当我们说"这个人美"和"这个人高大"时，这种判断可以是以完善概念为基础的对依存美的鉴赏判断，是以完善概念为尺度的鉴赏判断，而且它要求每个人都对此赞同。我们说一个人高大，这是依据质的完善和量的完善在人这一类物种上形成了规格理念。虽然我们可以优先预设每个人都有同样的审美尺度、同样的规格理念，但是这种审美尺度与规格是通过经验的联想对有关人的经验的累积与比较而形成的。由于这种规格理念与后天的经验有关，所以不同民族、团体对完善的人的判断是不同的。所以依据完善概念而形成的审美尺度具有相对普遍性，

---

① [德]康德：《判断力批判》，邓晓芒译，杨祖陶校，人民出版社，2002，第85页。

但是自由美与表达审美理念的依存美,具有无条件的普遍性。当我们说某个人有多高时,我们是以某个参照物为标准的。国际上通用的度量衡就是一种用于测量的参照物,它是一种基本尺度。

可见,"通过数目概念(或它的代数符号)所作的大小估量是数学的,而在单纯直观中(根据目测)的大小估量则是审美的"①。尺度单位只是在与其他物的比较中而人为做出的规定。虽然对尺度的大小不得不假定为已知,但是人是没有绝对尺度的。"所以对基本尺度的大小的估量必定只在于,我们可以在一个直观中直接地把握它,并能通过对想像力把它用来表现数目概念:这就是说,对自然对象的一切大小估量最终都是审美的(即在主观上、而不是在客观上被规定的)。"②

因此当我们说一个对象是高大的时,这不是数学上的规定性判断,而只是一个反思的对依存美的鉴赏判断。"但如果我们不单是把某物称之为大,而且是完全地、绝对地、在一切意图中(超出一切比较)称之为大,也就是称之为崇高,那么我们马上就会看出:我们不允许在该物之外去为它寻求任何与之相适合的尺度,而只能在它里面去寻求这种尺度。这是一种仅仅和它自身相等的大小。"③

绝对的大,只能是理性所提出的理念。所以崇高不能在自然之物中,而只能在我们的理念中去寻找。这样一来,被我们称为绝对大的对象,对于我们的认识能力在大小的估量上的某种运用是主观合目的性的,并且我们总是在这个表象上结合着某种敬重,正如我们在称为小的东西上结合有一种轻蔑一样。可见,"正是因为在我们的想像力中有一种前进至无限的努力,在我们的理性中却有一种对绝对总体性即对某个真实的理念的要求:因此甚至我们对感官世界之物的大小估量能力对于这个理念的那种不适合性,也在我们心中唤起了某种超感官能力的情感;而判断力为了后者(情感)起见自然而然地在某些对象上的运用是绝对的大的,而非这个感官对象是绝对大的,和

---

① [德]康德:《判断力批判》,邓晓芒译,杨祖陶校,人民出版社,2002,第89页。
② [德]康德:《判断力批判》,邓晓芒译,杨祖陶校,人民出版社,2002,第89页。
③ [德]康德:《判断力批判》,邓晓芒译,杨祖陶校,人民出版社,2002,第88页。

这种运用相比任何别的运用都是小的"①。

所以崇高的质就是，崇高是绝对大的东西，是与之相比一切别的东西都是小的东西，是那种只能思维、表明内心有一种超出任何感官尺度能力的东西。崇高的东西作为有条件的自然现象并不真的是绝对大的东西，而只是说判断力在此对对象的运用是绝对大的。那么，这样一个对理性理念形成敬重情感的过程是如何发生的呢？崇高与哪些理念相对应呢？

"对于数学的估量而言固然没有什么最大的东西（因为数目的势头是延伸至无限）；但对于审美的大小估量而言却的确有最大的东西；关于这个东西我就会说：如果它被评判为绝对的尺度，主观上（对于评判的主体而言）不可能有任何比它更大的尺度了，那么它就具有崇高的理念。"② 对一个能用作尺度单位的量的形成而言，这里想象力包含有两个行动："领会（apprehensio③）和统摄（comprehensio aesthetica④）。领会并不带有任何困难：因为它是可以无限地进行的；但统摄却随着领会推进得越远而变得越来越难，并且很快就达到它的最大值，也就是大小估量的审美上「感性上」最大的基本尺度。因为如果领会达到如此之远，以至于感官直观的那些最初领会到的部分表象在想像力中已经开始淡化了，然而想像力却向前去领会更多的表象；那么想像力在一方面所失就正如在另一方面所得的那样多；而在统摄中就有一个想像力所不能超出的最大的量。"⑤

就知性利用数目概念按照尺度单位来进行量的逻辑统摄而言，我们可以按照不同的进制，如二进制或十进制；按照不同的尺度单位，如一英尺和地球直径，以数目概念为引导无阻碍地进向无限。这种数量上的大小领会，我们虽然不能感性地统摄，但是我们可以借助测量仪器尽量统摄，然而现在"理性对于一切给予的大小、甚至对那些虽然永远也不能被完全领会但仍然（在

---

① [德]康德：《判断力批判》，邓晓芒译，杨祖陶校，人民出版社，2002，第88-89页。
② [德]康德：《判断力批判》，邓晓芒译，杨祖陶校，人民出版社，2002，第89-90页。
③ 拉丁文，把握、抓住。
④ 拉丁文，感性地统握。
⑤ [德]康德：《判断力批判》，邓晓芒译，杨祖陶校，人民出版社，2002，第90页。

第六章 康德论美、崇高与德性—善的象征关系

感性表象中）被评判为整个给予出来的大小,都要求总体性,因而要求统摄进一个直观中,并要求对于一个日益增长的数目系列的所有那些环节加以表现,甚至无限的东西（空间和流逝的时间）也不排除在这一要求之外,反而不可避免地导致将它（在普通理性的判断中）思考为（按其总体性）被整个给予的"①。

这种无法逻辑地领会、想象力更不能感性地统摄的东西就是绝对大,一切别的东西都比它小。这是理性提出的本体理念,想象力对此无法直观,因而是超感官的东西,它是现象自然界的超感性基底。虽然知性对作为绝对大的超感官的东西无法认识,但是理性能够对其加以思维,因而理性就具有了超感官的能力。这一领会与统摄过程,或者说,这一崇高的鉴赏过程,就可以使内心感到自己虽然不是在理论的意图中,但是在实践的意图中有能力超越感性的局限性。

也就是说,当我们经由对象的直观感悟到一个想象力的感性统摄无法统握的对象之时,这个对象使想象力得到了极大扩展,从而引出了理性理念,这是判断力在运用上的极大值。通过这个对象,判断力就同理性联系起来,"以便主观上和理性的理念（不规定是哪些理念）协和一致,亦即产生出一种内心情调,这种情调是和确定的理念（实践的理念）对情感施加影响将会导致的那种内心情调是相称的和与之相贴近的"②。这样,康德就把数量的崇高判断归因于理性对想象力的强暴。

我们之所以会对绝对大的理念有敬重之情,并把引起理性理念的对象看作是崇高的,是因为"对于我们的能力不适合于达到某个对我们来说是规律的理念所感到的情感,就是敬重"③。由于敬重之情只能在别人身上而感受到,崇高作为敬重情感之转化,也只能在对象上被感受到,人对自己是感受不到敬重或崇高的。我们的想象力在最大的努力中都达不到对理性理念的体现,这表现出了它的局限和不适合性,但同样表现出它的使命与这个作为整体理

---

① [德]康德:《判断力批判》,邓晓芒译,杨祖陶校,人民出版社,2002,第93页。
② [德]康德:《判断力批判》,邓晓芒译,杨祖陶校,人民出版社,2002,第95页。
③ [德]康德:《判断力批判》,邓晓芒译,杨祖陶校,人民出版社,2002,第96页。

念的适合性。这就如同人作为有限的存在者,永远无法完全按照德性法则而实践,但是这也表现出我们的使命是和这个实践理念相适合的。

如果我们考虑到人的认识也是间接地指向道德实践的,那么我们就会了解,人之所以会感受到对象的崇高,之所以会对理性理念有敬重之情,只是因为人敬重自己的理性使命。感性对象的崇高,仿佛是理性使命对感性最大能力优越性的直观呈现与象征,所以"崇高情感的质就是:它是有关审美评判能力的对某个对象的不愉快的情感,这种不愉快在其中却同时又被表象为合目的的;这种情况之所以可能,是由于这种特有的无能揭示出同一个主体的某种无限制的能力的意识,而内心只有通过前者才能对后者进行审美的评判"①。

崇高情感就是一种愉快和不愉快相互交替的情感,"对一切感性的尺度与理性的大小估量不相适合的内心知觉就是与理性规律的协和一致,并且是一种不愉快,这种不愉快在我们心中激起对我们的超感官的使命的情感,而按照这一使命,发现任何感性的尺度都与理性的理念不相适合,这是合目的性的,因而是愉快的"②。这就是说,由于适合与不适合辩证统一地蕴含在人本性的自然合目的性中,所以崇高的对象就被按照某种愉快来接受,但这种愉快只有通过某种不愉快才是可能的。

这里需要注意的是,就数学的崇高而言,如果这种崇高的判断是纯粹的,那么这些对象所激发的理念就是不确定的理论理性所提出的调节性原理。理性理念作为范导知性规定现象的原理,是与认识能力相对应的,因而数学的崇高表现为想象力与认识能力有关。崇高感以道德情感为基础,道德情感是由作为实践理念的道德律而来的,但崇高情感不是道德情感,而是道德情感的转化,因而是非功利的。因为就对象能够表达理性理念而言,为了保证崇高情感的纯粹性,不和审美表象象征理性理念相背离,那么这里的理性理念必须是不确定的,而不能是确定的理性理念。也就是说,它们必须是可以

---

① [德]康德:《判断力批判》,邓晓芒译,杨祖陶校,人民出版社,2002,第98页。
② [德]康德:《判断力批判》,邓晓芒译,杨祖陶校,人民出版社,2002,第97页。

表达绝对大的理论理性的诸理念中的某个理念。

四、力量的崇高与道德情感、宗教情感

就自然界力学的崇高而言，激起我们崇高情感的对象就是表现出强力的感性表象。"强力是一种胜过很大障碍的能力。这同一个强力，当它也胜过那本身具有强力的东西的抵抗时，就叫作强制力。自然界当它在审美判断中被看作强力，而又对我们没有强制力时，就是力学的崇高。"① 由于自然界中表现出强力的感性表象能够激起我们的恐惧，而恐惧是与欲求能力相关的激情，所以力学的崇高在这个意义上是与欲求能力有关联的，感性表象在想象力的扩展之下只能激发出实践理念。由于避免了一次灾难而从恐惧中逃脱出来，人就会因放下了一个负重而感到高兴，但是人是绝对不想再次遭遇这种危险了。所以表达自然强力的自然现象虽然是令人恐惧的，但是由于人处于安全的位置而不恐惧。只有这样，人才能感到崇高，因为"谁恐惧着，他就根本不能对自然界的崇高作出判断，正如那被爱好和食欲所支配的人也不能判断美一样"②。

通过想象力的估量，虽然我们感受到人在自然的强力面前，在物理上是无力的。人作为自然存在物，无法与自然这种表面的万能相较量，人必须避开它才能自我保存，"但却同时也揭示了一种能力，能把我们评判为独立于自然界的，并揭示了一种胜过自然界的优越性，在这种优越性之上建立起来完全另一种自我保存，它与那种可以由我们之外的自然界所攻击和威胁的自我保存是不同的，人类在这里，哪怕这人不得不屈服于那种强制力，仍然没有在我们的人格中被贬低"③。人心中的道德律这种实践理念，能够让人产生这样一种强力，它强大得可以让我们藐视自然的强制力，与自然的强力相比，这种力量比自然的强力都要强大。在这种强力的激励之下，我们把自己所操心的东西，如财产、健康甚至生命都看作是渺小的，"因而把自然的强力（我

---

① ［德］康德：《判断力批判》，邓晓芒译，杨祖陶校，人民出版社，2002，第99页。
② ［德］康德：《判断力批判》，邓晓芒译，杨祖陶校，人民出版社，2002，第100页。
③ ［德］康德：《判断力批判》，邓晓芒译，杨祖陶校，人民出版社，2002，第101页。

们在这些东西方面固然屈服于它之下的)决不看作对于我们和我们的人格性仍然还是一种强制力,这种强制力,假如事情取决于我们的最高原理及对它们的主张或放弃的话,我们本来是不得不屈从于它之下的"①。对自然的强力的关照激发了我们心中因超越自然、超越感性之上的实践理念而来的强力,这种强力表达出的是可为之舍生取义的理性使命,进而我们就会对这种使命产生一种敬重之情。

第一,由于力学的崇高投射出的是对实践理念的敬重之情,因此在这里我们必须探究道德情感和力学的崇高感的区别与联系。道德情感是对道德律的敬重,这种敬重表现在对他人心中道德律的敬重,而此时的道德律就是一个确定的实践理念。对力学的崇高而言,虽然这种崇高感同样是对道德律敬重之情的转化,但是此时的道德律作为实践理念是不确定的,它只是表达出了人有这样一种理性使命,而具体是什么样的使命,我们还没有上升到这种逻辑规定。也就是说,在力学的崇高中投射出的对实践理念的敬重之情,只是对道德律的一种最初感受,而不是逻辑规定。

道德律是实践理念,一方面是说道德律的成因是无法直观的,它来自人超感性的自由;另一方面是说完全按照道德律来实践,这种至上的善对感性的人而言是无法做到的,与道德律相对应的人的德性是有缺陷的,人只能朝着德性的完善去努力。所以德性就相应地,也是一个道德理念了,其中包含有坦诚、坚强、勇敢等品格与情操,它们也同样是一些不完全、片面符合道德律、意指德性完善的道德理念,指向不同面向的所有可能的德行。这些道德理念也显示为各种道德情感,但崇高感不是道德情感,是道德情感的转化。如果崇高的鉴赏判断不是纯粹的,其对象不是非人,那么它可以作为外衣附着在道德情感之上。

第二,以下将主要凭借力学的崇高感,区分崇高感与宗教情感。正是因为人有道德律这个实践理念,人才有超感性、超自然的一面,人才会感受到由自身理性使命而来的可以抵抗自然的强力的另一种强力,进而感受到崇高。

---

① [德]康德:《判断力批判》,邓晓芒译,杨祖陶校,人民出版社,2002,第101页。

通过道德律，我们可以形成至善理念，用它规定理性理念，进而形成上帝和理知世界的道德理念。说它们是理念，是因为它们是由与自然的超感性基底相对应的理性理念而来的，因而是无法直观、只能思维的；说它们是道德的，是因为我们按照由道德律而来的至善这个道德理念，对这些理性理念做出了规定，其中上帝理念是对绝对必然的存在者这个理性理念的规定，至善的理知世界是对作为本体的自然界的宇宙论理念的规定。

我们之所以能够对与自然的超感性基底相对应的宇宙论理念做出规定，进而思考一个作为自然界原型的理知世界，是因为当我们形成与作为本体的自然界相对应的宇宙论理念之后，我们很快就会发现，这个宇宙论理念所表达出的世界，是一个与作为现象的自然界不同的世界，是另一个离开经验世界并与之相对应的世界，并且这个世界是现象自然界的基础。当我们对之做出道德的规定之后，它就被称为现象自然界的原型了。所以自然的超感性基底表达出了两层含义：首先，是作为本体的自然界，与自然的质料相对应。其次，这个自然的基底与理知世界相对应，它的本性是在生长过程中无限趋近于理知世界。

根据上帝存有的目的论——道德证明，当我们感受到感性表象所表达出的自然的强力时，它是一种对道德理念的象征，它表达出的是上帝创造世界时的全能力量，是自然在无限趋近理知世界时的生长力量，甚至可以把这些感性表象想象成上帝在发怒，上帝通过发怒来表现它的全能。那么，我们如何会具有一种超越这上帝的全能力量呢？

其实，如果我们这样来思考上帝，感受自然的强力，我们是不会具有崇高的内心情调的，而只会有一种悔恨惶恐的内心情调。相反，这种确实升腾出的崇高的内心情调，也不会必然地与某种宗教及其对象的理念结合在一起，因为"一个人，当他现实地恐惧着，因为他感到这恐惧的原因就在自身中，他意识到他以自己卑下的意向违背了某种强力，而这种强力的意志是不可抗拒的同时又是正义的，这时他根本就不处在对神的伟大加以赞赏的心境之中，这要求的是凝神静观的情调和完全自由的判断"①。

也就是说，当我们按照上帝创世论考虑自然的强力之时，自然对我们而言就是一个现实恐惧的对象，而不是一个能够引起崇高的对象。道德律是理性给自己颁布的命令，人虽然可以将至善悬设为上帝的命令，但是这个命令首先是我们给自己提出的。所以虽然与上帝相比，人的力量是有限的，但是我们完全没有必要畏惧上帝。因为我们是在自由地按照自己的使命而实践的，我们的动机是可以和上帝的意志相一致的，所以由人的德性而来的强力表达出了这种强力与上帝的强力是相契合的，这种强力与上帝的强力是不冲突的。

就自然生长的作用而言，我们努力地通过实践而将自己的道德素质和自然素质生长出来，这是理性为我们提出的任务，也可以看作是上帝赋予我们的责任。与自然的其他诸物相比，这种来自义务和责任的强力当然比自然中的任何强力要强，我们的道德力量在自然中是最强的力量，所以只有当人"意识到自己真诚的、神所喜欢的意向的时候，那些强力作用才会有助于他在自己身上认识到这意向的某种合乎这个存在者意志的崇高性，并由此而被提升到超越对这些自然作用的恐惧之上，不把这些作用看作是这个存在者的怒火的爆发"②。

第三，崇高感与宗教情感有联系。首先，来自人德性的强力是一种与上帝意志相一致的、比自然的强力都优越和强大的力量。自然向至善生长的强力，恰恰表现在人的理性力量比其他自然力量要强，而只有当人发自内心地意识到这种道德自由的强力与自然的强力的对抗之时，我们才能感受到那种在德性上战胜自然的人自身具有的力量，这是来自人理性的力量。只有这样，我们才能对人的理性使命有所敬重，进而感受到自然崇高，甚至感受到上帝创世的崇高。

上帝创世的力量虽然比人的道德自由的力量强大，因为上帝是全能的，但是上帝并不可怕，因为人的道德实践是人理性自身的要求，人可以完全自

---

① [德]康德：《判断力批判》，邓晓芒译，杨祖陶校，人民出版社，2002，第103页。
② [德]康德：《判断力批判》，邓晓芒译，杨祖陶校，人民出版社，2002，第103页。

发地去进行道德实践,而不是出于对上帝的恐惧而进行道德实践。因此当我们对上帝有敬重之情时,这恰恰表达出的是我们对自身使命的敬重。人对上帝的命令的履行,也是自己为自己提出的命令的履行,虽然该命令作为理念无法完全做到,但是人毕竟努力地去做了,人的意向是符合上帝意志的,我们的道德动机是纯正的。相反,如果是出于恐惧上帝而去实践德行,人的道德动机反而是不纯正的。

因此对上帝的敬重只有在自己意识到自己的理性使命时才能发生,否则我们只会对上帝恐惧、低头膜拜、献媚讨好,而这些表现,恰恰是自己没有德性的表现,违背自由意志的表现,而且这种对上帝的崇高感受,不是说我们意识到自己比上帝还强大,所以就感到崇高了,而是说我们意识到自己的理性使命是和上帝意志一致的,因而对上帝和自身的使命有敬重之情,从而感受到了崇高。对上帝的敬重之情是宗教情感,上帝的崇高是人对自身使命的敬重之情。所以从上帝那里感受到的崇高是不纯粹的,是与宗教情感结合在一起的,而且也只有这样去预设上帝与人的关系,我们才能感受到上帝的崇高,上帝的崇高实则是对人德性敬重之情的投射与转化。崇高感作为美学外衣,可以依附于宗教情感之上。

其次,当表达自然的强力的感性表象象征上帝时,此时的崇高是不纯粹的,是结合了宗教情感的崇高,这里包含有对上帝的敬重和谦恭之情,"甚至谦恭,作为对自己缺点的严厉的批判——这些缺点本来是有可能在意识到自己的好的意向时轻易用人的本性的脆弱掩盖过去的——,也是一种内心的崇高情调,即执意屈从于自责的痛苦,以便逐渐根除那痛苦的原因"①。也就是说,康德把以前固有的对上帝的恐惧与感到自身卑贱、乞求宽恕的宗教情感,从原罪意识中消除了,留下来的是对上帝的敬重与谦恭之情,这种谦恭是"谦而不卑",是对恶的总是容忍与自我改善的决心。人不会因为肉身的有限性,而感到自己的原罪无药可救,而是把原罪感界定为自责的痛苦与自我救赎的动力。因为按照康德对上帝存有的目的论—道德证明的批判,上帝不会出手干预人间,

---

① [德]康德:《判断力批判》,邓晓芒译,杨祖陶校,人民出版社,2002,第103页。

而人可以自罚自救，人有自我解放与自我完善的希望，人可以在无限地做与思的过程中，越变越好。

第四，崇高感与道德情感、宗教情感有区别与联系。有关上帝与人的关系的崇高与宗教情感不同，它是对自身理性使命的敬重，是对不确定的实践理念的敬重，而不是对确定的上帝的敬重。可见，虽然对象的崇高可以激发道德理念，但是引起崇高的只是道德理念中那个规定这些理念的道德律，而且这个道德律作为实践理念也是不确定的，否则这种崇高就又被称为道德情感而不是审美的情感了。这样，我们就区分出了同样都是敬重之情的道德情感、崇高情感和宗教情感。道德情感是对他人心中的道德律这个确定的实践理念的敬重。崇高情感是自然对象激发的、对不确定的道德理念的敬重之情的转化，因而对象表现为崇高的。宗教情感是对上帝这个确定的道德理念的敬重与谦恭之情。当然，与上帝有关的宗教情感还包括有美感依附其上的爱和感恩情感。

它们之间的联系是：道德情感是崇高情感和宗教情感的基础和前提，因为如果没有道德律及由道德律而来的敬重的道德情感，我们就不会有对人的理性使命有崇高的感受，即不会将对理性使命的这种合目的性逻辑认识落实到崇高情感的表达上来。就宗教情感而言，只有在道德律这个前提下，我们才能达到上帝这个崇高性的理念，我们才会将对道德律的敬重之情转化为对上帝的敬重之情，使上帝理想落实到宗教情感上来，最终转化为崇高感。

就崇高情感可以依存于宗教情感而言，崇高情感也可以被看作是对道德理念的一种感受，这种崇高情感可以激发人对道德理念的逻辑认识，它是一种对道德理念的模糊感受。"对于崇高情感的内心情调要求内心对于理念有一种感受性；因为正是在自然界对于这些理念的不适合中，因而只是在这些理念以及想象力把自然界当作这些理念的一个图型来对待这种努力的前提下，才有那种既威慑着感性、同时却又具有吸引力的东西；因为这是一种理性施加于感性之上的强制力，为的只是与理性自身的领地（实践的领地）相适合地扩大感性，并使感性展望那在它看来为一深渊的那个无限的东西。"①

---

① [德]康德：《判断力批判》，邓晓芒译，杨祖陶校，人民出版社，2002，第104页。

正是因为崇高情感不仅是对由道德律而来的道德理念的不确定感受，而且也是对道德理念中规定这些理念的道德律的不确定感受，所以它在对实践理念的情感即道德情感中，有其根基，道德情感是崇高感的前提与基础。如果没有对道德律的敬重这种规定性感受，我们就不能将自己对理性使命的敬重之情转化，外化为这种对自身合目的性的反思性感受——崇高感。人只有具有了敬重之情，才能拿它来表达对道德理念非逻辑的、因而是感性的崇高感受。崇高与宗教情感的区别在于，如果这种敬重之情是由确定的有关上帝的道德理念引起的，它就是宗教情感；如果不是，它就是崇高。所以与对自然对象的美的感受相比，对自然对象的崇高感似乎和教养没有直接关系，但和人的道德素质有直接关系。

第五，通过以上关于道德情感、宗教情感和崇高情感的分析，可以看到康德如何从理性启蒙的角度，重思上帝与人的关系。崇高情感和宗教情感都是道德情感的变体，正是因为我们有道德律，我们才会感到崇高情感和宗教情感。宗教情感是人对上帝的信仰落实到情感上来的结果。康德说明宗教情感时，强调人在上帝面前都是有尊严的，来自道德理性的强力就是自然界最高的强力，这种强力表达出的是自然与自由的对抗。虽然从崇高中我们还不能看出自然和自由的统一，但我们看到了人在实现道德命令、执行理性的至善使命时不可估量的力量与前景。

因此康德对崇高情感的论述最能表达出他对神学的消解，也最能体现出他对作为主体的人在自然界中地位的看法。康德强调的是人的道德、目的理性使人可以对抗自然的任何强力，而不是人的工具理性可以对抗自然的任何强力，人在追求幸福的实践活动中所使用的理性并没有自然强大，只有在道德实践中人的理性才是自然中最强大的力。如果说人在追求幸福的过程中拥有的强力最终表现为征服与毁灭地球，那么人在追求至上的善的德行中拥有的强力最终表现为守护地球，维护人类的永久和平，精神性的文化创造无限繁荣。

五、崇高与美的互动关系

康德对美与崇高的分析，首先是从纯粹的、非依存性的审美对象入手，其次才考虑依存美与依存性的崇高。因而美与崇高的鉴赏判断之非功利性说明，首先是建立在纯粹美的形式与超越形式限制的崇高的对象之上的，前者总是有完整和谐的结构，后者的结构是不和谐与散乱破碎的，而且这种说明在崇高这里遇到了困难，因为崇高与道德理念、道德情感、宗教情感有亲密的关系。因此必须在依存美与依存性的崇高中，继续思考这两种鉴赏判断的非功利性。

康德的道德论，被后世批评为一进入现实就自行解体的形式论，然而康德非常清楚道德理想与现实的距离，因为基督教中此岸与彼岸的分离、尘世不值得过、原罪与红尘苦海等思想，是欧陆文化中的常识。从康德对上帝存有的目的论—道德证明的批评中、从康德对目的论的解释中可以看出，康德不仅反对必然沉沦、无法自救、悲剧性宿命，强调生生不息、自我更新的运气，而且为了呵护先验自由，反对将至善看作自然生长与人类历史发展的终点。此岸与彼岸的鸿沟好像是可以弥合的，仅是指人的自我解放与追求真理、人类伦理生活的完善是个无限的过程，自然拥有无限丰富的意义，等待人的追问与守护，人的做与知是可以无限进步的。

正如康德所说："虚伪，忘恩负义，不公正，以及在我们自认为重要和伟大的目的中的那种幼稚可笑，在追求这些目的时人们甚至相互干出了所有想像得出来的坏事：这些都是与人类只要愿意成为什么就能够成为什么的那种理念十分矛盾的，并且是与想要看到他们改善的强烈愿望极其对立的，以至于当我们不能爱人类时，为了不至于恨人类，放弃一切社交的乐趣显得只是一个小小的牺牲而已。"[①]

上帝仅是至善信仰的表达，上帝创世论仅是依照人的至善信仰对自然与人的本源的思考。但是如果自然的本源就是至善，那么人就会失掉先验自由。虽然叔本华、尼采等最终杀死了上帝，在康德这里是有依据的，但是康德的

---

① [德]康德：《判断力批判》，邓晓芒译，杨祖陶校，人民出版社，2002，第116–117页。

第六章 康德论美、崇高与德性—善的象征关系

本体不可知论、为信仰留下空位的哲思、被黑格尔批判为"坏的无限"的历史进步过程的说明，又有效校正着虚无主义。康德对道德律、至善、各种德性等道德理念的强调，实则提示了文化符号与现实的超越性互动关系，其中美与崇高、道德情感与宗教情感的艺术化表达，不仅提示了艺术创作与审美活动是人类文化符号形式构建的基础，而且也提示了审美理想与现实之间，隔着科技、法律、政治、经济等其他文化符号形式的构建。艺术与审美具有批判现实、想象未来的图型构建力量，它的非功利性，并不在于它仅是纯粹的感性形式的东西，而在于这些有内容的、有情感的审美表象，无法直接转化为实存的，就如同道德律的"应当"无法直接转化为"是"。只有如此理解康德的美学，我们才能合理地认识美是德性—善的象征与审美无利害说之间的合理关系。

与审美理念、道德理念结合着的美感与崇高感，是有内容的，不是纯粹的，它们可以看作是道德情感的表出。这种表出应当显示为一种人类情感的整体性、有结构的表出，而人类的各种情感，不仅仅是因具体事物或事件的刺激而引发的，它更是一种反思性的、自我认识性的情感表达。对道德情感的表现与反思，并不是为了说服人符合当前的礼俗伦常，将道德情感作为道德说教或宗教布道的手段。对道德情感的表现与反思应当是艺术审美活动，它要表达一种超越性，提出对现实的批判，激发自由的有理性的行动，而且康德非常清楚，如果仅凭道德情感或是宗教情感意气用事，就会陷入迷狂，"狂热是一种想要超出一切感性边界之外看见某物的妄想，也就是想要按照原理去梦想（驾着理性狂奔）；这恰好是因为，这种表现在感性上仅仅是否定性的"[①]。

康德为了充分界定美与崇高，多使用包括人在内的自然美与自然崇高，这是因为这些自然符号有利于区分纯粹自由形式美与依存美、数量或力量的纯粹崇高与依存于道德情感与宗教情感上的崇高。其一，就自然美而言，它主要是按照自然概念而做出的，因而它与真有直接关系，美可以促进人对自

---

① ［德］康德:《判断力批判》，邓晓芒译，杨祖陶校，人民出版社，2002，第115页。

然现象的认识；就自然崇高而言，它是按照自由概念而做出的，因而它与善有直接关系，崇高可以促进人的道德认知。

其二，崇高"是（自然的）一个对象，其表象规定着内心去推想自然要作为理念的表现是望尘莫及的"①。因而它所强调的是自然界与理知世界有着巨大的鸿沟，至善要在自然界实现是无法想象的，人自然的一面与自由的一面是对抗的，理性要抑制感性，所以崇高情感表现出来的人的思维方式的自由性是在合法的事务之下的自由。这样一来，与自然崇高相对应的审美表象对道德理念的表达就是不充分的，因为在这里至善问题没有确定下来。

其三，以人的行动为鉴赏对象，"智性的、本身自在地合目的的（道德的）善，从感性上「审美上」来评判，必须不是被表现为美，而是宁可被表现为崇高，以至于它更多地唤起敬重的情感（它蔑视魅力）而不是爱和亲密的眷恋的情感：因为人的本性不是那么自愿地、而只有通过理性施加于感性之上的强制力，才和那种善达到协调一致"②，所以那些可以辅助道德实践的激情，都可以被评判为崇高的。

例如，热忱、英勇性质的激情、愤怒，甚至愤然、绝望都是崇高的。在道德理念中有自己根基的忧郁、基于道德原理对人反感的悲哀、对自己带来灾祸的悲哀也都是崇高的。淳朴，那没有做作的合目的性，作为仿佛是理知世界中德性的风格，在大自然中也表现为崇高的。那种坚定地执着于自己内心那些始终不变的原理的人的那种无激情，这样一类内心性质叫作高贵，也是崇高，"并且是具有更高级得多的性质的崇高，因为它同时在自己那方面拥有纯粹理性的愉悦"③。也就是说，这种无激情表达出的不仅是来自理性强力的崇高，而且表达的是理性与感性相和谐的美。

其四，就依存美与艺术美而言，通过对表达审美理念的美的艺术与美的理想的分析可以看到，这种与审美理念相对应的依存美表达出的是自由与自然的统一，至善与自然界的关系是确定的，是被康德哲思出的那种关系。因

---

① ［德］康德：《判断力批判》，邓晓芒译，杨祖陶校，人民出版社，2002，第108页。
② ［德］康德：《判断力批判》，邓晓芒译，杨祖陶校，人民出版社，2002，第111-112页。
③ ［德］康德：《判断力批判》，邓晓芒译，杨祖陶校，人民出版社，2002，第112页。

而只有美的理想与美的艺术典范,才是真理与信仰、感性与理性、自由与自然相统一的表达。只有在美的形式与审美理念的整体框架下,我们才能认为崇高是人对自身道德素质的反思性感受,而道德素质的强力就在于超越,要让人不断地超越过去,要让自然不断地抛弃过去而无限趋向作为终极目的至善世界,而有关上帝的宗教情感,就是对这种需要在无限超越中才能到达的终极目的的关怀表达。

其五,人更多的是凭借宗教符号或宗教艺术表达宗教情感,这类人文符号可以引发美感与崇高感。美感与自然目的论整体对应,目的论可以强调人的厄运与宿命的一面,体现了人的有死性与有限性,上帝对人的惩罚与救赎。康德反对这类美感及其相应的宗教艺术表达,因为出于对他人命运中灾祸的同情而来的多愁善感,它显示出美的一面,但这种美来自对象命运的自然合目的性,它是按照自然概念而做出的判断,因此它只表达出了上帝决定人的命运这种自然他律的一面,而忽视了人自由的一面,忽视了人由履行义务而来的权利与尊严,所以这种冲动会使灵魂虚弱,陷入消极的宿命论,不能为自己的权利与尊严而奋斗。

康德认同的美感,与人类运气生生不息、不断扬弃的合目的性反思相对应,且这种美感需要体现道德自由崇高感的加持,共同提示人的自我解放与自我完善这一无限过程。"美的艺术的优点恰好表现在,它美丽地描写那些在自然界将会是丑的或讨厌的事物。复仇女神,疾病,兵燹等等作为祸害都能够描述得很美。"① 相反,复仇等情欲不能被看作是崇高的,因为它们与实用的利益相联系;哭哭啼啼的悲剧,卖弄虚假的高贵意向的小说,卑躬屈膝地邀宠谄媚的宗教言说,虚假的谦恭、自我蔑视的伪装忏悔,以一味隐忍的方式讨好上帝,这一切都使人心变得干枯,对严格的义务规范没有感觉,使任何对我们人格中的人类尊严的敬重、使人的权利(它完全不同于人的幸福)及一般地使一切坚定的原理都不可能。所以它们不能与崇高的东西相容,甚

---

① [德]康德:《判断力批判》,邓晓芒译,杨祖陶校,人民出版社,2002,第156页。

至不能与美的东西相容,因为这样的生活方式的再现是违背人的自由的。[①]

其六,康德认同的宗教情感,是他所赞同的美感与崇高感所依附的、以敬重和谦而不卑为总基调的、人化与世俗化了的、去魅甚至去神话的宗教情感。"诗人敢于把不可见的存在物的理性理念,如天福之国,地狱之国,永生,创世等等感性化;或者也把虽然在经验中找得到实例的东西如死亡、忌妒和一切罪恶,以及爱、荣誉等等,超出经验的限制之外,借助于在达到最大程度方面努力效仿着理性的预演的某种想像力,而在某种完整性中使之成为可感的。"[②]宗教情感所表达出的,只是让我们抛弃那宗教的偶像和道具,在不减弱想象力的热情下,有尊严地去思考那道德理念,把宗教情感最终消解为对人在道德实践时所表现出来的尊严与敬重之情。这种人化了的宗教情感,并不会带来任何狂热的危险。

第三节　根据艺术美与自然美重思美是德性—善的象征

一、审美认知与概念认知

先验自由是理论知识形式系统、实践知识形式体系、自然合目的性原则及其目的论知识整体成为可能的原因。这三种概念知识形式的普遍性,是通过先验自由与它们建立的因果演绎关系而获得保证的。康德将三种知识形式对应的三种经验知识,看作具有相对普遍性与必然性,是因为这些经验知识的形式须要质料感觉,感觉接受的被给予性,使这些经验知识是有条件的,可以根据不断发现的新条件而修正、调整与完善。

自然目的论知识虽然是经验的,但是它是整体论与形式论的,因质料感觉的给予性与接受性而整合进来的经验内容,并不影响目的论的整体轮廓与宏观认知。因而我们可以说,自然目的论的宏观整体知识,超越了经验的细枝末节,仅是对自然生长与人类历史发展内部诸关系的逻辑悬设,可以看作

[①] [德]康德:《判断力批判》,邓晓芒译,杨祖陶校,人民出版社,2002,第113页。
[②] [德]康德:《判断力批判》,邓晓芒译,杨祖陶校,人民出版社,2002,第159页。

是普遍与必然的，其根据在于人的先验自由或说人的主体性，而不在于非人的自然，而且自然目的论知识悬设了人的知与做，同自然的给予性是统一的，自然与自由、主观与客观、思维与存在、精神与物质、形式与质料"好像"是同一的，人自由的行动也是人被给予宿命的完成。

正是因为目的论知识形式有先天概念逻辑一般的普遍性与必然性，所以使用了自然合目的性原则的美或崇高的鉴赏判断，虽然相对独立于、不依赖目的概念，且美的形式与崇高超越限制的无形式，都因质料感觉的给予性与接受性而是有条件的，但是康德基于自然合目的性原则反思自然现象时的有机性与整体性特征，认为这种非概念、非逻辑表象的审美认知及其审美表象，可以看作是先天的，或者说，拥有先天知识的普遍性与必然性。因此从目的论倒因为果、倒果为因的认知特性上来讲，可以说共通感既是保证美和崇高的鉴赏判断及其审美表象具有普遍性与必然性的条件与前提，也是理性概念活动渗透进感性的必然结果，共通感是理性在生长中控制与统一感性的结果。因而从这个意义上来讲，康德为了确保鉴赏判断的普遍性，对鉴赏判断做出的好似心理发生过程的经验性演绎，其根据依然在于将审美与艺术创造看作由人的先验自由肇始的，将美的艺术、美或崇高的对象，看作人自由的行动结果，感性的认知行动不再是消极自由的、被动的、他律的，而是积极自由的、主动的、自律的。

通过探究康德对艺术美与自然美、艺术崇高与自然崇高、纯形式性的自由美与崇高、依存性的美与崇高、美的艺术创造与鉴赏判断的分析，我们可以倒因为果、倒果为因、循环性与圆圈式地说明审美认知与三种概念性认知的互为因果关系。

第一，我们之所以在反思自然之时，会对自然有这种反思性的情感感受，这是理性通过逻辑思维方式在对自然背后所呈现出来的意义做反思之时，即在反思真理和在反思自然的基础上表达信仰之时，把这种意义的逻辑表达逐步地渗透到感性中来，使我们的感性在认识能力的作用下可以对这种逻辑意义产生情感，并且可以独立于逻辑意义的表达对自然界的意义有反思性感受。

根据这一思路，艺术、宗教与哲学是关于人的工具—科技实践与伦理—

法律实践的整体性反思，人的技艺活动作为广义的知、情、意知识活动，首先是片段与部分的，而后才是整体性的，宗教情感与美感在逻辑上是后发的。黑格尔的精神现象学、马克思的历史辩证法，主要凸显这一维度。黑格尔的艺术与宗教，是充分理性化了的。国内的马克思主义实践美学，同样强调劳动产生美，经济基础决定上层建筑。

第二，就哲学的研究范围而言，目的论知识作为对意义世界的反思，与对科学真理反思相关的理论哲学和对至善反思相关的实践哲学不同，无法继续做学理研究，或者说，由于美与崇高的显现、美的艺术创造没有规则，目的论对自然生长、人类历史发展的说明是主观与宏观的，没有确定的、一成不变的方法与原则，总是陷入两可或矛盾的说明中，没有分而治之、A 不等于非 A 的形式逻辑的严密性，更没有可计量的数理逻辑的精密性，所以康德无法根据先验原则思考先验原则的基础应用问题，研究自然科学、法学与伦理学、科学与道德的"形而上学基础"，或者说，研究自然科学与伦理学的原理与基础问题。用康德的话讲，对真和善的判断使用的是规定性原则，而对自然目的的判断使用的是反思性原则。

但是对真与善的学理研究必须是以目的论为基础的，只有在目的论之上才能建立起先验哲学的大厦，所以目的论必须始终都是哲学研究的内容，甚至是第一哲学，因为目的论作为先验哲学的基础，其自然合目的性原则作为先验哲学系统的基石，所表达的意义是真理与至善好像、应当是统一的。这样目的论就连接了真与善，表达出了人是按照真与善的统一来创造生活的意义的。

理性生长首先表现为人的感性对意义世界具有了反思性感受，而且这种对意义世界的感性表达，先于、独立于逻辑表达，而将自然背后的意义通过情感这种反思性感受，最先向人呈现出来。也就是说，对真与善的统一认识，人也可以用感性情感来表达。作为对意义世界最为高级、最为系统的逻辑反思的哲学，必须将表达这些反思性感受的感性符号作为其研究对象，从中找到先验原则，并解释它们与目的论的关系。

根据卡西尔，人与动物有了本质区别在于，人首先发明与使用了语言性的感性符号,用生命情感的表达来感悟与反思意义世界,而且这种情感语言,首先是神话性的,审美符号是从神话符号中转型出来的。人的有意识行动,并非从部分到整体,而是从整体到部分,首先是要有意向地建立整体性的、有机的感知轮廓。尼采的唯美主义、海德格尔对技艺概念的哲思都试图说明,人类的做与知的生命超越行动,就是建基于艺术审美活动之上的,科技派生于艺术审美活动,且与艺术审美形成了反对关系。有生命的、无法量化的生存感悟被机械化了,目的论提示的人必有一死的宿命与人类生生不息的运气共在的命运时间观与生命—生活体验,被科学的均质时间观看作是非科学的,可以被独断地取消。意义世界不再因为神秘难解而气韵生动,科学是世界的唯一真意。

第三,美和崇高的审美认知与概念化的目的论认知,作为对人与自然整体性关系的感悟与反思,是互为因果、互为前提、互为基础的关系。但是康德在这里做出了决断,他首先反对悲剧提示的宿命论,认为悲剧中的卡塔西斯式的情感宣泄,仅是自娱自乐,怜悯与同情无助于自由的道德实践。接下来,他强调目的论提示的生生不息的运气,认为人对自然美与崇高的鉴赏是充分人化与去宗教化的,它们提示了人的自我救赎、自我解放与更新,是现代社会才出现的东西。相反,传统的美的艺术,总是提示基督教对人的原罪与厄运的说明,歌颂上帝对人的宽恕与救赎。康德时代的美的艺术必须反对传统并世俗化,倡导艺术与科学启蒙,反思人的先验自由,确立人的主体性地位。

因而人对美的鉴赏能力必须通过文化来训练,人对崇高有感受必须是人的理性成熟到具有了敬重的道德情感。所以只有当人的知识能力发展到一定阶段了,人才能具有这种与知识能力成熟相对应的反思性感受。虽然美和崇高是先于概念而呈现给我们的,但是它们所表达出的只是人的知识能力成长到可以按照这些反思性感受来逻辑地反思自然的意义了。因此并不是先有美和崇高的感性认知,再有理性知识能力的成长,而是先有理性知识能力的成长,再有正确的美和崇高的感性认知,进而美和崇高再进一步促进知识能力的成长。这种正确的美和崇高的感性认知,反对陈旧与错误的与宗教认知混在一起的感性认知。上帝与理知世界并非超验外在的彼岸,它仅是人内心中先验自由所体现出来的主观的东西,它并非绝对的他者与自然给予性的代表,而是理性给予自身的启示,仅意指人的自我解放与伦理改善是无限的,美的艺术的世俗化的感性图型创制,让美好的未来提前出场,等待人通过其他符号形式将之落实下来。

第四,当我们在经历了生活的历练之后,以类比美的艺术的方式反思自然之时,即把艺术当作符号表达自然背后的意义的时候,自然最先呈现给我们的不是它所象征出来的意义,而是它的美及人对它的崇高情感和惊叹之情。首先,由于对自然的惊叹之情是对自然规律的客观合目的性感受,这种惊叹之情真正说来是对真理反思之后而得来的,所以它和意义并处,还不能真正算是最先呈现给我们的,而且它只同自然概念相对应,通过它很难形成完整的目的论知识。

其次,自然崇高之情虽然在意义之前就可以呈现给我们,但是它所表达的是无形式的合目的性,并且它是以道德情感为基础的,所以它强调的是理性与感性的对抗、理性压抑与超越感性的一面。因而它表达出的是人在依据道德理念履行道德使命的前提下,人在道德与法律面前是平等的,自由是人不可渡让的权利,人在他人,甚至在上帝这个最完善的人的原型面前是有尊严的。

由于崇高毕竟是对道德理念中作为不确定的实践理念的道德律的敬重之情,而这个实践理念又与道德理念密切地结合在一起,所以崇高的审美表象可以看作通过自由概念而对上帝理想的直接表达,但这种表达只是要说明经验世界与理知世界的那个巨大鸿沟,经验世界表达理知世界的不适合性。

最后,崇高表达的上帝理念不如美借助完整的目的论知识所表达的上帝理念那么完善。因为它缺少了自由与自然的统一这一环节,所以这种情感只能依附于属于人的道德情感和宗教情感,凭借崇高的审美对象我们虽然能够思考上帝,但是不能借助完整的目的论、只能是部分的道德目的论来思考上帝。崇高作为鉴赏判断的一种,只能依附于对美的鉴赏判断。只有通过自然所最先呈现出来的美,我们才能在此基础上反思自然,形成完整的目的论知识,进而规定上帝,将上帝当作信仰来证明。

二、美的艺术超越自然

第一，康德美学通过研究作为美或崇高的表达对象（自然符号与艺术符号）来解释自然合目的性原则，以及与之相对应的美的感受和崇高感受。只有这样，康德美学才能同理论哲学、实践哲学和目的论哲学一样被称作哲学。因为在康德看来，哲学的研究对象应该是先天原则，而与先天原则相对应的就是逻辑的先天综合知识，不论这知识是理论知识或是实践知识，虽然目的论是经验性的，但在理论理性看来是理念的目的论知识。美学研究的是先天原则的综合性感性表象，因而其研究对象是表达对意义世界的反思性感受的艺术符号和自然符号，是有意味的审美表象，由无规则可循的审美形式设计而成，或者说，自然合目的性原则的再自律特性，让美或崇高的审美形式设计无规则可循。

如果美学的研究对象只是审美活动过程及由此而来的情感，那么这种研究就不是对自然界借此呈现出意义的自然与艺术符号的审美表象的反思，而只是对人及其心理过程的研究，而这种研究就是人类学或心理学。虽然哲学也是研究人的，但它是通过反思人所创造的符号来进行这种研究，而不是直接把人的心理活动当作研究对象，所以心理学与人类学是科学，而哲学是对科学的反思。康德认为，就对美感的分析而言，作为认识论的哲学远比人类学和心理学富有成果，人类学和心理学对美感的经验性认识可以为哲学研究艺术鉴赏与创造提供丰富的素材。

第二，通过对美的艺术符号和自然符号的考察可以看到，艺术美是依存美，自然美可以是依存美，也可以是纯粹美。其一，就自然的纯粹美而言，它表达的是有条件的自然合目的性，因而是按照自然概念做出的，所以不能表达自然与自由的统一；就自然的依存美而言，如果这种依存美所对应的是有条件的自然目的的完善，那么它也是按照自然概念而做出的，所以同样不能表达自然与自由的统一；就按照完善概念模仿自然美的机械的美的艺术而言，它同样是依照自然概念做出的，所以同样不能表达自然与自由的统一。但是由于目的论毕竟连接了真与善，所以这些与自然纯粹美、依存美、模仿自然美所对应的审美表象，可以象征不完全的道德理念，即人德性中的某些方面，并引起相应的道德情感。

其二，只有审美理念具有无条件的合目的性，才能表达自由与自然的统一。因为自然的终极目的是按照自由概念而做出的，其他与终极目的相联结的自然目的都是按照自然概念而做出的，而与无条件的合目的性相对应的就是审美理念，所以只有表达审美理念的美才能够表达自然与自由的统一。因此只有表达审美理念的美的艺术及作为美的理想的人才能表达自然与自由的统一，而且由于这两种美只是依存美，所以只有依存美，即有意味、有精神的美才能表达自然与自由的统一。这里所说的自然与自由的统一是指，人是按照至善使命来追求真理的，自然合目的性形式可以范导知性按照至善使命来追求真理。

其三，就与崇高相对应的审美表象而言，它具有无形式的合目的性，因而不能形成自然与自由统一的大概轮廓，所以它可以看作是对道德理念的象征；就可以表达审美理念的审美表象而言，它是通过目的论知识而象征理性理念的，并且这种象征比由崇高而来的象征有优势，它可以形成对理性理念的逻辑规定，因而就要比前者在表达理性理念上清晰与完整。它们的相同之处在于，这种象征理念的作用都是以自然背后的内容为中介的，是由情感而上升到概念的。

其四，康德的理性启蒙思想强调，正是因为我们有可以形成对自然反思的概念性原则，以及与之相对应的认识能力，我们才会看到自然美和崇高，才会对自然有所惊叹。所以自然的意义是自然美、崇高和令人惊叹的基础，目的论是美的前提与基础。也就是说，理性主义强调对信仰的逻辑表达落实到了宗教情感之上，对善的逻辑规定落实到了道德情感之上，对真理的逻辑反思落实到了美的情感之上，对人的自由的逻辑反思落实到了崇高之上，而对自然和自由的统一这个最高真理的逻辑反思，落实到了表达审美理念的美的感受之上，并且由于有关至善的信仰是在对真理和善的反思之上做出的，因而对自然意义的美和崇高的反思性感受，就统一了道德情感和宗教情感，虽然道德情感是崇高情感和宗教情感的基础。

其五，由于有精神的美，表达出的是自由与自然的统一，所以崇高情感依附于美的情感，甚至可以说是这样的美感统一了一切因理性肇始的感性情感。这种统一是指由于这样的美感与内心的全部认识能力相对应，所以它表达出的是所有由理性而来的情感的可能性。当康德完成了上帝存有的目的论—道德证明的批判之时，他用目的论知识中介了感官世界和理知世界，认为在目的论的基础上，理性可以悬设上帝，可以相信至善在人类的无限进程中好像可以在自然中实现。有精神的美的审美表象，是在没有概念参与的情况下最先呈现出这自然界背后所蕴含的意义的，人们可以用美来感受感性与理性、自由与自然、真理与至善的统一。当然，这种感受也就是对未来生活的一种愿景式的关怀与希望，而且通过自然崇高的感受，我们还可以表达出人的道德使命是艰巨的，经验世界与理知世界之间有一条似乎是不可跨越的鸿沟，人要实现至善尚有一条永无止境的艰险道路要走，但崇高也表现出理性在道德实践时的强大，人在道德义务面前的平等、权利与尊严。

其六，当我们用人这种自然符号来表达美的理想之时，这个人不仅是一个有精神的美人，而且还是一个高贵的人。这种高贵就代表着这个人不仅是美的，而且也是崇高的，只有这样的自然符号，才能够完整地表达自然背后的意义，也只有这种崇高也依存其中的美才可以是德性—善的象征。因为德性—善这个理念虽然是道德理念中的一个理念，但是它是一切道德理念的代表。因为人是自由的，所以人才有道德命令，人才有德性，有道德素质。正是因为人的这种道德素质，人才会有至善、理知世界、上帝和灵魂等这些道德理念，所以康德说美是德性—善的象征，就是说美的理想——人是道德理念的象征。

崇高当然是道德理念的象征，但崇高并没有表达出至善在自然界好像与应当是可能的这种统一性，只是表达出了理知世界与感性世界有着巨大的鸿沟，而只有表达审美理念的美，才表达出了通过悬设上帝，至善在自然界是可能的这种自由与自然的统一。所以一个美丽、高贵、有精神的人作为自然符号，就是道德理念最为理想的象征物了。就美是德性—善的象征的方式而言，我们强调的是与审美理念相对应的完整的自然目的论知识对理性理念的规定。

即是说，对自然的情感感受激发了逻辑反思，逻辑反思上升到了关于至善的信仰。表达审美理念的自然符号是道德理念的审美象征，我们要通过对这种审美表象的逻辑反思而上升到道德理念。

第三，鉴赏与美的艺术创造是截然不同的两种活动。首先，鉴赏是对美的艺术中内容的解释。这种解释是人知识能力的活动，人按照自己的知识能力不仅可以先于概念形成对美的艺术的形式的反思性感受，而且也可以对美的艺术中所象征的自然美和崇高形成反思性感受，进而在这种反思性感受的激发之下，去反思这美的艺术背后所指涉的自然意义，形成对自然意义的规定与反思的逻辑概念，这种对美的艺术背后意义解释的最高境界，就是将美的艺术与自然做类比，进而得出真理与至善相统一的反思性结论。

其次，美的艺术创造是人在知识能力还不成熟之前，就通过审美表象的创造来表达自然背后的意义，通过这种我们人永远无法参透的创造活动，来象征真理与至善的统一。我们可以将这种创造现象解释为利用有限的审美表象来象征无尽的自然意义。人如何能有这样一种与概念知识能力截然不同的审美直观思维方式，这是我们参透不了的。美的艺术创造必须使用完善的形式，只有这样，美的艺术中的精神才能保住。

古希腊的艺术家为了表达审美理念，象征真理与至善的统一，他们至少抓住了一点，那就是描绘人，表达"静穆的伟大、高贵的单纯"的美丽人体。虽然这种创造连艺术家自己也不知道其中有那么多的自然意义蕴含其中，但是那来自理性自由本性的创造，还是让他们把自己心中诉说不清的东西都蕴含在了其美的艺术作品中，而后来的人通过对这种美的艺术中精神的解释，就可以获得无尽的生活启示。中世纪美的艺术，固化了此岸与彼岸的分离，扼杀了人的自由与尘世改善的希望。自文艺复兴以来，美的艺术中的精神，作为主观的东西，并非美丽的人体可以表现出来，只有表现情感或戏剧性冲突的诗艺，能够表达人的主观精神，这主观的东西有冲破美的艺术的形式而涌现出来，希望被落实为实存的冲动。热爱自然、离群索居、呵护优美灵魂的生活方式，如果不是做大事的精心准备或必然步骤，就是对生命自我超出的耽误，艺术创造的冲动并非纯粹图型设计的幻象与空想，艺术创造必须成为构筑现实的生成之力，艺术与哲学不仅要认识世界，而且还要改造世界。

再次，自然符号只是美的艺术中所指涉的内容。当我们身处自然之中，欣赏自然美与崇高，甚至对自然符号惊叹时，我们只是把自然当作美的艺术来欣赏，这和我们面对美的艺术，联想到美的艺术背后的自然符号的反思性感受是一样的。这两种不同时间、不同地点的活动都是人知识能力的活动，都是人在反思美的艺术所表达出来的精神。这就是康德为什么将审美能力的应用范围界定为艺术的原因。因为美的艺术就可以将对自然符号、艺术符号的美与崇高，甚至惊叹都蕴含其中，而且美的艺术符号不得不创造与自然界不同的另一个自然的审美表象，借此来表达审美理念，表达人的内心中主观的东西，给自身以生活方向与目标的启示。上帝并非绝对的神秘他者，而是绝对主观地去魅了的东西，是人依据自己的自由本性对自然本质的悬设。不论自然的本质是否为上帝与至善的理知世界这些绝对主观的东西，人就是要依据理性的三种知识形式，以及理性对感性所要求的审美直观或说审美创造能力，将自然看作应当是适合实现至善的，自然与自由、存在与思维、物质与精神、质料与形式好像是统一的，或者说，不论自然的本质是否为至善理念，人的感性与理性的知识能力，就是按照真与善相统一的悬设来追求真理、追问生活的意义的。虽然至善、永福是不能到达的终点，但是人的自由本性及其知识活动，可以实现人的自我解放，实现伦理生活的无限进步。美的艺术是人类前行的引航灯，是美好未来的图型化提前出场，宗教艺术需要转型为世俗性的艺术。

最后，如果哲学就是要解释真理与至善的统一这最高真理，而对这一问题的揭示必须通过目的论才能实现，那么目的论就是第一哲学，只有在目的论的基础上先验哲学体系才能最终建立起来，人规定与反思世界意义的先验概念体系才能得以确立，人才能知道自己应当如何按照理性使命在现实世界追求真理，实现每个人的创造性。又因为我们对自然的这种目的论的反思性感受先于概念而出现，所以美学又成为哲学中的第一哲学。如果我们考虑到美的艺术是人先于概念知识能力对自然意义的感悟性反思，因而美的艺术中就不仅包含美感和崇高，而且也蕴含着整个先验哲学概念体系，人是通过对美的艺术的解释而展开自己对生活意义的创造的，那么对美的艺术的形而上思考就更是哲学中的哲学，是真正的第一哲学，而且美的艺术对生活意义的反思是一个由远及近的过程，人是先看到最远的终极，然后才逐渐地往近处看，最终反思到现实生活这里。艺术从神话、宗教中分离出来，艺术的世俗化过程，与人的主体地位的确立相一致，意味着美的艺术希望成为生命—生活的生成力，而不仅仅是静观的、摆脱红尘苦海、忘却功利斗争的避港湾。

三、再论美是德性—善的象征

审美认知是美与崇高的鉴赏、美的艺术创造的总称，其中的审美直观，其核心特征是审美表象的创造。美的艺术中的审美表象，并非仅是再现自然符号的美与崇高，而是要创造超越自然外观、表达人主观的东西的审美表象，这审美表象以美的感性形式为底蕴，经由情感表现，表达审美理念，象征理性理念。因此可以说，美的艺术符号统一了表达美与崇高的自然符号，艺术美因其审美表象的原创、审美理念的表现、整全性的象征理性理念，超越了自然美与崇高。根据感性、审美认知与理性三种概念性的知识形式把握自然意义的彼此互为基础与根据的合目的性关系，康德的美是德性—善的象征有以下含义：第一，人通过对美的艺术中的精神的解释，对自然符号所呈现给我们的美、崇高和惊叹的解释，可以反思真理与至善的统一，找到人生活的意义与价值，确立人自身在自然中的地位和尊严，并从中获得生活的启示，按照美的艺术的精神指引而展开未来生活。艺术创造本身就是人的自由本性的表达，这种表达出来的精神将理性使命变得生动可见了，因而美的艺术创造对人类生活的展开具有最为明亮的启示作用。人可以通过反思，捕捉它照耀到、折射到自然界中的光辉来实现每个人的创造性，让艺术家眼中的美好世界通过每个人的不同感受和理解真正成为现实世界，成为一个每个人都可以生活于其中的世界，而不是一个高高在上、永不可及的僵死的理知世界。艺术家眼中的美好世界不应仅是对理知世界与上帝的感性想象，而应是世俗化与历史性朝向未来的、理想与现实的辩证互动，意味着美的艺术与其他诸如科学技术、法律道德、经济政治等符号形式的转型互动。此一过程显示出，人类有一个自我解放、更新进步的历史过程，个体必有一死的悲剧性宿命应当是愉快的，是自我实现之后的陨落，是个体精神熔铸与守护历史精神形态时的创新与绽现。

第二，上帝、灵魂和理知世界这些整全的理性理念，我们不能认为它们是实存的客体，它们只是理性按照自己的本性必然构想出来的概念，用于思考自然的本质、起源与终点。上帝曾经是与人相对立的他者的大全理念，现在是人自身最为完善的原型。灵魂所表达出来的永恒意味着人在现实生活中，如果想实现至善，需要时间的无限延绵。人无法想象离开精神而存在的世界，存在的存在作用首先是有意识的。至善是永福的静止状态，理知世界只是现实世界想在无限中趋近的原型，它降格为自由的自我解放与伦理生活不断进步的无限运动状态。

这些由美的艺术所象征的理念无非是要对现实生活的开端与终点有所关怀，这种关怀表达出来的含义是人的现实生活在时间中的展开不仅仅是机械的因果相继，人对未来的预见不是简单地通过回顾过去，在现在知道未来将会怎样。人的现实生活的展开不单单具有自然必然性与可能性，而是还带有自由必然性与可能性，人对未来的预见更是要通过对过去生活的反思在现在知道未来将应当怎样。人的生存体现在生存方式的变化，美的艺术对无目的性机械时间的反对，在于提示了有目的的生命进程与终点，上帝与理知世界作为终点虽不可达，但可以无限趋近，美的艺术让美好未来提前出场，让人的生存方式的改变有了方向与愿景，等待其他文化符号形式的实现。

第三，人在感受时间的时候不仅仅是通过知性机械性地感受它的，而是还通过判断力来感受它的，此时的时间就是那美丽的有生机的一瞬，就是在美的艺术中所呈现出来的有愿景与方向的生存时间。康德虽然没有看到如今的自然科学又取得了多少成果，但是他解决了一个问题，那就是人带着至善的诉求来看待时间，所以时空中的事物可以是美丽的与有意味的。这就是说，人的时空观念是极为复杂的，这个生存时间就是带有自由必然性与可能性的时间，事物在时空中的展开是带着自由可能性与必然性的展开，外物、物自体只有在这样的时空中才有意义，更重要的是才有道德价值。目的论、美感和崇高感这样一些反思性的时空感受,并不简单地象征上帝、灵魂和理知世界,它们更重要的作用是让知性在这种时空感受的牵引之下,按照理性的至善使命赋予外物以更新了的生活形式。所以看似空洞的形式、僵死的理念恰恰是最为深刻的现世关怀,理性只有在现世才能让这些形式获有生动的意义。

第四,美的艺术是理性让自己的形式、理念获得真实意义和道德价值的中介,理念在美的艺术中获得了图型,形式在美的艺术中获得了最为丰富的内容。这些图型和内容并非幻象,而是实实在在即将在现世落实成意义、事实的审美表象,它们对人自身具有最为全面的启示作用。所以正是因为理性的自由本性创造了美的艺术,世界才是美丽的,而如果世界是美丽的,那么世界就是一个按照理性使命而展开的世界。康德用目的论、美学即艺术哲学来沟通现实世界和理知世界,就是要让现实世界因人的理性而有意义、有价值,因理性所创造的美的艺术而美丽,让现实世界不再是他律的世界,而是一个自律的世界。因为既非自然、亦非自由的判断力对自然的再自律做到了这一点,只有这种介于自然和自由之间的生命—生活时空形式,才能真正统一自然与自由。虽然理性没有做到让每个人直接过上至善的生活,但理性做到了在时间的无限延绵中,让现实世界变得越来越好。不仅世界在变,人也在变,所以追求这种变化就是生活的全部,实现自己的创造性就是生活的全部。

第五,"美的艺术创造、鉴赏无利害"与"美是德性—善的象征"命题,于对立、对抗与反对中,彼此成就。首先,我们不能根据形式逻辑的分而治之、不矛盾律来思考艺术审美活动的无利害,这种认知仅是提示了审美认知与理性认知的区别,我们要通过考虑二者的综合与统一,思考美的艺术创造与鉴赏无利害地象征德性—善的问题。美的艺术的图型创造与自然美和崇高的鉴赏,虽然具有重要意义与价值,但是根据理想与现实的辩证关系,根据未来的愿景总是迟迟不到的生存论困境与生存时间的间隙问题可知,美的艺术符号创造与其他符号形式之间,有对抗性与不可通约性,艺术赶超、超越现实有幻象性与可纠正性,因为美的艺术创造与鉴赏,虽然意义重大,但是其重塑现实的作用有限,是"不厉害的",有限度,而且它给出的生存体验作为意义,无法还原为量的有用性,其价值表现为不可衡量的异质性。

其次，美的艺术创造与鉴赏作为追问真理与追求生命—生活意义的行动，与功利性的、伦理道德的生活不同。它首先是静观的、摆脱红尘苦海限制的。这种超越本身是自由的、无法功利化与伦理化的感悟行动，是一种挣脱束缚、实现超越的自由的生活体验，是珍贵而无价的。它保持着精神的灵动性，不被它所意指的未来现实生活的有限性而束缚与囚禁，至善理念作为精神，并非僵死与永恒不动的，而是无限与灵动的。亚里士多德认为幸福有个人欲求满足、家政与城邦治理、追求真理三个层面。我们同样认为，艺术作为追求真理的重要方式，对于个体而言，需要经历前两个层次的磨炼，才能有效进入，望天者不是消极遁世与出世的，艺术家是要经历生活历练的，艺术是重要的改造现实的力量，但艺术的最终归宿在于感悟生活的真谛，追问真理本身，而不是将艺术创新作为满足实用需要与改良社会的手段。

最后，艺术审美无利害不仅是指艺术的本质是追求真理，而非改变世界，而且是指艺术有改变世界的功能，但它有限度，不应被神化，更不应被娱乐化。美是德性—善的象征是指艺术中的精神是灵动的，是人类生存目标调整与生活方式转变的自我启示与希望，它不仅蕴含着人类的过去，也蕴含着人类的愿景，作为人与自然关系的感悟，有超越现实的作用。"艺术审美无利害"与"美是德性—善的象征"这两个命题，在统一的矛盾、同一的异化中，共同揭示了人、艺术与自然的互动关系，从生命—生存—生活时间的维度，揭示了有意识的存在的存在作用。

四、人类学哲学对艺术美与自然美的探讨

从上述对康德美的艺术创造及对美和崇高的鉴赏的形而上学思考中，我们不仅揭示出美的艺术高于自然美的原因，而且在此基础上，辩证地思考了康德艺术审美的非功利性与美是德性—善的象征这两个命题。以下将解释康德是如何利用人类学哲学来看待自然美和艺术美的问题的，这种对自然美和艺术美的论述，最容易让人产生自然美高于美的艺术这样一种误解。以下将具体分析对艺术美的经验性兴趣及对自然美的智性兴趣，说明艺术美与社交的关系及自然美与德性的关系。

第一，对美的鉴赏判断是无利害的。我们在进行鉴赏判断之时，并不把具体的利益和礼俗伦常说教的兴趣作为艺术审美活动的规定根据与目标，但是这并不表明，艺术审美不能和任何功利结合在一起。其一，康德认为，艺术美和社交兴趣结合在一起。这不仅是说，当我们在创造美的艺术和欣赏美的艺术之后，会激起把自己所感受到的情感向每个人加以传达的兴趣，甚至可以说，正是因为我们喜欢社交、喜欢将自己对事物的感受传达给别人，我们才会去创造美的艺术和欣赏美的艺术。

其二，人的本性就具有社交性，这种社会性冲动对于人来说是自然的。人有社交偏好，在社交中适应社会，是其自然的生活方式。人的自然属性在于人是社群动物，单个的人不能独自实现自己的目的，人往往在共通协作的情况下实现自己的目的。因而人必须有社交，通过社交而相互利用，进而实现各自的目的。人对社交有兴趣，不仅是因为人必须与社会发生关系才能维持自己的生活，而且是因为爱情、金钱、权力和荣誉这些情欲的满足，必须通过与人相互作用的关系才能实现。由于人的情欲或利益的满足往往不能与其他人的情欲或利益的满足和谐共存，所以人又表现出一种反社会性，其极端表现为人与人之间为了利益而产生战争。但是人又不能离开社会，所以人类就是在这样一种社会性与反社会性的作用力之下，实现社会的发展与进步。

其三，由于艺术美是与社交兴趣结合着的，所以艺术美是谋求权力与利益合作的手段与润滑剂。人为了实现自己的利益必须社交，而在社交中为了不和别人发生冲突，构建利益团体，人就必须在社交兴趣的驱使下，表达一些能够普遍传达的东西，这些东西就只能是艺术美与科学知识。通过这种表达，不仅人的社交需求得到了满足，而且人的利益也有望获得实现。例如，一个人有艺术品位，有文化才识，就会在获得别人赞同的情况下得到他人的赞赏与认可，容易获得求财谋权的机会，而如果这个人还比较虚荣，喜欢荣誉，那么他的虚荣心也获得了极大的满足，而不仅仅是社交需求获得了满足。

其四，美的艺术不仅促进了社交，而且也使人变得文雅起来。因为人如果要满足向别人传达感受的需求，甚至通过这种表达来实现自己的利益与获得权力，那么人就必须先培养自己的鉴赏力，多学习一点文化作为自己的谈资。

这样，人就变得有文化、有修养了，而这种对艺术和科学的学习，就会使人摆脱野蛮，不再直接地利用暴力来为自己谋求利益与权力，而是通过和谐的、非暴力的手段而为自己谋求利益与权力。虽然文化的提高与德性改善没有必然的关系，如"鉴赏的行家里手们不仅往往表现出、而且甚至通常都表现出爱慕虚荣、自以为是和腐朽的情欲，也许比其他人更不可能被要求具有忠实于德性原理的优点"①。也就是说，虽然有文化的人可能越是虚荣，越是伪善，但是他们毕竟把艺术与科学当作了谋求个人利益的手段，并没有把暴力当作手段，通过艺术与科学创造，他们是可以为社会的文明做出贡献的。

其五，艺术与科学启蒙，有利于社会文明。通过对科学与艺术的学习，人们开始对科学和艺术本身产生兴趣，出于它们带给我们美的感受而开始学习科学与艺术。这样，人们就开始为科学而科学、为艺术而艺术，甚至不在乎艺术与科学所带给人的其他好处，而只在乎艺术和科学本身带给人的愉快感受。这样一来，社会的利益之争就会逐渐地减少，暴力也会随之减少。更为关键的是，对美的艺术和科学的学习使人开始使用自己的理性了，人开始争辩了，开始思考什么才是合理的，如何才能让所有人的利益都适当地得到满足。这样一来，最初是出于获得利益的争辩、协商与探讨，最终落实到有暴力作为约束的普遍法律的构建上来。只有按照道德律制定的法律才有普遍性，才会照顾到所有人的权利，这样科学和艺术就具有了道德理性启蒙的辅助作用。

其六，通过对艺术美与社交这种经验兴趣的关系讨论，康德认为，"对于在鉴赏对象和鉴赏本身上的经验性的兴趣我们完全可以说，由于鉴赏沉溺于爱好，虽然还是如此文雅化了的爱好，这种兴趣通常还是可以与一切在社会中达到最大多样性和最高等级的爱好和情欲融合起来，而对美的兴趣，当它建立在这之上时，就有可能充当从快适到善的一个只是很模糊的过渡"②。也就是说，当我们把艺术美放到社会发展中来考察的话，它作为合目的性中介，

---

① [德]康德：《判断力批判》，邓晓芒译，杨祖陶校，人民出版社，2002，第141页。
② [德]康德：《判断力批判》，邓晓芒译，杨祖陶校，人民出版社，2002，第140页。

就有可能实现人类从感官享受向道德情感的过渡，它是人类立法的一个中介环节。

第二，通过自然美或崇高与道德兴趣关系的探讨可知，鉴赏自然美和崇高，对道德实践有明智方面的促进作用。其一，艺术美直接针对人的审美需求的满足，它表达出的是美的形式具有独立性，艺术美与道德理念的象征关系是间接的，人只有离开艺术美的形式，而去直观与反思艺术美所表达出的自然符号的美，感受所创造出的审美表象对审美理念的表现，我们才能通过对自然美的直观与反思直接感受到道德理念，通过对有创造性的审美表象的直观感悟到象征整全性理性理念的审美理念。

其二，对艺术美的欣赏可以是仅对美的艺术本身的形式做出鉴赏判断，而这种鉴赏可以以社交兴趣为根据，这种欣赏方式与道德上善的思想境界没有任何关系，我们只是在欣赏完善的美的形式，而对美的艺术中所表达出来的审美理念没有反思。如果我们要反思审美理念，我们就会因为与审美理念相对应的首先是自然美，即美的理想是人，而不再拘泥于美的艺术形式本身，直接去感受自然美，去反思自然背后的意义。当我们以类比艺术的方式对自然美做出反思时，我们看到自然作为美的艺术，其终极目的既然在我们外面的任何地方都找不到，我们当然只能在自身中寻找，更确切地说，在构成我们存有的终极目的中，亦即在道德使命中去寻求。这样，对自然美的愉悦就和道德兴趣结合了。

其三，对艺术美的欣赏只要有品位、有修养就行了，但是对自然美的鉴赏要有道德兴趣。"如果一个人具有足够的鉴赏力来以最大的准确性和精密性对美的艺术产品作判断，而情愿离开一间在里面找得到那些维持着虚荣、至多维持着社交乐趣的美事的房间，而转向那大自然的美，以便在这里通过某种他自己永远不能完全阐明的思路而感到自己精神上的心醉神迷；那么我们将以高度的尊重来看待他的这一选择本身，并预先认定他有一个美的灵魂，而这是任何艺术行家和艺术爱好者都不能因为他们对其对象所怀有的兴趣而有资格要求的。"① 可见，如果一个人喜欢自然美胜过艺术美，他的思想境界已经被教化成善的了。如果我们在欣赏美的艺术的时候并不局限于美的艺术形式，而是更愿意通过它所表达出的审美理念而感受自然美，这样我们就不但是一个有品位的人，而且还是一个有德性的人。

其四，当我们感受自然美之时，最终通过逻辑反思认识到，人的价值相较于其他自然存在物更高，这是因为人是道德的存在者。这种反思就更加坚定了人的道德实践，所以对道德实践有促进作用，甚至由于"在纯粹鉴赏判断和道德判断之间有一种类似性，即前者不依赖于任何一种兴趣而使人感到愉悦、同时先天地把这种愉悦表现为适合于一般人性的，后者出自概念做着这同一件事，这种类似性甚至无需清晰的、玄妙的和有意的沉思，就导致对前一种判断的对象如同对后一种判断的对象同等程度的直接兴趣；只不过前者是一种自由的兴趣，后者是一种建立在客观法则之上的兴趣"②。这就是说，由于人对自然美的兴趣、对道德实践的兴趣都是来自人的德性，所以人甚至在不用反思自然美背后意义的情况下，这种鉴赏就已经可以促进道德实践了，因为它本身就是人德性的感性表达。美感和道德情感有区别，美的对象可以象征道德理念，促进我们的道德实践，但是我们不应把美感误认为是道德情感来追求，否则人在道德实践时的动机是不纯正的。

其五，康德强调自然美距离德性—善更近，是由当时的历史条件决定的。宗教艺术、悲剧总是宣扬人的厄运与宿命，世俗的艺术总是和娱乐、社交结合在一起。相反，离群索居热爱自然的人，多显示出有高尚的美德，且强调独立自主、自力更生，而不是等待上帝的救赎或者依附于权贵。康德将自己的哲学称为哥白尼式革命，不仅有反对传统形而上学、开创未来形而上学的强力，而且还有批评当时社会生活与精神面貌的强力，提示了一种更新了的生活方式。同理，当时的艺术思潮有回归自然的呼唤，这种自然主义可以看作是对传统与当前艺术审美活动的反动。虽然这种自然主义思潮在康德这里

---

① [德]康德：《判断力批判》，邓晓芒译，杨祖陶校，人民出版社，2002，第142-143页。
② [德]康德：《判断力批判》，邓晓芒译，杨祖陶校，人民出版社，2002，第144页。

也有所表现，但是康德的哲学研究是形式主义的，有一劳永逸、非历时而是共时地澄清一切知识形式的抱负，或者说，康德可能对当时的艺术作品评价不高，且倾向于热爱大自然。

但是这并不能证明，康德认为自然美高于艺术美。因为从康德对美的艺术的形而上学说明中可以明确看出，艺术符号不仅吸纳了自然符号，而且其创新性超越了自然符号，与宗教符号关系密切。离群索居、热爱自然只是投身人类文化事业的步骤，艺术与哲学总是要进入历史传统之中，改造人类的精神面貌，助力人类生活方式的转型。康德的启蒙哲学预示着一个新时代的到来，古典主义与浪漫主义艺术和哲学一道，同样预示着现代社会的全面到来，而且经典的艺术作品之所以具有持久的启示作用，关键在于它的意蕴无限丰富，提出了伟大的生存论命题。例如，虽然康德反对宣扬人的原罪与厄运的悲剧，蔑视卡塔西斯式的哭哭啼啼，认为同情怜悯与道德律相去甚远，但是悲剧艺术提示的宿命论，又是黑格尔、叔本华与尼采等哲学家必须回答的问题，是人类挥之不去的生存论难题，是无法蔑视、无视与消除的东西。卡西尔认为，艺术的本质就是自由与命运之争。

第三，美的艺术在人类社会的进步中起到了三方面的作用。首先，美的艺术的出现可以让人变得有文化，进而为人类可以有德性地追求幸福扫清障碍，让人们准备好寻找每个人理性中的共同原则。这些原则不仅是探寻自然规律的普遍原则，而且是作为人的自由与尊严表达的德性法则，因为审美毕竟是一种要求站在他人立场来思维的活动。其次，美的艺术不仅有使人变得有修养、文明的作用，而且美的艺术中的精神又让人们开始探寻自然背后的意义，反思与确证人存在的价值。于是，人们开始欣赏自然美了，甚至不喜欢艺术美，而更喜欢自然美，这本身就说明，人的理性、德性通过美的艺术的促进作用而发展到了一个更成熟的水平。最后，美的艺术创造与欣赏可以促进人的自然素质和道德素质生长，人类社会也会由此更加进步。康德将美的艺术中所表达的艺术美与自然美做出区分，就是要全面地说明美的艺术对人性中自然的一面与自由的一面都有促进作用。因此艺术审美活动不仅训练我们的感性与理性思维，塑造我们的整个人格，而且有助于先验自由与主体地位的确立，让我们重新界定人与自然的作用关系。艺术对于人的自我实现与自我认识，对于意义世界的展现，是很重要的一个基础性环节。

第四，康德对艺术美与自然美的讨论进一步深化了其科学与艺术启蒙思想。首先，科学不仅仅是自然科学与自然规律，它更是实践的真理，是真理与至善相统一这样一种最高的真理。科学启蒙，不仅仅是要让人们努力地探寻自然规律，追求幸福，而更主要的是要人开展明智的德性训练，要让人通过反思自身而得出人应当有德性地追求幸福这样一种结论，凸显人的尊严与价值，人的自由体现在道德实践之上。每个人都将自己的创造性实现，才能使自己的一生变得有价值、有意义。

其次，艺术不仅仅是满足自己感性欲求的艺术，不仅仅是利用自然科学生产出来让人去消费和享受的艺术，它更是指美的艺术，是作为符号来感悟与反思生活意义的艺术，是在真理还没有获得清晰明白的意义之前，就将那些值得沉思的意义感性地表达出来的艺术，是让每个人都能够通过对它的关照而实现自己独有的创造性的艺术，是对未来生活最具明亮启示作用的艺术。

再次，只有这样的科学与艺术，才能实现理性对自身的启蒙，才能让理性成熟起来，才能消除社会的迷信与偏见，才能让社会和谐地发展。所以康德的理性启蒙并不单单是（自然）科学理性、工具理性启蒙，康德的启蒙真正说来是道德理性、目的理性启蒙。人之所以是自然的主体，不是因为人可以把理性当作工具来利用以实现自己的感性享受，而是因为人是道德的存在者。所谓工具理性，只是道德理性在进行道德实践时使用的工具。工具理性是手段，道德理性才是目的，或者说，人本身就是目的，而不是被他人使用的工具。

最后，人之所以能够超越自己、超越自然，是因为人的道德理性具有比自然界任何强力都要强大的道德力量，这是每个人都具有创造性的原因之所在，而当每个人都实现了自己创造性的时候，就不再是被别人利用的工具，而是按照道德律而生活的自为、自律的人。人是目的，不仅是说这种创造性的实现所带来的好处，可以使每一个人都受益，而且是说人的最高目的在于追问真理，创造性的实现是精神性的，代表着人对自然与自己新的感悟与认识。

第五，人类学哲学对艺术美与自然美的讨论，与形而上学对艺术美与自然美的讨论并不冲突，无法否认美的艺术超越自然这一论断。其一，根据传统的宗教哲学，如果天才创造美的艺术是上帝在显示其创世的智慧，上帝在通过美的艺术给人以启示，那么美是客观事物的属性，美的艺术和自然美处于并列地位，甚至美的艺术还不如自然美，因为自然美是有机的，而美的艺术是机械的。

其二，康德反对这种观点。美和崇高只是人对自然的主观感受，美不是自然属性，而是人对自然的反思性感受。如果我们这样来思考自然美和美的艺术，那么美的形式是我们赋予自然的，而这种活动受到了人知识能力和质料感觉的束缚。相反，人创造出来的艺术就会在形式上超出自然的感性表象，因为这种创造不受自然的质料束缚。

其三，自然美所显示出来的鬼斧神工，与美的艺术在形式上的独创性与典范性，让美的艺术在感性形式上就和自然美处于了相同的地位。如果我们从人类学哲学来考虑自然美，自然美直接激发人的道德兴趣，那么美的艺术虽然在形式上至多等同于自然美，但是从内容上完全不能和自然美相比拟。这是人们认为美的艺术等于或低于自然美的原因。

其四，康德对上帝的消解表明，艺术家的创造是让理性不可见的使命得以呈现，让未来以图型化的方式提前出场，而所有对艺术符号做出解释的人，都是制造。这种制造是让艺术作品中的精神无限地转化为实存的，因而是对艺术作品中精神的表象或说再现，康德把它叫作学习和模仿。如果我们人的知识能力不成熟到一定阶段，那么美的艺术是不能表象自然的鬼斧神工的。然而，美的艺术虽然形式简单，但是它让理性使命变得生动可见，可以按照自然与自由的统一之悬设，把内心的主观内容图型化呈现出来，以至于虽然鉴赏者从中看出了很多内容，有些内容逐步转化成了实存的，但是其中还有太多的内容有待感悟与思考，无法变成实现了的意义。

其五，从审美形式创造与表达审美理念、主观内容的角度来看，美的艺术超越自然。因为美的艺术是展现与感悟人类历史生活的中介，与表达宗教思想的符号关系密切，比自然美涉及更多的主观内容。如果我们单凭关照自然美（包括人物美与社会美）就可以展开生活的意义，那么艺术符号就是吸纳了自然符号的重要中介。艺术家眼中的世界不是精神病人的幻想，艺术家在创制审美表象表达审美理念时，充分考虑了自然的给予性与自由的塑形性的同一与矛盾。

艺术家创造美的艺术，就是希望别人可以概念化地说出他只能想象出来但不能形成概念的东西，这种东西是真正属于人的东西，生活意义的展开是凭借这种无法诉说明白的主观的东西而进行的，或者说，生活意义的展开是通过自然的给予性与自由的塑形性之同一的差异、统一的矛盾而发生作用的，这也是使每个人有创造力的"存在之为存在"的作用机制。每个人通过捕捉这种主客观的交互作用，就能够感受到美的艺术在自然中折射出来的光芒，进而通过创造与制造获得真实的生活意义，而且康德之后的哲学家会进一步表明，艺术创造对生活意义的捕获，超越科技制造与伦理实践对生活意义的落实，艺术创造领悟那些瞬间即逝、因无用而无价的生命体验，这些体验同样是真实、珍贵的生活意义。

总之，美的艺术超越自然是指，艺术美因表达了人的主观精神内容而高于自然美，热爱与欣赏自然美至多提示了人信仰自然的本质是至善，而美的艺术精神进一步表达出了不论自然的本质是否为至善，人就是要按照美的艺术启示出的未来美好生活愿景，实现人类社会的进步。如果自然的本质是虚无，美的艺术就是要反对虚无、超越虚无，与自然的虚无本质、本性不符合。

本章结语

在康德美学中，康德针对不同种类的美的艺术，提供了一种艺术门类间的等级关系，认为诗艺的审美价值最高，而音乐的审美价值最低。此种价值高低的判断依据是不同艺术门类创制审美表象表达审美理念时的观念化程度，这种观念化并不是指概念化，而是指理念的意象化，要求想象力提供丰富的精神性内容、积聚多样的自然与生活意义。康德并没有衡量艺术美与自然美的价值差异，没有像黑格尔那样，明确提出"艺术美高于自然"这一命题，其核心原因在于康德的美学同样是认识论，且是感性认识论，它与理性的目的认识论有互为根据的合目的性关系。因而从符号论角度来看，自然符号与艺术符号使用了相同的感性认知能力，且前者是不成熟的，因为它缺失了后者的创制过程，而后者可以容纳与统合前者，这让艺术创造与审美鉴赏成为一个由内而外与由表及里的循环过程，或者说，鉴赏是对艺术创造的再现，艺术创造离不开学习性鉴赏。

但是我们依然可以根据自然符号与艺术符号的区别，参照康德区分美的艺术门类等级高低的思路，思考"艺术美高于自然"的命题，通过这种研究，可提示康德美学对德国古典美学的奠基与推动作用。根据想象力对理性理念的意象化程度，我们认为美的艺术虽然不是有机体，但是美的艺术的感性形式是有机的。美的艺术不是对自然世界感性表象的模仿，它首先是理性命令想象力创造出来的关于上帝与理知世界的感性表象，是对自然起源与终点的感性认知，这个真、美、善、圣统一的终极世界过于美好，现实的自然界距离它无限遥远。其次，它是基于人类历史关于人类未来的图型创造，是人美好愿景的表达。这个艺术家眼中的完美世界或说更好的未来世界，是每一个人通过实现自己的创造性而在现实世界中努力追寻的理想。

如果我们把美的艺术创造看作自然与人类历史合目的性进步中的一环，那么美的艺术创造的审美表象就有超越现实的一面；如果我们把自然概念约定为狭义的既有现实、原始自然界与人类过去的历史，而不把它与因自由而来的未来生活的可能性与必然性相统一，那么美的艺术超越自然。美的艺术的超越性在于，不论自然的本质是什么，人就是要按照自身主观的东西，不断地实现自我解放与人类进步，无限地追求真理；艺术的超越性在于自由地反对与接受自然的给予性，借此打开自由生存的可能性。

因为每一个人都可以对美的艺术中的精神做出解释、再现、模仿和学习，所以美的艺术才能成为理性照亮这黑暗世界的火炬，每个人都能感受到它折射在自然界中的光芒，并在这种光芒的启示之下，以自己独有的个性、特性创造出只有自己才能创造出来的生活意义，并把自己所揭示出来的真理及由此而带来的好处分享给每一个人。人们将他人发现的真理拿来学习和模仿，不是为了获得常识,甚至变成另一个人,而是通过这种尽可能地站在他人立场上的思考,找到自己的特性。这种特性可以使自己获得与任何一个人都截然不同的对自然意义的感受,而这就是在理解中、在争辩中逐步地实现个人创造性的过程。

康德认为源自先验自由的具备无条件必然因果关系的先天知识是普遍的,自然科学具有有条件的必然性与不断扩大的普遍性,道德伦理法则具有绝对应然的普遍性与必然性,人的伦理实践对感性的教化,会逐步让"应然"变成"必然"。共通感让人具有共同的利益诉求,且幸福理念让人永不满足,利益纷争甚至战争难以避免。于是,康德强调人是精神性的存在,人的本质是追求真理、创造感性形式,而不是消费感性质料,人类的永久和平是追求真理的必要条件。正是基于此种考虑,康德强调单称的、个体性、基于质料感觉的美或崇高的对象,是以共通感为前提的普遍可获得承认的感性表象,鉴赏判断对美或崇高的对象的发现,美的艺术对美或崇高的审美表象的创造,是先天的与综合的。因为共通感的构建,保障了美与崇高的普遍性,确保了个体的形式创新可获得普遍承认。

虽然每个人都有自己独特的个性,但是交流得久了就会出现共通感。共通感不是让每个人都失去个性,而是让每个人在理解、争辩中找到自己独特的个性,最终实现自己的创造性,或者说,共通感把只有自己才能找到的真理变成常识,把由此带来的好处分享给每一个人。当每个人在实现精神形式创造的那一刻,他的自由的任意和谁也不冲突。这种精神性的自我解放,推动了人类知识的更新与时代发展,个体的精神性创造成果熔铸于人类集体的精神遗产中。人的尊严体现在实现创造性的那一刻,也体现在为了捍卫道德律而做出牺牲的那一刻,而这二者是可以统一的。因为要实现创造性必须理解他人的成果,背着沉重的精神历史,把这些作为他者的精神遗产融入自己的生命中,而后再考虑创造,这本身就是一个消解生命的过程,一个捍卫道德律的过程,把个体奉献给集体的牺牲过程。①

根据美的艺术对自然的超越之论断,我们可以重思艺术审美无利害与美是德性—善的象征的辩证关系。首先,艺术审美无利害指艺术审美是一种认识性的、反思性的实践活动,与科技与伦理实践不同,它以求真理为目的本身,而非利用知识实现自己的欲求与道德目的,追求幸福与实践德行是追求真理的手段,人的自由本质是追求真理,或者说,真理的本质是自由。

其次,神话性、语言性的艺术审美活动,是人区别于动物、从动物中独立出来的标志,这是一种关于人与自然实践关系的能与无能反对、自由与宿命对抗的初步体验,其无利害性强调了人屈从于自然的一面。

再次,美是德性—善的象征指不论自然的本质与给予性是什么,人就是要按照自身主观的东西来为自然界塑形与立法,将自然生长与人类历史发展,看作向至善无限进步的,用上帝创世说把自然的本质悬设为至善理念,且为了守护人的先验自由,又无法把自然的本质确立为至善理念,仅认为人类历史是一个越来越好自我解放的进步过程。因而艺术审美对作为自然开源与终点的想象,或者说,对上帝与理知世界的想象,超越了善恶、是非、有无、真假之易变的自然,人就是要在这样一个超越善恶的自然存在之上,建立一个属于人的和谐进步的文化王国。由于艺术审美过于强调属于人主观的东西,反抗自然的给予性,在自由与命运之争的反思中,总是超越现实让更美好的未来以感性图型创造的方式提前出场,所以它不能解决人从理想中被现实残忍地拉回来的问题,不能解决其他符号形式反对理想的问题,但是它总是为人类留下了自我改善的希望。

最后,艺术审美不应放弃为人类未来提示希望的重要作用,不应成为遁世、出世的借口,不应以感悟自然的给予性、人的宿命为最终归宿,艺术审美全

---

① 本文得出的这种生活意义的展开在于人群、艺术符号及自然这三者间关系互动之结论,和导师章建刚的观点有相似之处;所不同的是,笔者是从康德哲学中推出这种结论,而章建刚老师是从马克思主义实践美学与符号学的结合中获得结论(参见章建刚、杨志明《艺术的起源》,云南大学出版社,1996)。现在,章建刚老师对这一问题又有了新的理解,因为他在人与人之间加入了经济和政治制度这两项内容,而这恰恰是笔者需要深入考虑的内容。

面地感悟自由与命运之争,在为人类未来提示希望的基础上,强调追求真理是人的本质,追问生活的意义是形式创造而不是消费质料,对人与自然的非实用、非伦理道德的审美认识是珍贵的、非量化的、无价的生活体验,需要被铭记与说明。因为科技与伦理知识,以艺术创作与审美经验为基础,仅是对艺术创造与审美经验的部分转译。

本书结语

康德区分出了四种"无"。第一种"无"是指缺乏性，如黑暗是光的缺乏。第二种"无"是指没有质料感觉可能的经验形式的"空"，如无物存在的"空无"的空间。第三种"无"是指因自相矛盾而自行解体的经验或先验幻象，如又圆又方的几何形。第四种"无"是并不自相矛盾的超时空本体，它的空虚与虚无在于，它既是知识的边界概念，又是人不能认识、只能思维的物自身。如先验自由作为人的理性自由本性，有虚无的一面，不被时空界定、不被认识的一面，根据先验自由，可以与自然他律一道，不矛盾地、同一地思考人的自由行动的可能性与必然性。

根据康德，先验自由是指主体自行开始了一个行动，这个思维的动作是作为本体的人发出的，因而是无条件的、必然的，它开始了一个无条件的形式构建、重塑自然外形、为自然界立法的概念或感性认知序列，表现为人按照自然科学原则、伦理道德法则与自然合目的性原则生产、道德实践与认知。人赋予自然的质料以形式与先验自由有一种无条件的因果关系，人的自由就在于赋予自然的质料以形式。知识的客观有效性或普遍性与必然性，不在于质料感觉的给予性，而在于如何将质料感觉尽可能地捕获进人的知识形式之中。

自然科学的他律，虽然表明科学知识是科学假说与经验证实的结果，知识的客观有效性还取决于质料感觉，但是道德律对德行的自律，自然合目的性原则对自然的再自律，或者说，自然合目的性原则对自然给予性的反抗与接受，对自然与自由统一的悬设，提示了人的先验自由为自然立法的强力。不论自然的本质如何，人就是要依照自己的至善使命，把自然看作好像可以在生长过程中、在人类自我解放的历史发展过程中无限趋近至善的,借此在自然界产生效果,借助艺术审美与目的论对自然与人的关系的感悟与反思,范导科学技术,使其在认识自然与改造自然时,带着实现人类伦理改善、社会进步的诉求。

康德在批判性说明自然目的论时,刻意回避了悲剧、基督教的原罪思想对自然的丛林原则、人性的丑恶与厄运性宿命的说明,专门从人类命运生生不息、自我更新的气运层面,凸显了人类自我解放、伦理生活无限进步的可能性,而且为了维护人的先验自由,康德并没有证明也无法证明自然的本质是至善,自然的起源与终点是上帝与理知世界,此岸与彼岸的鸿沟可以最终弥合。因为假如至善是自然的本质,那么人的先验自由的不可规定性,人为自然立法与重塑自然的形式,就成为傀儡式的了。

因此根据康德可知,自然是一个善恶、是非、对错、真假共在于游戏中的存在场域。上帝仅是人根据理性的自由本性而对不可知的宇宙本体的悬设,上帝仅是人的完型投射,是关于永福与至善世界之根据的先验幻象。上帝及其理知世界,仅表达了人求持存、求和谐的"有"的一面,没有表达出世界与人的生灭变化、变动不居的"无"的一面,而生活世界是"有无之变"的易变世界,单纯静止的永福至善状态是不存在的。

上帝创世论是思考自然与人生存关系的学说。首先,上帝是无条件的绝对必然存在者。与之相比,人不能创造质料,人的自由虽然使人可以通过做与知将一个对象生产出来,但这种生产不是创造质料,而仅是重塑质料的形式。用上帝的智性直观说明创世之神秘,可以对比地理解人的审美直观创制审美表象之神奇,人的创造性在于适度摆脱质料感觉而创造审美图型,以此让未来提前出场,最终为自然立法,使自然符合人无限地追求和谐与完善的意图,超越自然无目的性易变与熵增定律。

其次,上帝是自然与自由统一的代表。它作为人无法认识的"无",却是"大有",是现象得以存在的原因,是存在者存在的原因。上帝理想不仅是外在于人的他者的集合体,而且当人用道德律规定他之后,他又是人的完美原型,是"我与存在"的合题。其含义是:他者是属于人的,有了人才有他者,他者因人而有意义和价值。人的自由本性渴望不朽、正义与幸福，过上至善的永福生活。于是，人按照自己的终极目的规定了作为他者的上帝，且把自然生长与人类历史发展，看作是一个自我解放与无限进步完善的过程。人的独创性就在于反对既有的不公正、不幸福的现实生活，想象更公正与幸福的未来，并在艺术审美图型的范导下，借助科学技术、经济政治、法律道德、语言与历史等文化符号重塑生活世界的形式，构建更和谐与完美的社会秩序。

最后，从康德这里可以走出叔本华与尼采的无神论。尼采的上帝死了与罢黜至善的根据，在于他把人的本质看作求生命的超越，而不是求生命的保持与和谐。但是这种思考建基于自然的本质是无目的生灭涌动之轮回这一预设，忽视了自然和谐与持存的一面，是一种过度矫正。卡西尔基于自然的"有无之变"，既反对至善，又反对虚无，回到了赫拉克利特的潜在和谐说，为启蒙进步论做出了辩护。虽然自然是易变的，但是人为了实现自己追求真理的本质，必须于风暴中建立一个相对持存与和谐的文化国，借此守护人类的精神遗产，以便帮助个体于争辩中实现创造，且这种创造是精神形式的创造，以追问生活的意义与丰富生命体验为目的，不以消灭、消费存在者为目的，反而需要守护存在者、守护自然。个体否定性的创造力，总是在反对什么的基础上有所构建，个体的构建熔铸于人类的集体文化遗产中，等待后来者的继承与革新。人的尊严在于人的知识创新如繁星般照亮了易变的暗夜，为在暗夜中前行的人指明了方向，这也是自然被称作意义世界，而非寂灭的物理世界的原因。人是自然中有灵性的生命存在，是无法还原为物理、死物的存在。

本书希望通过源自黑格尔的"艺术美高于自然"的命题，从康德美学中同样得出美的艺术超越自然的结论，甚至我们认为，康德的美学思想提示了艺术审美有想象未来、赶超现实的作用。根据这一观点，可以有效反对黑格尔的本质可知论与绝对精神说，反对黑格尔认为艺术仅是事后反思，无力构建未来。也就是说，我们希望用一个命题，将康德的三批判作为一个哲学体系端呈出来，在思考康德的纯粹哲学体系建筑术与先验自由的基础上，思考艺术审美与三种知识形式系统之间的关系，反思审美认知与概念认知的关系。

其一，知性意图的满足才会引发美感。当判断力利用由类比艺术而来的自然合目的性原则对自然进行再自律之时，从自然界看出、反思或者更确切地说强加给自然这种形式的时候，真正说来我们是看到了自然好像是适合实现理性使命的。这样，人才能通过感性感受到愉快。

其二，如果判断力按照自然概念对自然做出再自律，这里反思的是有条件的自然合目的性，所以还不能直接感受到自然适合理性使命的实现；如果按照自由概念对自然做出再自律，那么这里反思的是无条件的自然合目的性，所以就能直接感受到自然好像适合理性使命的实现。

其三，真理和至善在理性使命中是统一的，所以依照自然概念做出的自然合目的性判断虽然是在激发对真理的追求，但是这种追求中本身就含有和至善相统一的诉求。这里将有机的整体做出硬性分割，也是出于明晰自然合目的性原则作为真与善的中介性原则，是如何分别促进人的认识活动和道德实践活动的。

其四，虽然这种给自然塑形的活动依然受到质料的束缚，但是它赋予的是质料感觉间诸关系的形式，而不是质料感觉决定了人要赋予它何种自然合目的性的形式。所以判断力在对自然进行再自律，而不是他律。这种对自然的再自律是强加给自然的，是因为知性永远无法完全将这种自然合目的性中的质料感觉间的关系用自然规律落实下来。

其五，理性在这里不管自然本身如何，它就是要通过自然合目的性概念对知性范导而使知性追求真理的时候带着实现至善的诉求。也正是因此，我们的理性才是自然的主体，人通过以美启真、以美储善的艺术审美活动，在追求真理和至善统一的过程中，有自我解放与无限进步的可能性。

其六，纯粹美、依存于自然中任何一种非人的某物之完善表象的依存美，严格说来，只能促进人追求真理，毕竟美感来自判断力反思的自然与自由的统一，所以它们也可以象征道德，但这种象征只是片面的感性表征，因而只能象征如康德所说的崇高、勇敢、坦诚、友爱、谦逊、坚强和温柔这样一些理念，它们只是人德性中的某些方面，即德性理念的某些方面，但不能象征统一了真理与至善的这个最高真理。只有美的理想——高贵而美丽的人、美的艺术中的精神，才能象征这个最高真理。

通过上述美的艺术超越自然的有关论证之回顾，我们希望概述此次研究的关键逻辑节点。首先，技艺实践不简单地是工具实践，更是把工具、艺术当作符号的精神实践，而且后者才是根本的。用卡西尔的话说，人不仅是理性的动物，人还是符号的动物。工具实践派生于语言性的、神话性的艺术实践中。

其次，就"美是德性—善的象征"这一命题而言，这里需要明确几个概念。第一个就是善这个概念，这个概念究竟指的是善与恶的概念，还是指完善概念，还是本文所强调的至善概念？笔者认为是至善概念。第二个就是象征概念，这个概念指的是哪一方面的意义活动，象征究竟是一种什么样的思维方式，这种思维方式对人的生活有何种作用？笔者认为，认识科学规律的类比、艺术的类比和感性的象征，只是人的三种知识能力的表现，而艺术创造的那种象征才是不同于知识能力、最具有启示意义、最能预见未来的人类神奇的审美直观方式。第三个概念是美，是美的对象在象征德性—善，还是美感本身在象征德性—善？如果是美的对象在象征德性—善，那么什么样的美的对象才能象征至善？笔者认为，只有表达审美理念的美的艺术及自然中美的理想——人，才能象征至善，即真理与至善、自然与自由的统一。

最后，就美的艺术与自然美的比较而言，我们首先应当将心理学、人类学哲学的观点从康德美学中清理出去。因为康德在第一批判中就已经明确区分了自己的先验哲学与心理学和人类学，我们不应当带着经验哲学、心理学的态度来看待康德美学。康德对自己先验哲学的研究方法、研究领域界定得非常清楚，如果不按照康德的逻辑来理解康德美学，这便是一种不合理的误读。笔者也赞成要强调自然美，可我们不能因此而误读康德。康德哲学是开放的，但它的开放维度是确定的。

当我们纠正了康德美学的观察视角之后，接下来我们就要思考艺术创造和鉴赏如果要成为先验哲学的研究内容，我们应当如何来考虑它们，它们和康德先验哲学体系有什么样的关联？笔者认为，正是因为目的论与艺术审美互为前提和基础，它才能和先验哲学概念体系发生关系，从而进入康德哲学的研究中来。

康德通过天才来探讨美的艺术创造，这种探讨极易被误解成人类学和心理学，这也是康德的艺术观长久以来被我们忽视的原因。如果考虑审美理念这个概念，我们就会发现审美理念和鉴赏是有关联的，那么我们便会以为，康德讲艺术问题只是从艺术欣赏上来说的，因而对艺术问题的解释就是鉴赏判断的经验性演绎的延续。

先验或经验性演绎，都是将一切知识原则都演绎成无条件的、必然的，用因果范畴将它们连接到先验自由之上，以强调每个人的自由在于用这些普遍的知识形式给自然塑形，规定和反思自然的意义。只有完成了这些演绎，知识原则才有普遍的有效性。再进一步思考，天才的创造是来自理性自由本性的创造，人不知道这种创造的规律是什么。因为它根本没有规律，所以艺术创造是理性自由本性的直接表达。这样，艺术创造才同自由有无条件的必然关系。因此康德用天才论述艺术创造，是在进行先验演绎，要把艺术创造连接到理性的自由之上，无须考虑共通感这一条件。因为艺术创造塑造着共通感，且反对被既有的共通感规制。相反，鉴赏判断缺乏创造性，美的对象的普遍性尤其依赖共通感。

康德认为，审美理念是理性理念的对应物，艺术家创制表达审美理念的感性表象，就是要给理性理念配上图型。① 这是理性要让自己不可见的终极使命提前出场，这是理性给自身以启示，让未来以图型化的方式提前出场。所以美的艺术中就蕴含着整个先验概念体系，人类生活的意义起源于美的艺术。自然美仅是针对自然的给予性，对自然进行再自律，它提示了自然符合自由的一面，提示了自然生生不息的自我更新，同人的自我解放与伦理改善好像是符合的，自动过滤掉了或美化了丛林原则的险恶、瘟疫与灾害带给人的苦难，并试图把战争等也看作是推陈出新。相反，美的艺术隐喻性展示厄运与宿命的互动、自由与命运的斗争，把人内心主观的东西展示出来，从苦难中给人以希望，这种艰奥美提示的未来愿景，比自然美、人物美与社会美深刻、复杂与严肃，携带有更丰富的意蕴。

---

① 康德：《判断力批判》，邓晓芒译，杨祖陶校，人民出版社，2002，第172－173页。

总之，在康德哲学的语境中，重思美的艺术超越自然这一话题，可以实现以下研究目标：第一，廓清康德纯粹哲学体系的建筑术，集中思考自然合目的性原则如何沟通真与善，此岸与彼岸、理念与现实的鸿沟在何种程度上得以弥合，追随康德对目的论的探讨，对上帝存有的目的论—道德证明的批判，思考康德的启蒙思想对上帝的消解。

第二，澄清康德的象征观点，将之作为卡西尔符号哲学的前奏，并借助象征观点思考康德论美的艺术创造，提示审美直观作为审美表象的创造，有表达审美理念与象征理性理念的作用。根据美的艺术创造、自由的艺术制造与德行的关系，思考个体创造与人类进步的关系，提供一种以追求真理为目的的有德性地追求幸福的个体生活方式，借此为理性启蒙进步论辩护。

第三，通过思考美的艺术超越自然的原因，进一步探讨康德"艺术审美无利害"与"美是德性—善的象征"这两个命题之同一的差异、统一的矛盾关系，表明康德对自然美与艺术美的说明，强调自然与自由统一、人与自然和谐的一面，未深入讨论艺术与目的论提示的命运与自由斗争、人与自然不和谐的一面。

第四，借助康德对审美认知与概念认知的关系说明，强调艺术审美是概念认知的基础，人对自然与生活意义的追问、人的做与知，建基于对生存时间的感悟之上。这种对生命—生活的过去、现在与未来的情感表达与感受反思，无法被物理科技时间表示的过去、现在与未来还原。艺术审美对自然与生活矛盾斗争的戏剧性描述，最终升华为艰奥美，它提示生活的可能性之整体轮廓，因在否定中有所构建，捕获到了未来生活的希望。

参考文献

[1]（德）康德：《纯粹理性批判》，邓晓芒译，杨祖陶校，北京：人民出版社，2004年。

[2]（德）康德：《实践理性批判》，邓晓芒译，杨祖陶校，北京：人民出版社，2003年。

[3]（德）康德：《判断力批判》，邓晓芒译，杨祖陶校，北京：人民出版社，2002年。

[4]（德）康德：《未来形而上学导论》，庞景仁译，北京：商务印书馆，1963年。

[5]（德）康德：《实用人类学》，邓晓芒译，上海：上海人民出版社，2005年。

[6]（德）康德：《历史理性批判文集》，何兆武译，北京：商务印书馆，1990年。

[7]（德）康德：《康德文集》，郑宝华主编，北京：改革出版社，1997年。

[8]（德）康德：《自然科学的形而上学基础》，邓晓芒译，北京：生活·读书·新知三联书店，1988年。

[9]（德）康德：《道德形而上学基础》，杨云飞译，邓晓芒校，北京：人民出版社，2013年。

[10]（德）黑格尔：《美学》（第一卷），朱光潜译，北京：商务印书馆，1997年。

[11]（德）叔本华：《作为意志和表象的世界》，石冲白译，北京：商务印书馆，2011年。

[12]（德）叔本华：《叔本华美学随笔》，韦启昌译，上海：上海人民出版社，2014年。

[13]（德）卡西尔：《国家的神话》，范进等译，北京：华夏出版社，1990年。

[14]（德）卡西尔：《人论：人类文化哲学导引》，甘阳译，上海：上海译

文出版社，2004年。

[15]（德）卡西尔：《人文科学的逻辑》，关子尹译，上海：上海译文出版社，2004年。

[16]（美）梯利：《西方哲学史》，葛利译，伍德增补，北京：商务印书馆，1995年。

[17]（美）鲍桑葵：《美学史》，张今译，桂林：广西师范大学出版社，2001年。

[18]（美）吉尔伯特、库恩：《美学史》（上下卷），夏乾丰译，上海：上海译文出版社，1989年。

[19]（波兰）塔达基维奇：《西方美学概念史》，褚朔维译，北京：学苑出版社，1990年。

[20]（法）托多罗夫：《象征理论》，王国卿译，北京：商务印书馆，2004年。

[21]（美）苏珊·朗格：《情感与形式》，刘大基译，北京：中国社会科学出版社，1986年。

[22]（美）弗雷德里克·C·塞拜尔编：《黑格尔》（英文版），北京：生活·读书·新知三联书店，2006年。

[23]（美）保罗·盖耶编：《康德》（英文版），北京：生活·读书·新知三联书店，2006年。

[24]（美）詹姆斯：《心理学原理》，唐钺译，北京：商务印书馆，1963年。

[25]（美）詹姆斯：《心理学原理》，郭宾译，北京：九州出版社，2007年。

[26] 朱光潜：《西方美学史》（下卷），北京：中国长安出版社，2007年。

[27] 蒋孔阳：《德国古典美学》，北京：商务印书馆，2005年。

[28] 叶秀山：《叶秀山文集·美学卷》，重庆：重庆出版社，2000年。

[29] 叶秀山：《叶秀山学术文化随笔》，北京：中国青年出版社，1999年。

[30] 叶秀山：《思·史·诗：现象学和存在哲学研究》，北京：人民出版社，1988年。

[31] 邓晓芒：《康德哲学讲演录》，桂林：广西师范大学出版社，2005年。

[32] 邓晓芒：《冥河的摆渡者：康德的〈判断力批判〉》，昆明：云南人民出版社，1997年。

[33] 邓晓芒：《康德哲学诸问题》，北京：生活·读书·新知三联书店，2006年。

[34] 章建刚、杨志明：《艺术的起源》，昆明：云南大学出版社，1996年。

[35] 黄裕生：《自由与真理》，南京：江苏人民出版社，2002年。

[36] 朱立元：《西方美学范畴史》（第三卷），太原：山西教育出版社，2006年。

[37] 周来祥：《周来祥美学文选》，桂林：广西师范大学出版社，1998年。

[38] 申扶民：《自由的审美之路：康德美学研究》，北京：中国社会科学出版社，2009年。

[39] 郭宾：《艺术超越论：思入卡西尔与海德格尔之间》，北京：中国社会科学出版社，2023年。

[40]（德）卡西尔：《康德形而上学问题：评海德格尔对康德的解释》，张继选译，《世界哲学》2007年第3期。

[41]（德）卡西尔：《康德历史哲学基础》，吴国源译，《世界哲学》2006年第3期。

[42]（德）格尔哈特·克勒姆林：《作为可能世界的至善：康德的文化哲学和体系建筑术的关系》，邓安庆译，《云南大学学报（社会科学版）》2007年第3期。

[43] 叶秀山：《康德〈判断力批判〉的主要思想及其历史意义》，《浙江学刊》2003年第3期。

[44] 叶秀山：《哲学如何"解构""宗教"：论康德的〈实践理性批判〉》，《哲学研究》1997年第7期。

[45] 叶秀山：《康德之"启蒙"观念及其批判哲学》，《中国社会科学》2004年第5期。

[46] 叶秀山：《说不尽的康德哲学》，《哲学研究》1995年第9期。

[47] 叶秀山：《作为导论的哲学：〈哲学要义〉绪言》，《浙江学刊》2006年第5期。

[48] 叶秀山：《哲学的未来观念》（上），《江苏行政学院学报》2005年第1期。

[49] 叶秀山：《哲学的未来观念》（下），《江苏行政学院学报》2005年第2期。

[50] 叶秀山:《重新认识康德"头上的星空"》,《哲学动态》1994年第7期。

[51] 邓晓芒:《康德自由概念的三个层次》,《复旦学报(社会科学版)》2004年第2期。

[52] 邓晓芒:《审美判断力在康德哲学中的地位》,《文艺研究》2005年第5期。

[53] 邓晓芒:《康德的"先验"与"超验"之辨》,《同济大学学报(社会科学版)》2005年第5期。

[54] 邓晓芒:《康德的"智性直观"微探》,《文史哲》2006年第1期。

[55] 邓晓芒:《牟宗三对康德之误读举要》(上),《江苏行政学院学报》2006年第1期。

[56] 邓晓芒:《牟宗三对康德之误读举要》(下),《江苏行政学院学报》2006年第2期。

[57] 邓晓芒:《牟宗三对康德之误读举要(之一):关于"先验的"》,《社会科学战线》2006年第1期。

[58] 邓晓芒:《牟宗三对康德之误读举要(之四):关于自我及"心"》,《山东大学学报(哲学社会科学版)》2006年第5期。

[59] 邓晓芒:《康德时间观的困境和启示》,《江苏社会科学》2006年第6期。

[60] 邓晓芒:《评美学上的"厌食症":答杨春时先生》,《学术月刊》2005年第5期。

[61] 邓晓芒:《康德历史哲学:"第四批判"和自由感——兼与何兆武先生商榷》,《哲学研究》2004年第4期。

[62] 邓晓芒:《康德道德哲学详解》,《西安交通大学学报(社会科学版)》2005年第2期。

[63] 黄裕生:《康德对感性论的变革:一种存在论阐释的尝试》,《哲学研究》2004年第8期。

[64] 黄裕生:《康德论自由与权利》,《江苏行政学院学报》2005年第5期。

[65] 黄裕生:《康德哲学与传统人文科学的"出路"》,《世界哲学》2005年第1期。

[66] 黄裕生:《论"是"》,《中国社会科学院研究生院学报》1997年第2期。

[67] 肖鹰:《从再现到存在:现代西方创造性艺术观的哲学阐释》,《中国社会科学》1999年第6期。

[68] 孙冠陈:《海德格尔与新康德主义》,《世界哲学》2007年第3期。

[69] 孙冠陈:《康德通向自由的两条道路:海德格尔1930年弗赖堡讲座分析》,《外国哲学》(人大复印资料)2007年第8期。

[70] 张志伟:《〈纯粹理性批判〉中的本体概念》,《中山大学学报(社会科学版)》2005年第6期。

[71] 朱立元、刘泽民:《"实践"范畴再解读》,《人文杂志》2005年第5期。

[72] 徐碧辉:《"实践美学的反思与展望"国际学术研讨会综述》,《阴山学刊》2005年第3期。

[73] 徐碧辉:《也说"自然的人化":与汪济生君商榷》,《广播电视大学学报(哲学社会科学版)》2005年第3期。

[74] 申扶民:《康德审美自然观的道德纬度》,《学术论坛》(南宁)2006年第7期。

[75] 申扶民:《康德批判哲学视野中的审美与自由》,《哲学研究》2008年第1期。

[76] 邓晓芒、欣文:《"成人"的哲学:邓晓芒教授访谈》,《学术月刊》2005年第5期。

[77] 李泽厚、陈明、贺更行、王心竹:《李泽厚先生访谈》,《中国文化》2005年第11期。

[78] 鹿丽萍:《文化评判与哲学构建:访邓晓芒教授》,《哲学动态》1998年第9期。

[79] 韩水法、李白玲:《不忍终结,于是寻找出路:韩水法教授访谈》,《学术月刊》2005年第9期。

[80] 朱志荣:《康德的艺术特征论》,《苏州大学学报(哲学社会科学版)》1997年第2期。

[81] 薛富兴:《李泽厚后期实践美学的基本理路》,《广西师范大学学报(哲

学社会科学版)》2004年第1期。

[82] 薛富兴:《李泽厚后期实践美学的内在矛盾》,《求是学刊》2003年第2期。

[83] 章辉:《论实践美学的九个缺陷》,《河北学刊》2004年第5期。

[84] 杨春时:《实践乌托邦批判:兼与邓晓芒先生商榷》,《学术月刊》2004年第3期。

[85] 张玉能:《实践美学终结了吗:与章辉博士商榷》,《汕头大学学报(人文社会科学版)》2005年第4期。

[86] 杨道圣:《论整体自然观念下自然美的重要性》,《西南师范大学学报(人文社会科学版)》2002年第2期。

[87] 杨道圣:《艺术的悖论:康德论作为鉴赏力对象的艺术与作为天才作品的艺术》,《海淀走读大学学报》2002年第1期。

[88] 郭宾:《康德的心理学观点与詹姆斯心理学研究》,《贵州师范大学学报(社会科学版)》2008年第1期。

[89] 郭宾:《康德哲学中的艺术美与自然美再探讨》,《哲学研究》2008年第10期。

[90] 郭宾:《崇高为何没有美重要:辨析康德先验哲学体系中的美与崇高》,《世界哲学》2010年第5期。

[91] 郭宾:《从纯粹哲学中的"类比"到实用人类学中的"符号":康德象征观点辨析》,《中国社会科学院研究生院学报》2010年第2期。

[92] 郭宾:《试论卡西尔符号形式概念对黑格尔的回应》,《科学技术哲学研究》2016年第1期。

[93] 郭宾:《试释卡西尔论神话与科技的辩证关系》,《山西大学学报(哲学社会科学版)》2018年第6期。

[94] 郭宾、张琴:《康德与叔本华论音乐在艺术门类中的地位》,《音乐研究》2022年第3期。

[95] 申扶民:《审美与自由:康德美学的伦理学诠释》,中国社会科学院研究生院,博士学位论文,2006年。

后 记

  本书是在我的博士毕业论文（2008年撰写）基础上修改完成的，而修改是一个追忆与反思的过程。以现阶段完成的工作《艺术超越论：思入卡西尔与海德格尔之间》（2022年出版）为结果或说原因（倒果为因是目的论思维的基本方式），反思博士毕业论文，并做出保持基本样貌的必要修整，可以表明它幼稚地蕴含着、规定了我毕业之后的学术研究路径，必然会生成我的"卡西尔与海德格尔达沃斯之辩（1929）"研究。

  我一直认为真理应是活生生的，与自己的生活体验密切关联，求真理的哲学应该把人类与个人的过去、现在和未来都招呼住，所以我把先验论更改为超越论，而且我一直挂念康德的道德律，认为"为他存在"是人类与个人自我实现的必要条件。康德对艺术审美的哲思虽然浅陋，但是他提示了审美直观与宗教思维是目的论感悟与认知，亚里士多德的四因说之目的因，在康德的第三批判中被升华为自然合目的性原则。康德认为目的论不是科学知识，这显然是科学主义消除人文学的较早宣言。黑格尔用辩证法扩充了艺术创造与宗教表象方式，认为人文学才能认识人与世界、人与人、人自身的主客同一本质，自然科学则是片面的。在现象学那里，饱含后宗教意识的审美直观、艺术创造成为把握并超越经验性生命体验，进入此在—人（本质还原）与存在之为存在（先验还原）之思的前奏与序曲，具有独立存在的意义。

  我的哲学研究，以前过于关注先验的存在之思，缺失了艺术审美如何从经验中来，感悟生命—生活，最终跃入存在之感悟的动态过程，这样的研究状态会让求真理与日常行为产生断裂关系。哲学研究与日常生活的无涉状态，让我看不到重复的日常生活原本意蕴生动，且藏着凶险，成为麻木的哲学史的保存者、转述者、探究者。当我从艺术审美是有创意设计地感悟自由与命运（卡西尔）、天空与大地（海德格尔）之争这一论断中走出来，继续研究否定辩证法（阿多诺）时，我的家庭遭受了巨大打击——历时七年四个月，我爱人病故了！初次治疗后，医生说她的危险期是八到十年，度过去就安全了。现在看来，医生的意思是这种病治疗后的生命存活期是八到十年，她度过了就是偶然的幸存者，她度不过去就是冰冷统计数据的一个例证。

我认为家庭有三个功能：养育子女至成人，赡养老人并送终，夫妻陪伴至离世。这三个功能的完成有一个时间次序，未完成或次序错乱就是遭遇悲惨，弄对了就是寿终正寝（命）与生生不息（运）。我的家庭是悲惨的，我的孩子是可怜的，因为次序错乱了。我爱人"心强命不强"的幽怨哀叹，临终前让我招呼好孩子的嘱托，彼此苦了对方的无奈与不甘，离别时的沉寂与痛苦，让我感到真理作为教训与教化，是血淋淋的。生命—生活是有机与自主的，但只有当它自行撕裂与愈合时，意义才散落出来，让参与其中的有缘人、当事人捕获一二。惨痛的记忆因不敢多回顾，逐渐变成了灰色的，生命的意义如此隐藏了起来。重要的不是生活沉沦与精神超越后的贫乏概念总结，更不是仅捕获存在方式与形式。因为这种言说已经没有了让生命—生活改头换面的力量，甚至没有了觉悟心灵的力量，所以重要的是以敬畏（不是恐惧某个具体对象，而是对恐惧本身的恐惧）为生活的情感基调，在有角色、有功能地参与爱人抗拒、接受死亡的过程中，你共情与反思地知道了一些自己不知道的正面与负面互渗的内容与意义，而不仅仅是总结出所谓辩证的方式与形式。远方的诗意往往因我们不是卷入其中的当事人，仅是过客、观察者而显得意义贫乏，那日常的重复生活才是珍贵的、被给予的、须承担的、诗意盎然的、等待体验与发现的。现实主义艺术发现了平凡事件的生动意蕴，这值得我们学习。

2017年，我爱人患病入院治疗。根据对身心健康的粗糙认识，我明显感受到她不接受现实，认为周遭的人与事合谋夺走了她的健康。她憎恨身份不明的凶手，进入寻仇状态。这种心态当然不对，我和孩子（尤其是我）成为她宣泄情绪的对象。从生生不息与自我拯救的角度，我们终于让怜悯、同情、

后 记

改过、宽容等成为生活的情感基调。我爱人开始学古琴,我们最终有了两条狗、一只猫,心态慢慢好起来。2019年,我爱人病情再次复发并于疫情暴发前匆忙结束治疗。她哀叹为什么寻常日子都不让过,我感同身受地钦佩她积极接受治疗,坚强面对病痛折磨。疫情期间,我们度过了一段患难与共、珍视彼此、苦乐参半的美好时光。她明显地感受到了日常生活的意义丰富,常常记录美好瞬间。她组织教师上网课教学,我说她布置工作太琐碎,需提高效率,她说我不懂小学教育。她乐意给我和孩子做饭,弹古琴时让我帮着调弦,并为她录制练熟的曲子。我根据家庭好、工作好、学问好的相互促进与制约关系,埋头"写材料"。她说我上网课状态不够松弛,学成了枯燥的书呆子,像个和尚。孩子说我教的不是真知识,要学理工科。我们也去外省复诊,顺便旅行,医生与病友的宽慰、风景的疗愈、观赏昆曲的共鸣、把车钥匙弄丢的焦躁共在,形成了担心分离的掩饰性喜剧效果。我们仅求健康平安,给个寻常的生老病死时间段,日子便会好起来。

2023年,我爱人复诊后疑似第三次复发,"有再一再二,没有再三再四"的老话萦绕在我耳边。她坚持要求中医治疗,不敢再次经历西医治疗的折磨。在家人的帮助下,我们四处求医,西医给出的答复也是保守治疗,能用的手段都用了,再用效果不大,反而起副作用。她说我们的生活应该多一些乐趣,你总是很无趣。我努力让自己变得有趣起来,说话谨慎小心,相信老天不会拆散我们,且有些迷信宗教仪式有逆天改命的效果。2024年下半年初,她终究还是扛不过厄运与宿命病倒了。当医生告诉我她只有半年时间的时候,当她必须接受保命治疗而呕吐不止的时候,当她坚持进食强打精神的时候,当年迈的父母总是看望、我无言以对的时候,当她努力保持体面为孩子过生日的时候,当她必须吸氧最终无法进食的时候,当她日渐消瘦、只能侧卧、背对着我蜷曲而眠的时候,当她不断感谢并开始交代后事的时候,当我们不得不瞒着她、其实彼此心照不宣地筹备丧葬事宜的时候,当孩子要求不去上学、要和我们一起做临终陪伴的时候,当她终究是停止了呼吸的时候,我和家人在束手无策中一次次崩溃。2025年1月10日16时33分,我们的故事走到了尽头。

我一直在努力思考生离死别这件大事，且不得不放弃宗教因果轮回说，以人只生活一次为前提。第一，我们需要批判思维，但批判以改良重复稳定的运行结构为归宿。重复是生活的主旋律，个体无法把所有人的既有生活过程都亲身经历一遍，但用读书与观察的方式，可以让个体有历史地尽快领悟与理解何为重复的生活，并在重复中带出新的东西，或者改良重复稳定的运行机制，或者修正出正确的重复生活方式。我坚信求真理或说发现意义是人的本质性工作，适当的金钱、权力与荣誉是必要的物质条件，但如果过度追求，那人就沉沦了。

第二，从不虚度此生、觉悟心灵与修炼出更完整的自己的角度讲，自在—为他—自为三者是矛盾共在的，强调分离与否定的创造性，必须以爱之牺牲与整全的历史生活记忆为底蕴，以调适有结构的重复状态为归宿。因为被需要且有能力满足需要，是交往的前提，而交流的最终结果，就是要留下知识痕迹，努力让它们成为后来者的路标。老无所依地孤独离世虽可以无奈承受，但因缺少了感恩对象，很可能仅会留下极端负面的东西，虽然它有可能是狞厉意义的惨烈绽出契机，但是会隐匿因生生不息而值得感恩的面相。寿终正寝或惨淡离世，只能泰然任之。人需要在向死而生的重复循环中，在一次次的卡塔斯西中，努力带出一些意义，不辜负这一次性的定命的自由之旅。

第三，爱是耕耘与欣赏，像园丁一样开展工作，是让他成为他自己，尤其不是控制与改造对方。治病救人、思想改造、力挽狂澜、人定胜天是有限度的，过度会让人狂躁且必定失败。人必须有角色地参与爱人的生老病死，借此丰富并筹备自己的生老病死，最终才能获得互补性的精神交往与人生答案。男性与女性是基本的肉身条件，不可能任性流动，想变就变，以实现个体的绝对自足。个体作为匮乏者、缺爱者降临人间，需要互补而不仅仅是竞争，还需要学会如何创制、去爱、去给予，而不总是索取与交换。爱建立在彼此的生命求自我超越的强力过程中，当一方力量枯萎时，并非盲目与偶然的爱之牺牲会因契机使然、找对了人而弥足珍贵，并带出生动意蕴。病榻前的守护陪伴与束手无策，不能代替或彻底领悟爱人的病危体验，而且这种濒死体验有自我隐匿的性质。

后 记

  我曾残忍地问爱人："刚才情况很可怕，你是否出现了所有生活记忆瞬间闪现的状态？"她仅是回答："那又能怎么样呢？"我爱人用观看20世纪八九十年代国产电影的方式独自回顾自己的生命之旅，又把她弹唱得最好的《阳关三叠》和弹奏得最好的《酒狂》悄悄删除了，仅留下了《流水》、《在水一方》、《阳关三叠》（弹奏版）、《笑傲江湖》（入门级），她一定是希望我少喝酒，而且还知道了很多我不知道的道理。与她相比，我的所谓哲思如此笨拙、不得要领、未深入传统，而她的审美直觉饱含历史、直击要害、欲说还休。所谓逝者为大，应该是说她为时已晚地懂得了生活的本来样貌和本真的生活方式，而生者往往执迷不悟、一塌糊涂。她留给我的生命谜题与生活心结，因无法解开，必须总是思念。好的与坏的、幸运与不幸、稀缺与滥觞、真假与对错、畏惧与勇敢、爱与恨、嫉妒与阻挠、嘲讽与冷漠，我都已接受且可以继续承受。希望我继续问心无愧、居安思危地在煎熬忍耐中完成她的嘱托，最终能有所领悟，并可以把这些领悟言说出来，但也有可能会保持沉默，因为《心经》有云："心无挂碍，无挂碍故，无有恐怖，远离颠倒梦想，究竟涅槃。"

  我把这本书献给病故的爱人，纪念我们20年的婚姻生活，铭记我们在一起的珍贵时光。感谢我的家人、师长和朋友，感谢所有参加我爱人葬礼的人。人的本质是他的社会关系的总和，大家见证了我爱人短暂的一生。她的故事虽凄凉但意蕴生动，她是我们怀念与反思的榜样。感谢编审吕绘元老师，让我可以在纪念性时间节点上，配合完成出版工作。

  为了反复追思离别，我把2024年中秋节前后写的一首词附在最后，将之作为进入这一精神剧场的钥匙。《律乱弹·难眠》："秋风凉，残月寒，夜萧瑟如之奈何。叹困厄，畏离别，境衰沉岂能泰然。时令往替容骤老，心弦恍惚音离调。惊怒回首，情劫至，侍尽缘命亦半断，节律急，琴弹乱意隐无言。任自然未料，祈天怜不晓，难靠，向前啸，余生无憾护女安。"

2025年清明节前一天